CYMRU 2000

Hanes Cymru yn yr Ugeinfed Ganrif

*Seiliwyd ar y gyfres deledu
gan Ffilmiau'r Bont i S4C*

R. MERFYN JONES

GWASG PRIFYSGOL CYMRU • HUGHES A'I FAB S4C
CAERDYDD • 1999

ISBN 0-7083-1607-7

Mae cofnod catalogio'r gyfrol hon ar gael gan y Llyfrgell Brydeinig.

Lluniau'r clawr (o'r pen i'r gwaelod): South Wales Coalfield Collection, Llyfrgell Prifysgol Cymru, Abertawe (× 2); Llyfrgell Genedlaethol Cymru; Western Mail & Echo (× 2).
Cynllun clawr gan Olwen Fowler, The Beacon Studio
Cysodwyd yng Ngwasg Prifysgol Cymru, Caerdydd
Argraffwyd yng Nghymru gan Wasg Dinefwr, Llandybïe

RHAGAIR

Deilliodd y llyfr hwn o brosiect ymchwil uchelgeisiol ar y cyd rhwng Ysgol Hanes a Hanes Cymru, Prifysgol Cymru Bangor, S4C a Ffilmiau'r Bont. Rhwng 1996 ac 1999, cynhaliwyd cyfweliadau gyda 300 o unigolion, yn bennaf gan awdur y llyfr hwn. Y nod oedd hel at ei gilydd archif ar ffilm ac ar lafar a fyddai'n cofnodi cyflwr Cymru ar ddiwedd yr ugeinfed ganrif. Dewiswyd y sawl a gafodd eu cyfweld naill ai oherwydd bod eu profiadau yn berthnasol i un o themâu'r prosiect neu yn rhinwedd eu cyfraniad arbennig i fywyd Cymru. Amrywiodd y cyfweliadau o ran hyd, o hanner awr i dair awr, a thrawsgrifiwyd pob cyfweliad. Un o amcanion y prosiect oedd sicrhau bod y deunydd a gasglwyd ar gael at ddefnydd ymchwilwyr y dyfodol.

O'r cychwyn, penderfynwyd cynllunio'r prosiect o gwmpas nifer o themâu, a dilynodd y rhaglenni teledu a ddarlledwyd ar S4C yn ystod hydref 1999 y themâu hynny. Ar y cyfan, mae'r llyfr yn dilyn yr un themâu â'r rhaglenni fesul pennod, ond mae yma rai gwahaniaethau o bwys, er enghraifft nid oes rhaglen ar bwnc pennod 12, sef Cymru a'r Byd. Hefyd, mae rhaglen gyfan yn ymdrin â'r celfyddydau, ond yn y llyfr hwn trafodir llenyddiaeth fel rhan o bennod 11, Ieithoedd Cymru, a gweddill y celfyddydau ym mhennod 6, sef Diwylliant Poblogaidd. Mae'r llyfr a'r gyfres deledu yn wahanol mewn ffyrdd eraill hefyd. Yn y llyfr, ceir llawer mwy o gefndir wedi'i seilio ar ffynonellau cyhoeddedig ac archifyddol nag a geir yn y rhaglenni. Ar y llaw arall, mae'r rhaglenni'n cynnwys llawer mwy o gyfweliadau. Dylid ystyried y llyfr a'r gyfres, felly, yn gymheiriaid, gyda'r llyfr yn cynnwys mwy o gyd-destun a hefyd mwy o ddadansoddi a dehongli.

Yn y bôn, mae dwy ffordd o fynd ati i ysgrifennu hanes – yn gronolegol ac/neu'n thematig. Trafodaeth thematig sydd yma er mwyn olrhain datblygiadau mewn unrhyw un maes drwy'r ganrif ar ei hyd ac er mwyn pwysleisio parhad yn ogystal â newid. Bydd y mwyafrif o ddarllenwyr yn disgwyl pennod ar yr economi, ond efallai nad yw rhai o'r penodau eraill yn ddewisiadau mor amlwg. Roeddwn yn credu'n gryf bod angen cael pennod ar wahân ar hanes menywod yn yr ugeinfed ganrif, er enghraifft, gan fy mod yn argyhoeddedig bod y newidiadau yn rôl a statws menywod – y newidiadau hyd yma a'r rhai sydd i ddod – yn wirioneddol arwyddocaol. Cynhwysir hefyd bennod ar y Gymru amlddiwylliannol gan fod hon yn agwedd ar y Gymru gyfoes na chafodd ddigon o sylw hyd yma. Ac er y cafwyd sawl trafodaeth eisoes ar effeithiau'r ddau ryfel byd ar y gymdeithas, teimlais fod angen ystyried profiad rhyfel yn gyffredinol o safbwynt milwyr a sifiliaid fel ei gilydd

Lluniwyd yr holl brosiect yng nghysgod yr ymdeimlad bod canrif yn dod i ben a bod milflwyddiant newydd yn ymagor. Trwy gyd-ddigwyddiad hapus, roedd yn ymddangos bod diwedd y ganrif hefyd yn argoeli dechrau cyfnod newydd yng Nghymru a daeth, felly, yn adeg briodol i archwilio hanes y Gymru gyfoes. Yn y cyd-destun hwn, sefydlu Cynulliad Cenedlaethol Cymru yn 1999 yw'r digwyddiad allweddol yn hytrach na'r milflwyddiant ei hunan. Mae diwedd yr ugeinfed ganrif yn adeg hwylus i fwrw golwg dros ein hanes diweddar, yn bennaf oherwydd bod Cymru wedi profi newidiadau sylfaenol a syfrdanol yn ystod pum mlynedd ar hugain ola'r ganrif. I'm tyb i, roedd gwir angen amlinellu a dehongli'r newidiadau hyn a'u gosod yn eu cyd-destun hanesyddol. Mae'r gyfrol hon, felly, yn ymgais i bwyso a mesur pa fath o genedl yw Cymru a'i phobl yn sgil y newidiadau pellgyrhaeddol – rhai economaidd, cymdeithasol, diwylliannol a gwleidyddol – sydd wedi llunio ei hynt yn ystod yr ugeinfed ganrif.

Dywedwyd eisoes mai prosiect ar y cyd oedd *Cymru 2000*. Roedd hefyd yn brosiect dwyieithog ac, o ganlyniad, nid ydym wedi newid iaith y rhai a gafodd eu cyfweld. Mae arnaf ddyled arbennig i Dylan Adams am ei waith ar y rhaglenni teledu ac am ei gymorth fel hanesydd. Nid llai yw fy nyled i Vaughan Hughes, Angharad Anwyl a Branwen Davies o Ffilmiau'r Bont. Wrth imi droi at baratoi'r llyfr hwn, rhaid cydnabod gwaith clodwiw Luned Whelan o S4C, ac yn arbennig ymrwymiad Susan Jenkins, Llion Pryderi Roberts, Ruth Dennis-Jones a Liz Powell o Wasg Prifysgol Cymru i sicrhau bod y gyfrol yn ymddangos o fewn amserlen hynod o dynn. Diolch hefyd i Janet Davies am ei chyfraniad hithau. Fy nghyfrifoldeb i yw unrhyw wallau sydd yn ymddangos yma.

Prin fod yna amser mwy cyffrous i fod yn Gymro neu'n Gymraes na diwedd yr ugeinfed ganrif. Mae'r byd, yn cynnwys Cymru, yn newid gyda chyflymder anhygoel. Bwriad y llyfr hwn yw goleuo rhywfaint ar ein hanes a thrwy hynny ein cynorthwyo i ddeall ein sefyllfa bresennol, ac i ddeall ein gilydd, yn well.

CYNNWYS

CYNNWYS

CYDNABYDDIAETH LLUNIAU

Hoffai'r cyhoeddwyr ddiolch i'r canlynol am roi eu caniatâd i gynnwys y lluniau isod yn y llyfr hwn:

Llyfrgell Genedlaethol Cymru: 35, 61, 66, 127, 142, 155, 161, 166
Western Mail & Echo: 32, 40, 59, 76, 78, 89, 183, 186, 189, 205
Cyril Batstone: 28, 87
Meleri Macdonald: 196
Archif Gorllewin Morgannwg: 13, 109, 110
South Wales Coalfield Collection, Llyfrgell Prifysgol Cymru, Abertawe: 6, 51, 105, 125
Martin Shakeshaft: 53, 121, 148
Côr y Penrhyn: 85
Archifdy Gwynedd: 3, 123
PA News: 111, 173
Kidwelly Tinplate Works: A History: 8 (mae'r llun ar dudalen 28)
Alex Livesey/Allsport: 45

Hefyd hoffai'r cyhoeddwyr ddiolch i'r canlynol am eu cymorth parod wrth gasglu'r lluniau: Ffilmiau'r Bont; Susan Beckley; Elisabeth Bennett; Martin Shakeshaft; Angharad Jones; Stewart Williams, Y Barri; Elvey Macdonald; Meleri Macdonald; Rhodri Morgan; Mary Jones; Sally Uphill; Milica Timotic, Phillip Connell a Paul Ashman.

Gwnaethpwyd pob ymdrech i ddod o hyd i ddeiliaid hawlfraint y lluniau uchod. Os oes gan rywun wybodaeth amgen, croeso i chi gysylltu â Hughes a'i Fab, S4C, Parc Tŷ Glas, Llanisien, Caerdydd CF14 5DU.

1

Grym y Geiniog

YR ECONOMI

Newid. Dyna'r gair a ddaw i'r meddwl wrth inni fwrw golwg dros Gymru'r ugeinfed ganrif. Yn y cyfnod hwn, cafodd Cymru ei thrawsnewid – yn wleidyddol, yn ddiwydiannol ac yn gymdeithasol. Ond beth oedd yn gyrru'r newidiadau pellgyrhaeddol hyn? Yn y bôn economeg yw'r ateb ac, fel y cawn weld, mae llawer mwy i economeg na mantolenni, buddsoddiadau a chyfranddaliadau. Yn wir, er mwyn deall Cymru'r ugeinfed ganrif rhaid ymgyfarwyddo'n gyntaf oll â'i hanes economaidd, a stori ryfeddol cyfnod a welodd ffyniant chwim, dirwasgiad deifiol, ailstrwythuro ar raddfa eang, amrywiaethu a sefydlogrwydd. Mae effeithiau'r datblygiadau economaidd hyn wedi dylanwadu ar sut mae pobl Cymru wedi byw yn ystod y ganrif.

Ar ddechrau'r ugeinfed ganrif, roedd economi Cymru ymhlith y rhai mwyaf llewyrchus yn y byd. Roedd hefyd yn economi diwydiannol. Yn negawd cynta'r ganrif prin 10 y cant o'r sawl oedd yn gweithio a enillai fywoliaeth yn y byd amaeth, ac erbyn 1921 roedd 42 y cant o'r dynion cyflogedig yn gweithio yn y pyllau, y chwareli neu yn y diwydiannau gwneud metelau, gyda 29 y cant yn gweithio yn y diwydiannau trafnidiaeth, adeiladu neu wneuthur nwyddau.

Nid diwydiant newydd oedd y diwydiant glo, ond roedd cyflymder ei dwf tua diwedd y bedwaredd ganrif ar bymtheg yn aruthrol. Parhaodd y twf syfrdanol hwn i mewn i'r ugeinfed ganrif, a glo oedd sail llwyddiant yr economi Cymreig yn ugain mlynedd cynta'r ganrif. Cododd y nifer o dunelli o lo a gynhyrchwyd yn ne Cymru o 39,000,000 o dunelli yn 1900 i 56,000,000 o dunelli yn 1913. Tebyg oedd y twf yn nifer y glowyr ym maes glo'r de – 148,000 yn 1900 a 271,000 yn 1920. Yn 1911, yng ngogledd Cymru, cynhyrchodd 15,000 o lowyr ryw 3,500,000 o dunelli o lo. Roedd y diwydiant glo yn fodd i ail-greu Cymru mewn sawl ffordd. Wrth i bobl heidio i gymoedd sir Forgannwg a sir Fynwy, tyfodd y strydoedd o dai teras nes ehangu cymunedau a chreu rhai newydd. Yn 1890 nid oedd

Senghennydd yn bod, ond ymhen deng mlynedd llyncwyd ffermydd gwasgaredig yr ardal gan bentref diwydiannol ymledol nes bod tua 3,000 o bobl wedi'u gwasgu i mewn i'r pentref newydd. Suddo glofa'r Universal oedd achos hyn oll, a mwy dramatig fyth oedd effaith dechrau cynhyrchu glo ym Mhwll Windsor, Abertridwr gerllaw, yn 1902. Ffrwydrol yw'r ansoddair gorau i ddisgrifio'r cynnydd ym mhoblogaeth Cwm Rhondda. Ardal fynyddig eithaf anghysbell oedd hi yn 1851 a chanddi lai na 1,000 o drigolion. Erbyn 1881 roedd 55,000 yn byw yno; erbyn 1901, 114,000; ac fe dyfodd nes bod 167,000 o drigolion wedi'u stwffio i Rondda Fach a Rhondda Fawr erbyn 1921, gyda 67 y cant o'r dynion dros ddeuddeg oed yn gweithio yn y diwydiant glo.

Erbyn 1920 Cymru oedd tarddiad 62 y cant o'r glo a allforiwyd o Brydain, ac nid oes yr un peth sy'n fwy o dyst i rym trawsnewidiol glo na thwf porthladdoedd de Cymru yn Abertawe, y Barri, Caerdydd a Chasnewydd. Agorwyd doc cyntaf Caerdydd yn 1839 a thyfodd ardal y dociau trwy'r ganrif nes agor doc newydd Queen Alexandra yn 1907. Roedd cychwyn ac ehangu dociau'r Barri'n fwy dramatig fyth, am ei fod yn fwy sydyn. Cyn agor y doc cyntaf yno yn 1889, dan nawdd perchenogion glo'r Rhondda, prin bod yno gymuned. Yn 1898 ychwanegwyd ail ddoc i ymdopi â'r galw am allforio glo. Dyma ardal arfordirol ddiffaith, yn gartref i rai cannoedd yn unig yn yr 1880au a chanddi boblogaeth o 34,000 erbyn 1911. Cynyddodd allforio glo'n gyflym yn gynnar yn yr ugeinfed ganrif, o 7,000,000 o dunelli yn 1900 i benllanw o 11,000,000 o dunelli yn 1913.

Er mai glo oedd curiad calon yr economi Cymreig, roedd diwydiannau llwyddiannus eraill hefyd. Roedd yr ardal o gwmpas Abertawe a Llanelli yn bwysig iawn i'r diwydiant tunplat byd-eang. Daeth cyfnod ehangu mwyaf y diwydiant i ben adeg gosod tariff McKinley gan yr Unol Daleithiau yn 1891, ond erbyn dechrau'r ugeinfed ganrif daeth peth sefydlogrwydd yn ôl i'r diwydiant a chafwyd ehangu pellach. Rhwng 1907 ac 1912 adeiladwyd saith ar hugain o felinau yn ardal Llanelli, a chododd y nifer a gyflogwyd yn y diwydiant o 15,000 yn 1901 i 23,000 yn 1911, ac i 30,000 yn 1923.

Roedd hen dras hefyd i'r diwydiant haearn yng Nghymru. Yn wir, roedd gogledd a de Cymru wedi cymryd y blaen wrth ddatblygu'r diwydiant hollbwysig hwn yn y ddeunawfed ganrif. Ffynnodd cynhyrchu dur a haearn ym mlynyddoedd cynnar yr ugeinfed ganrif yn Nowlais, Glynebwy a mannau eraill. Sefydlwyd gweithfeydd dur newydd yn Shotton, sir y Fflint, yn 1896 er na ddechreuwyd cynhyrchu dur yno nes agor naw o ffwrneisi tân agored yn 1902. Hyd hynny dalennau galfanedig oedd prif gynnyrch y weithfa, ac erbyn 1900 roedd deg ar hugain o felinau

Gwaith anodd a pheryglus mewn chwarel lechi yn sir Gaernarfon.

rholio ar y safle i'r gogledd o afon Dyfrdwy. Yn yr 1890au, 250 o ddynion oedd yn gweithio yno, ond erbyn 1910 roedd y nifer wedi cynyddu i 3,000 a bu raid adeiladu aneddiadau newydd yng Nghei Connah a mannau eraill i'r de o'r Dyfrdwy i gartrefu'r gweithlu newydd. Tebyg fu hanes Glynebwy yn y de, tref a welodd gynnydd o 50 y cant yn ei phoblogaeth rhwng 1901 ac 1911.

Diwydiant pwysig yng ngogledd-orllewin Cymru oedd y diwydiant llechi, ac fe wynebodd yr ugeinfed ganrif yn hyderus ar ôl llwyddiannau diwedd y ganrif flaenorol. Er gwaethaf cystadleuaeth o du Ffrainc a'r Unol Daleithiau, Cymru oedd ar frig diwydiant llechi'r byd. Yn 1899, cyflogwyd mwy na 15,000 o ddynion yn y cloddfeydd a'r chwareli llechi, traean ohonynt yn chwareli enfawr Dinorwig a Phenrhyn. Ond o fewn misoedd i ddechrau'r ganrif, taflwyd y diwydiant i ganol ffrae chwerw, gyda gweithwyr y Penrhyn yn cael eu cloi allan am dair blynedd, gweithred a arweiniodd at ddirywiad di-droi-yn-ôl yn y diwydiant. Efallai y gellid, wrth edrych yn ôl, weld y gynnen drychinebus ac anhydrin hon yn arwydd o'r trallod economaidd a oedd i effeithio ar gymaint o Gymru ymhen rhyw ugain mlynedd.

Eto i gyd, fe barhaodd y bŵm am ryw ugain mlynedd. Prin bod gwell enghraifft o natur ymledol yr economi bryd hynny na godidowgrwydd uchelgeisiol canolfan ddinesig Caerdydd, y mae ei hadeiladau'n ddrych i hyder economaidd y cyfnod. Gosod carreg gyntaf Neuadd y Dref yn 1901 a nododd ddechrau datblygu'r ganolfan ddinesig drawiadol ac urddasol. Erbyn 1905, roedd Caerdydd yn ddinas, ac yn 1906 gyda chryn falchder yr agorwyd adeilad ysblennydd arall, Neuadd y Ddinas. Yna, yng Ngorffennaf 1907 daeth y Brenin Edward VII i agor yr heol lydan yng nghalon Parc Cathays a enwir ar ei ôl. Twf economaidd ac uchelgais dinasol oedd y tanwydd y tu ôl i'r datblygiadau hyn, ond roedd dimensiwn ehangach hefyd. Yn 1905, penderfynodd cyflafareddwyr y Cyfrin Gyngor mai Caerdydd fyddai cartref yr Amgueddfa Genedlaethol; gosodwyd carreg sylfaen yr adeilad yn 1912 a'i agor gan y Brenin Siôr V yn Ebrill 1927. Ni ddylid anghofio ychwaith mai rhan o'r brifysgol genedlaethol, Prifysgol Cymru, a sefydlwyd yn 1893 oedd yr adeiladau colegol a godwyd ym Mharc Cathays, a bod yr adeiladau hyn a'r rhai a godwyd ym Mangor rhwng 1907 ac 1911 yn arwyddion digamsyniol o hunanhyder a ffydd mewn dyfodol sefydlog. Yna, yn 1911 gosodwyd carreg sylfaen Llyfrgell Genedlaethol Cymru yn Aberystwyth ac agorodd ei ddrysau yn 1916.

Roedd gan y diwydiant twristaidd yntau rôl sylweddol ar ddechrau'r ganrif. Dyma ddiwydiant a gafodd hwb sylweddol gan ddatblygiad y car modur a ddaeth yn fwyfwy amlwg yn y blynyddoedd cyn y Rhyfel Byd Cyntaf; yn 1914 cyhoeddwyd llawlyfr am foduro yn Eryri. Cyn hynny, yn 1911, roedd y Brenin Edward VII a'r fintai frenhinol wedi gyrru o Fangor i Borthmadog cyn mynd ar drên oddi yno i Aberystwyth. Eu nod, fel cynifer o dwristiaid eraill, oedd cael cyfle i ryfeddu at y golygfeydd syfrdanol ym mylchau Llanberis ac Aberglaslyn, a hynny o gysur eu cerbyd. Roedd gogledd a gorllewin Cymru yn bot mêl i'r heidiau o ymwelwyr dosbarth-canol a ddaeth i ymdrwytho yn harddwch y mynyddoedd a'r arfordir. Yn ôl llawlyfr a gyhoeddwyd yn 1930, 'every child of the Lancashire bourgeoisie becomes acquainted, pretty early in life, with the Welsh coast'.

Erbyn dechrau'r ugeinfed ganrif, roedd hyd yn oed amaethyddiaeth, a ddaethai dan bwysau sylweddol ychydig o flynyddoedd ynghynt, yn sefydlog. Yng ngeiriau prif hanesydd y diwydiant amaeth, A. W. Ashby, yn 1944: 'After 1896, world prices moved steadily upwards and something like "prosperity" once more made glad the heart of man – between 1901 and 1911 the farming population of Wales actually increased.' Dyma gyfnod a welodd adnewyddu'r diwydiant gwlân yng ngorllewin Cymru, yn enwedig yn Nyffryn Teifi. Erbyn troad y ganrif roedd mwy na 300 o felinau gwlân yng Ngheredigion, sir Benfro a sir Gaerfyrddin, yn gwerthu gwlanen a chynhyrchion eraill i farchnad anniwall y de. Mae hon yn enghraifft berffaith o sut roedd y Gymru ddiwydiannol a'r Gymru wledig yn gyd-ddibynnol, a gwelwyd ffyniant pellach yn y diwydiant gwlân yn ystod y Rhyfel Byd Cyntaf yn sgil galwadau'r lluoedd arfog am ei gynnyrch.

Ym mlynyddoedd cynnar y ganrif, felly, ffynnai economi Cymru fel erioed o'r blaen: roedd y diwydiannau trymion megis glo, dur, tunplat a llechi'n brif chwaraewyr ar lwyfan y byd, ac roedd cefn gwlad Cymru hefyd yn datblygu diwydiant amaeth sefydlog, diwydiant gwlân llewyrchus a fframwaith ar gyfer twristiaeth. Nid llai syfrdanol oedd y twf yn y trefi, lle cafwyd cynnydd mawr yn y nifer o fusnesau bach: roedd gan bob tref fach a phob pentref glofaol ddetholiad o siopau arbenigol yn amrywio o siopau cig i drwswyr beiciau a chyflenwyr pob math o nwyddau. Yng

Nghaerdydd, roedd llwyddiant James Howell a'i Gwmni wedi hir ymsefydlu, ac erbyn troad y ganrif roedd Howell wedi adeiladu cartref moethus newydd i'w deulu, adeilad a ddaeth wedyn yn 'Mansion House', Caerdydd, sef cartref swyddogol yr arglwydd faer.

Yn y cyfnod cyn y Rhyfel Byd Cyntaf daeth dosbarth gweithiol sylweddol i fod yn y diwydiannau trymion, ond roedd hefyd dwf cyson yn y nifer oedd yn berchen ar siopau ac yn y nifer o gyfoethogion. Un amlwg ymhlith cymeriadau deinamig ddechrau'r ganrif oedd D. A. Thomas. Erbyn troad y ganrif roedd Thomas eisoes yn adnabyddus fel perchennog glo a gwleidydd Rhyddfrydol, ond yn 1906 fe'i siomwyd yn ddirfawr pan na chafodd swydd yn y llywodraeth Ryddfrydol newydd. O ganlyniad, trodd ei sylw yn ôl i'r byd glo a chreu'r Cambrian Combine, un o'r cwmnïau mwyaf pwerus yn y diwydiant.

Am beth amser daliodd aelodau'r dosbarth tirfeddiannol eu lle, gyda'u cyfoeth yn deillio o'r erwau lu oedd yn eu meddiant. O bosibl, arwisgiad tywysog Cymru yn 1911 oedd dathliad swmpus olaf y dosbarth goludog hwn cyn y Rhyfel, pan welwyd byddigions amlwg Cymru, megis yr arglwyddi Mostyn, Powis a Dinefwr ac ardalydd Môn, yng nghwmni'r parti brenhinol. Daeth mwy na 500 o westeion breintiedig a chwnstabl Caernarfon, David Lloyd George, ynghyd i wledda ar ginio moethus cyn y seremoni.

Nid dyma oedd y tro cyntaf i Gymru brofi ehangu diwydiannol, yn enwedig yn niwydiant haearn Merthyr Tudful a'r cylch, ond roedd wedi gorfod stryffaglio trwy ran helaeth o'r bedwaredd ganrif ar bymtheg wrth iddi ddioddef effaith canrifoedd o dlodi ac arafwch cymharol: nid oedd gan Gymru yr un dref o wir sylwedd tan ddiwedd y bedwaredd ganrif ar bymtheg. Ac, yna, yn sydyn ar ddechrau'r ugeinfed ganrif dyma Gymru'n gwthio i'r rheng flaen fel un o'r ardaloedd mwyaf trefol a gweithgar ei heconomi yn y byd. Ar y cyfan, ychwanegu at y datblygiad economaidd ffyrnig hwn a wnaeth y Rhyfel Byd Cyntaf, er i'r diwydiant llechi (a gategoreiddiwyd yn ddiwydiant anhanfodol) nychu yn ystod y cyfnod hwn. Ar yr un pryd, cynyddodd y galw am lo a dur a chynhyrchion gwlân yn enfawr gyda'r bŵm byr yn syth ar ôl y rhyfel yn gyrru'r ehangu'n egnïol yn ei flaen. Yna yn ddirybudd bron yng ngaeaf 1920–1 daeth y miri masnachol i ben a chychwynnodd y cwymp tuag at drychineb economaidd.

O bosibl, nid oes yr un digwyddiad yn hanes Cymru yn yr ugeinfed ganrif sy'n taro'r hanesydd mor bwerus â'r newid yn sefyllfa economaidd y genedl. Yng ngeiriau Ted Rowlands, hanesydd ac aelod seneddol Merthyr Tudful:

Glowyr yn ystod
Streic Gyffredinol
1926.

If we were living at the beginning of this century we would have been living in the second youngest, fastest-growing population after the United States. Merthyr . . . was a place of amazing confidence, it took over the great ironmaster's house at Cyfarthfa Castle and turned it into a free school, it opened new parks, it actually expressed in civic terms a very powerful, confident, society . . . and then, in the space of twenty years the whole of it had disintegrated. 1924–1939 was a horrendous period.

Datgelodd y dirwasgiad wendid sylfaenol yr economi, sef gorddibyniaeth ar lo, diwydiant a ddibynnai yn ei dro ar farchnadoedd bregus. Yn y bôn, bu Cymru'n wersyll cloddio enfawr a soffistigedig ac, fel pob gwersyll cloddio, trodd o fod yn dref ffyniannus i dref anghyfannedd. Nid oedd y dirwasgiad yn amlwg ar unwaith, ac nid effeithiwyd rhyw lawer ar rannau helaeth o'r wlad, yn enwedig rhannau o'r Gymru wledig ac ar yr arfordir. Eto i gyd, hon oedd y drychineb fawr a lywiai hanes economaidd Cymru yn y cyfnod rhwng y rhyfeloedd, a byddai'r cof amdani'n sbarduno'r newidiadau a'r adlunio sylfaenol a gychwynnwyd ar ôl yr Ail Ryfel Byd.

Mae'r rhesymau am y dirwasgiad yn niferus a chymhleth ac yn destun dadl ymysg haneswyr. Yn gyntaf oll, rhaid cofio nad problem Cymru'n unig oedd hyn. Effeithiodd y dirwasgiad ar y byd diwydiannol benbaladr (yn ogystal ag ar economïau gwledig dwyrain Ewrop), ond anffawd Cymru oedd iddi ddibynnu cymaint ar ei diwydiannau traddodiadol, ac yn arbennig ar lo a dur. Tua diwedd y tridegau tra oedd rhai ardaloedd yn y Deyrnas Unedig yn dioddef, roedd eraill yn ffynnu. Wrth gymharu Deptford yn swydd Gaint â'r Rhondda, nododd y Pilgrim Trust fod 'among every 1,000 workers, 4 in Deptford, but 280 in Rhondda have failed to get a job for at least a year'. Yr argyfwng yng Nghymru oedd y mynegiant mwyaf ingol o'r trawsffurfiad sylfaenol yn natur a lleoliad daearyddol yr economi Prydeinig.

Nid cyfartal mo'r effaith ar bob diwydiant ychwaith, ond yng Nghymru prin oedd y sectorau economaidd hynny, megis gwneuthur nwyddau trydan a cheir, a ffynnodd yn y cyfnod rhwng y rhyfeloedd. Er nad oedd gan dwristiaeth yr arwyddocâd a fyddai ganddi yn nes ymlaen, roedd yn un o'r ychydig sectorau a brofodd beth ffyniant. Wrth i weithwyr ddechrau derbyn cyflog adeg eu gwyliau ac wrth i'r pwyslais newydd ar yr awyr agored fagu stêm, daeth twf yn y diwydiant twristaidd yng Nghymru ac agorodd sawl gwersyll gwyliau. Yn 1935 heidiodd miloedd ar filoedd o ymwelwyr i fwynhau atyniadau'r Rhyl; yn 1930 agorodd pwll nofio enfawr y dref ac, yn ystod y degawd hwnnw, agorwyd nifer o sinemâu newydd a moethus a phafiliwn bowls. Erbyn 1939 roedd gwersylloedd gwyliau'n frith ar hyd arfordir gogledd Cymru, yn Abergele, Prestatyn, Tywyn, y Rhyl, Llandudno a Bae Colwyn, ac yn Aberystwyth a Borth ym Mae Ceredigion. Agorodd gwesty lliwgar Portmeirion adeg y Pasg 1926, ac o fewn byr o dro fe ymsefydlodd hwnnw'n un o hoff encilfeydd y cyfoethogion a'r enwogion.

Ond roedd amrywiadau mawr y tu mewn i'r un diwydiannau hyd yn oed. Er enghraifft, dioddefodd Blaenau Ffestiniog a Dyffryn Nantlle lawer mwy na Llanberis a Bethesda, a lwyddodd i gipio'r farchnad ar gyfer llechi ac a oedd yn ffynnu erbyn bŵm adeiladu'r tridegau. Yn y diwydiant dur, daeth y gweithfeydd hynny na leolwyd ar yr arfordir dan bwysau llym; caeodd gweithfeydd Glynebwy yn 1929 a'r flwyddyn wedyn yr un oedd tynged Dowlais a Blaenafon. Caeodd y ffwrneisi a phylodd y goleuni enwog a lenwai'r nos ar Flaenau'r Cymoedd, yn symbol o gadernid a grym economaidd Cymru. Tebyg oedd y sefyllfa yn y gogledd lle, ar 24 Ebrill 1931, collodd 4,000 o'r 6,000 a weithiai yn Shotton eu swyddi. Yn ffodus, daeth peth gwelliant i Shotton wedyn, agorwyd gweithfa newydd yng Nglynebwy yn 1935, ac erbyn diwedd y degawd roedd gweithfeydd dur newydd sbon yn East Moors, Caerdydd. Serch hynny, erbyn diwedd y tridegau, roedd y grymoedd economaidd a wthiai ddiwydiant i lawr y cymoedd a thuag at yr arfordir yn greulon o glir.

Yn y dauddegau wynebodd y diwydiant tunplat yntau gyfnod anodd; yn 1925 roedd 5,000 o weithwyr tunplat di-waith yn Llanelli, ac erbyn 1930 roedd 68 y cant o weithwyr yswiriedig y diwydiant yn ddi-waith. Eto i

Dosrannu platiau tun, ardal Llanelli.

gyd, gwellodd pethau ryw gymaint erbyn canol y tridegau ac o'i gymharu â'r blynyddoedd cynt bu gweddill y degawd yn eithaf sefydlog.

Gwelwyd gwahaniaethau sylweddol hyd yn oed y tu mewn i'r meysydd glo. Oherwydd maintioli ei farchnad gartref bu maes glo gogledd Cymru'n llwyddiannus trwy'r dauddegau cyn iddo ildio yn y degawd canlynol. Yn ne Cymru, roedd maes glo carreg y gorllewin a'i farchnadoedd arbenigol yn ddigon prysur, ond drylliwyd maes glo stêm y dwyrain. Roedd y maes glo stêm yn llawer mwy o ran nifer y gweithwyr a maint ei gynnyrch, ac fe'i tanseiliwyd yn llwyr gan ddiflaniad ei farchnad. Dyma'r maes glo a ddarparodd lo ar gyfer llongau ager y llynges, ond roedd llongau'r llynges yn troi at olew. Anodd hefyd oedd y farchnad allforio glo stêm oherwydd y newid mewn patrymau masnachu ac ailagor maes glo'r Ruhr yn yr Almaen i farchnadoedd ehangach ar ôl y Rhyfel Byd Cyntaf. Ond nid dyma oedd yr unig resymau. Yn ddaearegol, maes anodd fu maes glo'r de erioed, ac er nad oedd gwell o ran ansawdd y glo, roedd yn llafurus ac yn ddrud ei gloddio. Oherwydd yr anawsterau daearegol a'r diffyg anogaeth i fuddsoddi mewn peiriannau newydd i dorri'r glo, llusgodd de Cymru ar ôl y meysydd glo eraill o ran mecaneiddio dulliau cynhyrchu, sefyllfa a brysurodd ei fachlud. Yn fwy na dim efallai, roedd dychwelyd i'r safon aur yn 1924 wedi gorbrisio'r bunt, gan wneud allforion yn ddrutach o'u cymharu â'r gystadleuaeth. I faes glo a yrrwyd gan allforion, ergyd farwol oedd hon. Yn 1936 allforiwyd 16,000,000 o dunelli o faes glo'r de – llai na hanner yr hyn a allforiwyd yn 1913.

Erbyn i'r economegydd Americanaidd, Eli Ginzberg, gyrraedd de Cymru tua diwedd y tridegau roedd pethau wedi gwella'n sylweddol ond, serch hynny, disgrifiodd y profiad fel ymweliad â 'hell on earth'. Roedd nifer y di-waith yn amrywio o ardal i ardal: yn ardal ddiwydiannol y de yn 1930, 32 y cant oedd canran y di-waith ymhlith y boblogaeth yswiriedig, ond cuddio'r drychineb mewn rhai lleoedd oedd y ffigyrau hyn. Ym Merthyr, er enghraifft, roedd hanner y gweithlu yswiriedig heb waith. Yn 1934, datgelodd adroddiad Syr Wyndham Portal ar ardaloedd dirwasgedig de Cymru fod 46 y cant o ddynion yswiriedig yr ardal yn ddi-waith, 81,000 ohonynt yn llwyr ddi-waith. Hyd yn oed wrth i amgylchiadau wella, parhaodd yr ystadegau'n ystyfnig o uchel. Yn 1935, roedd 70 y cant o'r glowyr ym Merthyr a Dowlais yn ddi-waith, ac yn ardaloedd uchaf Rhondda Fach a Rhondda Fawr, yn Nhreorci, Tonypandy, Porth a Glyn Rhedynog, roedd yn agos at 15,000 o lowyr di-waith, dim ond 800 yn llai nag yn 1931 a hynny er gwaetha'r ffaith fod nifer y glowyr cofrestredig wedi disgyn yn sylweddol.

Roedd diweithdra ar raddfa eang yn rhemp am genhedlaeth, gyda degau o filoedd o ddynion yn treulio blynyddoedd ar y clwt. Trwy Gymru gyfan yn 1938 roedd 25 y cant o'r rhai di-waith allan o waith ers blwyddyn a mwy. Ym Mryn-mawr yn 1934, roedd 57 y cant o lowyr di-waith yr ardal heb weithio ers dwy flynedd a mwy, a bron 30 y cant o'r rhai dros ddeugain oed yn ddi-waith ers mwy na phedair blynedd.

Allfudo oedd y canlyniad arswydus ac anochel, a daeth hyn yn glir yn ystadegau cyfrifiad 1931 a ddangosodd ostyngiad enfawr yn y boblogaeth yn y degawd cynt. Amcangyfrifwyd i ryw 242,000 o bobl adael de Cymru rhwng 1921 ac 1931, gyda gostyngiad o 70,000 o bobl ym mhoblogaeth gyfan yr ardal. Torrodd hyn at fêr esgyrn cymunedau ar draws y maes glo: collodd y Rhondda ac Aberpennar 22 y cant o'u trigolion ac Abertyleri gymaint â 29 y cant. Tebyg fu'r stori trwy'r tridegau ac amcangyfrifir i agos at hanner miliwn o bobl adael Cymru rhwng 1921 ac 1938, y rhan fwyaf ohonynt o sir Forgannwg a sir Fynwy. Dyma'r raddfa ddiboblogi uchaf o bob ardal yn y Deyrnas Unedig, ac mae'n dystiolaeth huawdl i natur y drychineb a ddaeth i ran Cymru. Symudodd cannoedd o filoedd o Gymry i Slough, Coventry, Rhydychen a mannau eraill i weithio yn y diwydiannau newydd, a'u halltudiaeth orfodol oedd pris dychrynllyd y chwalfa economaidd.

Daeth newidiadau sylfaenol i adeiledd diwydiant amaeth Cymru yn y blynyddoedd ar ôl y Rhyfel Byd Cyntaf. Yn y ganrif gynt, crynhowyd tirberchnogaeth yn ystadau enfawr y landlordiaid, ond ar ôl y rhyfel aeth llawer o'r ystadau hyn i drafferthion, eu rhannu'n unedau a'u gwerthu i'r tenantiaid. Cyn hynny, dim ond 10 y cant o dir Cymru oedd yn nwylo perchnogion o ffermwyr, ond erbyn 1935 roedd y canran hwnnw wedi neidio i 35 y cant. Fodd bynnag, cafodd y perchnogion newydd eu hunain mewn sefyllfa economaidd ddirywiol rhwng 1920 ac 1922 wrth i brisiau gwympo ac, er i bethau wella rywfaint tua chanol y tridegau, argyfyngus oedd cyflwr yr economi gwledig o hyd. Yn ystod y degawd hwnnw, gostyngodd nifer y llafurwyr amaethyddol gan draean, a chwympodd nifer yr aceri o dir âr bob blwyddyn rhwng 1917 ac 1939; erbyn 1930 roedd aceredd tir âr Cymru'n debyg i'r hyn a fu yn yr 1860au. Dioddef fu hanes diwydiant gwlân gorllewin Cymru hefyd wrth i streiciau a dirwasgiad cymoedd y de wasgu ar ei farchnadoedd. Yn y dauddegau caeodd un ar hugain o felinau gwlân yn Nre-fach Felindre, un o brif ganolfannau'r diwydiant. Mae'n wir i'r pwyslais newydd ar gynhyrchu llaeth ddod â pheth sefydlogrwydd i'r economi gwledig, a rhwng 1934 ac 1939 gwelwyd codiad sylweddol yn nifer y cynhyrchwyr llaeth yng Nghymru. Serch hynny, wynebai'r economi gwledig anawsterau dybryd drwy'r cyfnod.

Roedd cynllunio economaidd ffurfiol a chymorth rhanbarthol yn gasbethau gan gyfres o lywodraethau, a phrin iawn oedd y polisïau i leddfu'r sefyllfa ar wahân i annog allfudo i ardaloedd mwy llewyrchus. Erbyn canol y tridegau, roedd y sefyllfa'n wir argyfyngus ac, yn 1934, pasiwyd Deddf Datblygu a Gwella'r Ardaloedd Arbennig, a neilltuwyd dau gomisiynydd i 'ofalu' am yr ardaloedd dirwasgedig, y naill yn yr Alban a'r llall yn Lloegr a Chymru. Syr Malcolm Stewart a benodwyd yn gomisiynydd Lloegr a Chymru, a bu'n llafar iawn ei ble am gymorth pellach i wella'r sefyllfa. Yn 1936, yn sgil pasio Deddf Adlunio'r Ardaloedd Arbennig, sefydlwyd corfforaeth a chanddi gyfalaf o £1 miliwn i gynorthwyo adferiad yr economi.

Yn 1936 ymwelodd y Brenin Edward VIII â Dowlais a datgan, er embaras ac anfodlonrwydd i'r llywodraeth, y geiriau enwog 'Something must be done'. Ychwanegodd ymateb y brenin at y pwysau ar y llywodraeth a chyn diwedd y degawd gwelwyd arwyddion o ymyriad o du'r wladwriaeth. Arweiniodd Deddf yr Ardaloedd Arbennig 1937 yn y pen draw at sefydlu ystâd fasnachol Trefforest yn 1938. Yn 1936 dangosodd adroddiad ar y dichonoldeb o sefydlu ystâd fasnachol fod 38 y cant o'r boblogaeth yswiriedig o fewn dalgylch deng-milltir o Drefforest yn ddi-waith. Ym Mhontypridd, ychydig o filltiroedd i'r gogledd o'r datblygiad arfaethedig roedd 53 y cant o'r boblogaeth yswiriedig yn ddi-waith. Cyfeiriwyd gwŷr busnes Iddewig, a oedd wedi ffoi o'r Almaen Natsïaidd, tuag at yr ystâd fasnachol ac erbyn 1939 Iddewon oedd yn berchen ar 49 o'r 78 o fusnesau yno. Erbyn dechrau'r Ail Ryfel Byd, cyflogwyd mwy na 2,000 o bobl yn Nhrefforest ac roedd adlunio'r economi Cymreig wedi cymryd ei gamau simsan cyntaf. Yn anfoddog y caniatawyd y gwelliannau hyn ac fel y dywedodd Ted Rowlands: 'You get the beginnings of regional policy and of course that brings Welsh politicians into a whole new ball game. They're in the game now of going and getting from the centre. They see the power lines to redistribute industry; it's the birth of modern, representative, regional politics.' O hyn ymlaen ac am ddegawdau wedyn, y wladwriaeth fyddai'r elfen ganolog yn economi Cymru.

Nid oes yr un peth sy'n dangos hyn yn well na'r datblygiadau a ddigwyddodd yn ystod yr Ail Ryfel Byd, gan mai'r rhyfel ei hun a barodd ailgyfansoddi seiliau economaidd Cymru ac a weddnewidiodd fyd y di-waith. Roedd tri phrif ffactor yn gyfrifol am y newid yn y dirwedd economaidd. Yn gyntaf, daeth galw o'r newydd am lo a dur, er mwyn cynhyrchu egni ac i hyrwyddo'r ymdrech ryfel. Yn ail, agorwyd ffatrïoedd newydd i gynhyrchu defnyddiau rhyfel a chanolfannau i'w dosbarthu, a'r rhain wedi'u staffio gan fenywod yn bennaf. Yn ystod y dirwasgiad crebachodd economi'r Barri yn arw, ond yn sydyn gwelir y dref yn ffynnu eto wrth i'r economi lleol dyfu yn sgil sefydlu'r Barri yn ganolfan cynhyrchion petroliwm ac olew yn ystod y rhyfel. Lleolwyd ffatrïoedd enfawr newydd yng Nghaerdydd, Hirwaun, Pen-y-bont ar Ogwr, Pont-y-pŵl, Wrecsam a'r Wyddgrug, pob un yn gymorth i liniaru problemau economaidd difrifol yr ardaloedd hynny. Erbyn 1942, roedd ffatri arfau Wrecsam wedi ymledu'n syfrdanol gan gyflogi 11,000 o bobl, mwy nag a gyflogwyd trwy holl faes glo'r gogledd ar y pryd. Yn drydydd, adleolwyd rhai diwydiannau hanfodol o ardaloedd yn Lloegr i gefn gwlad Cymru oherwydd eu bod yn llai tebyg o gael eu bomio yno. Trawsffurfiwyd yr economi mewn rhai mannau wrth i ddiwydiannau, rhai peirianegol gan mwyaf, fudo iddynt; gwelwyd effaith hyn yn glir wrth i bedair ffatri fawr gael eu hadeiladu yng Nghyffordd Llandudno, Bangor, Caernarfon a Biwmares ar gyfer cwmnïoedd megis Daimler a Laird. Rhesymau diogelwch hefyd oedd y tu ôl i symud adran adloniant ysgafn y BBC o Lundain i Fangor lle cynhyrchwyd rhaglenni enwog megis ITMA.

O ystyried y ffactorau uchod gyda'i gilydd, gwelwn gymaint fu'r gweddnewid ar economi Cymru: i bob pwrpas, diflannodd diweithdra – yn wir, roedd rhaid recriwtio 'Bevin Boys', sef bechgyn a fyddai fel arall wedi mynd i'r lluoedd arfog, o bobman i weithio yn y pyllau er mwyn cynnal y lefelau o gynhyrchu glo; newidiodd natur y gweithlu o fod yn ddynion yn bennaf i gynnwys nifer sylweddol iawn o fenywod; trawsnewidiwyd ardaloedd eang o Gymru wledig; a chynyddodd nifer y ffatrïoedd yn aruthrol.

Os y rhyfel a osododd seiliau datblygiad y newidiadau economaidd hyn, yr adlunio ar ôl y rhyfel a atgyfnerthodd y tueddiadau i gynllunio'n fwy canolog. Yn 1945 ysgubodd y Blaid Lafur i rym, ac roedd yn benderfynol o rwystro'r difrod a ddaethai i'w thiriogaethau 'traddodiadol' megis de Cymru rhag digwydd eto. Yn wir, roedd y llywodraeth newydd yn llwyr fodlon defnyddio grym y wladwriaeth i sicrhau hynny. Gwrthodwyd polisïau marchnad rydd y dauddegau a'r tridegau a'u difrïo. Dyma bolisïau a welodd ffyniant yng nghanolbarth a de Lloegr a phrinder mewn rhai ardaloedd yng ngogledd Lloegr, yr Alban a Chymru ac, erbyn hyn, nid Sosialwyr oedd yr unig rai oedd yn mynnu newid. O ganlyniad, derbyniwyd ar raddfa eang yr angen i'r wladwriaeth gynllunio'n ganolog ac ymyrryd yn ôl y galw. Gellid dadlau mai yng Nghymru y gwelwyd prif effeithiau'r polisïau hyn wrth i'r wlad gael ei dominyddu gan y diwydiannau gwladol newydd. Gwladolodd y llywodraeth rannau helaeth o'r economi, a'r diwydiannau hyn a ddeuai'n sail i'r economi Cymreig.

Gwladolwyd y diwydiant glo ar 1 Ionawr 1947, cam tyngedfennol yn hanes yr economi Cymreig. Roedd rhai'n arswydo rhag y datblygiad hwn. Meddai Syr Harry Llewellyn, aelod o deulu o feistri glo a pherchennog Pwll y Rhigos ger Aberdâr: 'I hated it, I hated it. I had to find something else to do. It was nice owning a colliery . . . but I simply hated nationalization.' Atgof go wahanol oedd gan Philip Weekes, a oedd wedi dechrau ar ei yrfa fel rheolwr pwll ryw flwyddyn cyn hynny: 'When I started as a manager the industry was in a pretty bad shape, but when we were nationalized it was an immensely exciting time. There was a tremendous amount of capital investment available and we mechanized everything that didn't move and made new collieries, closed old ones. A very exciting time indeed.' Yn 1951, gwladolwyd y diwydiant dur er iddo gael ei ddadwladoli'n fuan wedyn gan y llywodraeth Geidwadol a ddilynodd. Yn 1967, fe'i gwladolwyd unwaith yn rhagor, dim ond i gael ei ailbreifateiddio yn 1988.

Nid y diwydiannau glo a dur yn unig a wladolwyd. Dyna oedd tynged diwydiannau eraill megis y rheilffyrdd, nwy a thrydan hefyd. O ychwanegu llywodraeth leol ac addysg at y rhain, erbyn y pumdegau y wladwriaeth i raddau helaeth oedd yn perchenogi, yn ariannu ac yn rheoli economi Cymru. Mae rhai wedi mynd mor bell â dadlau bod economi Cymru yn y cyfnod ar ôl yr Ail Ryfel Byd yn debycach i'r hyn a geid mewn gwlad Gomiwnyddol yn nwyrain Ewrop nag economi cyfalafol marchnad rydd, er mai gor-ddweud yw hyn.

Yn ogystal â gwladoli, roedd gan y llywodraeth arf arall, sef cynllunio economaidd rhanbarthol, polisi a ddaeth i fod yn sgil Deddf Dosbarthu

Gweithfeydd dur Margam, ychydig ar ôl iddynt agor yn y pumdegau.

Diwydiant 1945. Bwriad y Ddeddf hon oedd cyfeirio buddsoddiadau newydd i'r ardaloedd lle roedd yr angen mwyaf. Defnyddiwyd ystod eang o bolisïau i fynd â'r maen i'r wal, gan gynnwys cynnig grantiau i gwmnïau a datblygu'r isadeileddau angenrheidiol. Yn 1948, ymsefydlodd cwmni Hoover ym Merthyr Tudful, gan achub y dref rhag ei sefyllfa economaidd argyfyngus, a denwyd cwmnïau megis Revlon, Ford ac Esso i Gymru gan bolisïau rhanbarthol. Yr un flwyddyn dechreuwyd cynhyrchu neilon ym Mhont-y-pŵl. Ddwy flynedd cyn hynny yn 1946, ffurfiwyd Cwmni Dur Cymru a rhoddwyd cychwyn ar y gwaith o adeiladu gwaith dur enfawr ym Margam ger Port Talbot er na chynhyrchwyd dur yno tan 1950–1. Yn ei anterth yn y chwedegau a'r saithdegau roedd yn cyflogi 16,000 o ddynion a daeth â safon byw hollol newydd i'r ardal. Cynigiai Margam waith sefydlog a chyflog da, a llysenwyd Port Talbot yn 'Ynys y Trysor'. Nid de Cymru'r tridegau a fodolai bellach.

Goroesodd yr economi Cymreig newidiadau gwleidyddol y cyfnod ar ôl yr Ail Ryfel Byd mewn cyflwr lled gadarn. Trowyd y ffatrïoedd arfau yn ystadau diwydiannol gan gynnal lefel uchel o gyflogaeth. O ran y ffatrïoedd a symudodd i Gymru yn ystod y rhyfel, aros yn eu cartrefi newydd fu hanes nifer ohonynt ac, er i lawer newid eu cynnyrch a'u perchnogion, parhau a wnaethant i gynhyrchu nwyddau ac i gynnig gwaith. Yn ystod y pumdegau cafodd Cymru ei siâr o ffyniant cymharol yr economi Prydeinig; cynyddodd cyflogau ac aeth diweithdra'n angof bron. Hyd yn oed yng ngorllewin Cymru, lle roedd hi'n anodd denu buddsoddiadau newydd, cafwyd cyfres o fuddsoddiadau a ddaeth â pheth llewyrch yn eu sgil. Cyllidwyd nifer o brosiectau peirianegol gan arian cyhoeddus megis cynllun trydan-ddŵr Ffestiniog a agorwyd yn 1959 ac adeiladu cronfa ddŵr Tryweryn. Hefyd dechreuwyd adeiladu atomfa Trawsfynydd yn 1961, gydag atomfa'r Wylfa ar Ynys Môn yn ei dilyn rhai blynyddoedd wedyn. Cynllun a ariannwyd gan y sector preifat oedd sefydlu gwaith Rio Tinto ar Ynys Môn yn 1971. Yn ne-orllewin Cymru daeth olew yn elfen bwysig yn yr economi: mewnforiwyd 15 miliwn o dunelli o olew trwy Aberdaugleddau yn 1965 a'r flwyddyn wedyn dechreuodd cwmni Gulf Oil adeiladu ei burfa olew ym Mhenfro. Ac yn y gogledd buddsoddodd Shell yn helaeth mewn adnoddau ar Ynys Môn.

Fodd bynnag, erbyn y chwedegau daeth yn fwyfwy amlwg fod degawd a mwy o sefydlogrwydd yn dirwyn i ben, a gwelwyd cyfnod hir o newidiadau ysgubol a arweiniodd at sefydlu math gwahanol iawn o economi erbyn y nawdegau. Problem sylfaenol economi Cymru yn y pumdegau oedd ei fod yn orddibynnol ar y diwydiannau glo a dur a sefydlwyd yn y bedwaredd ganrif ar bymtheg. Roedd glo'n ildio ei le i olew, ac roedd glo Cymru'n anos ac yn ddrutach ei gloddio na glo meysydd eraill ym Mhrydain. Roedd yr ateb yn eglur: roedd angen cynllun a fyddai'n annog symud oddi wrth y diwydiant glo a thuag at ddiwydiannau newydd. Dyma'r polisi a weithredwyd gan y llywodraeth Geidwadol ddiwedd y pumdegau a chan y llywodraeth Lafur a ddaeth i rym yn 1964. Rhwng 1956 ac 1969, caewyd pedwar ar ddeg o byllau glo yn ardal Rhydaman, sir Gaerfyrddin yn unig. Disgynnodd nifer y pyllau yn ne Cymru o 141 yn 1959 i 55 yn 1969 ac erbyn 1979 dim ond 37 oedd ar ôl. Yn ystod yr un cyfnod disgynnodd nifer y glowyr o 93,000 i 28,000.

Yr un pryd, roedd yna ymgais i ail-leoli gweithwyr mewn llefydd megis ffatri Ford yn Abertawe, gwaith BP yn Llandarcy a'r gwaith petrocemegol ym Mae Baglan, Port Talbot. Trwy'r tridegau roedd yna duedd gynyddol i symud gwaith allan o'r cymoedd i'r ardaloedd yn nes at yr arfordir. Ategwyd hyn gan ddatblygiad trefi megis Pen-y-bont ar Ogwr a Llantrisant (cartre'r Bathdy Brenhinol er 1968) fel canolfannau o dwf economaidd. Yn ystod y saithdegau a'r wythdegau cwblhawyd yr M4, gan greu dolen gyswllt rhwng y canolfannau hynny a de a chanolbarth Lloegr. Ni fu'r ailstrwythuro economaidd mor amlwg yng ngogledd Cymru, ond digwyddodd proses debyg yno gyda chau gweithfeydd traddodiadol fel chwarel llechi Dinorwig ac agor ffatrïoedd newydd megis Ferodo yng Nghaernarfon. Ymhen hir a hwyr cafodd ardaloedd arfordir y gogledd hwythau eu cysylltu â chytrefiadau cyfagos yn Lloegr, yn arbennig Manceinion, trwy gyfrwng yr A55.

Erbyn y chwedegau daeth hefyd yn amlwg fod angen ad-drefnu sylfaenol ar y diwydiant dur yn wyneb newidiadau technolegol a chystadleuaeth o wledydd tramor. Cafwyd cyfnod anodd, gyda gweithiau naill ai'n cau neu'n crebachu. Caewyd Glynebwy yn 1978 a'r un flwyddyn caeodd East Moors (Caerdydd), gweithfa a agorwyd fel ymgais i ddatrys problem diweithdra yn y blynyddoedd rhwng y rhyfeloedd. Yn 1980, ar ôl blynyddoedd o gynllunio a lobïo gwleidyddol, caewyd gwaith dur enfawr Shotton ar lannau Dyfrdwy. Ar y pryd Shotton oedd y weithfa fwyaf i gau, a chollwyd 11,000 o swyddi o ganlyniad. Serch hynny, cyflym fu adfywiad economaidd yr ardal honno.

Rhoddodd sefydlu'r Swyddfa Gymreig yn 1964 hwb sylweddol i'r ymgais i ailgyfeirio'r economi Cymreig i ffwrdd o'i orddibyniaeth ar lo a dur, a mwy byth roedd dylanwad Cyngor Economaidd Cymru a ddaeth i fod yn 1966. Fel y cofiodd ei gadeirydd Syr Melvyn Rosser, ymgais oedd hyn i ail-lunio economi Cymru: 'Wel, roedd economi Cymru . . . yn seiliedig ar y diwydiannau mawrion sef dur a glo. Roedd yna angen am gwmnïau, llawer mwy ohonyn nhw fel bod yna fwy o gydbwysedd drwy'r economi.'

Bu'r wythdegau'n gyfnod o drawsnewid helaeth yn hinsawdd economaidd Cymru; yn wir, gellid dadlau na phrofodd yr un rhan o Ewrop newid mor syfrdanol. Cafodd y diwydiant dur, a oedd eisoes wedi crebachu erbyn 1979, ei daro unwaith eto nid yn unig gan gau Shotton ond hefyd gan golli swyddi ym Mhort Talbot a Llanwern, yr unig ddau waith mawr a oroesai. Yn 1988 preifateiddiwyd y diwydiant dur, a chyda chau gwaith Brymbo yn y gogledd-ddwyrain yn 1990 daeth diwedd, i bob pwrpas, i ddiwydiant a fu'n rhan hanfodol o economi'r ardal am fwy na dau gan mlynedd.

Ond difa'r diwydiant glo a achosodd y newid mwyaf trawiadol. Yn sgil rhaglen i gau'r pyllau yn yr wythdegau daeth gwrthdaro, ac yn sgil y gwrthdaro daeth un o anghydfodau diwydiannol mwyaf dramatig ac anhygoel y ganrif: streic 1984–5. Hwn oedd safiad olaf y glowyr wrth iddynt ymdrechu'n ofer i achub eu diwydiant. Ar ôl y streic dwysawyd y rhaglen gau, gyda phwll y Maerdy, y pwll olaf yn y Rhondda yn cau yn 1990. Ymlafniodd pwll y Parlwr Du yn y gogledd ymlaen hyd 1996. Wedi i hwnnw hefyd gau, dim ond un pwll dwfn oedd ar ôl, sef Glofa'r Tŵr ger Aberdâr. Roedd y Tŵr o dan fygythiad, ond cafodd ei achub gan y gweithlu ei hun. Erbyn diwedd y nawdegau roedd y diwydiant a fu gynt yn tra-arglwyddiaethu yng Nghymru wedi diflannu bron. Yn 1921 roedd mwy na chwarter miliwn o lowyr yng Nghymru. Erbyn diwedd y ganrif dim ond 700 oedd ar ôl, ac i bob pwrpas roedd diwydiant a oedd wedi chwarae rhan mor allweddol ym mywyd Cymru, yn economaidd, yn gymdeithasol, yn wleidyddol ac yn ddiwylliannol, wedi dod i ben ei daith.

Yn ystod yr wythdegau, cynyddodd y newid-iadau oedd eisoes i'w canfod yn y degawd cynt, a phrofodd yr economi Cymreig chwyldro trawsnewidiol. Chwalodd yr economi traddod-iadol ac, ar yr un pryd, preifateiddiwyd y diwydiannau gwladoledig hynny a oedd wedi cynnal Cymru. Daeth y farchnad rydd i ddisodli peirianwaith cynllunio'r diwydiannau gwladoledig a'r rhaglenni cymorth rhanbarthol. Wrth i oblygiadau'r Farchnad Sengl Ewrop-eaidd ddod i'r amlwg ar ôl 1992, fe ddaeth hi'n eglur hefyd fod economi Cymru'n goroesi i raddau helaeth oherwydd y newidiadau a ddaeth i natur a chymeriad yr economi yn sgil denu buddsoddiadau o'r tu allan i'r wlad. Denwyd buddsoddwyr tramor i Gymru gan y manteision ariannol ac economaidd a gynigid, ac roedd y llwyddiant a gafwyd yn aruthrol. Yn ystod y deng mlynedd rhwng 1982 ac 1992, Cymru oedd y rhanbarth mwyaf llwyddiannus yn y Deyrnas Unedig wrth ddenu buddsodd-iadau tramor i ariannu prosiectau a swyddi newydd fel ei gilydd. Yn y cyfnod hwnnw,

> **Emlyn Williams**
>
> Wales will never be the same without miners. We were the vanguard, there's no argument. We led the Wales TUC and as far as ability and militancy were concerned, we were looked upon as *the* best. But apart from all that, we developed a culture in south Wales: the annual Miners' Eisteddfod, the Miners' Welfare, the women's section, everything – the bands – you name it, and the south Wales miner out of his weekly pay made a contribution. We had coal industry social welfare but, fundamentally, it was the man in the pit who was paying for it. That has been abolished, it's a different world here now. Years ago you could go down the club, you went to chapel and you would be proud of the fact that you were part of a congregation, a part of a family. That family was destroyed. Thatcher destroyed that family and without it, I don't honestly know how we are going to go ahead without the miners.

daeth buddsoddiadau tramor o fwy na £5 biliwn, yn ogystal â £1 biliwn o Brydain ei hun, i Gymru. Daeth mwy nag 20 y cant o'r holl fuddsoddiadau a ddaeth i'r Deyrnas Unedig o'r tu allan i goffrau Cymru hefyd, er gwaetha'r ffaith mai dim ond 5 y cant o boblogaeth y Deyrnas Unedig oedd yn byw yng Nghymru, record nodedig iawn.

Dechreuodd y broses adeg sefydlu cwmni moduron Ford ym Mhen-y-bont ar Ogwr yn 1980. Dilynwyd Ford gan sawl cwmni pwysig o Siapan: Sony ym Mhen-y-bont ar Ogwr, Sharp yn Wrecsam a Toyota ar lannau Dyfrdwy. Roedd cyfraniad Siapan yn hanfodol bwysig, ond fe ddaeth y buddsoddiad mwyaf gan wlad arall o'r Dwyrain Pell pan fuddsoddodd LG, cwmni o Korea, £1.6 biliwn yng Nghasnewydd. Erbyn 1993 cyflogwyd bron i 33,000 o weithwyr Cymru mewn 212 ffatri â'u pencadlysoedd yn yr Unol Daleithiau. Gweithiai 12,000 i 33 cwmni oedd yn hanu o Siapan ac 20,000 arall mewn ffatrïoedd a busnesau a oedd yn eiddo i gwmnïau ar dir mawr Ewrop. Yn ôl amcangyfrif Awdurdod Datblygu Cymru, llifodd buddsoddiadau gwerth £10 biliwn i Gymru rhwng 1983 a 2000.

Er ei lwyddiant, mae'r polisi o ddenu buddsoddi o'r tu allan hefyd wedi ei feirniadu am sawl rheswm. Yn gyntaf oll, golygodd fod rheolaeth cyfran

Yr Arglwydd Crickhowell
(Nicholas Edwards)

Thatcherite policies were adaptable and there's no doubt that in Wales we adapted them quite freely. I think Peter Walker continued very much the policies that I'd started in that respect and indeed David Hunt after him so that we had a consistent use of those instruments and the weapons that were needed to achieve what was a very, very remarkable transformation of the Welsh economy over that period. When I came in, things were very rough. The Labour government had been in great difficulties economically. They had had to close steel plants around Wales. Plants were closing left, right and centre. They closed even faster for the first year or two and we were faced with very, very grim problems. But by using the WDA and the grant system and by developing training programmes and using the European resources and by vigorously going out and looking for inward investment we suddenly – and it really was quite sudden in the history of economics – transformed the whole scene, and Wales, which had for what, seventy years, faced industrial dereliction and decline and an appalling set of social problems suddenly turned around and the attitudes changed. I used to talk about the begging-bowl mentality in the early years. There was a sense of defeatism, there really was and then, suddenly, by the end of the 1980s, Wales realized it was doing rather well; it was doing better than many other parts of the UK and confidence grew.

helaeth o economi Cymru yn nwylo cwmnïau o wledydd pell. O ganlyniad, câi economi Cymru ei effeithio gan gyflwr economi'r gwledydd hynny, fel y digwyddodd yn ystod trafferthion economaidd Dwyrain Asia yn 1998 a effeithiodd ar fuddsoddiad LG. Yn ail, mae rhai'n awgrymu mai swyddi sy'n gofyn am sgiliau isel yw llawer o'r swyddi hyn. Er bod peth gwirionedd yn y cyhuddiad hwn, daeth ail don o fuddsoddi â mwy o swyddi sgiliau lefel uchel yn y sector ymchwil a datblygu. Yn drydydd, ni ddaeth y buddsoddi â manteision i bob rhan o Gymru. Hen siroedd Clwyd a Gwent a elwodd yn bennaf, ac erbyn y nawdegau roeddent wedi denu bron i chwarter o'r swyddi newydd, gyda chanran ychydig yn is yn mynd i'r hen Forgannwg Ganol. Lleoliad yr ardaloedd hyn oedd yn rhannol gyfrifol am eu llwyddiant wrth ddenu buddsoddwyr, gyda siroedd y de yn agos at yr M4 a rhai'r gogledd o fewn cyrraedd hwylus i draffyrdd Lloegr ac i faes awyr Manceinion. Ond dyna hefyd yr ardaloedd a ddioddefodd fwyaf yn sgil dirywiad y diwydiannau traddodiadol. Roedd yna rywfaint o fuddsoddi mewn ardaloedd eraill, megis y canolbarth a Gwynedd, ond ni chafodd fawr o effaith ac roedd datblygiad economaidd y Gymru wledig yn parhau i fod yn broblem ar ddiwedd y ganrif. Ond llwyddiant diymwad oedd y buddsoddi o'r tu allan er gwaetha'r feirniadaeth uchod. Hebddo, ni fyddai gan Gymru sylfaen economaidd amryfal a chanddi sector cynhyrchu cryf wedi'i wreiddio'n gadarn yn y diwydiant electroneg, y diwydiant ceir a'r diwydiant cemegol. O ganlyniad, ni wnaeth dirwasgiad y nawdegau cynnar, a ddinistriodd hyder byd busnes de Lloegr, fawr o argraff ar Gymru, roedd canran y di-waith yn is nag mewn llawer rhan o'r Deyrnas Unedig a bach oedd yr effaith ar raddfeydd cynhyrchu. O safbwynt gwlad a ddioddefodd gymaint yn ystod y tridegau roedd y ffyniant hwn yn destun rhyfeddod.

Ond nid oes modd osgoi'r ffaith fod economi Cymru'n ymylol ei ddaearyddiaeth i galon aur yr Undeb Ewropeaidd ac nid yw ei gynnydd cyflym a'i allu i ymaddasu eto wedi llwyddo i'w osod ar yr un tir â'r rhanbarthau sydd yn meddu ar yr amgylchiadau mwyaf breintiedig. Parhaodd y Cynnyrch Mewnwladol Crynswth (GDP) i fod yn is y pen yng Nghymru na'r cyfartaledd yn y Deyrnas Unedig ac Ewrop. Yn 1983, roedd y GDP yng Nghymru yn 85.2 y cant o gyfartaledd y Deyrnas Unedig; erbyn 1994 roedd wedi gostwng ychydig i 84.7 y cant a disgynnodd ymhellach erbyn diwedd y ganrif. Hefyd roedd cyflogau Cymru'n is na'r rhai mewn mannau eraill drwy'r nawdegau, a chostau llafur yn rhatach nag unman arall yn y Deyrnas Unedig. O ganlyniad, roedd gwariant trigolion Cymru 10 y cant yn is na'r cyfartaledd ar gyfer y Deyrnas Unedig. Denwyd peth o'r buddsoddi o'r tu allan naill ai gan y cyflogau isel hyn neu gan gymelliadau ariannol sylweddol. Er cydnabod rhai gwendidau parhaol ym mherfformiad economaidd Cymru, ni ddylid diystyru'r hyn sydd fwyaf arwyddocaol am yr economi yn ystod degawdau ola'r ganrif. Er mor drawiadol oedd lefelau cynhyrchu a sefydlogrwydd tymor hir, y peth mwyaf syfrdanol oll yw ei fod wedi newid cymaint mewn cyn lleied o amser. Pe na bai'r economi wedi'i newid mewn ffordd mor llwyddiannus, byddai'r sefyllfa'n llawer mwy truenus. Roedd llwyddiant Cymru wrth ddenu buddsoddiadau o'r tu allan yn elfen hanfodol yn y broses o drawsnewid yr economi, ond ni ddylid anghofio'r cynnydd a ddibynnai ar ymdrechion brodorol. Chwaraeodd Awdurdod Datblygu Cymru (WDA) ran bwysig yn hyn. Sefydlwyd yr Awdurdod gan y llywodraeth Lafur yn 1976 i lywio'r newidiadau oedd ar y gweill yn yr economi. Siarsiwyd yr Awdurdod i godi lefel cyfoeth ac ansawdd bywyd yng Nghymru trwy symbylu menter a thwf mewn busnesau brodorol a thrwy wella'r amgylchfyd. Fel y cofiodd John Morris, ysgrifennydd gwladol Cymru adeg sefydlu'r Awdurdod:

> Ro'n i'n meddwl o sicrhau fod 'na gorff annibynnol oedd yn gweithredu o fewn canllawiau, ac yn wir fod ei ddyletswyddau yn cael eu goruchwylio yn weddol fanwl ond yn sefyll ychydig o'r neilltu i'r Swyddfa Gymreig, fasa gyda chi arf gwell i ailadeiladu diwydiant yng Nghymru. Do'n i ddim yn meddwl bod y profiad na'r athroniaeth gyda'r gwasanaeth sifil i'w wneud e. Roedd rhaid cymryd mwy o risg, ac roedd rhaid gweithio efallai yn anuniongyrchol ac efallai ddim yn hollol o ran y patrwm traddodiadol . . . Mae'n gorff hanfodol i ddyfodol Cymru.

Ac yntau wedi'i sefydlu'n wreiddiol yn sgil datblygiadau yn yr Alban, goddiweddodd Awdurdod Datblygu Cymru bob corff tebyg nes dod yn asiantaeth fwyaf pwerus a llwyddiannus yr Undeb Ewropeaidd. Yn y dechrau, gwrthwynebwyd ei sefydlu gan y Blaid Geidwadol, ond pan

Rhodri Morgan

Wel, y broblem yw yr un broblem ag oedd hi mewn ffordd yn y chwedegau a hyd yn oed yn y tridegau, sef economi syml sydd gyda ni yng Nghymru nid economi cymhleth. Hynny yw, rŷn ni wedi bod yn tynnu'r glo mas o'r ddaear neu'n cynhyrchu dur a phethau ar raddfa syml; ond mae'r ochr gymhleth o'r economi rywle arall felly dŷn ni ddim yn cael y *value-added*, y gwerth sydd yn creu'r swyddi diddorol, y math o swyddi sydd yn dueddol o arwain at dâl uwch . . . Mae'r swyddi hynny y tu fas i Gymru a dyna'n problem ni ,ac felly pan fo swyddi'n cael eu colli yn y pyllau glo neu yn y gweithiau dur, dyw'r gallu a'r wybodaeth ddim gyda ni y tu mewn i Gymru i gynhyrchu swyddi drostom ni ein hunain . . . Ond os oes economi cryf a chymhleth 'da chi, chi'n gallu cynhyrchu'r swyddi drosoch eich hunain i gymryd lle'r hen rai sydd yn diflannu.

Dwi ddim yn gweud bod y WDA ddim wedi bod yn llwyddiannus ond y broblem yw pan ŷch chi'n colli, gwedwch, deng mil o swyddi yn y pyllau glo a chi'n adennill deng mil o swyddi yn cynhyrchu setiau teledu i gwmnïau o Japan neu Korea, y broblem yw fod deng mil o swyddi yn cynhyrchu setiau teledu a thâl hanner y lefel fyddai'r swyddi yn y pyllau glo.

Mae'r GDP, y lefel o gynnyrch crai tu mewn i'r economi ddim cystal ag oedd e; rŷn ni wedi llithro i lawr o gymharu â ble ro'n ni, o gymharu â llewyrchusrwydd economi Prydain Fawr i gyd.

ddaeth y blaid honno i rym yn 1979, sylweddolodd Nicholas Edwards, yr ysgrifennydd gwladol newydd, ei fod yn sefydliad gwerthfawr a chefnogodd ei waith.

Erbyn dechrau'r nawdegau, roedd gan yr Awdurdod gyllideb o £157 miliwn ac ar un adeg cyflogai ryw 400 o staff. Roedd ganddo swyddfeydd yn Awstralia, Gwlad Belg, Canada, Lloegr, Hong Kong, yr Eidal, Siapan, Korea a Taiwan, yn ogystal â thair swyddfa yn yr Unol Daleithiau. Nid oes dwywaith i adnoddau a blaengarwch Awdurdod Datblygu Cymru gyfrannu'n ddirfawr at y gwaith o ailadeiladu economi Cymru ar adeg o gwtogi llym ar y cyllid oedd ar gael tuag at gymorth rhanbarthol. Parodd rhai gweithredoedd digon amheus gryn embaras gwleidyddol yn ystod y nawdegau, a chollodd yr Awdurdod rywfaint o'i heffeithlonrwydd o ganlyniad i hynny. Eto, ar y cyfan, cafodd yr Awdurdod gefnogaeth o bob cwr o'r sbectrwm gwleidyddol. Mae'n eironig braidd mai trwy gyfrwng corff a weithredai'r math o ymyriad economaidd a oedd yn atgas gan y weledigaeth Thatcheraidd y gwelwyd gweithredu economeg y farchnad rydd ar ei fwyaf llwyddiannus yng Nghymru. Fel y cofiai Nicholas Edwards: 'Thatcherite policies were adaptable and there's no doubt that in Wales we adapted them quite freely.' O'r holl ysgrifenyddion gwladol a fu wrth y llyw wrth i Awdurdod Datblygu Cymru gyflawni ei swyddogaeth, dim ond John Redwood a heriodd o ddifrif rai o'i bolisïau. Fel y dywedodd yn ddiweddarach: 'I made a sizeable reduction in the WDA budget because I felt they could find more of their own money, and I thought they were doing more things than they needed to do. There was a danger that they were impeding the market which otherwise would have brought more jobs and more investment.' Ni chafodd ei eiriau eu heilio gan neb.

Erbyn diwedd y ganrif, felly, roedd economi Cymru wedi cael ei drawsnewid. Allan o'r pedwar prif ddiwydiant ar ddechrau'r ganrif, roedd tri –

tunplat, glo a llechi – wedi diflannu i bob pwrpas, tra bod y pedwerydd, dur, wedi'i ddarostwng yn enbyd. Roedd economi gwladoledig y pumdegau naill ai wedi diflannu neu wedi'i breifateiddio. Yn lle'r diwydiannau traddodiadol, daeth economi newydd i'r golwg wedi'i seilio ar ddiwydiannau gwasanaethu a chynhyrchu, ar uwch-dechnoleg ac ar ddiwydiannau newydd megis y cyfryngau, gan gynnwys y diwydiant teledu Cymraeg a ddaeth yn sgil sefydlu S4C yn 1982. Erbyn canol y nawdegau, Kwik Save ac Iceland o ogledd Cymru oedd y ddau gwmni Cymreig mwyaf, dau gawr yn y byd adwerthu. Doedd dim syndod y gallai John Major hawlio yn 1992 nad oedd unrhyw ran arall o Brydain wedi profi'r fath chwyldro economaidd â Chymru. Os oedd Cymru wedi ffrwydro i mewn i'r ugeinfed ganrif yn rym diwydiannol llewyrchus, hwyliodd i mewn i'r unfed ganrif ar hugain yn economi modern, os anghyflawn. Fel y dangosir uchod, roedd yr economi ar ddiwedd yr ugeinfed ganrif yn dal i arddangos rhai problemau difrifol, gan gynnwys cyflogau isel. Ond beth bynnag fydd y ddedfryd ar gyflwr yr economi Cymreig, mae un peth y tu hwnt i bob amheuaeth, sef hyblygrwydd Cymru wrth iddi ymaddasu i ofynion yr ugeinfed ganrif. Mae'r Cymry wedi byw trwy bŵm, dirwasgiad, ailstrwythuro, rheolaeth gan y wladwriaeth a phreifateiddio, ac maen nhw wedi llwyddo i oroesi o dan amodau dreng yn ogystal ag o dan amgylchiadau mwy ffafriol.

2

Mae'n Wlad i mi ac mae'n Wlad i chithau

CYMRU AMLDDIWYLLIANNOL

'It will probably come as a surprise to most readers . . . to learn that approximately one-sixth of the population of Wales is English born.' Dyna farn y cylchgrawn dylanwadol hwnnw, *The Welsh Outlook*, ym mis Mawrth 1915. Yn sicr, un o nodweddion mwyaf trawiadol Cymru'r ugeinfed ganrif yw sut yr heidiodd pobl i mewn iddi ac allan ohoni. Gellir canfod tair prif ffrwd yn y symudiadau poblogaethol hyn: y mewnfudo i'r Gymru ddiwydiannol yn ystod ugain mlynedd cynta'r ganrif; yr allfudo yn ystod blynyddoedd dreng y dirwasgiad rhwng y rhyfeloedd; a'r mewnfudo i'r Gymru wledig yn ail hanner y ganrif. Roedd gan bob un o'r tonnau hyn ei nodweddion arbennig, ac o ganlyniad i'r newidiadau hyn daeth Cymru'n wlad amlddiwylliannol ac amlhiliol. Yn hyn o beth, roedd Cymru mor fodern â llawer o ganolfannau trefol mawr y byd, ac mae ambell hanesydd, megis Dai Smith a Gwyn Alf Williams, wedi gweld tebygrwydd rhwng Cymru a'r Unol Daleithiau yn rhinwedd grym a chyflymdra'r ymfudo a'r amrywiaeth diwylliannol a ddaeth yn ei sgil.

Erbyn degawd cynta'r ganrif, poblogaeth gymysgryw ei natur oedd i'w gweld yng Nghymru; ganwyd canran sylweddol, sef 16 y cant (388,238) yn Lloegr, ac roedd grwpiau arwyddocaol eu nifer o Wyddelod, Eidalwyr, Sbaenwyr, Iddewon a phobl dduon yn cyfrannu at gymeriad amlhiliol y wlad. Yn 1919, sylwodd Herbert Morgan yn ei lyfr *The Social Task in Wales* yn feirniadol braidd:

> Colonies of Irishmen settled early among Welsh industrialists in places like Dowlais; later came Englishmen and Scotchmen in growing numbers, and nowadays one sees Italians, Spaniards and negroes. This cosmopolitanism of the coalfield is reproduced in a larger scale in commercial ports like Cardiff, Barry and Swansea, which are a microcosm of all races.

Yn ystod ugain mlynedd cynta'r ganrif tyrrodd pobl a anwyd yn Lloegr i Gymru, yn arbennig i faes glo'r de, y rhan fwyaf ohonynt o siroedd y ffin ac o dde-orllewin Lloegr. Erbyn 1911, roedd 27 y cant o drigolion Morgannwg wedi'u geni y tu allan i Gymru, y mwyafrif llethol yn Lloegr. Roedd graddfa'r mewnfudo'n drawiadol hyd yn oed mewn lleoedd fel Aberdâr lle roedd y diwydiant glo wedi hen ymsefydlu: yn 1911, daeth 20 y cant o drigolion gwrywaidd yr ardal o Loegr. Ond trefi'r arfordir a brofodd y mewnlifiad mwyaf, ac mor gynnar â diwedd y bedwaredd ganrif ar bymtheg roedd yn agos at 40 y cant o bobl Caerdydd wedi'u geni y tu allan i Gymru.

Nid de Cymru oedd yr unig ardal i weld ffrwd gyson o fewnfudwyr; daethant hefyd i ardaloedd diwydiannol a threfi twristaidd gogledd Cymru. Roedd y crefftwyr cyntaf i gyrraedd gwaith dur Shotton wedi dod o Stalybridge ac o swydd Stafford. Yn ddiweddarach, fel y nododd haneswyr y gwaith dur: 'As the works expanded, men came from Birkenhead and Liverpool, from the Midlands and from North and South Wales. Welsh and English mingled harmoniously.' Yng nglofa'r Parlwr Du gerllaw, Cymraeg oedd mamiaith bron pob un o'r glowyr ar ddechrau'r ganrif, ond erbyn 1921 roedd 28 y cant o drigolion sir y Fflint wedi'u geni yn Lloegr.

Cyrhaeddodd yr ymfudo i Gymru ei anterth yn gynnar yn y ganrif ac, er bod hyn yn amlwg yn ffaith arwyddocaol, mae'n anodd asesu union ddylanwad y mewnfudwyr o Loegr ar Gymru gan fod agweddau ar y dystiolaeth fel petaent yn gwrth-ddweud ei gilydd. Yn ddiau, cynyddodd dirywiad yr iaith Gymraeg yn nwyrain Cymru yn sgil y mewnlifiad (gweler Pennod 11). Yn fwy na hynny, roedd unigolion yn ymwybodol o'u gwreiddiau, ai Cymreig, ai Seisnig, ymwybyddiaeth nad oedd yn ddibynnol ar iaith. Fodd bynnag, yn wahanol i brofiadau rhai a ymfudodd i leoedd eraill, prin oedd yr enghreifftiau o wrthdaro neu elyniaeth agored, a chafodd y Saeson eu cymathu yn yr ail genhedlaeth os nad yn y genhedlaeth gyntaf. Ni ddaethant yn rhan amlwg o'r Cymreictod Cymraeg, Anghydffurfiol a nodweddodd y bedwaredd ganrif ar bymtheg. Yn lle hynny, fe ddaethant i gyfranogi o ddiwylliant Cymreig y dosbarth gweithiol, diwylliant oedd yn cynnal gwerthoedd a syniadau arbennig. Gellid dadlau bod y dynion a'r menywod a ddaeth i Gymru o dde-orllewin Lloegr cyn ac ar ôl troad y ganrif wedi gwneud cyfraniad hollbwysig i'r broses o greu'r nodweddion diwylliannol hynny a ystyriwyd yn ddiweddarach yn hanfodol Gymreig. Un a gafodd ei eni yn swydd Gaerloyw, wedi'r cyfan, oedd Gwyn Nicholls, capten tîm rygbi Cymru yn y gêm enwog yn erbyn y Crysau Duon yn 1905.

Roedd y mewnfudwyr o Loegr, a nifer sylweddol o fenywod yn eu plith, yn rhan annatod o'r broses o ffurfio diwylliant diwydiannol a dosbarth gweithiol. Daeth nifer o arweinwyr hynotaf Cymru'r ugeinfed ganrif o'r cefndir cymysg hwn. Ganwyd Arthur James Cook, arweinydd bywiog y glowyr yn y dauddegau, yng Ngwlad yr Haf, fel Arthur Deakin yntau, undebwr blaenllaw a sefydlodd ei hun yn Nowlais ac yna yn sir y Fflint. Nid oedd y broses hon yn golygu bod mewnfudwyr o Saeson yn rhoi'r gorau i'w hunaniaeth Seisnig yn gyfan gwbl. Roedd George Thomas, aelod seneddol Gorllewin Caerdydd 1945–83 ac ysgrifennydd gwladol Cymru 1968–70, yn ymwybodol iawn o wreiddiau Seisnig ei fam, 'the single most important influence on my life', fel yr oedd yn ei galw hi. Er iddi gael ei geni yng Nghymru, aeth ei thad i'r Rhondda yn yr 1870au o Hampshire, a helpu sefydlu yno eglwys Fethodist Seisnig a Saesneg, eglwys a barhaodd i fod yn ganolog i ymwybyddiaeth ei ferch a'i ŵyr. Roedd gan Elaine Morgan, a fagwyd yn y Rhondda yn ystod y dirwasgiad, gysylltiadau Seisnig hefyd: 'I don't object to being labelled Anglo-Welsh because ethnically that's what I am – I had a Welsh father and an English mother so I am literally an Anglo-Welsh sort of mongrel.' Magwyd Meic Stephens yn Nhrefforest yn y pedwardegau, a daeth i gasgliad eithaf gwahanol. Roedd ei dad-cu yn Sais:

> Sais o Lundain oedd e, a dwi'n credu ei fod ef wedi cael dylanwad mawr arna'i yn fy ymwybyddiaeth i o fod yn Gymro. Oherwydd fod pawb yn Gymry ond y boi yma, roedd e'n taro fi braidd yn od ac yn tanlinellu ein Cymreictod ni – y ffaith bod Sais yn byw yn ein plith.

Nid oes fawr o ymchwil wedi'i gwneud ar y mewnlifiad Seisnig i ardaloedd gwledig Cymru yn y cyfnod cynnar, ond er bod y mewnfudwyr hynny'n llai niferus mae eu hanes hwythau hefyd yn arwyddocaol. Ni chawsant eu cymathu i'r un graddau â'r mewnfudwyr i'r ardaloedd diwydiannol, gan dueddu i aros ar wahân mewn grwpiau bach neilltuol. Cafodd y presenoldeb Seisnig hwn hwb ychwanegol yn ystod yr Ail Ryfel Byd, adeg a welodd fewnfudo ar raddfa enfawr wrth i ryw 200,000 o bobl ffoi o'r bomio yn y dinasoedd, yn ogystal â mewnlifiad y faciwîs a milwyr i'r gwersylloedd milwrol.

Ffynnodd twristiaeth dorfol ar ôl i'r rhyfel ddod i ben. Agorwyd gwersyll gwyliau anferth Butlin's ym Mhwllheli yn 1947, gan greu Glannau Mersi bach yng Nghymru. O ganlyniad i'r gwersylloedd milwrol, yr ymfudo a thwf twristiaeth, ar noson cyfrifiad 1951 roedd 20 y cant o breswylwyr Meirionnydd wedi'u geni yn Lloegr. Atgyfnerthwyd y presenoldeb Seisnig yng nghefn gwlad Cymru gan fewnfudiad y saithdegau a'r wythdegau, symudiad a drawsnewidiodd boblogaeth ac, i raddau helaeth, seiliau diwylliannol y Gymru wledig.

Nid yr ymfudwyr Seisnig hyn oedd yr unig rai i'w hystyried eu hunain yn 'Saeson'. Mewn ambell ardal, yn bennaf oll yn ne sir Benfro roedd gan y trigolion draddodiad hir o'u cyfrif eu hunain yn 'Seisnig', nid yn unig o safbwynt iaith a lleferydd, ond o safbwynt diwylliannol ac ethnig hefyd. Roedd yr hollt hon rhwng trigolion gogledd a de sir Benfro yn amlwg yn ystod yr ugeinfed ganrif. Fel yr eglurodd Dillwyn Miles o Hwlffordd, roedd sir Benfro 'yn wahanol am ei Seisnigrwydd neu ei hanner Seisnigrwydd, mae hanner isa'r ffin wedi bod yn Saesneg . . . cymaint felly fel base ffermwyr amser y mart, ffermwyr y gogledd yn yfed mewn un dafarn a ffermwyr y de yn yfed mewn tafarn arall ond fydden nhw'n cwrdd gyda'i gilydd ar y fargen'.

Mae hanes Cymru yn ystod yr ugeinfed ganrif felly yn cael ei ddynodi gan lefel uchel iawn o fewnfudo o Loegr, lefel sy'n uwch o lawer na'r hyn a brofodd yr Alban. Er i'r broses ymfudo effeithio ar wahanol rannau o Gymru ar adegau gwahanol, nid oedd odid yr un ardal na chafodd ei heffeithio o gwbl gan y mewnlifiad. Ac er mai'r newydd-ddyfodiaid o Loegr oedd achos y newid demograffig mwyaf dylanwadol yng Nghymru, nid Saeson oedd yr unig fewnfudwyr. Daeth Gwyddelod hefyd, er nad yw'n destun sydd wedi derbyn fawr o sylw hyd yma. Gwelwyd cynnydd sylweddol yn nylanwad y Gwyddelod a'u heglwys, Eglwys Rufain, yn ystod y ganrif. Nid oedd Cymru'n brif ganolfan i fewnfudwyr o Iwerddon, ond daeth niferoedd sylweddol i Ferthyr ac i Gaerdydd ac, erbyn blynyddoedd cynnar yr ugeinfed ganrif, roedd tua 20,000 o bobl oedd yn enedigol o Iwerddon yn byw yng Nghymru, y rhan fwyaf ohonynt yn y trefi mawrion. Ar y cyfan, Pabyddion oedd y Gwyddelod hyn ac, o ganlyniad, yn 1916 sefydlodd yr Eglwys Babyddol archesgobaeth yng Nghymru, sef archesgobaeth Caerdydd, i wasanaethu'r gymuned honno.

Er gwaetha'r ffaith mai prin oedd y Pabyddion hynny a anwyd yn Iwerddon erbyn canol y ganrif, nid oeddent bob amser yn teimlo'n rhan o brif ffrwd bywyd Cymru. Cofiodd yr Esgob Daniel Mullins adeg ei ordeinio yng Nghaerdydd yn 1953:

> Yn y cyfnod hwnnw roedd yr holl Gatholigion yn ardal Caerdydd yn ystyried eu hunain yn Wyddelod, er bod llawer ohonyn nhw heb weld yr Ynys Werdd . . . Pan fydd pobl yn gorfod amddiffyn eu hunain maen nhw'n ymwybodol iawn o'u hunaniaeth, pwy ŷn nhw, ac oherwydd fod llawer o bobl oedd wedi dod i Gymru wedi cael croeso llugoer a dweud y lleiaf, roedd 'na wrthdrawiad wedi digwydd ac wedi goroesi rhwng y Catholigion a'r Cymry.

Nid oedd yr arwahanrwydd hwn wedi'i seilio ar ragfarn grefyddol yn unig; bu hefyd yn arwydd o gystadlu rhwng dwy gymuned a chanddynt gysylltiadau ac adeileddau gwahanol. Lluniodd cymunedau Pabyddol Cymru eu rhwydweithiau eu hunain o ysgolion, eglwysi a hyd yn oed clybiau rygbi megis Green Stars Port Talbot a chlybiau St Illtyd a St Peter yng Nghaerdydd. Yn y modd hwn sefydlwyd cymuned Babyddol y tu mewn i nifer o drefi Cymru, cymuned oedd yn teimlo ei bod yn annerbyniol i'r Protestaniaid 'Cymreig' o'i chwmpas.

Yn y blynyddoedd wedyn, roedd yr Esgob Mullins yn dyst i drawsnewidiad; peidiodd y Pabyddion â theimlo eu bod yn gymuned ar wahân ac fe ddaethant i'w derbyn yn rhan o fywyd Cymru. Wrth iddynt ymweld ag Iwerddon, digwyddiad prin i'w rhieni, sylweddolodd cenhedlaeth newydd fod y Gwyddelod yn eu hystyried yn Gymry. Yn ôl yr Esgob Mullins:

> Erbyn heddiw mae'r bobl i gyd, ac yn sicr pobl ifanc i gyd yn ystyried nhw'u hunain yn Gymry, llawer ohonyn nhw'n gweld fod y Gymraeg yn dreftadaeth . . . yn dymuno fod eu plant yn gallu cyfrannu i fywyd y rhan yma o'r byd a bod yn rhan o'r bywyd hwnnw . . . Y math yma o ddatblygiad sydd wedi digwydd o fewn yr hanner canrif diwethaf.

Mae'r gwahaniad a brofodd y gymuned Babyddol, yn arbennig yn ystod hanner cynta'r ugeinfed ganrif, yn tanlinellu'r rhwystrau sydd wedi dod i'r amlwg yn y broses o lunio Cymru amlddiwylliannol. Ceir tystiolaeth bellach o'r anawsterau sy'n wynebu lleiafrifoedd ethnig yng Nghymru wrth edrych ar y gwrthdrawiadau ffyrnig a greithiodd Gymru yn ystod ail ddegawd y ganrif. Ym mis Gorffennaf 1911, cafwyd cyfres o ymosodiadau ar Dsieineaid ac ar eiddo Tsieineaidd, golchfeydd yn bennaf, yng Nghaerdydd. Digwyddodd yr ymosodiadau hyn yng nghyd-destun streic y morwyr, gyda'r morwyr yn ystyried bod gweithwyr tramor yn fygythiad i'w swyddi. Er i'r ymosodiadau gael eu cysylltu felly ag anghydfod diwydiannol, roedd iddynt elfen hiliol amlwg wrth i'r dorf ymosod ar y gymuned Dsieineaidd fach gan ddefnyddio stereoteipiau hiliol megis y 'peryg melyn' a chysylltiadau tybiedig y gymuned â gamblo a smyglo opiwm.

Yn yr un flwyddyn cafwyd nifer o helyntion gwrth-Semitaidd yng Nghymru. Erbyn dechrau'r ganrif, roedd cymuned Iddewig sylweddol wedi ymsefydlu yng Nghaerdydd, ac roedd grwpiau llai eu maint mewn trefi megis Abertawe, Llanelli a Bangor. Roedd grŵp tebyg yn Nhredegar, hen dref haearn oedd yn gartref i ryw 160 o Iddewon, ac yma y cafwyd terfysg yn 1911. Mae'r digwyddiad yn destun cryn wahaniaeth barn ymhlith haneswyr. Mae rhai'n ei ystyried yn arwyddocaol iawn gan mai dyma, yn ôl pob tebyg, oedd y terfysg gwrth-Iddewig cyntaf ym Mhrydain ers canrifoedd, a'r unig ymosodiadau o'r fath cyn y rhai a gafodd eu symbylu gan y ffasgwyr yn y tridegau. Yn ôl y dehongliad hwn, terfysg Tredegar yw'r unig enghraifft yn hanes Prydain o bogrom a gyflawnwyd gan gymuned leol. Achoswyd difrod sylweddol i eiddo'r Iddewon, nid yn unig yn Nhredegar ond mewn llefydd eraill yn y de-ddwyrain. Ceir adroddiadau bod y terfysgwyr yn canu emynau Cymraeg wrth iddynt ymroi i'w gwaith andwyol. O ganlyniad i'r terfysg, gadawodd yr Iddewon dref Dredegar. Mae haneswyr eraill wedi gwadu bod yna elfen wrth-semitaidd o bwys yn y terfysg, gan bwysleisio dylanwad ffactorau economaidd. Yn sicr, ni fu gwrth-Semitiaeth erioed yn amlwg iawn yng Nghymru. Cofiodd Myer Joseph, a gyrhaeddodd Abertawe o Wlad Pwyl yn 1904: 'Well, anti-semitism all my life has been there, under the surface, and I am pleased to say although we knew of it, it was veiled . . . I have been called bloody Jew but not for many, many years . . . but very, very little by comparison with what I knew in the East End of London.'

Gweithiodd llawer o'r Iddewon fel teilwriaid neu bedleriaid, gan deithio'r cymoedd yn cludo paciau llawn dillad neu nwyddau eraill ar eu cefnau. Dyna oedd gwaith tad Bernice Rubens, y nofelydd o Gaerdydd, ac roedd gan Malcolm Black o Abertawe atgofion am ei dad-cu, siaradwr Yideg o Rwsia, yn ymlwybro trwy'r maes glo: 'Cerdded *all the way* lan i Gymer, Blaengwynfi, Glyncorrwg. Cerdded 'nôl wedyn yn strêt a phac ar ei gefn fel ceffyl.' Ganwyd Leo Abse yng Nghaerdydd yn 1917 i deulu Iddewig a'i wreiddiau yn yr Almaen, Lithiwania a Gwlad Pwyl, aelwyd lle siaradwyd sawl iaith, gan gynnwys Yideg a Chymraeg, iaith ei fam. Cofiodd ddiwylliant neilltuol ei blentyndod:

> If one asked what were you – Jewish, Welsh – what had been fed into you from Lithuania or Germany? If anybody was foolish enough to ask me I would not have been able to reply . . . not from confusion of identity, but an identity that was quite firm and formed and in a way that also was congruent to what was the identity of a large number of people in Cardiff. In the time when I was growing up, Cardiff was a city which had very little identification with what today can be described as Wales.

Yn y tridegau cafodd cymuned Iddewig Caerdydd ei chryfhau gan ddyfodiad ffoaduriaid o'r Almaen Natsïaidd. Cyfeiriwyd nifer o'r ffoaduriaid i dde Cymru ac amcangyfrifwyd bod 63 y cant o'r cwmnïau ar ystâd ddiwydiannol Trefforest yn eiddo i Iddewon erbyn 1939. Yn y ffordd hon, ac mewn ffyrdd eraill, gwnaeth y gymuned Iddewig gyfraniad anhepgor i adfywiad economaidd Cymru.

Nid yn y trefi mawr yn unig y cafwyd perthynas ddirdynnol rhwng cymunedau crefyddol ac ethnig. Gweithiai tua chant o Eidalwyr ym mhwll plwm diarffordd Frongoch yng Ngheredigion, a bu gwrthdaro cas rhwng y Cymry a'r Eidalwyr ar sawl achlysur; yn wir, yn ystod un o'r helyntion hyn cafodd dynameit ei ddefnyddio. Ond digwyddodd yr anghydfod ethnig mwyaf dinistriol yn ystod haf 1919 yng Nghaerdydd, y Barri a Chasnewydd.

Yn y flwyddyn honno cafwyd yng Nghymru y terfysgoedd hiliol mwyaf difrifol a welwyd trwy Brydain gyfan yn ystod yr ugeinfed ganrif, terfysgoedd a hawliodd fywydau pump o bobl. Ni chyfyngwyd y terfysgoedd i Gymru – yn wir, dechreuodd y cythrwfl yn Lerpwl – ond bu'r digwyddiadau yng Nghymru'n dreisgar iawn. Ychydig o bobl dduon oedd yn byw yng Nghymru ar ddechrau'r ganrif, ond roedd cymunedau bach ac amrywiol yn tarddu o'r Caribî, Affrica, America ac Asia. Erbyn diwedd y Rhyfel Byd Cyntaf roedd y niferoedd wedi cynyddu rhywfaint, nes cyrraedd rhyw ychydig o filoedd ar y mwyaf. Prif ganolbwynt y boblogaeth hon oedd ardal dociau Caerdydd, a alwyd yn Tiger Bay. Yn yr ardal hon, roedd pobl dduon, morwyr yn bennaf, i'w gweld yn amlwg a daethant yn wrthrych rhagfarn hiliol. Er y bu cyffro hiliol yng Nghasnewydd ar 6 Mehefin ac anghydfod difrifol yn y Barri ar 11 Mehefin, cafwyd y digwyddiadau mwyaf dybryd yng Nghaerdydd. Ymddengys mai brêc yn cludo dynion duon a menywod gwynion yn ôl i Gaerdydd ar ôl gwibdaith i'r wlad oedd fflachbwynt yr anghydfod. Ymosododd y dorf elyniaethus ar ddynion duon ac yna aethant ati i ddifrodi eiddo lle roedd pobl dduon yn lletya. Amddiffynnodd y bobl dduon eu hunain yn erbyn yr ymosodiadau hyn, ac yn ystod y gwrthdaro ffyrnig a ddilynodd bu farw tri pherson. Cafwyd helyntion pellach yn y Barri ac yng Nghasnewydd hefyd, a bu farw dau arall. A chyfraith a threfn wedi'u hadfer, arestiwyd nifer o ddynion duon 'er eu lles eu hunain' yn ôl y sôn, a gwnaethpwyd ymgais i alltudio duon o'r ddinas. Yn Awst gadawodd y llong *S.S. Orca* Gaerdydd ar ei ffordd i'r Caribî, gyda mwy na 200 o ddynion duon alltudedig ar ei bwrdd. Bu'r fordaith yn un gythryblus, a'r 'teithwyr' yn gwrthryfela'n agored. A hwythau wedi cyrraedd pen y daith roeddent yn llafar eu cwynion am y driniaeth a gawsant yng Nghymru.

Mae'r rhesymau am y trais hiliol a ffrwydrodd ar arfordir de-ddwyrain Cymru yn 1919 yn gymhleth. Roedd y gwasgiadau ar y farchnad lafur ar ôl y rhyfel yn ffactor, a hefyd y rhaniadau hiliol oedd yn bodoli ymhlith y morwyr. Cynhyrfwyd teimladau'r terfysgwyr hefyd gan y ffaith mai dynion oedd y rhan fwyaf o'r bobl dduon, dynion oedd yn priodi menywod gwynion. Nid oes amheuaeth felly nad oedd rhagfarnau a gwrthdaro hiliol yn rhwystrau anferth i'r broses o greu Cymru amlddiwylliannol yn ystod degawdau cynnar y ganrif, cyfnod a welodd fewnlifiad enfawr i Gymru. Serch hynny, nid dyna'r stori i gyd ac, fel y

Caffi Giulio Bracchi
yn Nhonypandy.

gwelsom eisoes, cafodd rhai mewnfudwyr groeso cymharol wresog, cym-
unedau Iddewig Caerdydd ac Abertawe yn eu plith.

Daeth grwpiau ethnig eraill i Gymru hefyd. Dyna hanes y Sbaenwyr a'r
Portiwgeaid a ddaeth i Ddowlais, ac yna i Abercraf. Er iddynt brofi peth
gwrthwynebiad ar y dechrau, cawsant eu derbyn gan y gymuned leol.
Mae'n debyg bod eu syniadaeth wleidyddol radicalaidd o gymorth iddynt
yn hyn o beth, safbwynt a oedd yn agos at galonnau arweinwyr Sosialaidd
y gymuned. Daeth yr Eidalwyr hefyd yn rhan gymeradwy a nodweddiadol
o fywyd y cymoedd. Abertawe a Chaerdydd a ddenodd yr Eidalwyr gyntaf
ond, yn fuan, symudodd teuluoedd i'r cymoedd gan gynnig yno ddewis
amgen i'r dafarn – coffi a pharlwr hufen iâ Eidalaidd. Erbyn diwedd y
tridegau roedd mwy na 300 o gaffis Eidalaidd yng Nghymru. Er i'r rhan
fwyaf ohonynt gael eu sefydlu yn y cymoedd, roedd gan nifer sylweddol o
drefi'r gogledd eu hufen iâ o'r Eidal hefyd. Fel llawer o'r rhai a aeth i dde
Cymru, daeth rhieni Joe Dallavalle o dref Bardi, yn Emilia-Romagna, ar
ddechrau'r dauddegau. Ganwyd Joe yn y Garnant yn 1925. Cafodd y teulu
ei gymathu'n llwyr i fywyd y pentref, er i'w fam siarad fawr ddim Saesneg,
a chwaraeodd ei dad ran amlwg ym mywyd y gymuned.

> Roedd 'y nhad yn *popular* iawn, roedd e gyda'r *boxing*, . . . gyda'r *football*
> *team*, ar y *committee* yng Ngarnant. Roedd yr Eidal a Chymru'n
> integretio'n dda, oedd wir. Doedd dim *animosity*. Na dim byd, dim byd.

Serch hynny, roedd sefyllfa'r mewnfudwyr o'r Eidal braidd yn anesmwyth
yn ystod yr Ail Ryfel Byd, ac roedd rhai ymosodiadau ar gaffis Eidalaidd
yn Abertawe a threfi eraill. Un canlyniad trawiadol i'r ymladd rhwng

Beverley Lennon

Pan ddes i yma, ro'n i'n synnu. Do'n i ddim yn gweld lot o *role-models* a dweud y gwir, pobl ddu, ac mewn ysgolion doedd dim lot o athrawon du. Ble maen nhw? Ro'n i'n dweud wrth fy hun, be maen nhw'n gwneud? Do'n i ddim yn eu gweld nhw ar y teledu ac mae'n rhaid i fi gyfaddef, wy'n bod yn hollol onest, pan o'n i'n gwylio S4C ar y dechrau, pan ddechreuais i ddysgu Cymraeg – falle mod i'n naif – do'n i ddim yn gweld wynebau du o gwbl yn y gynulleidfa, ac ro'n i'n synnu. Do'n i ddim yn sylweddoli oherwydd pan ddes i yma pan o'n i'n blentyn, ro'n i'n gweld rhai pobl ddu o gwmpas ac wrth gwrs, mae yna lot o bobl ddu yng Nghymru.

Prydain a'r Eidal oedd penderfyniad nifer o garcharorion rhyfel Eidalaidd, yn fwyaf arbennig y sawl a garcharwyd yng ngwersyll Henllan yn Nyffryn Teifi, i aros yng Nghymru. Wedi'i gipio yng Ngogledd Affrica, aethpwyd â thad Emlyn Schiavone i'r gwersyll ger Castellnewydd Emlyn ac fe arhosodd yn y cyffiniau wedi i'r rhyfel ddod i ben.

Roedd rheswm arbennig gyda fe achos roedd e wedi cwrdd â mam, felly roedd rheswm personol gyda fe. Ond ar ben hynny, roedd nifer o Eidalwyr eraill oedd wedi dod groes yn y rhyfel, er eu bod nhw wedi mynd yn ôl i'r Eidal ac wedi priodi merched o'r Eidal, wedi penderfynu dod yn ôl i Gymru, i orllewin Cymru i fyw. Roedden nhw yn dod o ardal dlawd iawn yn ne'r Eidal, roedden nhw'n gweld ffordd o allu gwella'u bywyd nhw yng ngorllewin Cymru, a nifer ohonyn nhw wedi prynu ffermydd ac wedi aros ac wedi magu teuluoedd yn Nyffryn Teifi.

Ar ôl y rhyfel, ymfudodd nifer o Eidalwyr hefyd i'r ardal o gwmpas yr Wyddgrug a Bwcle yn sir y Fflint i weithio yn y gwaith brics a theils lleol.

Ond er gwaethaf llwyddiant ambell ymgais i greu cymdeithas aml-ddiwylliannol, roedd tuedd bendant i grwpiau o bobl o wahanol gefn-diroedd gadw at eu hunain. Roedd cryn dipyn o ragfarn hefyd, er nad oedd honno bob amser yn dod i'r amlwg. Fel y gwelwyd eisoes, roedd y Pabyddion yn byw ac yn cael eu haddysg ar wahân mewn nifer o drefi yng Nghymru am ran fwya'r ganrif. Dyma felly gymunedau a leolwyd yng Nghymru heb eu bod yn gymunedau llwyr Gymreig eu diwylliant. Bu'r rhagfarn hiliol hirsefydlog yn erbyn pobl dduon Caerdydd yn broblem ddwysach o lawer; yn nhyb llawer rhedai ffin ddeheuol Cymru i'r gogledd o Tiger Bay. Yn ôl arolwg o fusnesau yng nghanol Caerdydd yn 1929, roedd 80 y cant yn gwrthod cyflogi pobl dduon. Erbyn y pedwardegau, ystyriwyd yr ardal yn un o'r ychydig o *ghettos* duon go iawn ym Mhrydain er mai ardal gymysg iawn ydoedd. Roedd nifer fawr o lojins, caffis a neuaddau dawns Caerdydd yn gwrthod mynediad i bobl dduon hyd yn oed ar ôl yr Ail Ryfel Byd. Yn wyneb yr hiliaeth 'swyddogol' hon, gwthyiwyd y gymuned i'r cyrion. Cofiodd Somali o Gymro, Ali Yassine, ei fagwraeth yn ardal y dociau tua dechrau'r saithdegau: 'Yr unig gysylltiad rhyngddom ni a Chymru oedd pan oedd Cymru'n chwarae rygbi yng Nghaerdydd efallai a gweld lot o goch a gwyn o gwmpas a ballu. Ond dwi ddim yn cofio o gwbl bod yn rhan o Gymru pan oeddwn i yn ifanc.'

Roedd y sipsiwn Cymreig, neu'r Romani, grŵp bach a gysylltwyd yn arbennig â theulu Abraham Wood, yn teimlo'n ymylol hefyd. Yn rhan o'r gymdeithas o'u cwmpas ond hefyd ar wahân iddi, roedd y sipsiwn yn symbol pwerus o ffordd arall o fyw. Cofiodd Eldra Jarman, a fagwyd fel Ŕomani ger Bethesda yn y dauddegau, am y cyfnod hwnnw:

> **Ali Yassine**
>
> Dwi'n cofio yn yr ysgol doedd gennyn nhw ddim syniad sut i ddelio efo pobl ddu. Dwi'n cofio ar y pryd, roedd y rhan fwyaf o'r athrawon yn wyn. Doedden nhw ddim yn gwybod sut i ddelio efo ni. Er enghraifft, yn y dosbarth hanes doedd dim sôn am bobl ddu nes bod nhw'n sôn am gaethweision. Doedd hynny ddim yn help mawr pan oeddwn i yn yr ysgol; a doedd dim lot o hyder efo ni o'r dociau.

> A, wel, roedd fy nhylwyth i . . . y Woodiaid, sipsiwn Cymreig ynte, a doeddan ni ddim yn ymwneud â'r Cymry na'r Saeson mewn gwirionedd achos estron oeddan nhw i'n tylwyth ni. Saesneg oeddan ni'n siarad yn y tŷ ar wahân i ryw fymryn bach o Romanus, ond doeddan ni ddim yn gwneud llawer â phobl y pentre.

Er i'r Romani ddylanwadu'n fawr ar artistiaid megis Augustus John, dim ond rhwydwaith bach o deuluoedd oeddent yn y bôn. Yn ystod chwarter ola'r ugeinfed ganrif, gwelwyd protestio ffyrnig yn erbyn sefydlu gwersylloedd ar gyfer teithwyr a thinceriaid Gwyddelig mewn llefydd mor bell oddi wrth ei gilydd ag Abertawe a Wrecsam.

Ar ôl yr Ail Ryfel Byd, cafodd nifer o ddarpar fewnfudwyr eu darbwyllo i beidio â symud i'r Gymru ddiwydiannol oherwydd yr atgofion am y dirwasgiad, patrwm a oroesodd am lawer o ail hanner y ganrif. Serch hynny, cafwyd ambell fewnfudiad o bwys. Daeth ton newydd o weithwyr duon o'r Caribî i Brydain yn y pumdegau a'r chwedegau, gan atgyfnerthu'r gymuned ddu yng Nghaerdydd. Erbyn y chwedegau roedd nifer o Asiaid o isgyfandir India wedi ymsefydlu yng Nghymru. Er na ddaeth Asiaid i Gymru ar yr un raddfa ag yr aethant i Loegr, daeth nifer sylweddol i Gaerdydd, a chafwyd hefyd Pakistanis yng Ngwent, Bangladeshis yng Ngorllewin Morgannwg ac Indiaid ym Morgannwg Ganol. Ac yn olaf, yn yr wythdegau, cyrhaeddodd y Siapaneaid yn sgil y buddsoddi gan gwmnïau o Siapan yn economi Cymru. Er bod y niferoedd yn fach, mae Cymru yn gartref i ganran uwch o Siapaneaid – gweithwyr, rheolwyr, a'u teuluoedd – nag odid unman arall yn Ewrop. Oherwydd hynny, Caerdydd oedd yr unig ddinas, ar wahân i Lundain, y bu ymerawdwr Siapan yn ymweld â hi yn ystod ei daith swyddogol i Brydain yn 1998.

Yn ôl cyfrifiad 1991, dim ond 1.5 y cant o boblogaeth Cymru oedd yn perthyn i leiafrif ethnig. Ond rhaid cofio bod y niferoedd sylweddol oedd

Cherry Short

People have to have a realism about the situation even if you think that it's a multicultural society. It's not enough just to think, you have to put that thinking into practice. And unless we actually own some of the power that's within the structure of Wales then it means that we will be on the periphery; we are not part and parcel of it, we are easy targets for the racists because they think we don't belong and that's what saddens me totally about the National Assembly. Here's an Assembly representing the whole of Wales and yet, within that Assembly, there's not one black or ethnic minority person, even to say, 'Look, these people belong! Look, we've got somebody here!' Not even a token gesture for God's sake! There's nobody. There just is not a single black person from the ethnic minority within the Assembly and one cannot help but feel very, very sad about it.

ar gael mewn rhannau o'r wlad wedi'u cuddio gan y ffigwr hollgynhwysfawr hwn. Roedd hanner y rhai a gofrestrwyd fel aelodau o leiafrif ethnig yn byw yng Nghaerdydd, a chynhwyswyd hen sir De Morgannwg ymhlith y deg sir a chanddynt y poblogaethau lleiafrifol uchaf yn y Deyrnas Unedig. Yn 1994 cofnodwyd bron i 500 o ymosodiadau hiliol yn ne Cymru, codiad o 15 y cant o'i gymharu â'r flwyddyn gynt a ffigwr a roddodd yr ardal yn y trydydd safle ym Mhrydain ar gyfer digwyddiadau tebyg. Yn ôl Adroddiad y Comisiwn Cyfleoedd Cyfartal yn 1994, roedd 28 y cant o ddynion duon o dras Garibiaidd a 35 y cant o ddynion duon eraill yn ddi-waith o'u cymharu ag 11 y cant o ddynion gwynion. Byddai'n gamarweiniol iawn felly ddod i'r casgliad fod y Gymru amlddiwylliannol newydd yn rhydd o broblemau hiliol difrifol.

O Loegr y daeth y mewnlifiad mwyaf i Gymru yn ystod ail hanner yr ugeinfed ganrif. Erbyn y saithdegau roedd ymfudiad gan Saeson i'r Gymru wledig yn fater oedd yn peri gofid mawr i'r sawl oedd yn ymgyrchu dros yr iaith Gymraeg. Mewnfudiad enfawr oedd hwn, ac roedd Cymru'n ddiamddiffyn braidd yn wyneb y niferoedd a ddaeth i mewn o du ei chymydog poblog yn y dwyrain. Cyfrannodd sawl ffactor at faint a graddfa'r mewnfudiad. Cododd nifer y rhai a ddaeth i ymddeol ar arfordir gogledd Cymru, gan ffurfio'r hyn a elwid yn sarhaus braidd yn 'Costa Geriatrica'. Denwyd pensiynwyr o ogledd Lloegr ac o gytrefi mawr Manceinion a Glannau Mersi i ogledd Cymru gan harddwch yr ardal, yr arfordir, a chwmnïaeth pobl o gefndir cyffelyb. Prisiau tai isel a barodd i eraill gefnu ar brisiau tai uwch Lloegr a symud i gefn gwlad Cymru, a chan fod yr heolydd wedi gwella daeth rhannau o ddwyrain Cymru'n faestrefi i gomiwtwyr o Gaer, Manceinion, Lerpwl a Birmingham. A hwythau wedi gwrthod gwerthoedd materol, daeth yr hipis a'r teithwyr i'r Gymru wledig yn chwilio am le addas i fyw bywyd da a syml. Mae Dyffryn y Tîpîs, ger Llanbedr Pont Steffan yng ngorllewin Cymru, yn enghraifft drawiadol o'r ffenomen hon. Anogwyd mewnfudiad hefyd gan amgylchiadau'r farchnad lafur yng Nghymru: daeth y mwyafrif o staff academaidd sefydliadau'r brifysgol yn Aberystwyth, Bangor a Llanbedr Pont Steffan o Loegr, a symudodd llawer o gyflogwyr preifat eu staff rheolaethol i ffatrïoedd a swyddfeydd yno.

Canlyniadau trafodaeth o blaid ac yn erbyn sefydlu Cynulliad Cenedlaethol i Gymru, a gynhaliwyd mewn ysgol gyfun yng Nghaerdydd yn 1997.

Nid ar chwarae bach y daeth y Cymry i sylweddoli eu bod yn rhannu Cymru â llawer o bobl oedd, efallai, yn tarddu o leoedd eraill. Mae'r sefyllfa wedi galw am ailddiffinio natur Cymreictod a'r goblygiadau sydd ynghlwm wrth fod yn ddinesydd Cymreig. Ni ellid bellach ddiffinio Cymreictod ar sail ethnigrwydd neu ddiwylliant yn unig, gan fod y fath ddiffiniad yn cau allan gyfran sylweddol o'r boblogaeth. Mae cynnydd wedi'i wneud yn y gwaith o ddiffinio Cymru amlddiwylliannol, amlhiliol ac amlieithog. Mae integreiddio a chyd-ddibyniaeth ddiwylliannol wedi bod yn ganolog i'r broses o drawsffurfio cymdeithas a diwylliant Cymru, ac mae'n drawiadol mai'r ardaloedd a brofodd y lefelau uchaf o fewnfudo ar ddechrau'r ganrif, ardaloedd megis cymoedd de Cymru, yw'r ardaloedd gyda'r cyfran uchaf o bobl a anwyd yng Nghymru ar ddiwedd y ganrif. Daeth mewnfudwyr un cyfnod yn Gymry heddiw. Wrth ailddiffinio Cymreictod, mae wedi dod yn bosibl i bobl o gefndiroedd ethnig a diwylliannol gwahanol adnabod a chydnabod ei gilydd fel Cymry.

3

Campau'r Cymry

CHWARAEON

Nid yw chwaraeon yn ychwanegiad at hanes nac yn atodiad iddo. Yn hytrach, mae chwaraeon yn rhan ganolog o ymwybyddiaeth pobl ac o sut mae'r bobl hynny'n llunio eu teyrngarwch a'u hunaniaeth. Mae'n amhosibl ystyried y profiad Cymreig yn yr ugeinfed ganrif heb gyfeirio at rym a dylanwad chwaraeon. Mae'r ffaith mai dynion yw mwyafrif y rhai sy'n cymryd rhan yn y chwaraeon mwyaf poblogaidd ac yn eu dilyn yn cyfyngu'r profiad hwnnw i raddau, ond mae'n wir hefyd fod chwaraeon ar ryw wedd neu'i gilydd yn effeithio ar bawb. Yn y llyfr hwn sonnir llawer am lunio sefydliadau a hunaniaethau cenedlaethol, ond prin yw'r sefydliadau hynny sydd wedi dylanwadu cymaint ar yr ymwybyddiaeth genedlaethol â'r cymdeithasau chwaraeon Cymreig cenedlaethol. Hefyd, prin yw'r unigolion hynny sydd wedi llwyddo i lywio dyheadau ac i hyrwyddo ymdeimlad o falchder cenedlaethol cystal ag y gwnaeth arwyr y meysydd chwarae. Yn sicr, i lawer o bobl y tu allan i Gymru – yn y Gymanwlad, yn Ewrop ac yn y byd tu hwnt – mae Cymru'n bodoli yn rhinwedd y sawl sy'n ei chynrychioli trwy eu dewis chwaraeon ar raddfa na chyrhaeddwyd ganddi yn yr un maes arall.

Yng Ngemau'r Gymanwlad yng Nghanada yn 1930, dau nofiwr, gan gynnwys Valerie Davies o Gaerdydd, oedd unig aelodau tîm Cymru; yn yr orymdaith agoriadol cariodd y naill enw Cymru a'r llall y ddraig goch. Fodd bynnag, cadarnhawyd lle Cymru fel cenedl yn nhyb y sefydliad chwaraeon adeg y Gemau Olympaidd yn Helsinki yn 1952 pan berswadiodd yr Arglwydd Aberdâr ei gydweithwyr o'r Gymanwlad y dylid cynnal chweched Gemau'r Ymerodraeth Brydeinig a'r Gymanwlad yng Nghymru. Yng Ngorffennaf 1958, daeth y gemau i Gaerdydd (gyda'r cystadlaethau rhwyfo'n cael eu cynnal ar Lyn Padarn yn Eryri). Yng ngeiriau'r llawlyfr swyddogol, Cymru oedd 'the first small country to have the great honour of holding the British Empire and Commonwealth Games'. I gymeradwyaeth uchel, manteisiodd y Frenhines Elizabeth ar y seremoni gloi i ddatgan y byddai ei mab yn cael ei arwisgo'n dywysog

Cymru a'i gyflwyno i bobl Cymru yng Nghaernarfon. Roedd yr holl achlysur yn gyforiog o symbolau'r Ymerodraeth ac o 'Brydeindod' a theyrngarwch Cymru, ond hefyd roedd teimlad bod Cymru'n wlad ac yn genedl gydradd ag Awstralia a Chanada. Mor fuan ar ôl cydnabod Caerdydd yn brifddinas swyddogol Cymru yn 1955, roedd y gemau hyn yn ddatganiad clir ac arwyddocaol, trwy gyfrwng chwaraeon, fod Cymru'n bod ar lefel ryngwladol.

Dim ond un fedal aur a ddaeth i afael Cymru yn y gemau hynny, ac mae'n briodol, rywsut, mai paffiwr, sef Howard Winstone o Ferthyr, a'i henillodd. Ei ddyrnau ef oedd y diweddaraf mewn llinach hir o baffwyr Cymreig i wneud argraff yn eu camp ddewisedig. Ar ddechrau'r ganrif, roedd gan baffwyr o Gymru record hynod: yn 1906 enillodd Tom Thomas o'r Rhondda bencampwriaeth pwysau canol Prydain, ac aeth y bencampwriaeth pwysau plu i Jim Driscoll o Gaerdydd; yn 1909 enillodd Freddie Welsh, a hanodd o Bontypridd ond a dreuliodd lawer o'i yrfa yn yr Unol Daleithiau, bencampwriaeth pwysau ysgafn Prydain; ac yna yn 1916 enillodd Jimmy Wilde o'r Rhondda bencampwriaeth

Valerie Davies

I had trials in London for three days and the selection was announced and I was very excited about it because I'd missed the '28 Olympics in Holland, unfortunately, because I had serious illness. It was a wonderful trip because it was the days when Hollywood was at its height and funnily enough all the film stars were coming to watch us, which was fascinating. We had Gary Cooper, Norma Shearer, well everybody you could think of really. They were all there in the stadium watching and they gave us parties as well. We had a party given by Douglas Fairbanks and Mary Pickford who were then the king and queen of Hollywood. And it was a very relaxed and easy atmosphere. Unfortunately, it was the very first time that they had an Olympic Village but the women weren't allowed there. Very strict separation of the sexes, so we had to stay in a hotel and the men had the village to themselves which seemed a bit unfair at the time. Anyhow, I was very thrilled because I had two bronze medals and I was the only British swimmer to gain an individual medal so I was very pleased with myself.

pwysau pryf y byd. Roedd Jack Petersen o Gaerdydd yn deyrn yr adran pwysau trwm ym Mhrydain am lawer o'r tridegau nes iddo gael ei ddisodli gan Tommy Farr o'r Rhondda, a ymladdodd am bencampwriaeth y byd yn erbyn Joe Louis yn Efrog Newydd yn 1936, un o ornestau enwoca'r ganrif. Yr ymryson hwnnw uwchlaw pob un efallai, a ddaliodd frwdfrydedd a gobeithion pobl trwy Gymru gyfan ac a barodd y fath gynnwrf emosiynol wrth iddynt wrando ar yr ymrafael titanig ar eu radios cleciog.

Ar ôl yr Ail Ryfel Byd enillodd paffwyr megis Eddie Thomas o Ferthyr, Dai Dower o Abercynon, Joe Erskine o Gaerdydd a Dick Richardson o Gasnewydd deitlau Prydeinig. Ymladdodd Howard Winstone ei ornest gyntaf pan oedd yn ddeg oed, ac er colli pen tri o'r bysedd ar ei law dde

Tommy Farr, un o
baffwyr enwocaf
Cymru.

mewn damwain wrth ei waith mewn ffatri deganau, aeth rhagddi i ymladd 67 o ornestau fel paffiwr proffesiynol. Trodd yn broffesiynol ar ôl ei fuddugoliaeth yng Nghaerdydd yn 1958, a thua diwedd gyrfa lewyrchus a thra chyhoeddus enillodd bencampwriaeth y byd yn 1968. Yn 1980, bu marwolaeth Johnny Owen o Ferthyr yn Los Angeles yn brofiad hunllefus. Ers hynny, mae sawl Cymro arall wedi cyrraedd uchelfannau'r proffesiwn ac yn negawd ola'r ganrif enillwyd pencampwr-iaethau'r byd gan Joe Calzaghe a Steve Robinson.

Ymrafael rhwng dau unigolyn yw paffio, wrth gwrs, ond byddai'n gamsyniad i'w hystyried yn ddim mwy nag unigolion. Ffrwyth eu hamgylchfyd oedd y paffwyr hyn. Cofiodd Eddie Thomas, a oedd yn baffiwr gwych ac a ddaeth wedyn yn rheolwr dylanwadol a chanddo'i gampfa ei hun ym Merthyr Tudful, am yr amser yn y pedwardegau pan na fyddai ei gydlowyr yn sôn ryw lawer am ddim byd arall:

That was all they talked about then – in those days it was all boxing, and that was all you heard from the time you went underground until you came home. Once they started talking sport – only boxing. They were talking about Farr, Louis, Driscoll, Freddie Welsh, Eddie Morgan, Billy Eynon – a lot of locals, they were great fighters.

Eto i gyd, y timau cenedlaethol sy'n brwydro am fuddugoliaethau rhyngwladol sydd yn fwy amlwg yn cynrychioli gobeithion cenedlaethol. Yng Nghymru, pêl-droed a rygbi yw'r chwaraeon tîm amlycaf.

Mae gwreiddiau'r ddwy gamp yn y bedwaredd ganrif ar bymtheg, ac roeddent wedi ymsefydlu'n gadarn erbyn yr ugeinfed ganrif. Cymdeithas Pêl-droed Cymru oedd y rhwydwaith cenedlaethol cynharaf i'w sefydlu yn 1876, a chwaraewyd y gêm ryngwladol gyntaf yn erbyn yr Alban yr un flwyddyn. Hyd at ddechrau'r ugeinfed ganrif, y gogledd a'r canolbarth oedd cadarnleoedd pêl-droed a sefydlwyd nifer fawr o glybiau yno yn yr 1870au a'r 1880au, gan gynnwys Wrecsam yn 1872, y clwb a fyddai fwyaf blaenllaw yng nghystadleuaeth Cwpan Cymru hyd at droad y ganrif. Ond o'r adeg honno ymlaen hyd at y Rhyfel Byd Cyntaf ymledodd y gêm trwy dde Cymru: sefydlwyd clwb Pontypridd yn 1895, Caerdydd yn 1899 ac Abertawe yn 1900. Roedd clybiau o'r gogledd megis Derwyddon Rhiwabon a Wrecsam yn dal i ddominyddu cystadleuaeth y cwpan ond cawsant eu bygwth fwyfwy gan glybiau o'r de, megis Aberdâr. Yn 1912, daeth y ddau dîm oedd yn y rownd derfynol o dde Cymru: enillodd Caerdydd 3–0 yn erbyn Pontypridd o flaen 7,000 o bobl ar gae'r Ynys yn Aberdâr. Erbyn y Rhyfel Byd Cyntaf, roedd pêl-droed yn gêm boblogaidd ledled Cymru gyda chystadlu brwd rhwng clybiau o'r gogledd a'r de fel ei gilydd.

Yn y dauddegau atgyfnerthodd campau clwb Caerdydd y brwdfrydedd a deimlid drwy Gymru gyfan: enillodd y clwb le yn yr adran gyntaf yn 1920, colli'r bencampwriaeth o drwch blewyn yn 1923/4, a methu yn rownd derfynol yr FA Cup yn 1925 cyn ei ennill o'r diwedd yn erbyn Arsenal yn 1927; yn ddigon eironig oherwydd camgymeriad gan gôl-geidwad Arsenal, Dan Lewis o Faerdy. Erbyn hyn, nid oedd amau poblogrwydd pêl-droed, a daeth yn hynod o boblogaidd yn y cyfnod yn syth ar ôl yr Ail Ryfel Byd; yn 1949 gwyliodd 35,000 o bobl rownd derfynol Cwpan Cymru rhwng Abertawe a Merthyr ym Marc Ninian yng Nghaerdydd.

Yn y blynyddoedd wedyn daliodd y gêm yn boblogaidd er na ffynnai'r clybiau Cymreig fel yn y dyddiau cynt: stryffagliodd Caerdydd, Abertawe, Wrecsam a Chasnewydd yn yr adrannau is am lawer o'r cyfnod ac roedd yn nodweddiadol o'r diffyg llwyddiant yn gyffredinol i Gasnewydd gwympo allan o Gynghrair Lloegr yn llwyr yn 1988. Goleuwyd y tywyllwch o bryd i'w gilydd gan berfformiad Wrecsam yn y cwpan; yn 1992 curodd Wrecsam Arsenal ac yn 1997 cawsant fuddugoliaeth enwog yn erbyn West Ham. Ond yr unig gyfnod gwir ogoneddus oedd hanes anhygoel cynnydd a chwymp tîm Abertawe dan reolaeth John Toshack yn yr wythdegau. Llwyddodd Toshack i gyfuno doniau chwaraewyr lleol â rhai cyn-chwaraewyr o Lerpwl. Dai Davies oedd gôl-geidwad y tîm adeg iddynt lwyddo i gyrraedd yr adran gyntaf:

> Ro'n nhw'n wych yn yr ystyr bod nhw wedi dod i fyny o'r bedwaredd adran i'r drydedd ac i'r ail ac i'r gyntaf. Ac am gyfnod roedden nhw ar frig yr adran gyntaf. So, nage ddim ond am gyfnod o flwyddyn roedd y llwyddiant wedi bod – wedi cychwyn bedair neu bum mlynedd ynghynt. Ac felly am gyfnod roedd y pleser roddodd pêl-droed i gefnogwyr yr ardal yn anhygoel.

Yn 1992 sefydlwyd Cynghrair Cymru o'r diwedd, ac er ei bod heb y tri chlwb a chwaraeai yng Nghynghrair Lloegr, daeth pêl-droed yn gêm

John Charles

It was the only thing I could have done, really. I was going to do this or be a dustman or a miner and I was lucky enough to be a footballer and I had a bit of ability and I've done very well out of it. The money that they're making today, sometimes you think of it and it's ridiculous really, but it's not the players' fault. It's a short life, so it's good luck to them. I enjoyed my football very much, I don't think they enjoy so much today as we did and I think that the time that we played was the best time. Footballers played football and it was great, absolutely great.

genedlaethol go iawn yng Nghymru gyda thimau'n trafaelu'n gyson rhwng y de a'r gogledd i chwarae yn erbyn ei gilydd. Serch hynny, nid oes gwadu bod rhyw dyndra anffodus rhwng y de a'r gogledd wedi rhwystro datblygiad y gêm.

Er mai prin yw llwyddiannau'r clybiau Cymreig yng Nghynghrair Lloegr, llwyddodd Cymru i gynhyrchu chwaraewyr athrylithgar a gyfoethogodd y gêm ym Mhrydain ac ar lefel ryngwladol. Gosodwyd y safon gan un o chwaraewyr gorau degawdau cynnar y ganrif, yr asgellwr a'r sgoriwr goliau o fri, Billy Meredith o'r Waun. Symudodd Meredith o Gymru i chwarae dros Manchester City yn 1894 ac yn 1902 cododd y cwpan wrth i'r tîm o Fanceinion ei ennill am y tro cyntaf, a Meredith a sgoriodd yr unig gôl. Aeth ymlaen i fwynhau gyrfa gythryblus; symudodd i Manchester United ac yno y daeth yn un o brif sêr y tîm enwog hwnnw. Chwaraeodd 44 o weithiau dros Gymru, ac yn 50 oed roedd yn dal i chwarae yn yr adran gyntaf. Roedd Billy Meredith yn un o enwau mawr cynta'r byd pêl-droed.

Cynhyrchodd Cymru lu o bêl-droedwyr campus: Fred Keenor, Jack Kelsey, Ivor Allchurch a John Charles, y gorau ohonynt i gyd a'r Prydeiniwr cyntaf i ymuno â chlwb Eidalaidd pan aeth i chwarae dros Juventus yn 1957. Yn y saithdegau roedd tîm da gan Gymru, yn cynnwys chwaraewyr megis Dai Davies a Terry Yorath, ac o'r wythdegau ymlaen roedd yna Gymry ymhlith chwaraewyr mwyaf talentog y gêm ym Mhrydain: Ian Rush, Mark Hughes, Neville Southall a Ryan Giggs yn eu plith. Roedd sêr o safon ryngwladol yn nhimau Cymru drwy'r cyfnod hwn a chawsant beth llwyddiant, er enghraifft wrth iddynt guro'r Almaen yn 1991, ond nid oedd cryfder mewn dyfnder ac, ar y cyfan, siomedig oedd record y tîm cenedlaethol.

Dim ond yn 1958 y cymerodd Cymru ran yn rowndiau terfynol cystadleuaeth Cwpan y Byd, ond roedd tîm cenedlaethol gan Gymru gydol y ganrif a chwaraeodd mewn cystadlaethau Ewropeaidd a byd-eang ar yr un lefel â chenhedloedd annibynnol. Wrth i John Charles gofio 1958 fe ddywedodd: 'It was very important to play for Wales and to be in the World Cup was unbelievable. All these great players, the Pelés and so on. It was wonderful to watch and play in.' Cofiodd Dai Davies yntau ei gêm gyntaf dros ei wlad yn 1975 pan deithiodd Cymru i Hwngari i chwarae yn erbyn tîm nad oedd wedi cael ei guro gartref cyn hynny. 'Ro'n i wedi breuddwydio oddi ar mod i'n ddeuddeg mod i'n mynd i chwarae dros fy ngwlad ac ro'n i bron yn saith ar hugain yn chwarae . . . roeddwn i'n barod i fynd allan a rhoi fy mywyd, fel petai, ar y llinell. Dyna mor bwysig oedd e'n teimlo. Rhoi dy oll dros dy wlad.' Ar lwyfan y byd, fodd bynnag, peidio â chyflawni ei botensial yw hanes y tîm cenedlaethol, a hynny er gwaethaf presenoldeb chwaraewyr hynod o ddawnus.

Un o'r ffeithiau rhyfedd am rai o'r chwaraewyr talentog hyn yw y gallant fod wedi dewis chwarae dros Loegr. Daeth sawl un ohonynt o'r ardaloedd Seisnigedig am y ffin â Lloegr, chwaraewyr megis Billy Meredith a edifarhaodd ar adegau iddo chwarae dros Gymru. Ond i Ian Rush: 'Nothing could surpass the pride and pleasure I feel each time I pull on that Welsh shirt.' Roedd Ryan Giggs hyd yn oed yn gapten ar dîm ysgolion Lloegr cyn iddo ymrwymo i yrfa ryngwladol yng nghrys Cymru. Tua diwedd y nawdegau gwelwyd y gwrthwyneb i'r duedd hon, wrth i Michael Owen, chwaraewr ifanc nodedig iawn, ddewis chwarae dros Loegr. Fe'i magwyd yn sir y Fflint a chwarae dros ysgolion Fflint ond roedd hefyd yn gymwys i chwarae dros Loegr a dyna a ddewisodd ei wneud. Serch hyn, roedd yr apêl o gynrychioli Cymru yn un a arddelwyd yn angerddol gan lawer o chwaraewyr, a gwnaeth gyfraniad sylweddol at y ddelwedd o Gymru oedd gan weddill y byd.

Os oedd pêl-droed Cymru wedi magu chwaraewyr o fri heb gynhyrchu tîm cenedlaethol a chwaraeai'n gyson dda, roedd campau'r tîm rygbi'n fwy calonogol o lawer. Yn ogystal â chynhyrchu rhai o'r chwaraewyr rygbi gorau erioed, llwyddodd Cymru i lunio timau cenedlaethol cystal â rhai o bedwar ban byd. Mae rygbi, wrth gwrs, yn gêm a chwaraeir gan lai o wledydd ond ymhlith y gwledydd a chwaraeodd ar y lefel uchaf roedd gan Gymru safle uchel ei barch trwy lawer o'r ugeinfed ganrif. Ategwyd lle Cymru yn hanes rygbi wrth iddi gael ei dewis yn gartref ar gyfer Cwpan y Byd 1999, a hynny er gwaetha'r ffaith i statws y tîm rhyngwladol ddirywio'n enbyd yn y nawdegau. Ar drothwy'r mileniwm, daeth mwy o lwyddiant dan arweiniad ysbrydoledig Graham Henry, yr hyfforddwr o Seland Newydd, a ddaeth yn un o arwyr troad y ganrif newydd.

Sefydlwyd Undeb Rygbi Cymru yng Nghastell-nedd yn 1881 ac, yn wahanol iawn i hynt pêl-droed, lledodd rygbi fel tân trwy dde Cymru yn ystod chwarter ola'r bedwaredd ganrif ar bymtheg. Yn 1875 sefydlwyd Clwb Rygbi Llanelli, a chwaraeodd tîm Caerdydd ei gêm gyntaf yn erbyn Casnewydd yr un flwyddyn. Flwyddyn yn ddiweddarach, sefydlwyd Pontypridd ac erbyn 1880 roedd deg ar hugain o glybiau. Yn ne Cymru yr oedd calon rygbi Cymru ac, er gwaethaf sawl chwaraewr rhagorol o ogledd Cymru megis Wilf Wooller yn y tridegau a'r asgellwr Dewi Bebb yn y chwedegau, tenau oedd y gêm yn y gogledd o'i chymharu â phoblogrwydd pêl-droed. Roedd gafael tynn gan rygbi yn y de, lle roedd yn gêm a dynnodd ar emosiynau dwfn ac a hawliodd ymrwymiad obsesiynol trwy'r ardal. I gannoedd o filoedd o Gymry yn ystod yr ugeinfed ganrif roedd rygbi'n hollbwysig, yn ffordd o fyw yn hytrach na ffordd o hamddena ac yn hynny o beth roedd yn debyg i statws rygbi yn Seland Newydd ac ymhlith Boeriaid De Affrica. O ganlyniad, daeth rygbi i'w ystyried fel y gêm Gymreig *par excellence*, y gêm genedlaethol a ddilynwyd gydag angerdd ac a gydnabuwyd felly ledled y byd. Chwaraeodd Wilf Wooller ei gêm gyntaf dros Gymru fel canolwr yn 1933 tra oedd yn dal yn ddisgybl mewn ysgol fonedd yng ngogledd Cymru ac yn chwarae rygbi dros glwb Sale. Daeth yn rhan sefydlog o dîm Cymru ac, yn ddiweddarach, symudodd i chwarae dros Gaerdydd lle daeth yn gapten ar y clwb. Roedd Wooller yn llwyr ymwybodol o ansawdd arbennig rygbi Cymru:

> Well, it's a Welsh game, it's a game which really portrays the character of the Welsh in my view, in south Wales in particular. Somehow it fits into the framework of the tough steelworker and the tinplater and the coalminer . . . playing a good hard game and a very serious battle on the field, and very often a rough battle on the Saturday and then that was all over – into the bar for a pint or two and it's meant a good deal to the Welsh nation, south Wales in particular, rugby. It's been a tremendous social influence among other things.

Does dim syndod fod Cymru wedi tynnu rhai o'i chwaraewyr o rengoedd y gweithwyr llafuriol yr oedd natur eu gwaith yn gofyn am ffitrwydd corfforol; rhoddodd hyn fantais bendant dros y gwledydd hynny lle roedd rygbi'n gêm ddosbarth-canol gan mwyaf.

Pennwyd safle Cymru fel un o brif dimau rygbi'r byd yn gynnar yn yr ugeinfed ganrif pan gurodd tîm Cymru Grysau Duon hollfuddugol Seland Newydd am y tro cyntaf yn 1905 ym Mharc yr Arfau yng Nghaerdydd. Anaml y byddai timau teithiol yn dod i Gymru, ac ni chwaraeodd y Cymry yn erbyn y Crysau Duon yng Nghymru eto tan 1924, a'r ymwelwyr a orfu. Yn 1935 daethant i Gymru eto a cholli, ac yn 1953 llwyddodd Cymru i'w curo eto er mai colli a wnaeth Cymru bob tro ar ôl hynny. Serch hynny, mae record Cymru'n dyst i lwyddiant rygbi Cymru yn hanner cynta'r ganrif. Roedd y tîm rhyngwladol yn arbennig o gryf rhwng 1900 ac 1920; enillodd 46 gêm, colli 13 a chael un gêm gyfartal. Yn y blynyddoedd rhwng y ddau ryfel byd, daeth llwyddiant yn llai aml a chollodd Cymru fwy o gemau nag yr enillodd. Mae'r gwrthgyferbyniad rhwng ugain mlynedd cynta'r ganrif a'r ugain mlynedd wedyn mor drawiadol nes bod haneswyr wedi

Grym rygbi Cymru
yn y saithdegau, ar
ffurf Gareth
Edwards.

tynnu sylw at gysylltiad cryf â'r sefyllfa economaidd ar y pryd: bŵm yn y
ddau ddegawd cyntaf ac yna trychineb economaidd yn y cyfnod rhwng y
rhyfeloedd.

Yn y pumdegau, gyda doniau Ken Jones a Cliff Morgan yn amlwg,
ailafaelodd Cymru yn ei safle ymhlith timau gorau'r byd ac, er gwaethaf
rhai anawsterau yn y chwedegau, erbyn 1970 roedd yn glir fod rygbi
Cymru'n iach iawn gyda buddugoliaeth yn erbyn Awstralia yn Sydney yn
1969 a gêm gyfartal yn erbyn De Affrica mewn awyrgylch drydanol o
wladgarol yn 1970. Dyma gychwyn yr ail gyfnod aur ac enillodd Cymru'r
gamp lawn yn 1971, 1976 ac 1978. Roedd yn ddegawd hynod o
lwyddiannus, a gwisgwyd y crys coch gan rai o'r chwaraewyr gorau i
chwarae rygbi erioed, yn eu plith Gareth Edwards, Barry John, Gerald
Davies a J. P. R. Williams. Yr olwyr a dderbyniodd y clod a'r llwyddiant,
ond ni ellid y llwyddiant hwnnw heb bac nerthol, gan gynnwys rheng
flaen Pont-y-pŵl, Graham Price, Charlie Faulkner a Bobby Windsor, a
selogion y rheng ôl megis Mervyn Davies, Dai Morris a John Taylor. Roedd
hon yn genhedlaeth anhygoel a gafodd siom enbyd yn erbyn Seland
Newydd yn Rhagfyr 1972 pan enillodd y Crysau Duon 19–16 mewn gêm
boenus o gyffrous, a hynny er bod Llanelli wedi curo Seland Newydd 9–3
yn un o'r gemau enwocaf yn hanes Cymru. Y capten ar y ddau achlysur
oedd Delme Thomas, y clo a ddewiswyd i fynd i Seland Newydd gyda'r
Llewod yn 1966 a hynny cyn iddo ennill ei gap cyntaf dros ei wlad. Roedd

Gareth Edwards

Roedd y sgiliau 'da nhw a fi'n credu oedd hwnna achos bod nhw wedi cael eu dysgu'n fanwl gan athrawon yr adeg hynny yn yr ysgolion; pob athro yn gwneud yn siwr bod chi'n dysgu'r sgiliau: ffordd i basio, ffordd i gicio, ffordd i daclo . . . Wedi hynny daeth, gyda 'chydig bach o lwc, nifer ohonom ni at ein gilydd o'r un oedran oedd yn gallu chwarae, gallu defnyddio'r sgiliau hyn; hyfforddwyr fel Carwyn James, Clive Rowlands a'r bois hyn yn dod at ei gilydd i gael y gorau mas ohonom ni. Roedd e'n gyfnod arbennig, nid dim ond i dîm rhyngwladol Cymru, ond i rygbi yn gyffredinol yng Nghymru. Roedd mwynhad yn eu chwarae nhw. Roedd shwd gymaint o dalent naturiol gyda nhw . . . Allwch chi byth siarad am lwyddiant Cymru yn y cyfnod hynny heb bod chi'n siarad am y blaenwyr hefyd. Dwi'n gwybod bod tueddiad gan bobl i siarad am Barry a Phil Bennett a J.J. a Gerald, a pham lai? Ond cryfder y pac oedd yn golygu bod ni'n gallu cael pêl i chwarae . . . Roedd pob un yn dibynnu ar bob un arall: yr olwyr eisiau defnyddio'r bêl, y blaenwyr yn gorfod cael y bêl a sawl gwaith y blaenwyr oedd y bechgyn a wnaeth hi'n bosibl i ni ennill gemau. Roedd e'n bleser i fod yn rhan o'r adeg hynny.

ganddo atgofion gwahanol iawn am y ddau achlysur. Ym Mharc y Strade, dechreuodd y dorf ganu tua diwedd gêm oedd yn llawn tyndra: 'O, roedd e'n ysbrydoliaeth ofnadwy, ro'dd e'n codi dyn, chi'n gwybod, yn hala dyn i wneud beth na wnaethai dyn ddim oni bai eich bod chi'n teimlo ac yn clywed y canu y tu ôl i chi. Roedd rhyw deimlad arbennig, sa'i wedi teimlo erioed, a wi wedi chwarae yng Nghaerdydd, ond doedd hwnna erioed fel y teimlais i yn Strade yn erbyn y Crysau Duon yn '72.' Ond yn yr ornest ym Mharc yr Arfau rhwng Seland Newydd ac un o'r timau gorau i wisgo'r crysau cochion erioed, roedd ymateb Delme Thomas yn dra gwahanol. 'Ro'n i'n siomedig achos ro'n i'n gwybod yn fy hunan, a finnau'n gapten, dylen ni fod wedi maeddu Seland Newydd a phob un yn y tîm yn gwybod na whareon ni ddim mor dda â dylen ni fod wedi whare.' Clive Rowlands oedd yr hyfforddwr ar y pryd ac fel y dywedai: ''Na siom mwya 'y mywyd i – yn '72 – colli yn erbyn Seland Newydd achos ro'n ni'n llawer gwell tîm na nhw. 'Na'r siom mwya fy mywyd i erioed.'

Y chwaraewyr o Gymru oedd asgwrn cefn tîm y Llewod yn 1971. Dyma'r tîm a oresgynnodd y Crysau Duon yn Seland Newydd dan gyfarwyddyd Carwyn James. Yr un craidd oedd i'r tîm a drechodd Dde Affrica yn y wlad honno yn 1974. Roedd goruchafiaeth Cymru yn y dyddiau hynny'n seiliedig ar lafur y blaenwyr penderfynol ac ar olwyr chwim a dawnus; ond fe'i gwreiddiwyd hefyd yn ansawdd yr hyfforddi. Yn hemisffer y gogledd, Cymru oedd yn arloesi ym myd hyfforddi, ac roedd blaengarwch rhai megis Clive Rowlands a Carwyn James yn sicrhau bod mantais glir gan rygbi Cymru wrth i hyfforddiant craff gael ei asio wrth ddoniau naturiol a diwylliant rygbi angerddol de Cymru. Pan ddechreuodd Delme Thomas ei yrfa yn Llanelli, mater i'r chwaraewyr oedd hyfforddi ac ymarfer: 'Yr amser ro'n i'n mynd i Lanelli yn y chwedegau do'dd dim hyfforddwr i gael yno, dim ond y capten o'dd yn hyfforddi mwy neu lai.' Erbyn diwedd y chwedegau, hyfforddi oedd y peth arferol yng Nghymru, a dyma'r cyfnod a welodd un o'r hyfforddwyr gorau erioed, sef Carwyn James. Er iddo gynllunio buddugoliaeth y Llewod yn Seland Newydd yn 1971, yn ddigon rhyfedd a dadleuol ni ddaeth yn hyfforddwr y tîm cenedlaethol.

Cymerodd cryn dipyn o amser i'r gwledydd cartref eraill ddysgu sut i gystadlu'n effeithiol ac, yn y saithdegau, Cymru oedd y tîm i'w guro. Erbyn yr wythdegau, edrychai'r tîm cenedlaethol yn llawer llai bygythiol ac yn anhygoel o wan o'i gymharu â thimau hemisffer y de. Yn 1987 daeth Cymru'n drydydd yng Nghwpan y Byd yn Awstralia. Roedd hyn yn gamp sylweddol, ond yn anffodus roedd yn fodd i guddio dros dro wendidau sylfaenol yn y gêm yng Nghymru – nodweddion a oedd wedi'u hamlygu wrth i'r tîm gael ei drechu mor ddiamheuol gan Seland Newydd. Ac roedd llawer gwaeth i ddod, gan gynnwys colli'n gyson yn erbyn Lloegr yng Nghaerdydd, maes a fu'n gaer yn erbyn y Saeson am yn agos at ddeugain mlynedd, a cholli'n drychinebus yn erbyn De Affrica yn haf 1998. Ar ôl hynny penodwyd Graham Henry yn hyfforddwr, a sbardunodd y tîm i sawl buddugoliaeth wefreiddiol yn erbyn Ffrainc, Lloegr, Ariannin, ac am y tro cyntaf erioed yn erbyn De Affrica yn haf 1999. Ar drothwy Cwpan y Byd roedd tîm Cymru, er rhai gwendidau, wedi'i drawsnewid yn dîm y gellid ei gymryd o ddifrif unwaith yn rhagor ar feysydd rygbi'r byd.

Trwy ran fwya'r ganrif gêm amatur oedd rygbi ac, er gwaethaf bodolaeth amlwg arian 'sgidiau' a threuliau hael achlysurol, i bob pwrpas gêm amatur oedd hi a phitw oedd enillion hyd yn oed y chwaraewyr gorau. Cofiodd Wilf Wooller y tridegau:

> They got bare expenses, there was no money in rugby in those days, not like today. Expenses were very small. I played with Cardiff and (when) I came down I was full of joy because they bought my boots, provided kit and there was a committee man in charge of the team when we played and he provided beer money and that was all. No other money changed hands. It was always a thing about Welsh players getting boot money . . . but it was chicken feed really.

Gan mai perthyn i'r dosbarth gweithiol roedd llawer o'r chwaraewyr, cafodd nifer o'r rhai mwyaf dawnus eu temtio i fynd i'r 'Gogledd' ac ymuno â'r gêm broffesiynol, rygbi'r gynghrair. Dioddefodd Cymru'n ofnadwy gan y fath allfudo drwy'r ganrif, a thua diwedd yr wythdegau ac yn gynnar yn y degawd wedyn difrodwyd y gêm yng Nghymru wrth i lif cyson o chwaraewyr blaengar adael rygbi'r undeb. Yn wir, yng nghanol y nawdegau roedd gan Gymru dîm cynghrair eithriadol o dda yn cystadlu yng Nghwpan y Byd. Newidiodd popeth pan drodd rygbi'r undeb yn gêm broffesiynol yn 1996. Daeth proffesiynoldeb â chyfleoedd newydd yn ei sgil. Dychwelodd rhai chwaraewyr ardderchog megis Jonathan Davies a Scott Gibbs i chwarae rygbi'r undeb unwaith eto, ond aeth y clybiau Cymreig i anawsterau wrth iddynt geisio addasu i'r byd newydd. Roedd drwgdeimlad sylweddol tu mewn a thu allan i Undeb Rygbi Cymru ac aeth rhai o'r clybiau i anawsterau ariannol dybryd. Serch hynny, daeth llwyddiant y tîm cenedlaethol yn 1999 ac agor Stadiwm y Mileniwm yng Nghaerdydd â pheth sglein i'r gêm a fu'n cynnal cymaint o obeithion a breuddwydion drwy'r ganrif er mai siomedig braidd oedd y perfformiad yng Nghwpan y Byd.

Pêl-droed a rygbi oedd prif chwaraeon Cymru drwy gydol y ganrif, ond gwnaeth criced hefyd ei gyfraniad. Chwaraewyd criced trwy Gymru, ond dim ond ym Morgannwg yr oedd gan y gêm gefnogaeth frwd o unrhyw sylwedd. Hyd yn oed yn y sir honno, fel y dywed ei hanesydd swyddogol, Andrew Hignell, 'the history . . . has not been filled with glittering success'. Yn dilyn tranc Clwb Criced De Cymru, sefydlwyd Clwb Criced Morgannwg yng Nghaerdydd yn 1888 a'i gydnabod yn un o siroedd llai criced sirol Lloegr. Enillodd y clwb statws dosbarth cyntaf yn 1921 a churo India'r Gorllewin yn 1923 ond, mewn gwirionedd, ychydig iawn o lwyddiant a gafwyd tan ar ôl yr Ail Ryfel Byd pan enillodd tîm egnïol Wilfred Wooller bencampwriaeth y siroedd yn 1948. Yn y cyfnod hwn, roedd criced yn hynod o boblogaidd ac aeth 50,000 o bobl i faes Sain Helen yn Abertawe i wylio'r gêm yn erbyn Awstralia y flwyddyn honno. Daeth y tymor i ben gyda buddugoliaeth ddramatig yn y glaw yn Bournemouth yn erbyn Hampshire: 'We just topped the table much to the delight of the cricketing world and to the whole Welsh public many of whom were surprised at seeing Glamorgan getting up there.'

Yn yr un flwyddyn sgoriodd Willie Jones ddau gant ddwywaith o fewn pythefnos, ond ni fyddai Morgannwg yn ennill y bencampwriaeth eto tan 1969. Roedd campau eraill y tîm yn gyfyngedig i golli yn rownd derfynol Cwpan Gillette yn erbyn Middlesex yn 1977 ac ennill y Gynghrair Ddydd Sul yn 1993. Roedd rhaid aros tan 1997 cyn iddynt gyrraedd brig y bencampwriaeth eto, a hynny gyda chymorth sylweddol Waqar Younis, y bowliwr o Pakistan. Er gwaethaf prinder llwyddiant a'r ffaith i'r clwb gael ei ystyried braidd yn anffasiynol yn llygaid y sefydliad criced, gwnaeth tîm Morgannwg gyfraniad clodwiw i ddiwylliant chwaraeon Cymru, ac fe'i gwelwyd fel cynrychiolydd Cymru yn y byd criced. Yn ystod y nawdegau, aeth y clwb yn flynyddol i chwarae gemau ym Mae Colwyn yng ngogledd Cymru a daeth, i bob ystyr, yn dîm cenedlaethol Cymru.

Llwyddodd Morgannwg i feithrin doniau lleol, megis y brodyr Alan ac Eifion Jones, ac i ddenu chwaraewyr athrylithgar o dramor, megis Majid Khan a Viv Richards. Erbyn i'r brodyr Jones ddechrau chwarae criced yn y pumdegau roedd yn gêm boblogaidd yng Nghwm Tawe a'r cyffiniau. Soniodd Alan Jones am ei blentyndod yn Felindre: 'Ro'n i'n un o naw brawd a dwy chwaer ac o'dd tîm criced 'da ni yn y tŷ a dweud y gwir. Roedd fy mrodyr i gyd yn chwarae criced, rhai ohonyn nhw'n chwarae yng Nghlwb Criced Clydach, rhai ohonyn nhw'n chwarae yn yr Hendy.' Cofiodd hefyd am y dorf yn canu yn rownd derfynol Cwpan Gillette yn 1977 ac eglurodd: 'Pan o'n i'n chwarae i Forgannwg ro'n i'n cynrychioli Cymru, dyna fel oedden ni'n meddwl am dîm Morgannwg . . . pan oedd Morgannwg yn chware yn erbyn Awstralia roedd e fel bod Cymru yn chware yn erbyn nhw.' Wrth i'r ganrif dynnu at ei therfyn, cynhyrchodd Morgannwg un o'r chwaraewyr ifanc gorau ym Mhrydain, Robert Croft, Cymro Cymraeg o'r Hendy.

Nid oedd Cymru, wrth gwrs, yn cystadlu yn y Gemau Olympaidd fel gwlad ar wahân, ond roedd tîm Prydain yn cynnwys cystadleuwyr o Gymru a llwyddodd ambell un i ennill medalau. Ar ôl yr Ail Ryfel Byd, neidio ceffylau oedd y gamp fwyaf llwyddiannus: enillodd Syr Harry Llewellyn fedal aur unigol yn Helsinki yn 1952, ac enillodd David Broome y fedal efydd yn Helsinki ac eto yn Rhufain yn 1960. Yn y cystadlaethau tri-diwrnod enillodd Richard Meade fedalau aur fel aelod o'r timau a ddaeth i'r brig yn 1968 ac 1972, ac fel unigolyn yn 1972. Yn y chwedegau, enillodd David Broome dair pencampwriaeth y byd hefyd. Cyn y rhyfel roedd Harry Llewellyn hefyd yn marchogaeth mewn rasys ffos a pherth, ac yn 1936 daeth yn ail yn y Grand National. Oherwydd campau Llewellyn a phoblogrwydd ei geffyl Foxhunter, daethant yn dipyn o sêr yn y pumdegau. Yn 1985 enillodd Hywel Davies o Geredigion y Grand National fel y gwnaeth Carl Llewellyn o sir Benfro yn 1992; y ddau'n dilyn jocis eraill o'r gorllewin megis Jack Anthony o Gydweli yn 1911 ac 1915 a Brychan Rees yn 1921.

Ar y maes athletau enillodd Lynn Davies fedal aur a thorri record Olympaidd y naid hir yn Tokyo yn 1964. Mae cryn nifer o ddynion a menywod o Gymru wedi rhagori yn y chwaraeon Olympaidd, yn enwedig athletau. Yn y nawdegau roedd Colin Jackson yn dal record y byd yn y ras glwydi uchel a daeth Iwan Thomas a Jamie Baulch i fod yn rhedwyr o fri ar y llwyfan rhyngwladol. Yn y gemau para-Olympaidd, ychydig o gystadleuwyr oedd mor gyson o lwyddiannus â Tanni Grey o Gaerdydd.

Mae chwaraeon lleiafrifol eraill wedi apelio at y Cymry hefyd: roedd pêl fas yn boblogaidd yng Nghaerdydd a Chasnewydd a daeth hoci iâ i fod yn gêm a ddenai dorfeydd brwd yng Nghaerdydd. Yn 1997 enillodd Dreig-iau Caerdydd bencampwriaeth Prydain Fawr. Enw adnabyddus yng nghylchoedd rasio beiciau modur oedd Robin Jac neu'r 'fellten goch', a

Iwan Thomas, ar ôl iddo ennill medal aur yng Ngemau'r Gymanwlad yn Sri Lanka yn 1998.

oedd yn rasiwr proffesiynol blaenllaw a ddaeth yn bedwerydd yn ras Ynys Manaw yn 1946 ac yn chweched ddwy flynedd wedyn. Ar ôl dechrau gyrfa fel pêl-droediwr proffesiynol trodd Orig Williams at gamp arall, ac fel El Bandito daeth yn reslwr proffesiynol dygn. Yn 1997 enillodd tîm pysgota'r môr Cymru gwpan y byd, a'r un flwyddyn enillodd Jonathan Jones o Aberteifi bencampwriaeth cychod modur y byd.

Ni ddylid anghofio cyfraniad y diwylliant clybiau a thafarndai at fagu pencampwyr dartiau, biliards a snwcer. Horace Coles oedd brenin y bwrdd biliards wrth iddo ennill pencampwriaeth amatur y byd yn 1937, a chafwyd llu o chwaraewyr snwcer ardderchog, gan gynnwys Ray Reardon a enillodd bencampwriaeth y byd chwe gwaith yn y saithdegau. Yn 1979 enillodd Terry Griffiths o Lanelli yntau bencampwriaeth y byd, ac wrth i ddiwedd y ganrif agosáu gwelwyd cenhedlaeth newydd yn dod i'r brig, megis Darren Morgan a Mark Williams. Gêm arall a boblogeiddiwyd trwy rym teledu oedd dartiau, ac yn y saithdegau roedd Leighton Rees o Ynys-y-bŵl ac Alan Evans o'r Rhondda'n flaenllaw ar y cylch rhyngwladol. Roedd y ddau'n aelodau o'r tîm a enillodd bencampwriaeth y byd i Gymru yn 1977, y flwyddyn yr enillodd Leighton Rees y teitl unigol hefyd. Yn 1994 enillodd Richie Burnett bencampwriaeth y byd.

Roedd Cymru hefyd yn gartref i nifer o chwaraeon eraill, yn rhannol oherwydd ei thirwedd. Daeth golff i Gymru tua diwedd y bedwaredd ganrif ar bymtheg ac er nad oedd Cymru'n gallu cystadlu â'r Alban o ran ansawdd ei meysydd golff, lledodd y meysydd hyn ar draws y wlad o wythdegau'r ganrif ymlaen gan wneud argraff sylweddol ar yr amgylchfyd. Sefydlwyd y clwb golff cyntaf yn Ninbych-y-pysgod yn 1880, a dilynwyd hwnnw gan sawl un arall megis Bae Langland, Aberdyfi a Harlech cyn diwedd y ganrif. Yn ystod degawd cynta'r ugeinfed ganrif lledodd golff drwy Gymru gyfan ac er i bethau arafu rywfaint yn y blynyddoedd rhwng y ddau ryfel byd, daliodd meysydd golff newydd i drawsffurfio'r amgylchfyd gan arwain at ddatblygiadau newydd uchelgeisiol megis Parc Llaneurgain yn sir y Fflint a Celtic Manor ger Casnewydd. Erbyn diwedd y ganrif roedd yn agos at 180 o feysydd golff yng Nghymru, a llawer ohonynt yn denu ymwelwyr o bell. Llwyddodd Cymru i fagu sawl golffiwr gwych, gan gynnwys Dai Rees a fu'n gapten y tîm a enillodd Cwpan Ryder yn 1957, ac yn ddiweddarach Ian Woosnam a enillodd Bencampwriaeth Agored Ewrop yn 1988 a Phencampwriaeth Meistri'r Unol Daleithiau yn 1991 ac un Prydain yn 1994.

Mae tirwedd Cymru hefyd yn ddelfrydol ar gyfer mynydda a dringo creigiau ac o gofio faint o fynyddoedd a chlogwyni sydd yng Nghymru mae'n syndod efallai nad yw Cymru wedi cynhyrchu mwy o ddringwyr o'r safon uchaf. Ar ôl dweud hynny mae rhai hynod nad yw eu campau mor adnabyddus ag y dylent fod. Roedd Humphrey Owen Jones o Lynebwy yn un o fynyddwyr gorau Ewrop pan fu farw ef a'i wraig ar ôl cwympo tra oeddent yn dringo ger Mont Blanc yn 1912, a hynny dim ond ychydig o ddyddiau ar ôl iddynt briodi yn Eglwys Gadeiriol Bangor. Roedd dyn arall a chanddo gysylltiadau â Bangor yn agos iawn at fod y cyntaf i ddringo i gopa Everest. Daeth Charles Evans yn brifathro Coleg Prifysgol Gogledd Cymru, ond yn 1952 roedd ar Everest yn rhan o dîm Syr John Hunt ac fe'i rhwystrwyd oherwydd problemau ocsigen rhag cyrraedd y copa; llwyddodd Hillary a Tensing yr ail dro. Rhaid cofio hefyd yr anhygoel Eric Jones sydd wedi ymgymryd â rhai o sialensau mwyaf arswydus y byd, gan gynnwys hedfan dros Everest mewn balŵn. Gweithiwr ffatri o ogledd-ddwyrain Cymru oedd Jones, a dechreuodd ddringo ar ei ben ei hun heb gymorth rhaff yn y chwedegau gan symud o glogwyni Eryri i rai o'r dringfeydd mwyaf dyrys yn yr Alpau a'r Andes a mannau eraill. Ef oedd y person cyntaf i efelychu camp Peter Bonatti wrth iddo gymryd chwe diwrnod i ddringo Piler Bonatti uwchben Chamonix ar ei ben ei hun. Nid dyna oedd y tro cyntaf na'r tro olaf iddo wynebu marwolaeth: 'Ro'n i tua dwy ran o dair i fyny'r pilar yma ac roedd 'na ddarn anodd ofnadwy . . . Mi syrthies i i lawr a ro'n i'n meddwl, dyma ddiwedd arna'i. Ro'n i'n edrych i lawr i waelod y pilar oedd tua dwy fil a hanner o droedfeddi, ac yn sydyn, ping, dyma'r bachyn bach yma yn fy nal i, ac roedd hwnnw'n cael ei ddal efo jyst fath o garrai esgid. Dyna be ddaru arbed 'y mywyd i.'

O gaeau pêl-droed y Brif Gynghrair i glogwyni'r Alpau mae menywod a dynion o Gymru wedi cyrraedd uchelfannau'u dewis chwaraeon. O ystyried bod Cymru'n wlad mor fach, mae ystod eang eu campau'n syfrdanol, ond mae'n deillio o bwysigrwydd chwaraeon i'r Cymry; ers cenedlaethau y maes chwarae fu un o'r prif ffynonellau i fynegi breuddwydion a gobeithion y genedl. Ar ddiwedd y ganrif roedd yn briodol rywsut mai rygbi, y gêm a dreiddiodd fwyaf i enaid y genedl yn ystod y ganrif, fyddai'n dod â Chymru i olwg y byd wrth i Gwpan Rygbi'r Byd gael ei gynnal yng Nghaerdydd.

4

Brwydrau'r Bobl

CANRIF O BROTEST

Nid i gyfeiriad y pleidiau gwleidyddol yn unig yr aeth holl egni gwleidyddol pobl Cymru, ac mae'n syndod faint o brotestio a fu y tu allan i fframwaith gwleidyddiaeth ffurfiol. Gwlad oedd yn gyfarwydd â phrotestio oedd Cymru'r ugeinfed ganrif; cafwyd gwrthdystiadau torfol, meddiannu eiddo, picedu, gwrthdaro treisgar gyda'r awdurdodau, llosgi a bomio. Ar adegau, siglwyd cymunedau a llywodraethau gan y protestiadau hyn, ac ar fwy nag un achlysur daeth marwolaethau yn eu sgil.

Er i wrthdystio darddu o nifer o fudiadau cymdeithasol a gwleidyddol, protestiadau dosbarth gweithiol – yn enwedig y rhai a gysylltir â streicio a chloi allan – a darfodd amlaf ar heddwch cymdeithasol Cymru. Ym mlwyddyn gynta'r ganrif ym Methesda, sir Gaernarfon, cafwyd cyfres o ffrygydau ffyrnig a arweiniodd at dair blynedd y Streic Fawr. Bu ymladd cas rhwng y gweithwyr a'r cynffonwyr a oedd wedi dychwelyd i'w gwaith – digwyddiad cyffredin pan fu cloi allan – ac ar ddau achlysur galwyd milwyr i'r pentref. Ond Cymru newydd y maes glo a ddaeth yn ganolbwynt y gwrthdaro gwleidyddol a chymdeithasol.

Sefydlwyd Ffederasiwn Glowyr De Cymru, un o gonglfeini hanes Cymru'r ugeinfed ganrif, yn 1898. Roedd y Ffed yn fudiad cymedrol o dan arweiniad Mabon – William Abraham, aelod seneddol y Rhondda – ond yn 1910 ffrwydrodd cymoedd y Rhondda ac Aberdâr mewn cyfres o anghydfodau chwerw a digyfaddawd. Y flwyddyn honno, daeth gweithwyr glofeydd y Cambrian allan ar streic answyddogol. Denodd y frwydr sylw helaeth, ac fe'i hystyriwyd gan rai yn enghraifft o'r gwrthdaro a oedd yn hunllef i'r dosbarthiadau uwch ac yn freuddwyd i'r Marcsiaid. Nodweddwyd yr anghydfod gan drais, picedu torfol ac arweinwyr huawdl a chwyldroadol, cyfuniad a ddaeth yn gyfarwydd iawn yn y maes glo. Roedd proffwydi megis y damcaniaethwyr Marcsaidd Noah Ablett, Noah Rees a Will Hay ac eraill yn pregethu chwyldro yng Nghaffi Aberystwyth yn Nhonypandy. Lawnsiwyd Cymru ar broses o wrthdaro dewr, os trychinebus ar adegau, yn erbyn cyfalafiaeth a'r wladwriaeth, gan ailafael yn nhraddodiadau'r Siartwyr a Therfysgwyr Beca o'r bedwaredd ganrif ar bymtheg.

Ym mis Tachwedd 1910 gyrrwyd heddlu a milwyr i strydoedd y Rhondda, a chynnwrf fu'r canlyniad. Roedd y terfysgoedd hyn ymhlith y rhai mwyaf difrifol yn hanes y Brydain fodern, gyda Glofa Glamorgan yn Llwynypia dan warchae a brwydr benben yn lledu i Sgwâr Pandy yn Nhonypandy. Cafodd y digwyddiadau gyhoeddusrwydd eang, a beirniadwyd yr ysgrifennydd cartref, Winston Churchill, am ei ran yn yr helynt. Dadleuir gan rai haneswyr megis Dai Smith nad gwrthdaro yn erbyn y meistri glo yn unig oedd terfysg Tonypandy; roedd hefyd yn ymosodiad ar aelodau'r dosbarth canol lleol a'r adeiledd gymdeithasol draddodiadol Gymreig a reolwyd ganddynt. Daeth de Cymru, a'r Rhondda yn arbennig, yn enghraifft o fro a arddelai ymwybyddiaeth ddosbarth yn hytrach nag ymwybyddiaeth genedlaethol. Wrth iddi godi'r faner goch a datgan ei hymroddiad i'r dosbarth gweithiol rhyngwladol yn y frwydr am ryddid economaidd a gwleidyddol, roedd yn ymddangos fel petai'n ymdebygu mwy i Berlin neu'r rhannau Comiwnyddol o Baris nag i ardaloedd eraill ym Mhrydain.

Roedd yn gyfnod cynhyrfus a threisgar, nid yn unig ymhlith y glowyr. Yn 1911, cafwyd streic gan y gweithwyr rheilffyrdd ac ar 19 Awst, yn Llanelli, meddiannwyd trên gan dyrfa fawr. Wedi darllen y Ddeddf Derfysg, saethodd y milwyr ar y dyrfa, gan ladd dau ddyn ac anafu dau arall. Yn sgil y digwyddiad erchyll hwn cafwyd cythrwfl pellach. Aeth tyrfa ati i ysbeilio'r dref, a ffrwydrodd drym o danwyr, gan ladd tri pherson ac anafu pedwar ar ddeg.

Streic a ledodd trwy holl feysydd glo Prydain oedd y streic dros gyflog lleiafswm yn 1912 ond, yn 1915, er gwaetha'r rhyfel, aeth glowyr de Cymru ar streic ar eu pennau'u hunain, gan lwyddo i gario'r dydd yn erbyn y llywodraeth. Wedi'r rhyfel, a'r gymdeithas yn llawn tensiwn rhwng dosbarth a dosbarth ac yn gyforiog o obeithion chwyldroadol, cafwyd cyfres o wrthdrawiadau dramatig. Dim ond o drwch blewyn y llwyddodd llywodraeth Lloyd George i osgoi unrhyw wrthdaro mawr yn 1919. Yna, yn 1921, a'r pyllau yn dychwelyd i reolaeth breifat, clöwyd y glowyr allan drwy gydol yr haf wrth iddynt ymdrechu i amddiffyn lefel eu cyflogau. Roedd Gwyn Phillips yn yr ysgol ym Maesteg ar y pryd, er y byddai'n dilyn ei dad a'i bedwar brawd hŷn i'r pwll ddwy flynedd yn ddiweddarach. Cofiodd y driniaeth a gafodd cynffonnwr o Fryste gan y streicwyr: 'Pan oeddem ni'n dod o'r ysgol roedd crowds ar yr hewl. Roedd y boi hyn yr oedd y bois yn ei wawdio fe ac yn gweiddi arno fe. Roedd yna ffys mawr, ac roedd yna gerrig yn dechrau cael eu taflu hefyd. Roedd hi'n lle peryglus i fod ynddo fe ar y pryd.'

Llwyddwyd i droi heibio argyfwng arall yn 1925, ond y flwyddyn wedyn digwyddodd trychineb arswydus 1926. Roedd y meistri glo wedi mynnu torri cyflogau, ac apeliodd y glowyr am gefnogaeth y mudiad undebol ledled Prydain. Cafwyd ymateb cadarnhaol gan y mudiad ac ym mis Mai dechreuodd streic gyffredinol – gwrthdystiadau oedd ymhlith y rhai mwyaf arwyddocaol ym Mhrydain yn ystod yr ugeinfed ganrif. Serch hynny safodd y llywodraeth Geidwadol yn gadarn, a chyn bo hir ildiodd y TUC. Yn eironig ddigon, chwaraeodd y Cymro Jimmy Thomas, arweinydd gweithwyr y rheilffyrdd, ran allweddol yn yr ymostyngiad gwarad-wyddus hwn.

Ynyswyd y glowyr, yn ne Cymru ac yng ngweddill Prydain, gan weithredoedd Thomas ac arweinwyr eraill y TUC. 'Do you remember 1926?' gofynnodd y bardd, Idris Davies, a chael yr ymateb, 'Yes, I shall remember 1926 until my blood runs dry.' Arweinwyr Ffederasiwn Glowyr Prydain Fawr yr adeg honno oedd Herbert Smith o swydd Efrog ac Arthur James Cook o'r Rhondda. Roedd angerdd a huodledd Cook yn wrth-gyferbyniad llwyr i gymeriad dywedwst Smith. Cofiodd Gwyn Phillips – a oedd erbyn 1926 yn löwr ei hun – wrando ar A. J. Cook yn annerch cyfarfod: 'O, y cyfarfodydd. Dwi'n cofio'n arbennig iawn A. J. Cook yn y Town Hall ym Maesteg yn tynnu ei got e off yn gyntaf, ac yna yn tynnu ei isgot, *waistcoat* . . . Roedd Cook yn tynnu ei got off ac yn mynd i mewn i gymryd gafael yn y ddadl yn defe, rhwymo ei hun efo'r ddadl.' Roedd areithio yn llewys ei grys yn siŵr o daro tant gyda'i gefnogwyr a gafodd eu hysbrydoli gan ei angerdd a'i ymddygiad. A. J. Cook oedd un o'r ychydig ffigyrau chwyldroadol go iawn i ddod yn arweinydd undebol pwerus ym Mhrydain. O ganlyniad, ystyriwyd ef yn wleidyddol eithafol ac yn ddyn a chanddo bersonoliaeth anwadal. Er bod yna beth gwirionedd yn y cyhuddiadau hyn, roedd Cook, yn annisgwyl braidd, hefyd yn bragmataidd ac yn realistig, gan ymdrechu'n galed, y tu ôl i'r llenni, i ddod i delerau. Gwyddai'n iawn sut roedd y meysydd glo yn dioddef.

Yn 1926 roedd 236,000 o lowyr yng Nghymru, ac effaith y streic oedd taflu cymdeithas gyfan i fyw ar ei hadnoddau materol pitw ond diwylliannol helaeth ei hun. Ar flaen y gad yn cynnal undod cymunedol, roedd bandiau jas a chapeli, ceginau cawl, gwrthdystiadau a charnifalau. Roedd Lily Richards yn naw mlwydd oed yr adeg honno, ac yn byw ym Merthyr. 'Un peth mae pawb yn dweud . . . bod dim casineb, bod 'na ryw dynnu at ei gilydd rhyfeddol yn enwedig yn 1926, adeg y streic fawr.' Ond pethau real oedd y caledi a'r tlodi. Gweithiai William Hughes – a oedd yn cynnal ei fam, a hithau'n weddw – ym mhwll y Parlwr Du yn sir y Fflint. Cofiodd ei ymateb i ble ei fam yn ystod y streic:

> 'Wel, rhaid i ni gael pres o rywle Wil' . . . Roedd rhaid cael ceiniog o rywle a be wnes i, es i weithio am beth ar y ffarm yma . . . ond rhyw deimlo 'r un pryd bod fi ddim yn onest efo fi fy hun. Roedd hi'n anodd iawn, mae caledi'n beth ofnadwy . . . dim arian yn dod i fewn o gwbl a ddim yn gweithio . . . ond nid streic oedd hi cofiwch chi ond *lockout*. Gaethon ni ein cau allan, nid *walkout* oedd 1926.

Roedd tlodi mawr ym maes glo'r de hefyd, ond nid oedd gwaith ar fferm ar gael yn aml a throdd y bobl at ddulliau mwy cymunedol eu naws i leddfu'r caledi. Dyma ddisgrifiad Lily Richards o'r sefyllfa yno:

> Roedd pawb yn dlawd, nid jyst y glowyr oedd yn dlawd. Roedd e'n effeithio ar y gymdogaeth i gyd a ro'n nhw wedi agor canolfannau wedyn i bobl ddysgu sut i drwsio esgidiau a gwneud pethau . . . ac roedden nhw'n agor ceginau cawl, y *soup kitchens*. Roedd rheina'n boblogaidd iawn.

Adeg dyngedfennol yn hanes Cymru oedd cloi allan y glowyr. Cofiai gorwyrion y glowyr hynny y flwyddyn 1926 wrth iddynt bicedu gorsafaoedd pŵer drigain mlynedd yn ddiweddarach. Ar ôl dioddef trechiad hir a phoenus, ymdrechodd y glowyr a'u teuluoedd yn ddygn i ailadeiladu'r undeb, y Ffed, ac i wrthsefyll dinistr y dirwasgaid. A nifer y di-waith yn cynyddu ar garlam, cafwyd gorymdeithiau newyn, protestiadau lleol a gwrthdaro â'r heddlu a'r awdurdodau. Yn hydref 1927 gadawodd 270 o bobl – yr orymdaith newyn gyntaf – ar eu taith lafurus i Lundain. Aeth eraill i Fryste yn 1931 ac eraill eto i Lundain yn 1932. Y gorymdeithiau olaf, yn 1934 ac 1936, oedd hefyd y rhai mwyaf; ym mis Hydref 1936, ymlwybrodd 504 o orymdeithwyr o dde Cymru i Lundain. Cafwyd gwrthdystiadau gan y di-waith drwy gydol y tridegau ac, yn dilyn anghydfod difrifol yn Nant-y-glo yn 1935, carcharwyd yr arweinwyr lleol. Cyrhaeddodd yr anniddigrwydd ei benllanw yn 1935 wrth i don anferth o wrthwynebiad yn erbyn y cynigion newydd ynglŷn â'r prawf moddion lifo trwy'r cymoedd. Yn aml iawn hefyd, byddai cythrwfl wrth i gymdogion weithredu i rwystro'r beilïaid rhag mynd ag eiddo'r sawl na fedrai dalu eu biliau.

Yn yr un degawd cafwyd brwydrau niferus i ailsefydlu undebaeth ac i ysgubo ymaith ddylanwad yr Undeb Ddiwydiannol, undeb a sefydlwyd ar ôl streic 1926 ac a ystyriwyd gan aelodau'r Ffed yn undeb i fradwyr a chynffonwyr. Digwyddodd y brotest fwyaf beiddgar yn 1935 yng nglofa Nine Mile Point yng Nghwmfelin-fach, ger y Coed Duon, lle arhosodd naw dyn dan ddaear am dros wythnos i amddiffyn eu hawl i fod yn

TAFF-MERTHYR STRIKERS LEAVE PIT:

FRIENDS cheering some of the "stay-in" strikers who came to the surface of the pit yesterday after a two days' sojourn underground at Taff-Merthyr, Trelewis.

Amddiffyn y 'Ffed': Taff Merthyr 1935.

aelodau o'r Ffed. Dilynwyd y digwyddiad hwn gan ffrygydau mewn mannau eraill, nes bod mwy na 40,000 o ddynion yn gweithredu'n ddiwydiannol ledled y maes glo. Lledodd yr Undeb Diwydiannol i ogledd Cymru hefyd, lle cafodd ei sefydlu ym mhwll y Parlwr Du. Cofiodd William Hughes, a gadwodd yn ffyddlon i Gymdeithas Glowyr Gogledd Cymru, yr adlach pan wrthododd dalu arian i'r undeb newydd:

> Roeddan nhw'n aros amdana i lawr yn y pwll a'r *manager* yn deud, 'Are you going to pay your dues to the union, William?'
> 'No,' medda fi, 'not the Industrial Union.'
> 'Well, what's waiting you is the sack.'
> 'Well, you can please yourself as far as I'm concerned,' medda fi. 'Dwi'n dal i gredu mewn undeb,' medda fi. 'Mewn undeb mae nerth.'

Yn ne Cymru, y Comiwnyddion a drefnodd lawer o brotestiadau'r cyfnod, a chafodd eu hymgyrchoedd protest fwy o lwyddiant na'u hymgyrchoedd etholiadol. Yn y blynyddoedd wedi 1935, roeddent yn prysur drefnu ymgyrchoedd gwrth-Ffasgaidd, ac yn 1936 rhwystrwyd Undeb Ffasgwyr Prydain (BUF) rhag gorymdeithio trwy'r Rhondda. Yn anad dim, cefnogodd y Comiwnyddion achos y Weriniaeth yn Rhyfel Cartref Sbaen, gan gyflenwi gwirfoddolwyr i'r Brigadau Rhyngwladol.

Yn ystod yr Ail Ryfel Byd, er i'r Ffed gefnogi'r rhyfel hwnnw ac er bod streicio yn erbyn y gyfraith ar y pryd, cafodd gwaith ei atal ar fwy na 500 o achlysuron. Yng ngwanwyn 1944, digwyddodd dau anghydfod difrifol a effeithiodd ar un adeg ar fwy na 90,000 o ddynion. Wedi'r rhyfel, a hyd yn oed ar ôl gwladoli'r diwydiant yn 1947, parhaodd y glowyr i fod yn grŵp milwriaethus er na welwyd gwrthdaro ar raddfa eang hyd at 1972. Yn y flwyddyn honno, cynhaliodd y glowyr y streic genedlaethol gyntaf er 1926. Defnyddiwyd picedwyr yn helaeth, gweithred a arweiniodd at wrthdrawiadau cas yng Nghymru ac mewn mannau eraill. Roedd gan lowyr o Gymru – a oedd yn gweithredu fel picedwyr gwib – ran amlwg yn y frwydr lwyddiannus i gau storfa golosg Saltley yn Birmingham; brwydr a arweiniodd at fuddugoliaeth i'r glowyr yn y pen draw. Yn ystod anghydfod 1974, roedd cydweithio a chyd-drefnu'r undeb yn fwy effeithiol ac, o ganlyniad, cafwyd llai o bicedu a gwrthdystio cyhoeddus. Dyma'r streic fwyaf ei harwyddocâd gwleidyddol, efallai, o blith holl streiciau'r glowyr. Achosodd argyfwng ledled Prydain wrth i stociau glo ddarfod, a gorfodwyd y prif weinidog, Edward Heath, i gwtogi'r wythnos weithio i dri diwrnod, cyn galw am etholiad ym mis Chwefror. Colli fu ei hanes. I lawer, tanlinellodd buddugoliaeth y glowyr – a hwythau wedi disodli llywodraeth Geidwadol – effeithlonrwydd undebaeth drefniedig a chanddi ystod o dactegau uniongyrchol, gan gynnwys picedu torfol a streiciau cefnogol.

Ddeng mlynedd yn ddiweddarach, daeth ymrafael arall rhwng y glowyr a llywodraeth Geidwadol. Hwn oedd yr olaf o'u gwrthdystiadau mawr; y tro hwn, colli fu hanes y glowyr, a daeth deuddeg mis rhyfeddol i ben mewn chwerwder. Trobwynt yn hanes y Brydain fodern oedd streic glowyr 1984–5, yn frwydr benben rhwng undeb mwyaf trefniedig a mwyaf milwriaethus Prydain a llywodraeth Geidwadol a oedd wedi penderfynu difa grym yr undebau. Roedd gan y ddwy ochr arweinwyr di-ildio. Sosialydd milwriaethus oedd Arthur Scargill o swydd Efrog, arweinydd y glowyr. Yn ei wynebu roedd llywodraeth Margaret Thatcher, a hithau newydd ennill buddugoliaeth yn erbyn Ariannin ac yn frwd i drechu'r 'gelyn oddi mewn'. Cadfridog Mrs Thatcher oedd Ian MacGregor, cadeirydd y Bwrdd Glo er 1983.

Nid oedd glowyr o Gymru'n rhan o arweinyddiaeth Brydeinig yr undeb, ond chwaraeodd glowyr Cymru, yn arbennig y rhai ym maes glo'r de (dim ond dau bwll oedd yn y gogledd), ran allweddol yn natblygiad a diwedd y streic. Yn 1984 roedd 22,700 o lowyr yng Nghymru. Yn y flwyddyn honno, cafwyd bygythiad i gau mwy o byllau ac, ar 9 Mawrth, dechreuodd y streic yn swydd Efrog, a hynny heb gynnal pleidlais. A hwythau wedi streicio yn 1981 heb dderbyn fawr o gefnogaeth gan swydd Efrog, amheus oedd ymateb cyntaf glowyr Cymru. Pleidleisiodd 19 o lofeydd o blaid parhau i weithio, a dim ond 11 o blaid streicio. Ond, gyda sêl bendith arweinwyr rhanbarthol yr undeb, picedwyd y glowyr hynny nad oeddent am streicio

Glowyr a phlismyn
yn ystod streic 1984–5.

gan rwydwaith o weithredwyr milwriaethus. Yn ôl y disgwyl, gwrthododd y glowyr groesi'r llinellau piced, ac erbyn 13 Mawrth roedd de Cymru yn gadarn ei gefnogaeth i'r streic. Cafwyd peth anfodlonrwydd yn y gogledd; er i bwll y Bers streicio yn y pen draw, parhaodd nifer fawr o lowyr pwll y Parlwr Du i weithio.

Er gwaetha'r diffyg brwdfrydedd ar y dechrau, nodwedd amlycaf de Cymru yn ystod y streic oedd undod rhyfeddol y glowyr a'u teuluoedd. Drwy gydol y flwyddyn, dim ond llond dwrn aeth yn ôl at eu gwaith; hyd yn oed yn y misoedd olaf, pryd roedd nifer gynyddol o lowyr swydd Efrog, yr Alban a mannau eraill yn dychwelyd i'w gwaith er gwaethaf anogaeth eu harweinwyr, bu Cymru'n unedig. Yr undod aruthrol hwn – cydymddibyniaeth a gafodd ei chynnal yn wyneb caledi enbyd – a roddodd i Ranbarth De Cymru o Undeb Cenedlaethol y Glowyr yr awdurdod moesol, yn wythnosau ola'r streic, i gymryd yr awenau a galw ar y glowyr i drefnu dychwelyd i'w gwaith, a hynny heb unrhyw gytundeb â'r Bwrdd Glo. A hwythau wedi'u hargyhoeddi nad oedd bellach unrhyw obaith o fuddugoliaeth, llwyddodd cynrychiolwyr de Cymru i berswadio dynion y meysydd glo eraill y byddai'n well mynd yn ôl i'r gwaith na chaniatáu i'r undeb gael ei chwalu. Fel y cofiodd Emlyn Williams, oedd yn llywydd Rhanbarth De Cymru o Undeb Cenedlaethol y Glowyr yn ystod y streic:

> Had it not been for the threat of picketing, south Wales would not have been involved, so we came out rather reluctantly. South Wales became the most militant section of the miners' union. We did the most picketing, we could go anywhere and be respected because we came out 100 per cent and stayed 96 per cent when in fact 50 per cent of the Yorkshire coalfield had decided to go back before we did.

Nid pob un o lowyr de Cymru oedd o blaid dychwelyd i'r gwaith. Yn ôl Tyrone O'Sullivan o lofa'r Tŵr: 'South Wales should never have been the first to go back to work. South Wales was the strongest area, we should have stayed out.'

Wrth edrych yn ôl, gellir gweld nad oedd gobaith i'r streic lwyddo yn wyneb y ffactorau a oedd yn ei herbyn: safiad di-ildio'r llywodraeth; penderfyniad glowyr swydd Nottingham i beidio â streicio; a'r ffaith bod y streic wedi dechrau yn ystod y gwanwyn, a'r galw am lo yn lleihau. Nid oedd y berthynas rhwng pencadlys glowyr Cymru ym Mhontypridd a'r pencadlys Prydeinig yn Sheffield yn dda yn nyddiau cynnar y streic, ac erbyn hydref 1984 roedd yn agos at dorri lawr yn gyfan gwbl.

Aeth glowyr de Cymru i bicedu ledled Prydain a buont yn weithgar wrth godi arian ym Mhrydain ac ar y Cyfandir. Yng Nghymru ei hun, cafwyd nifer o ddig-wyddiadau dramatig. Ddiwedd mis Awst, a chydag arian yr undeb wedi'i atafaelu, meddiannodd grŵp o lowyr gabanau craenau ym Mhort Talbot a bu gwrthdaro y tu allan i waith dur Margam. Cafwyd hefyd sawl ysgarmes ffyrnig y tu allan i bwll y Parlwr Du yn y gogledd. Ar 13 Tachwedd 1984, yn ystod rali yn yr Afan Lido, Port Talbot, gwelwyd comedi ddu wrth i raff gael ei chrogi dros ben pen ysgrifennydd

Tyrone O'Sullivan

Saltley was important. That showed that we could practically close anything. Not only could the miners do it, but wherever we went we had the support of the people there. Saltley was a fine example of how ordinary people, when they get together, can make a difference. The Tories learnt those lessons: first of all, you get as many private lorries on the road as you can which are non-unionised and, secondly, when you put police on the picket line, you outnumber the NUM whenever you can and you don't go there in just your blue coats and your blue shirts, you go there with arm guards and shin guards and truncheons and helmets and visors because miners are very tough to take on. That's what shocks everybody, it shocks the police every time. It shocks them how miners are physically strong; they can shift objects that nobody else can unless they have machinery. When we were on the picket line we were always well disciplined . . . When you've got that in a workforce it becomes a very difficult army to contain at the end of the day.

cyffredinol mwyseiriog y TUC, Norman Willis. Wythnos wedyn, cafwyd trychineb go iawn pan laddwyd David Wilkie, gyrrwr tacsi a oedd yn cludo cynffonnwr i'w waith yng nglofa Merthyr Vale, gan floc concrit a ollyngwyd ar ei gar dros ochr pont.

Ym mis Mawrth 1985, i gyfeiliant eu bandiau a'u baneri yn hedfan, gorymdeithiodd y glowyr yn ôl i'r gwaith. Er gwaetha'r brafwra nid oedd modd celu maint y trechiad. Ymladdwyd y frwydr er mwyn sicrhau parhâd y diwydiant glo, ond yn y blynyddoedd wedi'r streic, a'r pyllau'n cau'n rhibidires, daeth y diwydiant yn agos at drengi. Gwrthododd glowyr un pwll dwfn, sef y Tŵr ger Hirwaun, gydnabod eu bod wedi colli, gan ymgyrchu'n ddyfeisgar ac yn effeithlon i aros ar agor. Er gwaethaf anawsterau lu, buont yn fuddugol. A gweddillion y diwydiant glo yn cael eu preifateiddio, prynodd gweithwyr y Tŵr y pwll gyda'u taliadau diswyddo. Mae yna eironi dwys yn y ffaith mai pwll dwfn olaf Cymru yw'r unig un erioed i fod yn eiddo i'r glowyr.

Wrth iddo sefyll ar falconi swyddfeydd Undeb y Glowyr yn Heol Sardis, Pontypridd a herio'r wladwriaeth a oedd newydd atafaelu cronfeydd Rhanbarth De Cymru, ymddangosai llywydd y rhanbarth, Emlyn Williams – dyn huawdl, milwriaethus a oedd wedi ymroddi'n llwyr i fuddiannau'r cymunedau glofaol – fel ymgorfforiad o holl draddodiadau glowyr de Cymru. Nodweddwyd y glowyr gan ysbryd heriol, hiwmor a deallusrwydd wrth iddynt ddiflannu o fywyd Cymru, ond gadawyd bwlch enfawr ar eu hôl. Fel y cofiodd Emlyn Williams, 'Wales will never be the same without miners. We were the vanguard, there's no argument.'

Bu'r streic yn ergyd ariannol andwyol i lawer o deuluoedd, a daeth trafferthion i gymunedau lu yn ei sgil. Fel y cofiodd Siân James, hithau'n wraig i löwr ar streic: 'Ro'dd teledu 'da ni, chi'n gwbod, teledu mawr a fideo mawr . . . a fe a'th hwnna'n ôl. Ro'dd car reit neis 'da ni, wel a'th hwnna . . . ro'dd pethach yn gorfod mynd . . . Sa'i wedi ca'l credit cards oddi ar 'ny. Fi'n torri un fi lan nawr yn rheolaidd. Sa'i byth [yn mynd] yn ôl i'r fath dyled . . . gymerodd e bum mlynedd i ni dalu off beth o'dd bil y *credit card* . . . sai'n moyn mynd i'r ddyled 'na eto.'

Ychydig o gyfle oedd gan fenywod i ddod yn arweinwyr yn y cymunedau glofaol; sefydliad cwbl wrywaidd oedd Undeb y Glowyr. Ond yn ystod y streic, ymgymerodd nifer fawr o fenywod â'r busnes o ddosbarthu bwyd, casglu arian, a threfnu gwyliau i'r plant (gan gynnwys sawl un i wledydd y Cyfandir) tra bod y dynion i ffwrdd yn picedu. Wedi'r streic, roedd gan lawer o fenywod hyder newydd, ac aethant ati i fanteisio ar y cyfleoedd i gael addysg uwch ac addysg bellach, cam a oedd yn aml yn arwain at yrfa newydd.

I raddau helaeth felly, cysylltwyd gwrthdystiad yng Nghymru, fel yng ngweddill Prydain, â'r undebau llafur a'r dosbarth gweithiol ac yn enwedig â'r glowyr. Ond roedd yng Nghymru ddimensiwn arall i'r traddodiad protest hefyd, sef yr iaith Gymraeg a diwylliant gwleidyddol cenedlaetholdeb. Un o'r traddodiadau a lifodd i mewn i genedlaetholdeb Cymreig yn y dauddegau oedd y math o radicaliaeth a oedd yn amau'r wladwriaeth a'i gweithgareddau ac yn fodlon rhoi cyfraith Duw neu'r gyfraith foesol uwchlaw cyfraith dyn. Gwelwyd y nodweddion hyn yn agweddau heddychlon cryn nifer o Anghydffurfwyr yn y Rhyfel Byd Cyntaf. Y cyfuniad o'r traddodiad hwnnw â'r math o weithredu uniongyrchol a leisiwyd gan Saunders Lewis, llywydd Plaid Genedlaethol Cymru, a arweiniodd at sefydlu traddodiad newydd o wrthdystiad cenedlaetholgar yng Nghymru.

Mewn erthygl enwog a gyhoeddwyd adeg Eisteddfod Genedlaethol yr Wyddgrug yn 1923, dadleuodd Lewis o blaid creu grŵp bach o weithredwyr wedi'i drefnu ar linellau milwrol, y byddai ei aelodau'n fodlon aberthu eu hunain dros Gymru. Hon, mynnodd Lewis, fyddai'r weithred fwyaf arwyddocaol yn hanes y genedl ers gwrthryfel Owain Glyndŵr. Yn y pwyslais hwn ar bropaganda'r weithred, gwelir athroniaeth a oedd yn fwy cyffredin ar y Cyfandir ac yn Iwerddon nag ym Mhrydain. Cafwyd enghraifft berffaith o gyflawni'r athroniaeth hon ym Mhenyberth yn 1936, gweithred a ddaeth yn garreg sylfaen y traddodiad o brotestio cenedlaetholgar yng Nghymru.

Ar 8 Medi 1936, cyneuodd Saunders Lewis a dau genedlaetholwr amlwg arall dân ar safle ysgol fomio arfaethedig ym mhenrhyn Llŷn. Cyn yr ymosodiad, bu misoedd o ymgyrchu a deisebu yn erbyn yr ysgol fomio, datblygiad a ystyriwyd yn fygythiad i gymeriad Cymraeg yr ardal. Er bod Plaid Genedlaethol Cymru wedi'i sefydlu ers deng mlynedd, nid oedd wedi ennill llawer o dir ymhlith etholwyr Cymru hyd hynny. Yn arwyddocaol, 1936 oedd pedwar canmlwyddiant Deddf Uno 1536, a nod Lewis oedd

O. M. Roberts

Fe aeth Victor a D.J. i un cwt, fe aeth J.E. a Val at gwt arall a Saunders a finna at gwt arall, a 'ngwaith i oedd tywallt petrol o'r can dau alwyn i'r tun bach 'ma a Saunders efo'i chwistrell yn codi hwnnw ac yn chwistrellu'r coed. A gwneud hynny am ben y dillad roeddan ni wedi eu dod oddi cartra i gychwyn y tân, nes yr oedd y petrol wedi gorffan. Wna i byth anghofio'r noson . . . Roedd Saunders yn dod atom ni ac yn deud, 'Mi ro i ugain munud i chi fynd yn glir yna fe fyddwn ni'n tanio ac yn mynd i Bwllheli ac yn rhoi ein hunain yn nwylo'r plismyn.' Wel, rwan, hwnnw oedd y cyfnod anosa yn holl hanes yr ymgyrch, sef eu gadael nhw yno. Ond eu gadael nhw fu rhaid wrth gwrs, a rhedeg ar draws y caeau ac roedd gynnon ni sanau am ein sgidia rhag ein bod ni'n gadael ôl ein traed, ond mi gollais i un hosan . . . Cyrraedd 'y nghartra i, a'm chwaer a'i phen allan drwy'r ffenest. Doedd hi ddim yn gwybod . . . doedd hi ddim yn gwybod bod ni'n mynd yno i danio. Beth bynnag, J.E. yn deud wrthi, 'Mae'r Ysgol Fomio ar dân.'

defnyddio un weithred heriol, wedi'i chyflawni gan dri chenedlaetholwr uchel eu parch, i argyhoeddi'r farn gyhoeddus yng Nghymru – neu o leiaf ran allweddol ohoni – y dylid cefnogi'r mudiad cenedlaetholgar. Cymerodd eraill hefyd ran yn yr ymosodiad, ond dewiswyd yn ofalus y tri a fyddai'n agored gyfrifol, er mwyn gwneud yr argraff fwyaf posibl. Roedd O. M. Roberts yn un o'r rhai a gymerodd ran yn y dasg o gario caniau petrol a hen ddillad i'r safle: 'Roedd Saunders yn bendant mai'r bobol oedd yn mynd i gymryd y cyfrifoldeb oedd pobol roedd o'n galw yn gyfrifol, yn bobol amlwg ym mywyd Cymru a nid rhyw lafnau.' Roedd Saunders Lewis yn ddarlithydd prifysgol; ei gyd-gynllwynwyr oedd Lewis Valentine, gweinidog yr efengyl, a D. J. Williams, llenor amlwg.

Roedd hon yn strategaeth beryglus, a dychrynwyd rhai o gefnogwyr y blaid. Yn ôl O. M. Roberts, roedd 'arswyd bod 'na blaid, be galwa i hi – filwriaethus, yn defnyddio dulliau trais. Ac fe ddychrynodd rhai ac fe ymddiswyddodd rhai o fod yn aelodau'r Blaid.' Ym Mhwllheli, cafwyd ymateb gelyniaethus gan y cyhoedd pan ymddangosodd y tri o flaen yr ynadon am y tro cyntaf, ond wrth i'r achos fynd yn ei flaen denodd y diffynyddion gydymdeimlad a pheth cefnogaeth. Yn y prawf a gynhaliwyd yng Nghaernarfon, methodd y rheithgor gytuno; a'r awdurdodau'n gobeithio na fyddai cydymdeimlad i'r tri yno, symudwyd yr achos i Lundain. Roedd yr awdurdodau'n iawn, a chafodd y tri diffynydd ddedfryd o naw mis yn y carchar. Ni wadodd Lewis a'i gyd-ddiffynyddion eu bod wedi llosgi'r ysgol fomio; eu dadl oedd bod y weithred yn gyfreithlon gan eu bod yn amddiffyn buddiannau'r genedl Gymreig. Pan gawsant eu rhyddhau o'r carchar, cafodd y tri dderbyniad gwresog mewn cyfarfod enfawr yn y Pafiliwn yng Nghaernarfon. Cofiodd O. M. Roberts:

> Dyna'r cyfarfod rhyfedda y bûm ynddo fo erioed . . . roeddan nhw'n deud fod yr hen bafiliwn yn dal deng mil – roedd o'n llawn ymhell cyn amser dechra. A roedd D. J. yn siarad gyntaf, Val wedyn, ar ôl sgwrs Val, canu . . . y llinell ola o'r gân 'annibyniaeth sydd yn galw am ei dewraf ddyn'. J. E. Daniel yn deud, 'Dyma fo ichi', ac yn galw ar Saunders Lewis. Dyma'r gynulleidfa fawr yma, y miloedd, ar eu traed ac ar eu traed y buon nhw am hir cyn iddo fo gael deud un gair.

Er i Benyberth gael sgil-effeithiau, ni ddylid gorbwysleisio ei bwysigrwydd; ni ddeallai'r rhan fwyaf o bobl Cymru arwyddocâd y weithred. Ei brif effaith oedd y dylanwad a gafodd ar ddatblygiad cenedlaetholdeb yng Nghymru, gan ei fod, i bob golwg, yn rhoi sêl bendith ar weithredu bwriadol, anghyfreithlon, uniongyrchol er budd y genedl. Nid yn aml yr apeliwyd at yr egwyddor hon yn y degawdau ar ôl Penyberth, ond roedd adleisiau ohoni i'w clywed yng ngwrthwynebiad y cenedlaetholwyr i'r Ail Ryfel Byd a hefyd, wedi'r rhyfel, yn y gweithredu uniongyrchol di-drais, yn null Gandhi, yn erbyn safleoedd milwrol yng Nghymru.

Yn 1962 traddododd Saunders Lewis – a oedd wedi ymatal rhag gwneud datganiadau gwleidyddol am ysbaid hir – ei ddarlith radio enwog, *Tynged yr Iaith*, darlith a anogodd bolisi o anufudd-dod sifil er mwyn achub yr iaith Gymraeg. Credai fod cenedlaetholdeb gwleidyddol yn cyflawni fawr ddim, a dadleuodd fod yr amser wedi dod i weithredu'n anghyfreithlon. Yn dilyn ei araith, sefydlodd grŵp o genedlaetholwyr ifainc a galluog Gymdeithas yr Iaith Gymraeg, gyda'r bwriad o frwydro dros yr iaith gan ddefnyddio dulliau uniongyrchol, di-drais. Ym mis Chwefror 1963 cafwyd y gwrthdystiad cyntaf yn Aberystwyth, gwrthdystiad a orffennodd gyda'r eistedd ar bont Trefechan, gan atal y traffig yno. Ym mis Tachwedd 1965 bu protest yn swyddfa'r post, Dolgellau, a'r tro hwn ymosodwyd ar y protestwyr gan lanciau lleol. Dyna ddechrau ymgyrch o anufudd-dod sifil, ymgyrch a fyddai'n dwysáu yn y blynyddoedd i ddod ac a fyddai'n ailymddangos o dro i dro, mewn ffurfiau gwahanol, o'r adeg honno ymlaen.

Ledled Cymru, dinistriwyd arwyddion ffyrdd uniaith Saesneg a chafwyd protestio swnllyd mewn eisteddfodau, gan gynnwys y gwrthdystio yn erbyn ymweliad tywysog Cymru ag Eisteddfod yr Urdd yn 1969. Meddiannwyd swyddfeydd asiantaethau a oedd yn gwerthu tai haf, tarfwyd ar y Swyddfa Gymreig gan brotestiadau a gorymdeithiau, cafodd swyddfeydd pleidiau gwleidyddol eu meddiannu a'u dogfennau eu difrodi, derbyniodd colegau'r brifysgol ofynion di-ri ar bwnc yr iaith, ac – fel rhan o'r ymgyrch dros sianel deledu Gymraeg – meddiannwyd trosglwyddyddion a stiwdios teledu. Arestiwyd cannoedd o bobl ifainc, myfyrwyr yn bennaf, yn ystod y blynyddoedd hyn; carcharwyd degau ohonynt, gan gynnwys nifer a aeth ymlaen i ddal swyddi dylanwadol yng Nghymru. I nifer o Gymry Cymraeg ifainc, daeth protestio uniongyrchol i fod yn brif fynegiant o weithgaredd gwleidyddol, a denodd Cymdeithas yr Iaith gefnogaeth nid yn unig o du Plaid Cymru, ond o bleidiau eraill hefyd. Daeth protest i fod cyn Gymreiced â'r eisteddfod.

> ## Dafydd Iwan
>
> Yn fuan iawn ro'n i i mewn yn y cythrwfl ac yn y cynnwrf ac mi oedd hi'n adeg cynhyrfus; hynny yw, mi oedden ni'n gwirioneddol gredu yn beth ro'n ni'n neud ond hefyd roedden ni'n rhan o rywbeth rhyngwladol. Do'n ni ddim yn ymwybodol gymaint â hynny ar y pryd ond ro'n ni'n rhan o ryw ysbryd rhyngwladol; roedd pobl ifanc yn teimlo fod popeth yn bosib: 'Mae'n rhaid i ni newid y byd, mae yna ddelfrydau mae'n rhaid i ni gredu ynddyn nhw'. Chi'n rhoi eich bryd i gyd ar rywbeth oedd ddim yn elw bersonol neu'n uchelgais bersonol neu'n yrfa na dim byd felly. Ro'ch chi'n rhan o ryw ymgyrch, a dwi'n credu bod hynna'n bwysig iawn, iawn a mi ddysges i lot drwy gamgymeriadau a drwy lwyddiannau ac mi ellid dadlau, wrth gwrs, ynglŷn â sawl agwedd ar yr ymgyrchoedd ond dwi'n meddwl bod o wedi bod yn rhan annatod o'r newid agwedd sydd wedi digwydd ymhlith y Cymry, yn enwedig y Cymry Cymraeg.

Ond roedd gan wrthdystio ochr fwy treisgar hefyd, ochr a ddaeth i'r wyneb yn ystod yr ymgyrch yn erbyn adeiladu cronfa ddŵr Tryweryn ym Meirionnydd. Pwrpas y gronfa oedd darparu dŵr i Lerpwl; er mwyn gwneud hynny, byddai rhaid boddi pentref bach Capel Celyn. Er gwaethaf gwrthwynebiad cyhoeddus a gwleidyddol i gynllun Tryweryn ledled Cymru, aeth y cynllun yn ei flaen. Mae gan Dryweryn arwyddocâd y tu hwnt i wleidyddiaeth bleidiol. I lawer, sarhad dideimlad ar Gymru ydoedd, sarhad a achosodd glwyfau emosiynol dyfnion. Bu gwrthdystio a deisebu, ond penderfynodd grŵp bach o ddynion fynd gam ymhellach; yn gynnar yn 1963, ffrwydrwyd trosglwyddydd ar safle'r gronfa. Roedd protestio yng Nghymru wedi cyrraedd cyfnod newydd.

Dadleuodd y sawl a ddifrododd y trosglwyddydd eu bod wedi distrywio eiddo yn unig, ac nad oedd ganddynt unrhyw fwriad i ladd nac i anafu pobl. Ond roedd y ffaith eu bod wedi defnyddio ffrwydron, waeth pa mor gyntefig, yn eu rhoi mewn categori gwahanol. Cafodd un o arweinwyr y

Protestio yn Lerpwl yn erbyn boddi Capel Celyn.

grŵp, Emyr Llywelyn, myfyriwr yn Aberystwyth, ei ddal yn fuan ac, yn y pen draw, ei ddedfrydu. Fel y cofiodd Owain Williams: 'Mi gafodd o ddedfryd o garchar, a'r noson gafodd o ei ddedfryd mi aeth John Albert Jones a fi allan a mi wnaethon ni . . . chwythu peilon trydan yn Gellilydan i lawr . . . fel protest symbolaidd. Ailgynnau'r fflam – esgusodwch y pỳn. Doeddem ni ddim yn broffesiynol yn ein gwaith mae'n amlwg achos rhyw wythnos ar ôl hynny cawsom ni ein harestio.'

Yn 1965 ymddangosodd Byddin Rhyddid Cymru yn ei holl rwysg am y tro cyntaf wrth iddi wrthdystio mewn gwisg filwrol yn Nhryweryn ac yna rhyddhau lluniau o'r aelodau yn ymarfer gyda arfau. Nid oes tystiolaeth bod Byddin Rhyddid Cymru erioed wedi cyflawni gweithred brotest dreisiol, ond llwyddodd i ddenu sylw cynyddol. Yn 1969, arestiwyd yr arweinwyr a chafwyd prawf enwog yn llys y goron yn Abertawe; dedfrydwyd chwe dyn, gan gynnwys prif lefarydd y mudiad, Julian Cayo Evans, i bymtheng mis o garchar. Un a safodd ei brawf oedd Vernon Griffiths ac fel y cofiodd yn ddiweddarach:

> Roedd rhai yn moyn ymladd a'r lleill ddim yn moyn neud dim byd o'r fath . . . i fi yn bersonol *publicity* [oedd e] er mwyn dangos shwt wlad oedd Cymru . . . dyma ni'n dod i'r penderfyniad fod rhaid i ni gael gwisgoedd a drylliau ac yn y blaen . . . ac fel canlyniad buon ni yn y *colour supplement* yn y *New York Times*, *centre pages*, yr un peth yn Japan . . . ei neud o ar gyfer y camerâu yn bennaf.

Trwy amryfusedd neu beidio, tynnodd Byddin Rhyddid Cymru sylw oddi wrth weithgareddau grŵp a oedd yn fwy peryglus o'r hanner, sef Mudiad

Amddiffyn Cymru (MAC). Gosododd MAC fomiau mewn mannau strategol ledled Cymru ac, ym mis Mawrth 1966, ffrwydrodd bom ar bwys cronfa ddŵr Clywedog. Yn 1967, cafwyd cyfres o fomiau, y mwyafrif ohonynt wedi'u hanelu at linellau pibell; roedd dau o'r ymosodiadau yn Lloegr. Yn 1968, daeth y bomio'n fwy difrifol ac yn fwy eofn, gyda nifer o ymosodiadau ar adeiladau, gan gynnwys y Deml Heddwch yng Nghaerdydd. Ym mis Medi 1968 anafwyd awyrennwr mewn ymosodiad ar safle milwrol Pembre, er i MAC wadu cyfrifoldeb am y weithred honno. A thywysog Cymru i'w arwisgo ym mis Gorffennaf 1969, creodd y bomio a'r gwrthdystiadau awyrgylch rhyfeddol yng Nghymru. Roedd yna heddlu hyd at syrffed mewn sawl ardal, a chadarnhawyd ofnau'r awdurdodau, i bob golwg, pan laddwyd Arwel Jones a George Taylor gan eu bom eu hunain yn Abergele fore'r arwisgo.

Yn y diwedd, arestiwyd arweinydd yr ymgyrch fomio. Bomiwr cenedlaetholgar annhebygol oedd John Jenkins, a ddedfrydwyd i garchar am un ar ddeg o flynyddoedd: Cymro di-Gymraeg o'r de diwydiannol ydoedd, ac yn aelod o'r Fyddin Brydeinig. Ond seiliodd Jenkins ei weithgareddau ar athroniaeth gwleidyddol oedd yn gwbl eglur, os yn or-syml.

> The wheel that squeaks gets the grease and the wheel wasn't squeaking in any sort of way which would be taken into account. People voted, people signed petitions, people walked down the street shouting and all the rest of it. But that didn't cut any ice with the people who made the decisions. So therefore it was quite clear, another factor had to be brought into account.

Daeth ffrwydrad olaf MAC ar 5 Tachwedd 1969, tri diwrnod wedi i Jenkins gael ei arestio, a gwelwyd diwedd ar ymosodiadau treisgar o'r math hwn ar eiddo ar ôl iddo gael ei garcharu. Ond ni ddiflannodd protestio treisiol yn llwyr. Cafwyd yr achosion cyntaf o losgi tai haf yng nghanol Rhagfyr 1979, ac o fewn mis dinistriwyd wyth o dai. Digwyddodd mwy na 200 o ymosodiadau tebyg yn ystod y deng mlynedd canlynol. Hawliwyd y llosgiadau gan fudiad a oedd yn ei alw ei hun yn Feibion Glyndŵr; bwriad yr ymosodiadau, fe ymddengys, oedd rhwystro'r mewnlifiad enfawr i Gymru, yn arbennig y Gymru wledig, a nodweddai'r saithdegau a'r wythdegau. Yn 1989, dechreuodd ymosodiadau ar fusnesau ac ar swyddfeydd gwleidyddol, gyda iard llongau ym Mangor a swyddfeydd y Blaid Geidwadol yn Nolgellau, Caernarfon a Llundain yn cael eu targedu. Mynegwyd amheuon ynglŷn â bodolaeth Meibion Glyndŵr ond, ag ymosodiadau ar eiddo yn cael eu cyd-gordio ledled Cymru, mae'n debyg bod yna fudiad, a bod y mudiad hwnnw yn cael ei drefnu'n dra effeithiol. Yn dilyn ymchwiliadau dwys gan y gwasanaethau diogelwch, arestiwyd

Gwrthdystio gwrth-
niwclear, Castell
Aberystwyth, 1961.

un person ond nid am losgi tai; dedfrydwyd Siôn Aubrey Roberts i garchar am ddeuddeng mlynedd ym mis Mawrth 1993, ond roedd amheuaeth ynglŷn â'i union rôl yn y dorgyfraith, hyd yn oed wedi iddo siarad yn agored am y mudiad ar ôl iddo gael ei ryddhau o'r carchar yn 1997.

Mae gwleidyddion o bob plaid wedi tueddu i fychanu dylanwad protestio treisgar yng Nghymru, a'r un pryd maent wedi condemnio gweithredu o'r fath. Nid oedd y Cenedlaetholwyr na'r Blaid Lafur yn awyddus i gael eu cysylltu â therfysgaeth, ac nid oedd y Ceidwadwyr yn frwd i ymddangos yn dargedau hawdd i fygythiadau mudiadau treisiol. Ond ni all hanesydd anwybyddu ffenomen o'r fath. Yng Nghymru y cafodd y bom ei ailgyflwyno i wleidyddiaeth gwledydd Prydain; ffrwydrodd bomiau cyntaf Cymru cyn i'r IRA gael ei hailsefydlu ar ei newydd wedd yn 1970, ac ni chafwyd odid dim gweithgarwch treisgar yn yr Alban. Ni chynydd-odd y trais yng Nghymru i'r un graddau ag yng Ngogledd Iwerddon neu Wlad y Basg; ychydig o fywydau a gollwyd, ond eto i gyd, am ddeng mlynedd ar hugain, taflodd trais, neu fygythiad trais, ei gysgod dros Gymru. Newidiodd Emyr Llywelyn – a arestiwyd am ei ran ym mhrotest

Tryweryn yn 1963 – ei feddwl ynglŷn â moesoldeb ac effeithlonrwydd trais, ac fel cadeirydd Cymdeithas yr Iaith Gymraeg datblygodd bolisi di-drais. Wrth iddo edrych yn ôl, dywedodd:

> Dwi'n edifar i mi weithredu yn y ffordd wnes i ond doedd 'na ddim patrwm o ymddygiad di-drais yn bod yng Nghymru. Beth wnes i yn y carchar oedd ymprydio yn syth i dynnu sylw at y ffaith fod 'na ddulliau eraill. Yng Nghymdeithas yr Iaith ro'n i'n ymwybodol drwy'r amser fod angen creu patrwm o weithredu di-drais yng Nghymru. Yn ystod y cyfnod roeddwn i yn gadeirydd Cymdeithas yr Iaith y mabwysiadwyd y polisi di-drais a dwi'n meddwl fod hwnna wedi bod yn hollbwysig yn hanes Cymru. Mae e wedi arbed ni rhag mynd ar lwybr Gogledd Iwerddon. Hwnna dw i fwyaf balch ohono wrth edrych yn ôl.

Ni ddylid disgrifio Cymru'r ugeinfed ganrif fel gwlad oedd yn llawn protestiadau diddiwedd. Serch hynny gellir dweud bod gwrthdystio, ar sawl gwedd, yn arfer gwydn a chwaraeodd ran bwysig wrth lunio rhai o fudiadau mwyaf dylanwadol y ganrif. Yn y bennod hon trafodir dwy brif ffrwd y traddodiad hwn, sef y glowyr a'r cenedlaetholwyr, ond ni ddylid anghofio protestiadau grwpiau eraill megis menywod, ffermwyr ac amddiffynwyr yr amgylchfyd; hyd at ddiwedd y ganrif roedd yn glir bod y traddodiad protest yng Nghymru'n rymus o hyd.

5

O'r Ymerodraeth Brydeinig i'r Cynulliad Cenedlaethol

CENEDL DDI-WLADWRIAETH

A r ddechrau'r ugeinfed ganrif, Prifysgol Cymru oedd yr unig sefydliad yng Nghymru y gellid ei ddisgrifio fel sefydliad 'cenedlaethol' yng ngwir ystyr y gair hwnnw. Roedd nifer o gyrff a chymdeithasau a chanddynt swyddogaeth genedlaethol mewn meysydd arbennig, megis Eglwys Bresbyteraidd Cymru, Undeb Rygbi Cymru a Chymdeithas Pêl-droed Cymru ond, i bob pwrpas, ni fodolai Cymru ar lefel swyddogol, sefydliadol. Nid oedd ganddi na llywodraeth na phrifddinas ac ar wahân i Fwrdd Canol Cymru, a sefydlwyd yn 1896 i arolygu ysgolion ac arholiadau, nid oedd y llywodraeth yn cydnabod Cymru o gwbl. Eto i gyd, erbyn diwedd y ganrif daeth tro ar fyd a hawliodd Cymru statws gwleidyddol na ellid mo'i wadu; roedd gan bron pob corff statudol a gwirfoddol ryw fesur o drefniadaeth Gymreig ac, yn bennaf oll, y Cynulliad Cenedlaethol newydd a reolai'r wlad i raddau helaeth. Sut digwyddodd hyn? Sut cafodd cenedl nad oedd wedi'i rheoli ei hun ar hyd y cyfnod modern afael ar gynifer o nodweddion gwladwriaeth? Nid proses syml mohoni, ac ni fabwysiadwyd ar ddechrau'r ganrif ryw gynllun a ddilynwyd wedyn gan genedlaethau o wleidyddion.

Wrth i Gymru gamu i mewn i'r ugeinfed ganrif, roedd gobeithion mudiad Cymru Fydd, a oedd yn pwyso'n egnïol am hunanlywodraeth, yn deilchion. Hyd at 1895 roedd cefnogaeth eang i'r mudiad dan arweiniad Lloyd George, ond mewn cyfarfod yng Nghasnewydd yn 1896 fe ddinistriwyd y freuddwyd o Gymru Gymreig, Anghydffurfiol, Rydd-frydol. Taflodd y cyfarfod hwnnw ei gysgod dros y ganrif newydd, a'r canlyniad oedd gosod agenda dra gwahanol ar gyfer y dyfodol. Sail yr agenda honno oedd hunanhyder cynyddol y Gymru ddeheuol ddiwyd-iannol, bro a oedd yn ymwybodol iawn o'r gwahaniaeth rhyngddi a Chymru draddodiadol y bedwaredd ganrif ar bymtheg. Yn y cyfarfod yng Nghasnewydd, galwodd Lloyd George am Gymru unedig oedd yn cofleidio'r hyn a alwod yn 'syniadau Cymreig'. Gwrthodwyd ei apêl gan gynrychiolwyr y Rhyddfrydwyr yn y de, a oedd am bwysleisio natur gosmopolitan y Gymru newydd. Nid dyma ddiwedd llwyr ar ymreolaeth fel pwnc gwleidyddol, ond collodd gwleidyddiaeth genedlaetholgar y momentwm a oedd ganddi gynt. Yn erbyn y cefndir hwn, gellid ystyried sefydlu Llyfrgell Genedlaethol Cymru yn Aberystwyth ac Amgueddfa Genedlaethol Cymru yng Nghaerdydd – y ddau'n cynnwys y gair arwyddocaol hwnnw, 'cenedlaethol', yn eu teitlau – yn olion olaf gobeithion y bedwaredd ganrif ar bymtheg yn hytrach na sail am gynnydd pellach yn yr ugeinfed ganrif.

Parhaodd Cymru fel cysyniad, ond cysyniad a niweidiwyd gan yr amwysedd a nodweddai agwedd y Rhyddfrydwyr tuag at ymreolaeth. Nid oedd y Blaid Lafur a'i harweinydd Keir Hardie – y ddau'n ceisio ymsefydlu yng Nghymru ar y pryd – yn elyniaethus i ymreolaeth, ond ni roddwyd iddi le blaenllaw yn eu rhaglen wleidyddol ychwaith. Nod yr undebau llafur – y rhai mwy megis Ffederasiwn Glowyr De Cymru a'r rhai llai megis Undeb Chwarelwyr Gogledd Cymru – oedd dylanwadu ar bolisïau'r llywodraeth ar bynciau megis rheolau diogelwch, oriau gwaith a lleiafswm cyflog. O ganlyniad, cyfeiriodd yr undebau eu hymdrechion tuag at y llywodraeth yn Llundain, a symudodd ffocws gwleidyddol Cymru, a hynny hyd yn oed cyn i Lafur ddod yn blaid sylweddol wedi'r Rhyfel Byd Cyntaf. Goroesodd y syniad o Gymru, ond cafodd y brwdfrydedd gwlatgar a berthynai i'r syniad hwnnw ei gorffori ar ei fwyaf amlwg o bosibl yn y pasiant a gynhaliwyd yng Nghaerdydd yn 1909, ac a glodforodd Gymru a'i hanes trwy gyfrwng chwedl ac ystrydeb.

Ni chefnwyd yn llwyr ar bwnc datganoli, a chafwyd peth symud i'r cyfeiriad hwnnw adeg creu Adran Gymreig o'r Bwrdd Addysg yn 1907. Yn union wedi'r Rhyfel Byd Cyntaf, sefydlwyd Bwrdd Iechyd Cymru ac Adran Gymreig y Weinyddiaeth Amaeth. Clywyd, bryd hynny, adlais o ymgyrchoedd oes Victoria, gyda selogion fel E. T. John yn trefnu cynadleddau yn Llandrindod a mannau eraill i hybu achos ymreolaeth i Gymru. Cyflwynodd aelod seneddol Wrecsam, Syr Robert Thomas, fesur Llywodraeth i Gymru i'r senedd yn 1922, ond ni chafodd fawr o lwyddiant. Ddwy flynedd cyn hynny, ni wnaeth hyd yn oed datgysylltu'r Eglwys yng Nghymru, deddf a gydnabyddai arwahanrwydd y wlad, greu brwdfrydedd sylweddol.

Yn y dauddegau, roedd y sawl a arddelai genedlaetholdeb Cymreig, megis Saunders Lewis, yn argyhoeddedig bod y cenedlaetholdeb hwnnw'n cynnig datblygiad newydd a chyffrous i wleidyddiaeth Cymru. Yn ymhlyg ynddo roedd y bwriad i dorri i ffwrdd o'r pleidiau eraill ac o'r syniadaeth hen ffasiwn am ymreolaeth. Fe'i hysbrydolwyd gan ryw ganoloesyddiaeth ddelfrydoledig yn hytrach na chan Anghydffurfiaeth y bedwaredd ganrif ar bymtheg. Lawnsiwyd Plaid Genedlaethol Cymru yn 1925 ond, a hithau wedi mabwysiadu agenda ddiwylliannol, bach oedd ei dylanwad gwleidyddol. Ceisiodd Saunders Lewis ddygymod â'r problemau hyn yn ei ddarlith 'Egwyddorion Cenedlaetholdeb', darlith y gellir ei hystyried yn ddogfen sylfaen y cenedlaetholdeb Cymreig newydd. Yn y ddarlith hon, ymddengys ei fod yn cofleidio rhyddid diwylliannol tra'n gwrthod cenedlaetholdeb gwleidyddol. Nid yw'n fawr o syndod felly nad oedd y blaid genedlaethol yn apelio llawer i'r etholwyr yr adeg honno; yn sicr ni lwyddodd i wneud datganoli nac annibyniaeth yn bynciau gwleidyddol o bwys. Ar y llaw arall, roedd y ffaith bod gan Gymru blaid genedlaethol yn fodd i gadw'r holl gwestiwn yn fyw.

Os oedd y fath beth â chwestiwn Cymreig yn y dauddegau a'r tridegau, yna roedd hwnnw'n ymwneud â'r dirwasgiad, diweithdra a brwydr y dosbarthiadau yn hytrach na datganoli. Serch hynny, ni ddylid anghofio bod nifer o'r rhai oedd yn flaenllaw ym mrwydr dosbarth y maes glo hefyd yn ymwybodol iawn o'u Cymreictod. Caiff y Cymreictod hwnnw ei fynegi yn nofelau'r Comiwnydd o'r Rhondda, Lewis Jones, ac roedd agwedd frogarol, os nad cenedlaethol, i nifer o brotestiadau'r glowyr a'u harweinwyr.

Wrth i ddirwasgiad hunllefus y tridegau ddirwyn i ben, ailgododd y cwestiwn Cymreig ar yr agenda wleidyddol wrth i aelodau seneddol o Gymru geisio datrys argyfwng eu gwlad. Ystyriwyd y byddai cyfraddoldeb â'r Alban yn gam pwysig ymlaen. A'r wlad honno yn meddu ar Swyddfa Albanaidd ac ysgrifennydd gwladol eisoes, roedd cynrychiolwyr y Gymru ddadfeiliedig o'r farn y gallai trefn, a fyddai wedi rhoi llais i Gymru yng nghylchoedd mewnol y llywodraeth, wedi bod yn fodd i leddfu effeithiau gwaetha'r dirwasgiad. Yn 1937, cyflwynodd y Rhyddfrydwr Clement Davies, aelod seneddol Maldwyn, fesur i'r senedd i'r perwyl hwn; cafodd beth gefnogaeth gan y pleidiau eraill, gan gynnwys y Blaid Lafur. Yn 1938, aeth dirprwyaeth o dan arweiniad Morgan Jones, aelod seneddol Llafur Caerffili, i weld y prif weinidog, Neville Chamberlain. Er i Chamberlain wrthod y gymhariaeth â'r Alban, gan ddweud ei bod yn gyfansoddiadol anaddas, roedd cwestiwn llywodraeth Cymru wedi dod eto'n bwnc gwleidyddol erbyn dechrau'r Ail Ryfel Byd yn 1939.

Cafwyd nifer o ddatblygiadau arwyddocaol yn ystod y rhyfel. Yn 1942, pasiwyd Deddf Llysoedd Cymru, a'r flwyddyn wedyn cytunwyd i neilltuo diwrnod bob blwyddyn i drafod pynciau Cymraeg yn y senedd – cydnabyddiaeth bod y fath bynciau yn bod. Cynhaliwyd y Diwrnod Cymreig cyntaf ar 17 Hydref 1944, ac agorodd Megan Lloyd George, aelod seneddol Rhyddfrydol Môn, y drafodaeth:

It is now some 400 years since Welsh members were first returned to the House, and this is the first day that has been set aside for a discussion on Welsh affairs . . . We welcome this debate as a recognition of the distinctive problems and needs of Wales, not as an area, not as part of England, but as a nation with a living language of its own, with hundreds of years of history behind it, and with its own culture. We speak a different language in more senses than one.

David Lloyd George a'i ferch Megan. Yn 1929, Megan Lloyd George oedd y fenyw gyntaf o Gymru i ddod yn aelod seneddol yn San Steffan.

Y ddadl hon a roddodd gyfle i Aneurin Bevan wneud y sylw enwog: 'I do not know the difference between a Welsh sheep, a Westmoreland sheep and a Scottish sheep.' Dehonglwyd y sylw fel beirniadaeth ar y syniad o ddatganoli ond, yn ôl ei arfer, roedd ystyr ymateb Bevan yn fwy cymhleth na hynny. Ac yntau'n trafod pynciau economaidd a diwydiannol, er enghraifft gwladoli arfaethedig y diwydiant glo, dadleuodd na ellid delio â phroblemau o'r fath ond ar raddfa Brydeinig. Pledio achos cynllunio economaidd o'r canol yr oedd, ac nid oedd hwnnw'n cau allan y syniad o awtonomi i Gymru – i'r gwrthwyneb. Yn yr un araith, meddai: 'There is a place for Welsh culture . . . there is a place for Welsh independence, there is a place for Welsh national self-consciousness and pride.' A'r lle hwnnw, yn ôl Bevan, oedd yng Nghymru. 'We should discuss Welsh problems in Wales', oherwydd yn San Steffan, 'the English are not listening to us, nor have the Welsh been listening to us.' Roedd safbwynt Bevan yn un dyrys, ond afraid gwadu ei fod hefyd wedi taro nodyn sur mewn dadl a nodweddwyd gan radd drawiadol o unfrydedd ynglŷn â chenedligrwydd Cymreig.

Soniodd Cyrnol Syr Arthur Evans, aelod seneddol Ceidwadol De Caerdydd am 'our legitimate goal, which is, of course, the establishment of a Welsh Office under a Secretary of State'. Syr William Jenkins, yr aelod seneddol Llafur dros Gastell-nedd a grynhodd y farn gyffredinol: 'Wales is a nation. Let it be clearly understood in this House.' Arwyddocaol iawn wrth edrych i'r dyfodol oedd ymateb miniog James Griffiths i araith Bevan:

We have no place in Wales where we can discuss these questions . . . the time has come when the whole process of legislation and of administration in this country ought to be looked at, because I think that devolution will be essential for the proper working of democracy in the future.

Neilltuir cryn dipyn o sylw i'r ddadl hon, a gynhaliwyd ar ddiwrnod Cymreig cyntaf San Steffan, gan ei fod yn dangos mor glir bod i ddatganoli apêl eang ymhlith aelodau seneddol Cymru bryd hynny – apêl a seiliwyd nid yn unig ar awydd yr aelodau hynny i amddiffyn Cymru rhag dirwasgiad enbyd arall, ond hefyd ar y ffaith fod rhai ohonynt yn credu ym modolaeth Cymru fel cenedl, ac yn datgan y gred honno'n gyhoeddus.

Serch hynny, ni chafodd y gred hon fynegiant ym mholisïau'r llywodraeth Lafur a ddaeth i rym ar ôl y rhyfel, a hynny am resymau amlwg. Conglfaen polisi'r Blaid Lafur oedd cynllunio economaidd a chreu gwladwriaeth les, polisïau a oedd, yn ôl pob golwg, yn amddifad o ddimensiwn Cymreig. Dadleuodd James Griffiths o blaid polisi penodol Gymreig i adfer yr economi, ond ni wnaeth fawr o argraff yn wyneb gwirioneddau economaidd y sefyllfa a thueddiadau canoliaethol Herbert Morrison. Er i S. O. Davies ddatgan, yn nadl 1944, 'Wales is, industrially, economically and geographically . . . a single unit', gwrthodwyd y safbwynt hwn wrth drefnu'r diwydiannau gwladoledig. Er enghraifft, roedd adrannau gwahanol o'r Bwrdd Glo Cenedlaethol yn y de a'r gogledd, ac yn yr un modd sefydlwyd Bwrdd Trydan De Cymru i wasanaethu'r de a Bwrdd Trydan Glannau Mersi a Gogledd Cymru i gyflwyno gwasanaeth yn y gogledd.

Ond ni chollwyd y dimensiwn Cymreig yn llwyr; sefydlwyd trefn Gymreig ar gyfer y diwydiant nwy, ac yn fwy tyngedfennol efallai roedd adeiledd gweinyddol Cymreig ar gyfer yswiriant cenedlaethol a'r gwasanaeth iechyd. Ar yr un adeg cefnodd y mudiad llafur yng Nghymru ar yr hollt hirhoedlog rhwng y gogledd a'r de trwy lunio corff cenedl-aethol, Cyngor Llafur Cymru, yn 1947. Yn 1948, ffurfiwyd Cyd-Bwyllgor Addysg Cymru.

Yng ngeiriau'r cylchgrawn *Wales* yn 1947, roedd 'great public interest and controversy over the Government's attitude towards Welsh devolution' yn ystod y blynyddoedd hyn. Canlyniad y ddadl, a oedd yn chwerw ar adegau, oedd sefydlu'r flwyddyn honno gorff egwan a gafodd ei bardduo'n aml, sef Cyngor Cymru a Mynwy. Enwebwyd aelodau'r Cyngor ac nid oedd ganddo fawr o rym ond, serch hynny, rhaid ei ystyried yn gam ar y ffordd tuag at ddatganoli. Nid yn unig yr oedd y Cyngor yn gorff cenedlaethol Cymreig, ond bu'r union ddiffygion y cwynwyd amdanynt yn sbardun i'r galw am newidiadau sylfaenol. Mynegwyd y galw'n bennaf oll gan gadeirydd y Cyngor, yr undebwr gwydn Huw T. Edwards, a ddaeth yn fwyfwy rhwystredig gydag aneffeithiolrwydd y Cyngor yn y pumdegau.

Y Ceidwadwyr a enillodd etholiad 1951, ac ni chefnodd y llywodraeth newydd ar ddatganoli. I'r gwrthwyneb, fe gyfrannodd at y broses wrth wneud yr ysgrifennydd cartref David Maxwell-Fyffe yn weinidog dros faterion Cymreig yn ogystal. Dyma'r tro cyntaf i weinidog dderbyn cyfrifoldeb arbennig dros Gymru, er na chafodd y cam pwysig hwn ei ategu trwy sefydlu adran arbennig yn y llywodraeth i ofalu am faterion Cymreig. Swyddogaeth y gweinidog oedd cydweithio â Chyngor Cymru a Mynwy a chydlynu'r gwaith a wnaethpwyd yng Nghymru gan adrannau eraill o'r llywodraeth. Roedd hon yn gydnabyddiaeth ffurfiol o'r adeiledd gweinyddol a oedd wedi datblygu'n anffurfiol yng Nghymru ers y rhyfel wrth i weision sifil a oedd yn ymwneud â Chymru gwrdd i drafod a chydweithio. Erbyn y pumdegau, roedd gan ddwy ar bymtheg o adrannau'r llywodraeth unedau neu swyddfeydd yng Nghymru. Cyhoeddwyd y rhifyn cyntaf o'r *Digest of Welsh Statistics* yn 1954, ac yn 1957 paratodd Cyngor Cymru a Mynwy adroddiad ar y drefn lywodraethol yng Nghymru a'i anfon at y prif weinidog. Yn ôl yr adroddiad, yr angen pennaf er mwyn sicrhau llywodraeth effeithiol oedd dwyn yr holl adrannau a oedd yn ymwneud â Chymru o dan reolaeth ysgrifennydd gwladol dros Gymru. Er i'r prif weinidog, Harold Macmillan, ymddangos yn bleidiol i'r syniad, fe'i gwrthwynebwyd gan aelodau o'r Cabinet, ac felly gwrthododd Macmillan argymhelliad y Cyngor. Ymateb Huw T. Edwards oedd ymddiswyddo fel cadeirydd y Cyngor yn Hydref 1958, ac mae ei sylwadau bryd hynny'n dangos pa mor ddadleuol oedd mater datganoli:

> There are many of us in Wales who will not believe that even a Secretary of State will be a complete answer to what we desire, but rather that there is a need for a legislative measure of devolution . . . a Secretary of State is the least that the nation deserves, and is the least that can be given to Wales if her problems are to be solved. And these are not merely economic problems, however serious they might be, but problems too which are to do with the existence and spirit of the nation.

Digwyddiad arall o bwys oedd cydnabod Caerdydd yn brifddinas Cymru yn 1955. Dechreuodd yr ymgyrch yn 1949 wrth i Gyngor y Ddinas gyflwyno deiseb i'r llywodraeth. Mae hon yn ddogfen hynod; nid yn unig y mae'n dadlau o blaid dyrchafu Caerdydd ond hefyd mae'n mynnu fod Cymru'n genedl ar wahân y tu mewn i'r Deyrnas Unedig. Dadleuodd y byddai prifddinas yn rhoi 'i Gymru safle gydnabyddedig yn y cylch teuluol; rhoddai ganolbwynt i fywyd y genedl, a sail o ymwybod i'w chenedligrwydd'.

Ar y pryd ni sylweddolwyd pa mor bwysig oedd y datblygiad hwn. Yn wahanol i'r Alban ac Iwerddon, nid oedd gan Gymru brifddinas hanesyddol i fod yn ffocws i sefydliadau cenedlaethol. Lleolwyd coleg prifysgol cyntaf Cymru yn Aberystwyth, ac yno y sefydlwyd y Llyfrgell Genedlaethol hefyd. Yng Nghaerdydd roedd yr Amgueddfa Genedlaethol, ond yn 1911 arwisgwyd tywysog Cymru yng Nghaernarfon. Tarfwyd ar ymgais Caerdydd i godi cofeb genedlaethol wedi'r Rhyfel Byd Cyntaf gan wrthwynebiad gan ardaloedd eraill. Cynhaliwyd gemau rygbi rhyng-wladol yn Abertawe yn gyson, a gemau pêl-droed rhyngwladol yn Wrecsam. Ac, wrth gwrs, gŵyl deithiol oedd yr Eisteddfod Genedlaethol drwy gydol y ganrif. Dim ond yn ystod ail hanner y ganrif y daeth Caerdydd i'r amlwg fel prifddinas go iawn; roedd hwn yn ddigwyddiad arwyddocaol iawn a chanddo oblygiadau sylweddol ar gyfer y dyfodol.

Hefyd yn 1955, cyflwynodd S. O. Davies ei fesur Senedd i Gymru. Ni chafodd y mesur fawr o gefnogaeth yn San Steffan, ond llwyddodd i ennyn cryn dipyn o frwdfrydedd yng Nghymru. Yn ogystal, roedd yr agenda wleidyddol erbyn hynny'n cynnwys penodi ysgrifennydd gwladol a sefydlu Swyddfa Gymreig. Yn 1954, argymhellodd y Blaid Lafur neilltuo sedd yn y Cabinet i weinidog gwladol Cymru, a chadarnhawyd hynny ym maniffesto'r blaid ar gyfer etholiad 1959. Nid yw'n hollol amlwg sut yn union y cafodd yr addewid ei gynnwys yn y maniffesto gan nad oedd o bell ffordd yn adlewyrchu barn unfrydol aelodau seneddol Llafur ar y pryd. Eto i gyd, mae dau ffactor yn amlwg yn berthnasol; roedd gan James Griffiths, dirprwy arweinydd y Blaid Lafur a chadeirydd y grŵp a luniodd y maniffesto, safle grymus iawn, ac roedd rhai o aelodau seneddol gogledd Cymru, Cledwyn Hughes a Goronwy Roberts yn eu plith, hefyd â chryn ddylanwad. Disgrifiodd yr Arglwydd Cledwyn gyfarfod tyngedfennol o'r Blaid Lafur Seneddol a gynhaliwyd yn 1958:

> Roedd llawer iawn ohonan ni'n pwyso am bolisi mwy effeithiol ac am roi Swyddfa Gymreig ar y llyfrau, yn y Maniffesto. Dwi'n cofio'n dda i ni gael cyfarfod arbennig iawn i drafod hyn ac fe ddaeth Hugh Gaitskell a James Griffiths i wrando ar y ddadl ym mhwyllgor yr aelodau seneddol Llafur . . . Ac fe gawsom ni ddau gyfarfod, ac yn yr ail gyfarfod mi ges i'r fraint o ddweud gair a nifer ohonom ni'n dweud gair, a rhai yn erbyn wrth gwrs. Ond yn y diwedd dyma Gaitskell yn dweud, 'Well, I think a very good case has been made', ac roedd hi'n amlwg bod Jim Griffiths o blaid a'i fod o hefyd, faswn i'n tybio, wedi cael sgwrs hir hefo Gaitskell ac wedi dylanwadu arno fo o blaid cael hwn i mewn.

Nid oedd pob aelod seneddol o Gymru mor frwd am y peth. Dyma oedd atgof yr Arglwydd Cledwyn:

> Ar y pryd mi roedd James Callaghan yn erbyn ac wrth gwrs mi roedd Aneurin Bevan yn erbyn ac mi roedd 'na lawer o rai eraill fel Iorrie Thomas a'i gyd-Gymry yn y de heb ddim brwdfrydedd o gwbl . . . Ond

pan oedden ni'n gadael y cyfarfod diwetha, ac roedd Bevan wrth fy ymyl i, fe ddywedodd, 'Well . . . you've got what you wanted, now you've got to make the best of it.'

Ond daeth Callaghan maes o law yn gefnogol i'r syniad, a hynny'n arwyddocaol iawn am resymau ymarferol. Dywedodd:

I didn't start off with any preconceived notions one way or the other, it wasn't an ideological notion so much as a practical belief of mine because I had witnessed the influence that the Secretary of State for Scotland had. We could have the same impact if we had a similar member of the Cabinet for Wales.

Yn 1960 gwyntyllwyd y syniad o lunio Uwch-Bwyllgor Cymreig, yn hytrach nag ysgrifennydd gwladol, ond yr olaf a gynhwyswyd ym maniffesto'r Blaid Lafur ar gyfer etholiad 1964. A'r blaid honno'n fuddugol, penodwyd ysgrifennydd gwladol Cymru a sefydlwyd y Swyddfa Gymreig. James Griffiths oedd yr ysgrifennydd gwladol cyntaf, ac yntau'n Gymro Cymraeg o Rydaman a oedd erbyn hynny yn 74 oed. Dechreuodd ei yrfa fel glöwr, a dringodd drwy rengoedd y mudiad llafur nes dod yn llywydd Ffederasiwn Glowyr De Cymru yn 1934 ac yna'n aelod seneddol Llanelli yn 1936. O 1945 hyd 1950 roedd yn weinidog yswiriant cenedlaethol ac yn un o lunwyr y wladwriaeth les. Yn 1964 fe ddaeth yn bensaer y Gymru newydd. Er gwaethaf dechreuadau distadl y Swyddfa Gymreig, roedd ei sefydlu'n gam hollbwysig yn hanes Cymru. Am y tro cyntaf erioed, nid oedd Cymru yn genedl 'ddi-wladwriaeth' lwyr. Yn hytrach, roedd yn arddel rhai nodweddion gwladwriaethol, er bod y wladwriaeth honno'n dal i fod yn rhan annatod o'r Deyrnas Unedig.

Yn ôl yr hanesydd Peter Hennessy, roedd yr hyn a grëwyd yn 1964 yn 'tiny entity, a mini-ministry'. Roedd adrannau canolog y llywodraeth yn gwarchod eu grymoedd a'u cyfrifoldebau'n eiddigeddus ac ychydig o wir rym oedd gan y Swyddfa Gymreig. I bob pwrpas, dim ond adeilad â phersonoliaeth oedd y Swyddfa Gymreig a chanddi gyllideb bitw o £48,000. Ond gwelwyd newid mawr wrth i'r blynyddoedd fynd heibio ac i broses drawiadol o ddatganoli sefydliadol fynd yn ei blaen. O dan lywodraethau Llafur a Cheidwadol fel ei gilydd, trosglwyddwyd mwy a mwy o bwerau o Lundain i'r Swyddfa Gymreig yng Nghaerdydd. Fel y cofiodd John Morris, Jim Griffiths a roddodd sbardun i'r broses. 'Heblaw bod y cyntaf, Jim Griffiths, â phrofiad helaeth o fod yn y Cabinet, fase hi ddim wedi cael ei sefydlu fel y ca'th hi. Bwriad Richard Crossman wi'n credu . . . oedd mai rhyw gwpwrdd cornel o'dd Jim yn mynd i'w gael . . . ond ro'dd Jim yn meddwl yn wahanol. Ro'dd e'n allweddol.'

Enillodd y Swyddfa Gymreig gyfrifoldeb dros iechyd yn 1970, datblygiad economaidd yn 1975, amaethyddiaeth yn 1979, rhai agweddau ar addysg yn 1970 ac eraill yn 1979, a thros gyllid awdurdodau lleol – mater pwysig iawn – yn 1980 ac yna dros addysg uwch yn 1992. Yn eironig ddigon, erbyn y nawdegau darlledu oedd un o'r ychydig feysydd na reolwyd yng Nghaerdydd; yn Llundain y pennwyd y gyllideb ar gyfer cyrff darlledu megis S4C a BBC. Wrth i'r Swyddfa Gymreig ehangu ei phwerau, daeth nifer o gyrff eraill a chanddynt gyfrifoldebau penodol Gymreig i fod: Cyngor Celfyddydau Cymru (1967), Bwrdd Croeso Cymru (1969), Cyngor Chwaraeon Cymru (1971), yr awdurdodau iechyd (1974), Awdurdod Tir Cymru (1975), Awdurdod Datblygu Cymru (1976) – datblygiad o bwys mawr – a Bwrdd Datblygu Cymru Wledig (1977). Parhaodd y broses yn yr wythdegau a'r nawdegau pryd y sefydlwyd Cyngor Cwricwlwm Cymru, Tai Cymru, Bwrdd yr Iaith Gymraeg, Cadw, Cyngor Cefn Gwlad, Cynghorau Cyllido Addysg Uwch ac Addysg Bellach yng Nghymru.

Yn wyneb y datblygiadau swyddogol hyn, dechreuodd sefydliadau a chymdeithasau eraill ymdrefnu er mwyn cynnwys dimensiwn Cymreig. Yr enghraifft orau, o bosibl, oedd sefydlu yn 1972 Gyngres Undebau Llafur Cymru, a hynny er gwaethaf gwrthwynebiad y TUC yn Llundain. Ysbrydoliaeth Dai Francis, arweinydd glowyr y de, a Tom Jones, undebwr o'r gogledd oedd hyn. Yn fuan wedyn, sefydlwyd Cydffederasiwn Diwydiannau Prydain (CBI) Cymru gan y cyflogwyr. Ym myd y cyfryngau ni ddatblygodd papur dyddiol gwir genedlaethol ac, er gwaethaf ymdrechion glew y *Western Mail*, fe ddaliodd y *Daily Post* o Lerpwl ei dir yn y gogledd. Ni wireddwyd ychwaith y gobeithion a godwyd adeg sefydlu *Wales on Sunday* yn 1989; yn hytrach na datblygu'n bapur o safon uchel, fel y cafwyd yn yr Alban, apeliodd *Wales on Sunday* fwyfwy at ben arall y farchnad. Eto i gyd roedd ei fodolaeth yn arwyddocaol, fel yr oedd argraffiad Cymreig o'r *Daily Mirror* a'r *News of the World* yn 1999. Ym maes darlledu, sefydlwyd rhanbarth Gymreig y BBC yn 1937, a Radio Cymru a Radio Wales yn 1979. Ac yn 1982, o dan amgylchiadau cwbl syfrdanol, sefydlwyd Sianel Pedwar Cymru (S4C).

Roedd trosglwyddo swyddogaethau llywodraethol o Lundain i Gaerdydd yn ddatblygiad hynod drawiadol, ond gwelwyd hefyd duedd gynyddol i'r Swyddfa Gymreig weithredu'r hyn a ddisgrifiwyd yn 1993 gan Adroddiad Pwyllgor Materion Cymreig fel 'freedom to act in specific policy areas'. O'r cychwyn cyntaf roedd gan y Swyddfa Gymreig yr hawl i hyrwyddo polisïau heb ganiatâd Llundain, ond prin bod cyfle i wneud hynny nes iddi ennill y frwydr i gael ei chyllido trwy grant bloc, yn ystod tymor John Morris fel ysgrifennydd gwladol. Dangosodd Nicholas Edwards beth annibyniaeth barn, ac fe ddaeth y duedd honno'n fwy amlwg yn 1987 pan benodwyd Peter Walker yn ysgrifennydd gwladol, a dilynodd bolisïau na fyddent wedi'u cymeradwyo o gwbl yn Lloegr. Cofiodd Peter Walker drafodaeth a gafodd gyda Margaret Thatcher:

> I said to Mrs Thatcher, look, you know how I would handle Wales if I was in charge of Wales, and I think it's rather different from the way you'd handle it. If you've had an economy that's collapsed then you can't say that free-market forces will solve the problem. In my view, you have to put in some inducement and incentive and government aid to get it off the ground. One of the reasons why there was a lot of success at that time was due to the efforts of the local authorities and the trade unions – I had a very close relationship with the trade union leaders and so we worked as a team.

Roedd y polisïau hyn – polisïau a oedd yn cydnabod pwysigrwydd cydweithredu a'r angen am ymyrraeth o du'r wladwriaeth – yn wrthun i'r Thatcheriaid a dra-arglwyddiaethai yn Llundain.

Erbyn 1998 roedd cyllideb flynyddol y Swyddfa Gymreig dros £7 biliwn ac roedd ganddi staff o ryw 2,400 o weision sifil a oedd yn gyfrifol am weinyddu bron i bob agwedd ar lywodraeth Cymru. Camp strategol bwysig oedd creu gwasanaeth sifil ar gyfer yr adran newydd. Cofiodd Syr Goronwy Daniel a fu'n ysgrifennydd parhaol cynta'r Swyddfa Gymreig sut roedd yr adran yn 1964 yn cynnwys 'Y fi mewn swyddfa, ac un ysgrifenyddes. Cadwais fy ffeils fy hunan am ychydig ac wedyn wrth gwrs mynd lawr i Gaerdydd ar ôl i Jim Griffiths wneud yn siwr ei fod e'n cymryd drosodd bwerau gweithredol a'i fod e'n cymryd drosodd swyddfa yng Nghaerdydd.' Pan ddaeth Syr Idwal Pugh yn ysgrifennydd parhaol yn 1969, dechreuwyd o ddifrif ar y dasg o adeiladu peirianwaith gweinyddol effeithiol. Dywedodd: 'They'd been engaged in writing a plan for Wales which included a good deal of devolution so it was still pretty much an infant when I arrived and I made big changes to the place.' Aeth y broses o atgyfnerthu ac ad-drefnu'r Swyddfa Gymreig yn ei blaen yn ysbeidiol am weddill y ganrif.

Roedd sefydlu'r Swyddfa Gymreig yn gwbl ganolog i'r broses o lunio llywodraeth ddatganoledig, pwysigrwydd a danlinellwyd gan bensaer-nïaeth rymus yr adeilad a godwyd ar ei chyfer ym Mharc Cathays yng Nghaerdydd. Dylanwadol hefyd oedd personoliaethau a dyheadau'r ysgrifenyddion gwladol. Jim Griffiths a osododd y seiliau, ac adeiladodd Cledwyn Hughes (1966–8) ar y rhain trwy ddilyn ac estyn polisïau ei ragflaenydd yn egnïol. Roedd syniadau gwahanol iawn gan George Thomas, a ddilynodd Cledwyn Hughes; nid oedd o blaid datganoli ar raddfa ehangach, ond roedd yn ymfalchïo yn ei swydd ac fe'i siomwyd yn arw pan wrthododd Harold Wilson ei ailbenodi'n ysgrifennydd gwladol yn 1974. Yn nes ymlaen fe gofiodd ei siom: 'I had the disappointment of my life. I knew there were some of my Welsh colleagues who went to the Prime Minister because he was good enough to tell me. He told me, "Watch your back, George", and I said, "I can't change my views, Harold, and I'm against devolution".'

Cyn hynny, yn 1970, Peter Thomas oedd y Ceidwadwr cyntaf i'w benodi'n ysgrifennydd gwladol. Ef hefyd oedd yr ysgrifennydd cyntaf i gynrychioli etholaeth yn Lloegr. Ni wireddwyd ofnau'r rhai a ddisgwyliai y byddai'r Ceidwadwyr yn gwyrdroi'r broses o ddatganoli. Nicholas Edwards oedd y Ceidwadwr nesaf i ddod yn ysgrifennydd gwladol, a rhwng 1979 ac 1987 fe lwyddodd i ychwanegu at y cyfrifoldebau a drosglwyddwyd i Gymru o Lundain. Yn hyn o beth, roedd yn dilyn polisïau John Morris, aelod Llafur Aberafan oedd yn ysgrifennydd gwladol rhwng 1974 ac 1979. Dylanwadwyd yn fawr ar gyfnod Morris fel ysgrifennydd gwladol gan y ddadl am ddatganoli a arweiniodd at refferendwm 1979, ond roedd hefyd yn gyfnod a welodd sefydlu Awdurdod Datblygu Cymru i foderneiddio economi'r wlad yn 1975. Yn ôl Morris, 'Er mod i wedi colli brwydr datganoli gwleidyddol fe enilles i'r frwydr arall o gael . . . y diwydiant amaethyddiaeth, un neu ddau o bethau mân eraill ac addysg. Dyna sut y dyblwyd maint y Swyddfa Gymreig.' Ef yn ogystal a enillodd y frwydr dyngedfennol gyda'r Trysorlys i sicrhau grant bloc yn hytrach na chyllid ar gyfer prosiectau penodol, buddugoliaeth a roddodd i'r ysgrifennydd gwladol beth hyblygrwydd i benderfynu ar flaenoriaethau wrth wario.

Fel y gwelwyd eisoes, aeth Peter Walker ar ei drywydd ei hun yng Nghymru a chafodd ei bolisïau eu datblygu a'u hybu gan ei olynydd, David Hunt (1990–3). Gwleidydd a chanddo syniadau pur wahanol oedd John Redwood (1993–5), ac yn ei gyfnod yn y swydd roedd hi'n argoeli bod newidiadau mawr ar droed. Ond, yn 1995 ymgeisiodd Redwood am arweinyddiaeth y Blaid Geidwadol, a daeth William Hague, dyn llawer llai ymosodol ei ffordd, yn ysgrifennydd gwladol yn ei le. Nod Redwood oedd cwtogi gwariant cyhoeddus a datblygu polisïau Thatcheraidd eu naws – agwedd dra gwahanol i un ei ragflaenwyr. Disgrifiodd ei berthynas ag Awdurdod Datblygu Cymru fel hyn:

> I think it was a difficult relationship, not just for me but, I think, for any Secretary of State, you have to decide how much power you're going to allow them. I think there is a clear relationship between success in the United Kingdom and an absence of government interference. In my own constituency of Wokingham we have no development agency, we have no grants, we have no government interference but we have 2 per cent

unemployment and we have a surge of inward investment. That was the question I was trying to pose in Wales.

Pan ddaeth y Blaid Lafur i rym yn 1997, penodwyd Ron Davies yn ysgrifennydd gwladol. Iddo ef, dimensiwn gwleidyddol datganoli oedd bwysicaf – sef creu corff etholedig Cymreig. Dylid cofio bod llawer o'r rhai a gefnogodd sefydlu'r Swyddfa Gymreig a swydd ysgrifennydd gwladol yn elyniaethus tuag at gorff etholedig o unrhyw fath. Gyda sefydlu'r Swyddfa Gymreig yn 1964, daeth Cynulliad Cenedlaethol yn bosibilrwydd ond nid oedd yn ddatblygiad anochel.

Ddiwedd y bedwaredd ganrif ar bymtheg roedd senedd etholedig yn rhan o agenda rhai megis mudiad Cymru Fydd, ac yn nes ymlaen fe godwyd y pwnc yn gyson gan Blaid Cymru. Ond i James Griffiths a'i gynghreiriaid, ysgrifennydd i Gymru a chanddo sedd yn y Cabinet oedd y peth allweddol. Ar ddechrau'r pumdegau, bu Ymgyrch Senedd i Gymru'n deisebu o blaid ymreolaeth ac, fel y soniwyd eisoes, cyflwynodd S. O. Davies fesur yn galw am senedd yn 1955. Buan y sylweddolodd y sawl oedd o blaid senedd etholedig mai annhebyg y caent gefnogaeth eu cyd-Lafurwyr, ac mai mwy ymarferol oedd canolbwyntio ar amcanion haws eu cyflawni, sef cael Swyddfa Gymreig ac ysgrifennydd gwladol.

Ond nid breuddwyd wag oedd cael corff etholedig i Gymru, a rhoddwyd hwb i'r syniad pan ddaeth Cledwyn Hughes yn ysgrifennydd gwladol yn 1966. Neilltuodd le amlwg i senedd etholedig yn y Papur Gwyn ar ad-drefnu llywodraeth leol yng Nghymru ac, er i'r cynllun gael ei ddryllio gan aelodau eraill o'r Cabinet – yn bennaf oherwydd gwrthwynebiad ffyrnig ysgrifennydd gwladol yr Alban, Willie Ross – roedd yr argymhelliad yn arwydd bod datganoli democrataidd yn bwnc gwleidyddol byw. Yn wir, dyma fyddai pwnc canolog gwleidyddiaeth Cymru am weddill y ganrif. A Phlaid Cymru newydd ennill Caerfyrddin yn isetholiad 1966, cyflwynodd Cledwyn Hughes ei Bapur Gwyn yng nghanol cyfnod o densiwn gwleidyddol uchel. Yna, daeth Plaid Cymru o fewn trwch blewyn i ennill Gorllewin y Rhondda yn 1967 a Chaerffili yn 1968, gan ddarnio mwyafrifoedd anferth y Blaid Lafur. A Phlaid Genedlaethol yr Alban hefyd yn ennill tir nid oedd modd anwybyddu pwnc datganoli bellach.

Er bod manylion y ddadl yn astrus, gellid gweld amlinelliad cyffredinol digon clir. Yn 1968, penododd Harold Wilson Gomisiwn Brenhinol dan gadeiryddiaeth yr Arglwydd Crowther i ystyried trefn gyfansoddiadol y Deyrnas Unedig. Yn 1973, a'r Comisiwn erbyn hynny dan gadeiryddiaeth yr Arglwydd Kilbrandon, cyhoeddwyd adroddiad a oedd yn argymell creu siambrau etholedig yng Nghymru a'r Alban. Yn fuan wedyn, collodd y Ceidwadwyr yr etholiad cyffredinol yn Chwefror 1974, gan adael

Leo Abse

The Nationalists' voice was being heard and as a lobby it naturally had some consequences, but I think they were pushing against open doors with somebody like Cledwyn. I don't think it's fully appreciated the enormous gulf that existed within the Welsh Labour parliamentary party. I was quite shocked by it when I went into the House because in Cardiff and in the Labour movement these issues were barely raised. The issue of nationalism was really never an issue which dominated the thoughts. I do remember as a youngster debating with Gwynfor. There was starry-eyed Gwynfor who was going to bring a millennium to Wales, his Welsh Parliament, and there was I no doubt believing that the international brotherhood of man and the world revolution would come and that would bring heaven to Wales. We were both young men, both of us I suspect being as unrealistic as the other. But the issue was that nationalism just didn't exist really for Cardiff, so that when I came in to the House and found myself with a Welsh parliamentary group, I found myself in a group which was at war with each other, whenever an issue came which one side or the other thought or deemed excessively chauvinistic the other thought it an absolute necessity for Wales.

problemau datganoli yng nghôl y Blaid Lafur. Heb fwyafrif effeithiol roedd y llywodraeth yn simsan iawn, a brwydrodd yn hir i wthio cynigion datganoli drwy Dŷ'r Cyffredin. O ganlyniad, llwyddodd grŵp cymharol fach o aelodau seneddol Llafur i glwyfo'r cynigion yn sylweddol wrth iddynt fynd trwy'r Tŷ. Mynnwyd cael refferendwm a oedd yn gofyn i etholwyr Cymru a'r Alban ddatgan a oeddent o blaid neu yn erbyn cynulliad. Ar ben hyn, mynnwyd bod 40 y cant o'r etholaeth gyfan (nid dim ond y rhai a bleidleisiodd) yn bwrw eu pleidleisiau o blaid y cynulliad cyn iddo gael ei dderbyn.

Yn ystod ymgyrch y refferendwm holltwyd y Blaid Lafur yng Nghymru, a daeth i amlygrwydd grŵp o aelodau seneddol a oedd yn danbaid eu gwrthwynebiad i'r holl syniad o ddatganoli. Yn eu plith, roedd Leo Abse, aelod Pont-y-pŵl, Fred Evans a ddaeth yn agos at golli ei sedd yng Nghaerffili i Blaid Cymru yn 1968 ac, yn bennaf oll, y gwrthwynebydd huawdl ac effeithiol hwnnw, Neil Kinnock. Ond nid aelodau seneddol oedd unig elynion datganoli. Ystyriai arweinwyr yr awdurdodau lleol fod unrhyw ffurf ar senedd Gymreig yn fygythiad i'w grym, ac ofnai llawer o aelodau a chefnogwyr y Blaid Lafur fod datganoli'n gonsesiwn i genedlaetholdeb. Er i grŵp bach o selogion ymlafnio'n frwd i sicrhau pleidlais gadarnhaol, llugoer oedd y rhan fwyaf o aelodau'r Blaid Lafur ac ymgyrchodd Kinnock a'i gynghreiriaid yn egnïol o blaid pleidlais nacaol. Cefnogodd Plaid Cymru gynigion y llywodraeth, ond roedd llawer o aelodau'r blaid honno'n ddrwgdybus o'r polisi ac o natur yr ymgyrch.

Cynhaliwyd y refferendwm yng Nghymru (a'r Alban) ar ddydd Gŵyl Dewi 1979. Drylliwyd gobeithion cenhedlaeth o gefnogwyr yn y Blaid Lafur, Plaid Cymru a'r Blaid Ryddfrydol gan y canlyniad. Roedd 243,048 o blaid a 956,330 yn erbyn. Cafwyd pleidlais nacaol ym mhob un o'r wyth sir, gan gynnwys Gwynedd – sir a chanddi ddau aelod seneddol o Blaid Cymru. Er i'r bleidlais yno fod yn agosach nag yn yr un sir arall, roedd y

WALES ACT 1978 REFERENDUM RESULTS / DEDDF CYMRU 1978 CANLYNIADAU REFFERENDWM		
TOTAL VOTES CAST CYFANSWM PLEIDLEISIAU	YES IE	NO NAGE
108,634	37,363	71,157
53,520	9,843	43,502
158,094	29,663	128,834
160,359	44,849	114,947
166,912	21,830	144,186
145,730	31,384	114,119
232,026	46,747	184,196
176,947	21,369	155,389
1,203,422	243,048	956,330

'Na' oedd ateb byddarol Cymru i gwestiwn refferendwm 1979 ar ddatganoli.

nifer a bleidleisiodd yn erbyn ymron i ddwywaith y nifer oedd o blaid. Dros Gymru gyfan pleidleisiodd pedair gwaith mwy yn erbyn nag o blaid.

Mae'r rhesymau am y canlyniad hwn yn dal yn destun trafodaeth ac, yn wyneb pleidlais nacaol mor ysgubol, mae'n anodd cynnal y farn bod cefnogaeth boblogaidd i ddatganoli ar gynnydd trwy gydol y ganrif. Cynigiwyd rhesymau lawer am y llanast: amhoblogrwydd y llywodraeth yn sgil anfodlonrwydd diwydiannol gaeaf 1978–9; y rhaniadau y tu mewn i'r Blaid Lafur; natur ddiffrwt y cynigion eu hunain; a huodledd y gwrthwynebwyr, a lwyddodd i bortreadu datganoli fel haen wleidyddol ychwanegol, ddi-angen a chostus. Honnwyd gan rai fod y prif weinidog, James Callaghan, yn llugoer ei gefnogaeth i'r cynigion, a dadleuwyd ei fod wedi methu â chadw trefn ar aelodau gwrthryfelgar ei blaid. Ond y gwir yw nad oedd ganddo le i negodi gan mor wan oedd ei afael ar Dŷ'r Cyffredin. Er bod peth grym i'r esboniadau hyn, nid ydynt yn egluro graddfa'r trechiad, ac ni ellir deall maint yr ymwrthod heb ystyried yr ansicrwydd, yr ofnau a'r rhaniadau a oedd yn nodweddu pobl Cymru. Datgelodd y refferendwm yr amheuon a fodolai mewn rhannau o Gymru am drigolion rhannau eraill o'r wlad: ofn trigolion y gogledd y byddai datganoli'n golygu mwy o bŵer i'r de, gyda chanoli grym mewn dinas oedd yn ddieithr iddynt, ac ofn y di-Gymraeg y byddai datganoli'n arwain at ddominyddiaeth gan y Cymry Cymraeg. Nid athroniaethau gwleid-yddol gwahanol a adlewyrchwyd gan yr ofnau dyfnion a pheryglus hyn, ond yn hytrach syniadau gwahanol ynglŷn â hunaniaeth.

Yn dilyn canlyniad y refferendwm a chwymp y llywodraeth Lafur yn nes ymlaen yn yr un flwyddyn, yr oedd pob argoel fod datganoli'n bwnc marw. Roedd Mrs Thatcher yn ddirmygus ynglŷn â'r holl syniad, ac er i'r Blaid Lafur ddechrau aildrafod y mater yn yr wythdegau ac i'r pwnc ddal yn destun byw i Blaid Cymru a'r Blaid Ryddfrydol, ni ddaeth yn bwnc llosg nes i Neil Kinnock a'i blaid – plaid oedd erbyn hynny wedi ymrwymo unwaith eto i fesur o ddatganoli i Gymru a'r Alban – golli etholiad cyffredinol 1992.

Fel yn y saithdegau, yr Alban oedd ar flaen y gad yn pwyso am newid, ond daeth nifer o ffactorau at ei gilydd yng Nghymru hefyd i beri bod datganoli yn un o bolisïau canolog y Blaid Lafur yn etholiad 1997. Erbyn y flwyddyn honno roedd nifer sylweddol o aelodau seneddol Cymreig yn wironeddol frwd dros ddatganoli, a neb yn fwy eiddgar na Ron Davies, yr ysgrifennydd gwladol newydd. Ac eithrio Llew Smith, aelod Blaenau Gwent, nid oedd neb yn 1997 mor huawdl ei wrthwynebiad ag yr oedd arweinwyr ymgyrch nacaol 1979. Yn 1997, roedd y sefyllfa'n wahanol iawn, gyda'r ddadl yn troi o gwmpas y 'diffyg democrataidd' a fodolai yng Nghymru. Trafodwyd sut y gellid sicrhau bod y Swyddfa Gymreig a'r cwangos anetholedig yn atebol i drefn ddemocrataidd. Roedd y dadleuon hyn yn cyd-fynd â'r farn gyhoeddus, a chyda dirymu'r awdurdodau lleol yn ystod y cyfnod hir dan lywodraeth Geidwadol ni chafwyd gwrthwynebiad gan arweinwyr y cyrff hynny ychwaith. Yn fwy na hyn, roedd Cymru erbyn diwedd y nawdegau'n fwy cysurus o lawer gyda'r agweddau amrywiol ar ei hunaniaeth, ac ar y wyneb o leiaf roedd llai o dyndra ynglŷn â'r Gymraeg.

Ar 1 Mai 1997 ysgubodd y Blaid Lafur i rym ar ôl deunaw mlynedd fel gwrthblaid, a chynhaliwyd refferendwm ar ddatganoli yng Nghymru ar 18 Medi. Er gwaetha'r newidiadau yn yr hinsawdd wleidyddol cael a chael oedd hi. Dim ond 50 y cant o'r etholwyr a bleidleisiodd, a dim ond 50.3 y cant o'r rheiny a bleidleisiodd o du datganoli. Bwriwyd 559,419 o bleidleisiau 'Ie' a 552,698 o bleidleisiau 'Na', mwyafrif o 6,721. Cafwyd pleidlais gadarnhaol yn hanner y ddau ar hugain o awdurdodau unedol ac un nacaol yn yr hanner arall.

Yn dilyn y refferendwm, bu cryn sôn am raniad rhwng y dwyrain a'r gorllewin, gyda'r datganolwyr yn ennill ar hyd arfordir y gorllewin (ac eithrio Sir Benfro) ac yn etholaethau hen faes glo'r de, a'r gwrth-ddatganolwyr yn fuddugol ar hyd y ffin ddwyreiniol. Ategwyd y dehongliad hwn gan bleidlais gadarnhaol Abertawe a phleidlais nacaol Caerdydd. Ond mae'r eglurhad daearyddol hwn yn or-syml, gan y bu cefnogaeth i'r naill ochr a'r llall ledled y wlad. Er enghraifft, mwyafrif bach

Dathlu ennill y bleidlais dros Gynulliad i Gymru y bore ar ôl refferendwm 18 Medi 1997.

oedd o blaid yn Ynys Môn ond cafwyd mwyafrif yr un mor bitw yn erbyn yn Nhorfaen. Ar ddiwedd y dydd, cyfanswm y pleidleisiau oedd yn bwysig, yn hytrach na'r cyd-bwysedd rhwng yr awdurdodau unedol; roedd y pleidleisiau a fwriwyd yn Sir y Fflint a Chasnewydd dros ddatganoli lawn mor bwysig â'r rhai a fwriwyd o'i blaid yn siroedd y gorllewin.

Gellid ystyried bod bychander y mwyafrif – a hynny er gwaethaf poblogrwydd y llywodraeth newydd a pharodrwydd Tony Blair i ymgyrchu dros ddatganoli – yn ailagor amheuon 1979. Mae'n bosibl ei ddehongli fel arwydd bod y Cymry o hyd yn ansicr am eu hunaniaeth a'u dyfodol. Serch hynny, roedd yna fwlch enfawr rhwng ystadegau 1979 ac ystadegau 1997, gyda dyblu'r bleidlais o du datganoli a haneru'r bleidlais yn ei erbyn. Gellid dadlau mai 18 Medi 1997 oedd y tro cyntaf – ac o bosibl, y tro olaf – pan oedd modd sicrhau mwyafrif o blaid Cynulliad Cenedlaethol i Gymru. Gan hynny, roedd e'n ddiwrnod gwirioneddol hanesyddol. A'r nos llawn tensiynau y tu ôl iddo, safodd Ron Davies ar risiau'r Swyddfa Gymreig i annerch pobl Cymru: 'Good morning', meddai. 'And it is a very good morning for Wales.'

Cyflwynwyd Mesur Llywodraeth Cymru i'r senedd yn gynnar yn 1998. Yn unol ag argymhellion y Papur Gwyn, darparodd y mesur ar gyfer siambr etholedig o drigain o aelodau, deugain ohonynt i'w hethol gan etholaethau ac ugain drwy bleidlais gyfrannol. Tystia'r system etholiadol ac agweddau

Ron Davies

I always took the view that we had to build alliances from within the Labour Party outside to people in other political parties and in no political party and there were two reasons for that really. First of all, I firmly believe that if you are introducing constitutional change, you can't do it on the basis of a narrow mandate. You have to try to build up a consensus because otherwise it won't be lasting. And secondly, the former whip in me realized that it was going to be very difficult, and I realized that we would have to have support from Plaid Cymru and from the Lib Dems either to get the legislation through the House of Commons or if there were to be a referendum, we would have to be able to present the case to the people of Wales in which to say, 'Look, all the left-of-centre parties, all the progressive parties, actually support these proposals'. So it was very important for me to develop that and I coined the phrase 'inclusive politics' to describe it – everybody now talks of the virtues of inclusive politics. Not many people understand the practicalities of inclusive politics, but for me it meant actually talking to Lib Dems, talking to Plaid and trying to accommodate their concerns; you can't agree with them all the time, but you try to establish a discourse with them, an understanding. And it paid off because had we not had that understanding at the time of devolution, together with the broad support that I think that we had won amongst the wider group of commentators, we wouldn't have won – the majority was small enough as it was. I mean, if we hadn't had either of those parties on board, it would have opened up divisions and we would have been sunk.

eraill ar y mesur fod y llywodraeth Lafur yn awyddus i lunio Cynulliad a fyddai'n llesteirio unrhyw blaid unigol rhag tra-arglwyddiaethu. Newidiwyd y system pwyllgorau gwreiddiol er mwyn creu Cabinet a chanddo linellau clir o ran cyfrifoldebau, ond glynwyd at y syniad o wleidyddiaeth gynhwysfawr gan obeithio y byddai'n hanfodol wahanol i arddull ymosod-ol San Steffan. Ym mis Mai 1999 cynhaliwyd yr etholiadau cyntaf i'r Cynulliad Cenedlaethol. Y Blaid Lafur a enillodd y nifer fwyaf o seddau, sef wyth ar hugain, ond ni chafodd fwyafrif dros y pleidiau eraill. Plaid Cymru oedd yr wrthblaid swyddogol gyda dau aelod ar bymtheg. Dewiswyd Alun Michael yn brif ysgrifennydd y Cynulliad. Cadwodd San Steffan trwy'r Trysorlys ei afael ar drefniadau cyllido llywodraeth yng Nghymru, a phrin oedd pwerau deddfwriaethol y Cynulliad newydd. Eto i gyd, roedd gan Gymru am y tro cyntaf yn ei hanes Gynulliad Cenedlaethol wedi'i ethol yn ddemocrataidd – symbol digamsyniol o'r Gymru newydd. Proses ddeinamig ond ysbeidiol fu datganoli hyd yma ac mae'n debyg y bydd trefniadau cyfansoddiadol 1997–9 hwythau'n newid mewn ymateb i anghenion y dyfodol.

6

O'r Côr i Catatonia

DIWYLLIANT POBLOGAIDD

Annisgwyl efallai yw dechrau trafod diwylliant poblogaidd trwy sôn am ddylanwad Anghydffurfiaeth ar Gymru'r ugeinfed ganrif. Eto i gyd, mae'n fan cychwyn llwyr angenrheidiol, a gellid hawlio bod gan dreftadaeth Anghydffurfiol Cymru ddylanwad ffurfiannol ar lawer agwedd ar fywyd diwylliannol y wlad, boed hynny ym maes cerddoriaeth, llenyddiaeth neu rethreg. Rhaid cydnabod bod y dylanwad hwnnw'n llawer cryfach mewn rhannau o'r Gymru wledig, ac mae rhai haneswyr yn tynnu sylw at y ffaith nad oedd y mwyafrif o Gymry'n mynd i'r capel yn gyson hyd yn oed ar ddechrau'r ganrif. Am sawl rheswm, ac yn eu plith sut yn union i ddiffinio ymlynwyr a chymunwyr, ni ellir dibynnu'n llwyr ar yr ystadegau sydd gennym. Serch hynny, mae'r ystadegau hynny'n dangos faint yr ymlyniad wrth y drefn gapelog.

Yn 1900 y Methodistiaid Calfinaidd (Eglwys Bresbyteraidd Cymru) oedd yr enwad mwyaf: roedd ganddynt 1,363 addoldy ac ynddynt 158,114 o aelodau cyflawn, 177,172 yn mynychu'r Ysgol Sul a 160,000 o fynychwyr a alwyd yn 'ymlynwyr'. Nid oedd yr Annibynwyr yn bell ar eu hôl, gyda 144,918 o aelodau'n mynychu 1,281 o addoldai. Y Bedyddwyr oedd y nesaf o ran maint gyda 106,566 o aelodau a 835 o gapeli. Yn hanner cynta'r ganrif roedd hefyd ryw 40,000 o Fethodistiaid Wesleaidd, yn ogystal â grwpiau llai ond dylanwadol megis y Bedyddwyr Albanaidd a'r Undodwyr. Ar ben yr enwadau Anghydffurfiol hyn, yn 1900 roedd gan Eglwys Loegr (yr Eglwys yng Nghymru wedi 1920) tua 1,000 o offeiriaid, ac yn y flwyddyn honno aeth 161,169 i'r Ysgol Sul a derbyniodd 141,008 o aelodau gymun adeg y Pasg.

Ar ddechrau'r ganrif felly, roedd gan Anghydffurfiaeth safle grymus yng Nghymru. Allan o ryw 2,000,000 o drigolion roedd yn agos at chwarter yn aelodau capel, gyda nifer sylweddol ychwanegol megis plant yn mynd i'r capel ond heb fod yn aelodau cyflawn. Ar sail y ffigyrau hyn gellid mentro honni bod yn agos at hanner poblogaeth Cymru'n mynychu oedfaon

Anghydffurfiol yn weddol gyson. Fodd bynnag, ni ddylid gorbwysleisio cryfder y capeli a dylid nodi bod her y byd modern yn peri pryder i nifer lawer. Fel y dywedodd Dr R. Tudur Jones:

Mae 'na gwyno parhaus yn nechrau'r ganrif fod pethau'n dirywio. Mi oedd arferion yn newid, mi oedd ffasiynau newydd yn llifo i mewn ac roedd hi'n amhosib eu gwrthwynebu nhw, er enghraifft pethau bach sydd ar yr olwg gyntaf islaw sylw. Ond mewn gwirionedd maen nhw'n gallu bod yn eithaf dylanwadol, er enghraifft darganfod y *bicycle* yn galluogi pobl i fynd am dro ar y Sul, mi gewch chi brotestio ynglŷn â hynny, hynny yw mae'r Saboth traddodiadol yn dechrau gwegian. Roedd yr arweinwyr yn synhwyro'n iawn fod 'na gyfnewidiad sylfaenol a pheryglus, bygythiol ar droed.

Ymateb, i ryw raddau, i'r pryderon hyn oedd y diwygiad crefyddol a ysgubodd drwy Gymru yn 1904–5. Ffenomen gymdeithasol a chrefyddol gwbl ryfeddol oedd y diwygiad, a arweiniwyd gan Evan Roberts o Gasllwchwr ac a lwyddodd i atgyfnerthu lle canolog Anghydffurfiaeth ym mywyd Cymru. Er i nifer o'r pechaduriaid a ddenwyd yn ôl at y capeli yn ystod y diwygiad adael eto wedi i'r cyffro bylu, rhwydodd y digwyddiadau nodedig genhedlaeth arall i mewn i drefn y grefydd Anghydffurfiol. O ganlyniad, gwelwyd parhad gafael Anghydffurfiaeth ar bobl Cymru am ddegawdau eto. Wrth i'r boblogaeth gynyddu, tyfodd nifer y capeli a'r aelodau oedd ganddynt. Yn ystod y dauddegau y cyrhaeddodd y rhan fwyaf o'r enwadau eu hanterth, er i'r nifer a oedd yn mynychu'r Ysgol Sul ddechrau crebachu, ac roedd hynny'n argoeli'n wael at y dyfodol.

Eto i gyd, yn negawdau cynnar y ganrif gwelwyd arwyddion pendant bod y capeli'n colli eu gafael, yn enwedig ymhlith aelodau'r dosbarth gweithiol. Yn raddol dechreuodd nifer yr aelodau leihau, ac yn ystod y pumdegau a'r chwedegau fe gafwyd chwalfa drychinebus. Fel y dywed Dr R. Tudur Jones: 'Dwi'n meddwl mai ar ôl y Rhyfel Mawr y dechreuwyd colli'r gweithwyr llaw cyffredin, diwydiannol ar raddfa fawr er, cofiwch, proses araf oedd o. Os edrychwn ni ar ystadegau yn fanwl dydy'r cilio mawr ddim yn digwydd nes eich bod chi yn niwedd y tridegau, yn hwy o lawer na mae pobl yn arfer meddwl.' Mor ddiweddar ag 1950 roedd nifer yr aelodau yn yr enwadau Anghydffurfiol yn hynod o debyg i'r hyn yr oedd hanner canrif ynghynt, ond yn y cyfamser roedd poblogaeth Cymru wedi cynyddu i ymron i 2,600,000, ac felly cynrychiolai'r ffigyrau hynny ganran is o'r boblogaeth honno. Ac, yn fwy arwyddocaol byth, roedd natur yr aelodaeth yn heneiddio ac erbyn 1950 roedd niferoedd y disgyblion Ysgol Sul yn amlwg yn gostwng. Bu'r Ail Ryfel Byd yn drobwynt o bwys, hyd yn oed yn y Gymru wledig. Yn ôl y Parchedig Dewi

Eirug Davies: 'Cyn y Rhyfel roedd y capel yn fwrlwm o weithgaredd ac mi oedd pobl yn mynd i'r capel . . . mi fyddai'n anodd iawn i chi feddwl am bobl oedd ddim yn mynd i'r capel bryd hynny. Ond ar ôl y Rhyfel ddaethon nhw ddim yn ôl.'

Cafodd y capeli ddylanwad mawr ar liaws o bobl, a does dim dwywaith mai Anghydffurfiaeth oedd yn cynrychioli diwylliant Cymru i leiafrif sylweddol yn ystod hanner cynta'r ganrif. Dyma'r ffynnon oedd yn porthi eu diwylliant, eu cerddoriaeth a'u hiaith ac, ar ryw olwg, eu hunaniaeth. Eto, mae'n anodd amgyffred beth oedd hyd a lled dylanwad y lleiafrif hwn ar weddill y boblogaeth. Awgryma'r dystiolaeth fod Anghydffurfiaeth wedi bwrw cysgod hir dros fywydau a disgwyliadau diwylliannol nifer helaeth, yn arbennig yn y parthau Cymraeg eu hiaith ac yn rhai o'r ardaloedd diwydiannol. Cofiodd y Parchedig Enid Morgan (a ymunodd â'r Eglwys yng Nghymru yn ddiweddarach) ei phlentyndod yn aelod o deulu Anghyd-ffurfiol yn ystod y pedwardegau a'r

R. Tudur Jones

Mae'r dirywiad yn dechrau yn y pumdegau ac yn cyflymu yn y chwedegau. Mae'r rhesymau dwi'n credu yn reit gymhleth. Mi oedd y parch traddodiadol at weinidogion yn lleihau ond dwi ddim yn glir iawn yn fy meddwl i ba raddau mae eisiau rhoi rheswm crefyddol am hynny oherwydd mae'r parch at sefydliadau traddod-iadol ar drai ym Mhrydain. Mae'r lleihad mewn ymlyniad wrth eglwysi, pob math o eglwysi, yn rhan o'r broses o roi sefydliadau traddodiadol o dan y meicrosgop, o droi yn feirniadol arnyn nhw, ac yn bennaf dim, dechrau gwadu eu hawdurdod nhw, boed hwnnw'n awdurdod moesol neu'n awdurdod gwleidyddol neu gymdeithasegol, mae'r peth mor amlwg trwy'r gymdeithas. Mae'r cwbl yn rhan o batrwm sydd yn lledu ar draws y byd gorllewinol, lle mae pob sefydliad traddodiadol yn dod dan feirniadaeth, ac fel rhan o ffrâm y patrwm traddodiadol yng Nghymru, yn naturiol mi oedd y weinidogaeth bellach yn peidio â bod yn ddeniadol.

pumdegau: 'Capel y Bedyddwyr yn Rhydaman . . . a'r gymdeithas Gymraeg gyfan yn troi o gwmpas gweithgareddau'r capel, gweith-gareddau'r Ysgol Sul, gorymdaith y Pasg, y Sulgwyn . . . roedd fy mywyd i'n troi yn y pethau hyn . . . ac yn naturiol roedd cael eich bwydo gyda'r Gymraeg cyhoeddus, graenus yma yn suddo i'r isymwybod ac yn rhyw fath o storfa Gymraeg.' Yn ganlyniad i hyn, fe drosglwyddwyd ffurfiau diwylliannol oedd yn gysylltiedig â'r capel i'r bywyd cymdeithasol yn gyffredinol. Roedd hyn yn arbennig o wir am y Gymru wledig, ond hyd yn oed yn ardaloedd glofaol y de a'r gogledd treiddiodd y capel yn ddwfn i ymwybyddiaeth y bobl nes dod yn rhan gynhenid o'r ffordd roeddent yn eu gweld eu hunain.

O'r pwys mwyaf, wrth gwrs, roedd dylanwad y capel ar safonau a disgwyliadau moesol. Yng ngeiriau Dr R. Tudur Jones:

Mae consensws yn bwysig, y pethau mae cymuned o bobl yn eu cymryd yn ganiataol, heb eu cwestiynu, heb eu herio a'r peth roedd y gweinidogion yn ei wneud oedd cadarnhau'r consensws o hyd ac o hyd mewn amrywiol ffyrdd – mewn llythyrau, mewn protestiadau yn erbyn unrhyw her i'r consensws yn arbennig trwy gyfrwng yr Ysgol Sul . . . Roedd y peth yn gweithio mewn ffordd eithaf cymhleth ac eithaf trylwyr tra parhaodd o.

Tua diwedd y bedwaredd ganrif ar bymtheg uniaethwyd y capeli, ac yn enwedig y gweinidogion a'r diaconiaid, â'r Blaid Ryddfrydol, ond erbyn y dauddegau a'r tridegau mynychwyd y capeli hefyd gan nifer sylweddol o gynghorwyr a gwleidyddion Llafur. Ni chafodd Anghydffurfiaeth ei disodli gan dwf Sosialaeth; yn wir, mae'n bosibl gweld y naill yn gymar i'r llall. Eto i gyd, arweiniodd dirywiad Rhyddfrydiaeth i newidiadau yn nylanwad gwleidyddol y capeli.

Mewn llawer i gymuned, y capeli oedd yr unig adeiladau a chanddynt rinweddau pensaernïol arbennig. Ochr yn ochr â neuaddau'r gweithwyr, neuaddau dawns a sinemâu roedd y capeli'n elfennau amlwg ym mhensaernïaeth ffigurol a diwylliannol Cymru. Er enghraifft, roedd capeli'r Rhondda'n amlwg iawn yn y dathliadau i groesawu gwladoli'r diwydiant glo yn 1947. Bryd hynny, yn ogystal â'r sioeau *mannequin* a'r carnifalau, cynhaliwyd tri chyngerdd cysegredig – un yn yr Empire, Tonypandy, ac un yr un yn neuaddau'r gweithwyr yng Nglyn Rhedynog a Thonpentre. Y Sul canlynol cynhaliwyd cyngerdd cysegredig arall yng nghapel y Bedyddwyr, Blaen-cwm. Mor ddiweddar ag 1947, felly, roedd Anghydffurfiaeth yn dal i gyfrannu'n sylweddol at y gymysgedd ddiwylliannol a nodweddai faes glo'r de.

Sabathyddiaeth neu gadw'r Sul oedd un o brif nodweddion dylanwad Anghydffurfiaeth. Yn 1881 pasiodd y senedd un o'r ychydig gonsesiynau i arwahanrwydd Cymru, sef Deddf Cau'r Tafarnau ar y Sul. Yn swyddogol, cadwodd Cymru yn 'sych' trwy gyfran helaeth o'r ugeinfed ganrif, ac er bod modd yfed ar y Sul mewn clybiau ni cheisiodd neuaddau'r glowyr am drwyddedau clwb tan y pumdegau. Yn ystod y degawd hwnnw cynyddodd y galw am newid y gyfraith, ac o ganlyniad caniataodd Deddf Trwyddedu 1960 i referenda lleol benderfynu a ddylid agor y tafarndai ar y Sul. Yn ôl y disgwyl, ymgyrchodd y capeli'n frwd yn erbyn unrhyw newid yn y gyfraith, a gellid ystyried refferendwm 1961 yn brawf o gryfder eu dylanwad. Roedd y canlyniad yn dystiolaeth huawdl i fodolaeth hollt ddiwylliannol o fewn Cymru. Pleidleisiodd siroedd y gorllewin, o Fôn i Benfro, Maldwyn yn y canolbarth a Dinbych yn y gogledd-ddwyrain o blaid cadw'r tafarnau ar gau; pleidleisiodd gweddill y wlad o blaid agor. Saith mlynedd yn ddiweddarach, dim ond y fro Gymraeg – siroedd Môn, Meirionnydd, Caernarfon, Ceredigion a Chaerfyrddin – a fwriodd eu pleidleisiau o du aros ar gau. Cynhaliwyd y refferendwm diweddaraf yn 1996, a phryd hynny penderfynodd Dwyfor yng Ngwynedd, yr unig ardal a oedd yn 'sych' o hyd, y byddai hithau'n agor ar y Sul.

Dim ond un agwedd ar Anghydffurfiaeth oedd Sabathyddiaeth, ond mae'n cynnig enghraifft loyw o rym y capeli ym mywyd cymdeithasol a diwylliannol Cymru. Roedd dirywiad graddol y Sul Cymreig yn arwydd bod dylanwad Anghydffurfiaeth yn gwanhau, ond roedd yn ddylanwad a adawodd ei ôl ar ei ffyddloniaid a'i gelynion fel ei gilydd. Am gyfran helaeth o'r ugeinfed ganrif, roedd yn rhaid i bobl Cymru ddygymod â dylanwad y capel. Roedd hyn yn arbennig o wir yn achos y Cymry Cymraeg, ac ni fedrai llawer ohonynt ddychmygu'r diwylliant Cymraeg heb ei ddimensiwn Anghydffurfiol. Dim ond yn ystod chwarter ola'r ganrif y llwyddodd yr iaith Gymraeg i ymryddhau o'r cysylltiad a oedd, yn llygaid y cyhoedd, rhyngddi hi ac Anghydffurfiaeth. Hyd yn oed ar ddiwedd y ganrif nid oedd alcohol yn cael ei werthu ar faes yr Eisteddfod Genedlaethol.

Er bod gan y Cymry enw am fod yn bobl gerddorol cyn twf Anghydffurfiaeth, y capel oedd tarddle'r traddodiad o ganu emynau a ddaeth yn un o brif nodweddion campau cerddorol y wlad. Wrth i emynau gael eu canu'n angerddol mewn tafarndai a chlybiau rygbi yn ogystal ag yn y capeli, fe ddaethant yn rhan o etifeddiaeth ddiwylliannol nifer sylweddol o Gymry. Serch hynny, byddai'n gamgymeriad derbyn yn ddigwestiwn y stereoteip sy'n portreadu'r Cymry fel pobl gerddorol o'u hanfod. Ni chafwyd llawer o gyfansoddwyr nac offerynwyr o fri rhyngwladol yn yr ugeinfed ganrif. Wrth gwrs, mae eithriadau nodedig, megis y telynorion Osian Ellis ac Elinor Bennett sydd wedi perfformio ledled y byd. Cafodd y gyfansoddwraig Morfydd Llwyn Owen hithau yrfa ddisglair a ddaeth i ddiwedd annhymig pan fu farw yn 27 oed yn 1918, ac yn ddiweddarach yn y ganrif cafwyd cyfraniadau sylweddol gan Alun Hoddinott, William Mathias, Grace Williams a Daniel Jones.

Ond fel gwlad y gân y rhagorai Cymru. Yng ngeiriau'r arweinydd amlwg, Terry James:

> Beth sy'n bwysig yng Nghymru yw eu bod nhw yn gallu canu'n gynulleidfaol yn dda, dim cymaint yn gorawl. Ewch i Cardiff Arms Park, ewch i dafarn, fe gewch chi ganu pedwar part, ac mae braidd yn reddfol, does dim lot ohonyn nhw wedi canu, ddim yn gwybod dim byd am gynghanedd ond rhyw ffordd neu'i gilydd mae hwnna yn bart o'r Cymry. Alla i ddim esbonio'r peth ond mae e.

Erbyn dechrau'r ugeinfed ganrif, er bod 'na gorau da ymhob cwr o'r wlad, yn niwylliant poblogaidd yr ardaloedd diwydiannol poblog y gwelwyd cerddoriaeth gorawl ar ei grymusaf. Daeth enwau Rhosllannerchrugog,

Côr y Penrhyn, y côr buddugol yn Eisteddfod Genedlaethol Caernarfon 1935.

Orffews Treforus, Treorci, Pendyrus, Pontarddulais a llawer o gorau eraill yn gyfarwydd i bawb. Sefydlwyd llawer o'r corau mawrion yn ail hanner y bedwaredd ganrif ar bymtheg, ond mae rhai'n dyddio o'r ugeinfed ganrif, megis côr Ystalyfera a ffurfiwyd yn 1926 ac a gafodd lwyddiant mawr yn y tridegau, a chôr y Penrhyn a sefydlwyd yn y bedwaredd ganrif ar bymtheg ac a ddaliai i ganu wrth i'r ugeinfed ganrif ddod i ben. Enillodd brwdfrydedd ac angerdd y corau Cymreig fri rhyngwladol. Yn 1926 sefydlwyd y Welsh Imperial Singers yn y gogledd-ddwyrain. Roedd llawer o'r cantorion hyn yn lowyr, ac aeth y côr ar deithiau llwyddiannus trwy Brydain a Gogledd America yn flynyddol bron rhwng 1926 ac 1939. Un o'r ffactorau a gyfrannodd at y traddodiad corawl hwn oedd y diddordeb brwd yn yr oratorio, a gynhyrchodd yn ei dro gantorion opera. Yn hanner cynta'r ganrif cafwyd perfformiadau di-ri o *Messiah* Handel mewn neuaddau pentref ac yn sefydliadau'r gweithwyr drwy Gymru benbaladr. Cofiodd Dr Terry James ddod adref i Gydweli tua ddechrau'r pumdegau: 'Pan ddes i yn ôl o'r coleg . . . fe ges i gôr gyda'i gilydd yng Nghydweli ac mewn naw wythnos fe wnaethom ni *Elijah*. Wrth gwrs roedd hi'n adeg yr oratorio, a braidd pob capel yn gwneud *Elijah*, *Creation* a'r math yna o beth.'

Yn 1946 sefydlwyd Cwmni Opera Cymru a bu'n llwyddiant ysgubol. Ar y cychwyn, amaturiaid oedd yn y corws a dim ond ychydig iawn o'r prif gantorion oedd yn broffesiynol. Dyma gwmni poblogaidd yng ngwir ystyr y gair, a derbyniodd gefnogaeth eang gan gynulleidfa a oedd yn gyfarwydd â disgyblaeth canu corawl uchelgeisiol. Yn fuan iawn roedd gan y cwmni enw rhyngwladol o fri, ac yn 1976 daeth yn gwmni llwyr broffesiynol. Mae'n syndod faint o gantorion nodedig o Gymru sydd wedi ennill eu plwyf ar y llwyfan rhyngwladol. Yn y pumdegau sefydlodd Terry James gôr myfyrwyr Cymry Llundain ac ymhlith yr aelodau roedd 'rhai o'r cantorion, neu gantorion, gorau'r byd: Y Fonesig Gwyneth Jones, Ann Evans, Kenneth Bowen, Maldwyn Davies i gyd yn canu yn y côr.' A byddai cantorion amlwg eraill hefyd yn cael eu meithrin gan y diwylliant cerddorol poblogaidd, rhai megis Dennis O'Neill, Syr Geraint Evans a Stuart Burrows; ac yna yn brawf bod yna fywyd yn y traddodiad o hyd daeth Bryn Terfel i'r fei, gydag un o'r lleisiau mwyaf ysblennydd i ddod o Gymru erioed. Ond nid canu oedd yr unig fath o gerddoriaeth a etifeddwyd o'r bedwaredd ganrif ar bymtheg. Yn y ganrif honno roedd bandiau pres ac arian yn anelu at berffeithrwydd ac aeth rhai, megis Band y Parc a'r Dâr, Band Gweithwyr Cory a Band Arian Dyffryn Nantlle, ati i ennill bri o'r newydd yn yr ugeinfed ganrif. Ffynnodd y corau a'r bandiau fel ei gilydd yn ystod hanner cynta'r ganrif, er y ciliodd eu hapêl yn hinsawdd gymdeithasol a diwylliannol newydd y cyfnod ar ôl yr Ail Ryfel Byd.

Yn y bôn roedd y corau a'r bandiau'n fynegiant o draddodiad cerddorol a ddenai filoedd ar filoedd o bobl. Ar hyd a lled y wlad gellid dod o hyd i lowyr a gweithwyr dur, athrawon a chwarelwyr a gwragedd tŷ a chanddynt allu ac arbenigedd cerddorol o radd anghyffredin. Ymhlyg yn safon eu gwaith rhaid cydnabod rôl cynulleidfaoedd brwdfrydig a dysgedig. Mewn gwirionedd, nid campau unigolion dawnus yw'r agwedd fwyaf trawiadol a pharhaol ar gerddoriaeth Cymru. Yn hytrach, gwir arwyddocâd y traddodiad cerddorol yw fod ei wreiddiau mor gadarn yn y werin bobl, a bod cyfran helaeth o'r bobl hynny'n meddu ar ddealltwriaeth syfrdanol o eang o gerddoriaeth ac ar y gallu hynod i fynegi hynny.

Bryn Terfel

Mi oedd yr Eisteddfod yn bwysig hyd yn oed yn y dyddiau cynnar, a doedd hi ddim yn hawdd iawn i riant fynd â'i blentyn i bob cwr o Gymru. Mae'r cof sydd gen i o bob taith ac o bob cystadleuaeth yn un byw iawn; dwi'n cofio dod adra o'r eisteddfod ym *Mutlin's* Pwllheli â'n *cheque* gyntaf am £100. Ond ar ben hynny, mi oeddwn i'n perfformio o flaen cynulleidfa; ro'n i'n cael fy meirniadu ar fy mherfformio, ac roedd rhywun yn cael ei drwytho mewn steil ac arddull y gwahanol fath o ddiwylliant sydd yng Nghymru, sef canu caneuon gwerin, canu cerdd dant . . . Ro'n i'n perfformio ar lwyfannau mawr ac, wrth gwrs, mi roedd yr Eisteddfod Genedlaethol yn rhyw fath o uchafbwynt yn y flwyddyn. Pan o'n i'n perfformio yn ifanc, ro'n i'n mynd ar y llwyfan heb ddim poen meddwl, heb ddim techneg, dim ond y dechneg o roddi pennill a geiriau drosodd i'r gynulleidfa heb feddwl am sut i greu sain a sut i ganu nodau . . . Ac, wrth gwrs, pan es i i'r coleg yn Llundain yn y Guildhall, mi ddarganfyddais bod y pymtheng mlynedd o ganu yn yr Eisteddfod wedi rhoi rhywbeth arbennig i mi, sef rhoi fy nhroed ar lwyfan a chynefino gyda pherfformio o flaen cynulleidfa oedd yn fantais enfawr yn y coleg yn Llundain. Mi oedd gen i ffrindiau yn y coleg oedd wedi bod mewn gwahanol feysydd ac, wrth gwrs, doeddan nhw erioed wedi canu o flaen cynulleidfa, felly roedd y fantais gen i. Ro'n i wedi dysgu rheoli'n nerfau o'u blaenau nhw oherwydd yr eisteddfota ro'n i wedi gwneud ar hyd y blynyddoedd.

Band Gweithwyr Cory, a ddechreuodd fel Band Dirwestol Tonpentre yn 1894.

Yn y bedwaredd ganrif ar bymtheg, disodlwyd cerddoriaeth draddodiadol i raddau helaeth gan emynau'r gymanfa ganu a'r traddodiad corawl, ond yn ystod yr ugeinfed ganrif gwelwyd adfywiad trawiadol ym myd cerdd dant, adfywiad sy'n symboleiddio i'r dim ynni creadigol y diwylliant Cymraeg. Ar ddechrau'r ganrif, ni chlywid cerdd dant ond mewn ardaloedd gwledig, diarffordd – ym Meirionnydd yn benodol – ac mae'n debyg y byddai'r traddodiad wedi diflannu'n llwyr oni bai am ymdrechion David Roberts, y telynor dall, a gasglodd at ei gilydd 49 o drefniannau cerddorol. Cyhoeddwyd y casgliad hwn yn 1911 mewn cyfrol o'r enw *Y Tant Aur*, a daeth fersiwn fwy soffistigedig o'r gyfrol o'r wasg yn 1916. Cafodd y gyfrol ddylanwad enfawr ar athrawon oedd yn awyddus i gael hyd i alawon gwerin Cymreig. Bu selogion eraill hefyd yn weithgar, gan gynnwys telynor dall arall, sef David Francis o Flaenau Ffestiniog. Yn 1934 sefydlwyd Cymdeithas Cerdd Dant Cymru gyda'r bwriad o gynnal a datblygu'r dull caeth a thra anodd hwn o ganu barddoniaeth draddodiadol Gymraeg i gyfeiliant telyn. Mae'r Gymdeithas o hyd yn cynnal gwyliau poblogaidd blynyddol, sydd erbyn hyn yn cael eu darlledu ar S4C. Yn wir, erbyn diwedd yr ugeinfed ganrif roedd cerdd dant yn ffurf ddigon hyderus, yn gerddorol ac yn llenyddol, i ddatblygu ac i arbrofi gan greu patrymau newydd prydferth a dyfeisgar. Er mai cyfyng yw ei hapêl mae adfywiad y rhan hon o'r diwylliant traddodiadol Cymreig yn ddigwyddiad o bwys gan iddo ddangos sut y gall ymroddiad ac ynni achub ffurf unigryw ar gelfyddyd a'i haddasu i'r byd cyfoes.

Camarweiniol, yn y cyd-destun Cymreig, fyddai gwahaniaethu rhwng cerddoriaeth boblogaidd, cerddoriaeth glasurol a cherddoriaeth draddodiadol, gan fod rhan helaeth o'r hyn a ystyrir fel arfer yn 'glasurol', fel canu corawl neu ganu penillion, hefyd yn boblogaidd neu'n draddodiadol. Ni ellir anwybyddu ychwaith lle cerddoriaeth Anglo-Americanaidd boblog-aidd yn niwylliant Cymru. Ivor Novello, y dramodydd a'r cyfansoddwr, oedd o bosibl y Cymro mwyaf nodedig i gyfrannu at y maes hwn. Fe'i ganed yn David Novello Davies yng Nghaerdydd yn 1893 ac ef a ysgrifennodd gân fwyaf poblogaidd y Rhyfel Byd Cyntaf, 'Keep the Home Fires Burning'. Yn y dauddegau a'r tridegau aeth ymlaen i ddiddanu byd theatrig Llundain gyda'i gomedïau cerddorol llwyddiannus. Seren arall o Gaerdydd yw'r gantores fyd-enwog Shirley Bassey, ac fe'i dilynwyd gan Tom Jones o Bontypridd, sydd bellach yn eicon i lawer ar y naill ochr a'r llall o Fôr Iwerydd.

Ni chafwyd yng Nghymru'r chwedegau grwpiau roc i'w cymharu â rhai Glannau Mersi, ond roedd John Cale o'r Garnant, sir Gaerfyrddin, chwaraewr allweddell, canwr a chyfansoddwr gyda'r Velvet Under-ground, yn ddyfeisiwr cerddorol o fri. Cartre'r Velvet Underground oedd 'Ffatri' Andy Warhol yn Efrog Newydd, a hwn oedd un o grwpiau mwyaf dylanwadol ddiwedd y chwedegau. Roedd ei gerddoriaeth a'i lyrics fel ei gilydd yn arbrofol ac yn feistrolgar, a chalon gerddorol y ffenomen hon oedd Cymro a hyfforddwyd fel pianydd clasurol. Gweithiodd Cale ar nifer o wahanol brosiectau, yn fyw ac ar ddisg trwy weddill y ganrif, gan ddychwelyd i themâu Cymreig yn nes ymlaen yn ei yrfa.

Ar wahân i ambell fewnforiad hipïaidd, roedd chwyldro diwylliannol y chwedegau'n hwyr yn cyrraedd Cymru. Serch hynny, roedd gan y wlad ei phroffwyd ei hun ym mhersonoliaeth Meic Stevens. Roedd Meic Stevens yn ymddangos yn unigryw yng nghyd-destun Cymru, ond roedd yn ymgartrefu'n ddigon cysurus yn y byd a ddaeth dan gyfaredd cerddor-iaeth Bob Dylan. Cofiodd yn glir y rhesymau a barodd iddo ddychwelyd i Gymru yn 1963.

> Dwi'n cofio un bore switso'r radio ymlaen a chlywed llais yn canu 'Tie a Yellow Ribbon round the Old Oak Tree' yn Gymraeg. Ro'n i'n meddwl, 'Oh, shit, man, this is not on.' So, dyna shwt ddechreuais i gyfansoddi caneuon Cymraeg. So, mi eisteddais i lawr a mewn rhyw awr gwnes i gyfansoddi 'Tryweryn' . . . pethe politicaidd oedd yn mynd ymlaen yr adeg hynny.

Yr hyn a gafwyd yng Nghymru'r chwedegau a'r saithdegau oedd cerddoriaeth gyfoes fywiog a phoblogaidd wedi'i llunio ar gyfer Cymry Cymraeg ifainc. Datblygodd arddull gerddorol werin/ganu gwlad Gym-raeg a gafodd ei defnyddio'n effeithiol y tu hwnt gan grwpiau megis Hogiau'r Wyddfa a chantorion/gyfansoddwyr megis Dafydd Iwan.

Cerys Mathews o Catatonia, un o'r grwpiau Cymreig a wnaeth argraff ar y byd pop rhyngwladol tua diwedd y ganrif.

Gwnaeth caneuon gwleidyddol, dychanol Dafydd Iwan lawer i lunio diwylliant poblogaidd ieuenctid Cymru. Cryfhawyd roc Cymraeg yn y saithdegau gan grwpiau megis Edward H. Dafis a Geraint Jarman a'r Cynganeddwyr, ac atgyfnerthwyd y gerddoriaeth werin draddodiadol gan allu cerddorol Ar Log, Plethyn ac eraill. Erbyn yr wythdegau cyrhaeddodd pync Cymraeg ac aeth grwpiau fel Anrhefn ymlaen i ennill cynulleidfaoedd ar dir mawr Ewrop.

Ond yn negawd ola'r ganrif yr ymddangosodd cerddoriaeth roc Gymreig ar lwyfan ehangach, ffenomen a nodweddwyd gan groesffrwythloni diddorol rhwng y Gymraeg a'r Saesneg. Band roc llwyddiannus ond cyffredin braidd oedd Alarm o'r Rhyl, nes i'w brif ganwr, Mike Peters, gael ei gyffroi yn yr wythdegau gan Gymreictod a dechrau arbrofi gyda chanu corau meibion a chanu yn Gymraeg. Ar y dechrau yn Gymraeg yn unig y canai'r Super Furry Animals, Gorky's Zygotic Mynci a Catatonia, ond yn nes ymlaen canu'n bennaf, er nad yn gyfan gwbl, yn Saesneg a wnaethant. Bandiau Saesneg oedd y Manic Street Preachers o'r Coed Duon yng Ngwent a'r Stereophonics o Gwmaman yng Nghwm Cynon, ond chwyrliai'r ddraig goch yn eu cyngherddau gan danlinellu'r ffaith bod bandiau Saesneg eu hiaith yn medru bod yn fandiau Cymreig. Anodd yn y saithdegau fyddai dychmygu'r gyngerdd a gynhaliwyd yng Nghaerdydd yn 1997 pan ddaeth talentau mwya'r maes at ei gilydd i glodfori cerddoriaeth roc Gymreig; gyda'r Gymraeg a'r Saesneg yn cael eu defnyddio a'u derbyn heb na thrafferth na thyndra. Daeth grwpiau Cymreig i fod yn boblogaidd tu hwnt y tu allan i Gymru er i rai yn Lloegr weld eu Cymreictod fel bygythiad 'ffasgaidd'.

Nid cerddori oedd yr unig agwedd ar ddiwylliant poblogaidd Cymru'r ugeinfed ganrif. Yn y dauddegau a'r tridegau roedd mynd mawr ar neuaddau dawns. Roedd y rhain yn wrthgyferbyniad llwyr i'r capel, ond cafodd y ffasiwn newydd ei derbyn er gwaetha'r ffaith fod cyffyrddiad rhwng y ddau ryw'n rhan annatod o ddawnsio'r cyfnod. Yng Nghymru'r tridegau cafwyd marathonau dawnsio fel rhai'r Unol Daleithiau, ac mae'n debyg i *jazz* ymddangos gyntaf oll ar ffurf cerddoriaeth ddawns. Un o gerddorion *jazz* mwyaf disglair y pumdegau oedd y pianydd Dill Jones, a ymfudodd wedyn i'r Unol Daleithiau. Erbyn 1984 dechreuwyd cynnal gŵyl *jazz* boblogaidd yn Aberhonddu. Nodwedd amlwg arall ar fywyd y cymoedd glofaol oedd y 'bandiau jas', er nad oeddent yn deillio o fyd *jazz* ei hun ond o'r carnifalau lliwgar oedd mor boblogaidd drwy Gymru gyfan ac a welodd eu penllanw yng Ngala'r Glowyr o 1953 ymlaen.

Roedd gan y ddrama hefyd ei rhan ym mywyd diwylliannol Cymru. Yn hanner cynta'r ganrif fe ffynnodd grwpiau drama amatur ym mhob pentref bron, er i Anghydffurfiaeth fod yn ddrwgdybus o 'ffug-chwarae'. Gwan oedd seiliau'r theatr broffesiynol, ond cafwyd perfformiadau cyson gan gwmnïau teithiol mewn nifer o drefi trwy Gymru. Llwyddodd Theatr y Grand, Abertawe, a adeiladwyd yn 1897, i ddenu cynyrchiadau da ac enwau adnabyddus iawn, yn arbennig o ddechrau'r ganrif hyd at y tridegau. Amcangyfrifwyd bod selogion y ddrama yn Abertawe yn cael dewis o dros gant o gynyrchiadau bob blwyddyn yn theatrau llewyrchus y dref.

Yn y dauddegau ceisiodd y dramodydd J. O. Francis a'r Porthmadoc Players sefydlu theatr genedlaethol ond, er i'r cwmni gael peth llwyddiant, mentr gyfyngedig a byr-hoedlog ydoedd. Bu gan Saunders Lewis gysylltiad agos â'r theatr a sefydlwyd yng Ngarthewin yn y tridegau. Ond i bob pwrpas ni ddatblygodd theatr broffesiynol frodorol tan y pumdegau ac roedd yn ddiwedd y chwedegau cyn sefydlu Cwmni Theatr Cymru. Yn y ddau ddegawd wedyn gwelwyd twf cadwyn o theatrau ar draws y wlad gyda Theatr Clwyd yn yr Wyddgrug yn ddigymar yn eu plith. Ar ôl yr Ail Ryfel Byd daeth nifer o actorion Cymreig i'r amlwg ar y llwyfan rhyngwladol: Donald Houston, Hugh Griffith, Siân Phillips a Stanley Baker yn eu mysg. Efallai mai Richard Burton a Syr Anthony Hopkins, y ddau o ardal Port Talbot, oedd sêr mwyaf Cymru ar y sgrîn fawr tan ddyfodiad y to ifanc a fyddai'n ysgubo i mewn i'r unfed ganrif ar hugain, gyda Daniel Evans, Ioan Gruffudd, Rhys Ifans, Lisa Palfrey a Matthew Rhys yn arwain y gad.

Sgiliau perfformio yw canu, actio a chwarae offerynnau cerddorol, ac mae rhai anthropolegwyr wedi categoreiddio'r diwylliant Cymreig fel 'diwylliant perfformio', gan ddiffinio'r Cymry fel pobl a chanddynt y gallu a'r angen i berfformio. Wrth iddo sôn am y traddodiad canu yng Nghymru roedd Terry James o'r farn bod yr eisteddfodau'n hollbwysig: 'Dyna'r unig beth oedd . . . y Genedlaethol oedd yr unig ffordd i wella eich hunan, ac nid dim ond yn y Genedlaethol – roedd yna steddfod leol, roedd yna "semi-nationals" ac mynd ymlaen wedyn i'r Genedlaethol. Wrth gwrs roedd yna gystadlu brwd a pharatoï'n frwd ac roedden nhw'n canu pethau mâs o'r cyffredin.'

Sefydliad hynod yw'r eisteddfod a mawr fu'r datblygiad arni yn ystod yr ugeinfed ganrif. Yn ddigwyddiad blynyddol, heb gartref parhaol, mae'r Eisteddfod Genedlaethol yn seremoni, yn gystadleuaeth, yn arddangosfa gorfforaethol, yn gyngerdd, ac yn farchnad stryd. Roedd Dillwyn Miles, ceidwad y cleddyf ac yn ddiweddarach yn arwyddfardd yng ngorsedd y beirdd, yn gyfrifol am ochr seremonïol yr Eisteddfod Genedlaethol am ddeng mlynedd ar hugain. Bu'n frwd ei amddiffyniad o'r seremonïau cymhleth hyn:

> Wi'n credu ei bod yn bwysig iawn byth oddi ar i Iolo Morganwg ei asio fe wrth yr Eisteddfod . . . dyna'r unig fath o ochr liwgar sydd gyda ni yn ein bywyd. Mae'n bywyd ni yng Nghymru wedi bod yn llwydaidd iawn erioed ac mae cyfrifoldeb mawr ar y piwritaniaid am hynny, yr Anghydffurfwyr . . . mae hynny yn amlwg achos pryd bynnag mae seremoni yr orsedd yn yr Eisteddfod pryd hynny mae'r torfeydd yn dod ynte ac yn llanw'r pafiliwn.

Cyn dechrau'r ugeinfed ganrif roedd yr Eisteddfod Genedlaethol wedi'i hen sefydlu'n brif ŵyl ac arddangosfa ddiwylliannol Cymru. Yn 1900 fe'i cynhaliwyd yn Lerpwl, a byddai ymwelydd o'n cyfnod ni yn synnu ar y defnydd helaeth o'r Saesneg yr adeg honno. Digwyddiad dwyieithog oedd yr Eisteddfod bryd hynny, gyda'r flaenoriaeth ar adegau'n cael ei rhoi i'r iaith fain. Ail-luniwyd system gweinyddu'r Eisteddfod yn 1937; crëwyd un llys llywodraethol a chyflwynwyd rheol ynglŷn â defnydd y Gymraeg. Hyd yn oed wedyn bu defnydd cyson o'r Saesneg ar y llwyfan hyd at y pumdegau. Meddai Dillwyn Miles: 'Dwi'n cofio amser pan oedd hanner yr areithiau a'r gweithgareddau yn Saesneg, llywyddion y dydd yn Saesneg a ddim yn deall Cymraeg. Fel yna roedd hi yna yn Abergwaun yn 1936, ac am flynyddoedd wedi hynny.' Ar ôl 1952 daeth yr Eisteddfod i ddathlu diwylliant penodol Gymraeg yn fwy amlwg. Erbyn y nawdegau roedd yr ŵyl yn denu tua 150,000 o ymwelwyr neu fwy bob blwyddyn. Mae gan y traddodiad eisteddfodol ei gryfderau a'i fannau gwan ac o'i chymharu â gwyliau gwerin Iwerddon a Llydaw, mae gan yr Eisteddfod agwedd swyddogol a all ymddangos yn sidêt. Ond mae pwysigrwydd yr Eisteddfod yn tarddu o'r cyfraniad enfawr y mae wedi'i wneud i gynnal ac amddiffyn yr iaith Gymraeg ac wrth feithrin ac annog mynegiant diwylliannol sydd yn wirioneddol ddyfeisgar a chreadigol.

Ar ben hyn mae'r eisteddfodau bro, a'r rhai lleol, wedi chwarae rhan bwysig a mwy agosatoch yn eu cymunedau. Dysgodd cenedlaethau o blant Cymru sut i reoli eu nerfau, ynganu'n glir, taflu eu lleisiau a pherfformio ar lwyfannau eisteddfodau lleol. Daw plant o bob cwr o Gymru i ŵyl ieuenctid fwyaf Ewrop, sef yr eisteddfod a gynhelir yn flynyddol gan Urdd Gobaith Cymru. Pylodd apêl yr eisteddfodau lleol wrth i'r ganrif fynd yn ei blaen a daeth chwalfa'r diwydiant glo â thrafferthion i Eisteddfod y Glowyr. Roedd yr eisteddfod hon a gynhaliwyd yn flynyddol ym Mhorthcawl o 1948 ymlaen yn un o'r ychydig wyliau diwylliannol dosbarth gweithiol go iawn yn Ewrop.

Y celfyddydau gweledol yw un o'r meysydd a elwodd o gefnogaeth yr Eisteddfod Genedlaethol. Cynigir medal gelf, ac ers y pedwardegau hwyr rhoddwyd hwb sylweddol i'r adran gelf a chrefft. Gan nad oes yng Nghymru lawer o fannau arddangos, mae'r cyfle a gynigir gan yr Eisteddfod Genedlaethol yn allweddol. Yn 1995, er enghraifft, cafwyd arddangosfa arloesol o waith y cartwnydd a'r arlunydd lleol Ralph Steadman yn Eisteddfod Bro Colwyn. Tua diwedd y ganrif daeth diffyg oriel a neilltuwyd i waith arlunwyr o Gymru yn destun cryn ddadlau, ac o'r ddadl honno y datblygodd trafodaeth hynod o ddiddorol, sef beth yn union oedd natur y traddodiad Cymreig ym maes celfyddyd weledol. Diddorol nodi mai Josef Herman, arlunydd o Wlad Pwyl a aeth i Ystradgynlais yn 1944, yw un o'r ffigyrau mwyaf dylanwadol yn natblygiad celf yng Nghymru. Bu'n paentio ac yn tynnu lluniau o lowyr a'u hamgylchedd gyda'r fath barch, ynni a dealltwriaeth nes gadael gwaddol artistig i Gymru a fydd yn para'n hir ar ôl iddo ymadael â'r wlad.

Ni fu fawr o gyfle i artistiaid gael hyfforddiant yng Nghymru yn ystod hanner cynta'r ganrif, ac o'r herwydd gadawodd rhai o'r mwyaf talentog y wlad. Ganwyd Augustus John (1878–1961) yn Ninbych-y-pysgod yn sir Benfro ond y tu allan i Gymru y treuliodd y rhan fwyaf o'i oes. Aeth ei chwaer Gwen John (1876–1939) o Gymru i Lundain, lle astudiodd yn Ysgol Gelf Slade nes iddi fynd yn 1903 i Ffrainc lle y bu am weddill ei hoes. Mae'r ddau yma wedi ennill enwogrwydd haeddiannol. Ac yntau'n byw bywyd Bohemaidd lliwgar, bu bri mawr ar Augustus fel artist. Ni chafodd talent Gwen, a oedd am flynyddoedd yn gariad i'r cerflunydd Auguste Rodin, ei gydnabod tan ar ôl iddi farw. Erbyn hyn fe'i hystyrir yn un o brif arlunwyr yr ugeinfed ganrif. Arlunydd arall o'r un cyfnod a fu farw cyn iddo gyrraedd ei lawn botensial oedd James Dickson Innes (1887–1914) o Lanelli, a baentiodd luniau llawn asbri o Eryri, gan ddefnyddio lliwiau dramatig.

Artist arall a ddaeth i enwogrwydd rhyngwladol oedd Ceri Richards (1903–71). Fe'i ganwyd yn Nynfant a'i addysgu yn Ysgol Gelf Abertawe yn y dauddegau cynnar. Erbyn canol y degawd wedyn roedd ei luniau haniaethol 'barddol' wedi'i osod yn rhes flaen artistiaid *avant-garde* Prydain, a thyfodd ei fri ar ôl iddo farw. Fel y dywed Eric Rowan, un o haneswyr celf Cymru, ef oedd 'the greatest individual Welsh artist in the history of modern art'. Cafodd ei waith ei arddangos ledled y byd, o Efrog

Syr Kyffin Williams

When I left the Art School I knew exactly what I wanted to do, and by this time of course I had been hunting for about ten years with the Ynysfor Hounds. I used to go out with Jack Jones and the hounds in all weathers. The cloud would come down and the hounds would disappear. You could hear them going into some vague sort of recesses in the mountains and you'd follow to places where people don't normally go but where foxes often go. I began to know the mountains in all weathers, when the cloud is down, when the sun is shining through the cloud and bursting through the clouds and hitting the breasts of the mountains. I knew what it was like with the sea mist whipping in and I got tied up with the weather, which is ideal for any landscape painter, and of course I got tied up with the farmers, so many of my paintings have farmers and their dogs.

I'd been brought up in Wales, I know the average day, and the average day is a greyish day and a burnt umber day, and the rain is never far away. That is the average day and the average day was firmly fixed in my mind. Maybe also I come from a line of melancholics on one side of the family, and the use of black may come in, but black is something which I found very useful in painting Wales. I'm not really a colourist and I can paint a landscape with black and white, very often the fewer the colours the greater the punch and the dramatic effect, of course. Drama is something which is not far behind the mountains, there's bright light behind the ridge and the scudding clouds and the crash of the rain.

Newydd i Moscow a Milan, ac enillodd anrhydeddau lu gan gynnwys, yn addas ddigon, brif wobr Eisteddfod Genedlaethol 1961.

Ar ôl yr Ail Ryfel Byd, roedd mwy o artistiaid yn byw ac yn gweithio yng Nghymru, ac yn defnyddio'r wlad a'i phobl yn destun i'w gweithiau. Bywyd cymoedd y de oedd testun Will Roberts ac Ernest Zobole, tra oedd Kyffin Williams yn paentio Eryri a'i thrigolion mewn ffordd a wnaeth ei waith yn boblogaidd trwy Gymru gyfan a thu hwnt. Erbyn diwedd y ganrif roedd llawer o artistiaid yn gweithio yng Nghymru: y cerflunydd David Nash a'r arlunydd Peter Prendergast yn Eryri er enghraifft. Artist ymwybodol Gymreig a Chymraeg yw Iwan Bala, gyda'i gynfasau'n tynnu ar ddylanwadau o Gymru, Zimbabwe a llefydd eraill, ac yn 1997 enillodd brif wobr yr Eisteddfod Genedlaethol. Erbyn degawdau ola'r ganrif, roedd mwy o gyfle i dderbyn hyfforddiant yng Nghymru ac i weithio ac arddangos yno. Arwydd diddorol o hyn oedd penderfyniad Amgueddfa Genedlaethol Cymru, a fu ar hyd y blynyddoedd yn casglu ac yn arddangos gweithiau o brif ffrwd celf Ewrop (gan gynnwys y casgliad ysblennydd o luniau argraffiadol a roddwyd iddo gan y chwiorydd Davies o Gregynog), i roi mwy o sylw i waith artistiaid o Gymru.

Nid dawn greadigol yw unig sail diwylliant; mae angen hefyd gyllid a nawdd. Yn 1967 daeth Pwyllgor Cymreig Cyngor Celfyddydau Prydain yn Gyngor Celfyddydau Cymru, corff a oedd i bob pwrpas yn hunanlywodraethol. Chwaraeodd y Cyngor ran bwysig, ac ar adegau rhan ddadleuol, wrth ariannu'r celfyddydau yng Nghymru. Daeth yn gorff hollol annibynnol ar Gyngor Celfyddydau Prydain Fawr yn 1994 a'i gyllid yn dod yn syth o'r Swyddfa Gymreig. Mae'r Cyngor hefyd yn dosbarthu symiau sylweddol o arian trwy'r Uned Loteri. Roedd effaith hyn oll yn bellgyrhaeddol gyda'r Cyngor yn ariannu ystod eang o weithgareddau'n ymestyn o gynyrchiadau mawr gan Gwmni Opera Cymru i gynyrchiadau ac arddangosfeydd lleol.

Er cymaint cyfraniad yr etifeddiaeth Anghydffurfiol a'r traddodiad eisteddfodol i ddiwylliant poblogaidd Cymru'r ugeinfed ganrif, mae'r diwylliant hwnnw hefyd yn edrych i gyfeiriadau eraill am ysbrydoliaeth ac mae cynganeddu mewn tafarnau, bandiau gazooka'r tridegau a cherddoriaeth roc y nawdegau'n fynegiant egnïol o ddiwylliant bywiog cyffrous. Mae llenyddiaeth, yn Saesneg ac yn Gymraeg, hefyd yn rhan annatod o'r patrwm diwylliannol a phrin y gellir sôn am ddiwylliant poblogaidd heb drafod lle chwaraeon, gweithgareddau sydd yn cael eu cydnabod mewn penodau eraill yn y gyfrol hon.

7

A Oes Heddwch?

RHYFEL

Cafodd yr ugeinfed ganrif ei llunio a'i llurgunio gan ryfeloedd, a bu'r rhyfeloedd hynny'n boendod parhaus i lywodraethau a dinasyddion fel ei gilydd drwy'r ganrif ar ei hyd – o chwerwder a dadrithiad Rhyfel y Boer ar droad y ganrif, drwy ryfeloedd byd 1914–18 ac 1939–45 i dyndra a chostau strategaeth *mutually-agreed destruction* (MAD) y Rhyfel Oer a'r argyfwng a ddilynodd gwymp Comiwnyddiaeth. Nid y rhyfeloedd mawr oedd yr unig rai i adael eu hargraff ar hanes y ganrif; gadawodd llu o drychinebau 'llai' megis Korea a Fiet-nam, yn ogystal â'r rhyfeloedd 'bychain' niferus a frithodd y byd, o Malaya, Kenya, Aden, Ynysoedd y Falkland a Kuwait i Iwerddon a Kosovo, eu hôl gwaedlyd ar y byd a'i bobl. Er na welodd Cymru ei hun frwydro ar ei thir, fe ddioddefodd ymosodiadau a bomio, a gadawodd rhyfel graith ddofn arni mewn mwy nag un ffordd. Rhaid oedd i bobl fyw trwy dyndra seicolegol, corfforol a gwleidyddol rhyfel yn ogystal â'r canlyniadau economaidd a chymdeithasol a atseiniodd yn ei sgil. Oherwydd y traddodiad heddychol cryf oedd yn gymaint rhan o Anghydffurfiaeth a chan i rai rhyfeloedd gael eu gwrthwynebu'n wleidyddol gan Sosialwyr neu Genedlaetholwyr, ac weithiau gan y ddwy garfan, bu rhyfel yn bwnc dadleuol a rhwygol yng Nghymru. Yn ogystal â dod â gweithgarwch economaidd, canolfannau milwrol, clwyfedigion a galar, ysgogodd hefyd gwestiynau sylfaenol anodd parthed safle a statws Cymru o fewn y Deyrnas Unedig.

Amlygwyd y tensiynau hyn ar ddechrau'r ganrif gan Ryfel y Boer yn Ne Affrica (1899–1902). Cymerodd milwyr proffesiynol Cymreig ran amlwg yn yr ymgyrch yn erbyn y Boeriaid, ac roedd Bataliwn 1af y Gatrawd Gymreig ymhlith y rhai cyntaf i'w hanfon i Bort Elisabeth ym mis Tachwedd 1899. Aeth y rhyfel yn gynyddol ddidostur a chïaidd, ac wrth iddo ddatblygu cafwyd, ar y naill law, ymchwydd o deyrngarwch gwlatgar tanbaid i'r frenhines a'i hymerodraeth ac, ar y llaw arall, gwrthwynebiad gwleidyddol dwys i'r rhyfel. Parhau mae'r dystiolaeth i deyrngarwch Cymru: ceir mewn llawer o drefi megis Caernarfon, Stryd

Pretoria neu enwau strydoedd eraill a chanddynt gysylltiadau â De Affrica, ac mae cofebion crand ym Mhontypridd, Caernarfon a mannau eraill. Roedd y rhyfel yn Ne Affrica – yn erbyn gelyn penderfynol ac yn wyneb sawl gorchfygiad bychanol – yn argoel o'r hyn oedd i ddod yng ngweddill yr ugeinfed ganrif.

Eto i gyd, roedd gwrthwynebiad i Ryfel y Boer yng Nghymru, er bod haneswyr wedi dadlau'n argyhoeddiadol mai barn leiafrifol ydoedd. Nid o du'r heddychwyr yn unig y daeth y gwrthwynebiad hwn; roedd iddo ogwydd gwrth-imperialaidd yn ogystal. Roedd gan y Rhyddfrydwyr draddodiad o fod yn amheus o ddaliadau imperialaeth, ac atgyfnerthwyd y duedd hon gan rethreg ymgyrchoedd Cymru Fydd yn yr 1890au. Wedi'r cyfan, onid oedd y Boeriaid yn gymuned fach Brotestannaidd â'u hiaith eu hunain yn ceisio gwrthsefyll grym yr Ymerodraeth Brydeinig? Roedd y tebygrwydd i Gymru'n amlwg i lawer ac wedi'i ddatgan yn glir gan rai. Gwrthwynebydd enwocaf (neu ddrwg-enwocaf) y rhyfel oedd David Lloyd George, a gododd y pwnc mewn sawl cyfarfod enwog a thanllyd, yn enwedig yn Birmingham lle roedd yn ffodus cael dianc yn ddianaf ar ôl gorfod gwisgo amdano fel heddwas er mwyn gadael yr adeilad. Roedd fel petai'r rhyfel hwn yn taro tant yn y Gymru Ryddfrydol. Ym mhentref Bethesda – a oedd ei hun o dan warchae streic chwerw – roedd y streicwyr a glowyd allan o'r chwarel gan yr Arglwydd Penrhyn yn tynnu cymariaethau cyson rhwng eu helynt eu hunain a sefyllfa'r Boeriaid.

Cododd Rhyfel y Boer storm wleidyddol, a chadarnhaodd y farn nad oedd Prydain yn barod i ymladd rhyfel dwys. Eto i gyd, nid oedd effeithiau'r rhyfel hwnnw'n ddim o'u cymharu â'r gyflafan a oedd i daro Ewrop ym mis Awst 1914: y Rhyfel Byd Cyntaf, neu'r Rhyfel Mawr fel y'i gelwid. Mae graddfa'r lladdfa ddibaid a ddilynodd – cyflafan bedair blynedd a arweiniodd at golli bron i 10 miliwn o filwyr a thua'r un nifer o sifiliaid ar draws Ewrop – yn ei gwneud hi'n anodd inni ddirnad y brwdfrydedd gwladgarol a groesawodd ddechrau'r rhyfel yng Nghymru a mannau eraill yn Ewrop. Heidiodd y Cymry at yr achos ac, er bod haneswyr wedi dadlau ynglŷn â brwdfrydedd y Cymry o'i gymharu â'u cymheiriaid yn yr Alban a Lloegr, mae'n amlwg mai ychydig o wahaniaeth oedd yn yr ymateb yng Nghymru, Lloegr a'r Alban, er bod diffyg brwdfrydedd amlwg tuag at y rhyfel yn Iwerddon.

Recriwtiwyd gwirfoddolwyr Cymreig – ac, yn ddiweddarach, dynion wedi'u consgriptio – i nifer o gatrodau yn y fyddin, y llynges a'r llu awyr newydd. Gwelwyd, serch hynny, grynhoad ohonynt yn y tair catrawd 'Gymreig' ar y ffrynt: y Ffiwsilwyr Brenhinol Cymreig, Cyffinwyr De Cymru a'r Gatrawd Gymreig. Hefyd, yn ystod misoedd cynnar y rhyfel roedd ymgais, wedi'i ysbrydoli gan Lloyd George yn bennaf, i ffurfio byddin Gymreig a fyddai'n cynnwys bataliynau o'r catrodau hyn. Yn wreiddiol, roedd yr Arglwydd Kitchener, y pencadfridog ar y pryd, wedi bwriadu lleoli'r Cymry ar draws holl gatrodau'r fyddin er mwyn cyflenwi'r colledion a gafwyd ar y ffrynt. Er hynny, roedd gan Lloyd George syniad gwahanol, sef gweld byddin Gymreig ar faes y gad. Amlinellodd y weledigaeth hon mewn araith rymus i Gymry Llundain ym Medi 1914, araith a sefydlodd enw iddo fel arweinydd rhyfel ysbrydoledig. Dywedodd yr hoffai weld 'Cymru fach' yn gyrru byddin i faes y gad oherwydd:

> I should like to see the race who faced the Normans for hundreds of years in their struggle for freedom, the race that helped to win the battle of Crécy, the race that fought for a generation under Glyndŵr against the greatest captain in Europe – I should like to see that race give a good taste of its quality in this struggle.

Yn y bôn, bachodd Lloyd George rethreg a symbolaeth gwladgarwch Cymreig er mwyn hybu ymgyrch y rhyfel, ac fe'i cynorthwywyd gan rai o arweinwyr amlyca'r Gymru Ryddfrydol, Anghydffurfiol; un o'r enwocaf oedd y pregethwr dylanwadol, John Williams, Brynsiencyn, y tynnwyd llun enwog ohono'n gwisgo lifrai milwrol a choler gron.

Ffurfiwyd y fyddin Gymreig yn rhy hwyr i fanteisio ar frwdfrydedd yr ymrestru dechreuol, ac roedd angen cryn dipyn o ymdrech a pherswâd yng Nghymru ac o fewn y lluoedd arfog eu hunain cyn sefydlu'r 'fyddin' Gymreig fel adran benodol, sef deuddeg bataliwn y 38ain Adran Gymreig. Rhannwyd yr Adran yn dair brigâd, dwy ohonynt o dan reolaeth cefnogwyr Lloyd George – a ddyrchafwyd yn sydyn i statws brigadydd. Yn ystod gaeaf 1914, lleolwyd y bataliynau Cymreig yng nghyrchfannau gwyliau gogledd Cymru, gan ddenu llawer o gyhoeddusrwydd, yn enwedig pan orymdeithiodd y bataliynau ar bromenâd Llandudno o flaen tyrfaoedd anferth i ddathlu Dydd Gŵyl Dewi 1915.

Cyn diwedd y flwyddyn roeddent yn Ffrainc yn rhan o'r Fyddin Gyntaf Brydeinig. Gwelodd milwyr y 38ain Adran Gymreig frwydro yn Neuve Chapelle ac fe'u gyrrwyd i'r Somme ym Mehefin 1916. Eu brwydr enwocaf oedd goresgyniad Coedwig Mametz ger Cantalmaison, yn erbyn gwrthwynebiad ffyrnig. Parhaodd y frwydr am nifer o ddyddiau ac er i'r Adran Gymreig ennill yn y pen draw nid oedd yn fuddugoliaeth heb golledion sylweddol. Roedd y frwydr yn achos cryn ddadlau ar y pryd, ac roedd peth beirniadaeth ar dactegau'r Adran wedi'r frwydr. Aelod seneddol Rhyddfrydol, a chyfaill i Lloyd George, oedd y cadlywydd, ac fe'i symudwyd o'i safle yn ystod y brwydro. Er hynny, wrth iddo annerch milwyr yng nghanolfan Cinmel, ger y Rhyl, canmolodd Lloyd George wrhydri'r milwyr Cymreig yn Mametz a dweud bod y dynion wedi dangos eu bod yn deilwng o'u cenedl yn y frwydr. Serch hynny, bu'r colledion yn uchel, a chollodd y 16eg Bataliwn Cymreig o Gaerdydd bron i hanner ei wŷr yn y frwydr.

Yn 1915 sefydlwyd y Gwarchodwyr Cymreig i sefyll gyda'r rhai Seisnig, Albanaidd a Gwyddelig ym Mrigâd y Gwarchodwyr. Lawnsiwyd y Gwarchodwyr Cymreig ym mis Chwefror 1915, ac ar Ddydd Gŵyl Dewi y flwyddyn honno bu'r Gwarchodwyr Cymreig yn gwarchod Palas Buckingham. Cyn bo hir iawn, byddai'r Gwarchodwyr yn ymladd yn rhai o frwydrau mwyaf erchyll y rhyfel, megis y Somme, Passchendaele a Cambrai. O'r 3,853 o ddynion a wasanaethodd yn y Gwarchodwyr Cymreig, lladdwyd 856 ac anafwyd 1,755 yn ddifrifol. Dim ond tri ar ddeg o ddynion a oroesodd holl gwrs y rhyfel yn hollol ddianaf.

Roedd Cymru felly yn llawer mwy na phartner anfoddog yn y rhyfel. Hyd yn oed cyn i Lloyd George ddod yn weinidog rhyfel yn 1915 ac yn brif weinidog flwyddyn wedyn, roedd Cymru llawn mor ymroddedig i'r rhyfel â rhannau eraill o'r Ymerodraeth Brydeinig, ac mae'n amlwg fod llawer o Gymry, yng nghanol yr argyfwng mawr hwn, yn eu gweld eu hunain yn rhan allweddol o Brydain a'i hymerodraeth. Serch hynny, roedd dimensiwn Cymreig hefyd i'r ymryson, agwedd a bwysleisiwyd gan yr arweinwyr gwleidyddol yng Nghymru. Roedd areithiau Lloyd George yn sôn am ymladd y rhyfel er mwyn rhyddid a hawliau'r cenhedloedd bychain megis Gwlad Belg a'r 'little five-foot nations' wedi treiddio i galonnau'r Cymry. Dywedwyd wrth y Cymry am frwydro nid yn unig dros Brydain ond dros Gymru hefyd – dros ei hawliau ond yn bwysicach efallai dros ei henw da fel partner teyrngar yn yr achos Prydeinig. Mae modd tynnu cymhariaeth yma ag Iwerddon, lle derbyniwyd y rhyfel gan Genedlaetholwyr Gwyddelig canol y ffordd a anogodd ddynion i listio ym myddin Prydain. Roedd lleisiau gwrthwynebus hefyd, yn eu mysg Pearse a Connolly, dau a ymwrthododd yn danllyd â'r farn Brydeinig gan ddatgan bodolaeth Gweriniaeth Iwerddon ar risiau Swyddfa'r Post yn Nulyn yn 1916. Nid oedd hyd yn oed arlliw o alwad debyg yng Nghymru ond, fel y gwelsom, erfyniwyd ar fath arbennig o genedlgarwch neilltuol Gymreig yn ystod y rhyfel, a gwnaethpwyd hynny'n dra llwyddiannus. Gwelir hyn yn eglur yng ngeiriau'r gerdd seml hon a ysgrifennwyd i goffáu colledigion un o blwyfi Môn:

> Mae'r fro o hyd yn wylo
> A lleddf yw nodau cân
> Am arwyr teg a gwympodd
> Dros ryddid Cymru Lân.

Ond, er gwaethaf eu hymroddiad, roedd milwyr Cymreig yr un mor debyg o brofi'r dadrithiad a'r syrffed a ymledodd yn araf drwy'r rhengoedd. Roedd hefyd yn deimlad a ledodd, er yn llai gweladwy, trwy'r gymdeithas gyfan wrth i'r rhyfel rygnu yn ei flaen ac i'r colledion gynyddu heb argoel o fuddugoliaeth. Tyfai rhestr y meirwon yn ddibaid, ac yn 1917 canfu Cymru ei bod wedi colli bardd y Gadair yn Eisteddfod Genedlaethol y flwyddyn honno ym Mhenbedw. Daeth Hedd Wyn (enw barddol Ellis Humphrey Evans) yn symbol o'r genhedlaeth ifanc a gollwyd yng Nghymru fel ar draws Ewrop a thaenwyd amwisg ddu dros y gadair wag mewn seremoni angerddol. Daeth y 'Gadair Ddu' hithau'n symbol pwerus o wastraff rhyfel, ac amlygwyd hyn i nifer o bobl a fu, cyn 1917, yn ddall i anferthedd y drasiedi ac yn amharod i'w dderbyn. Pan ysgrifennodd Hedd Wyn ei awdl arobryn, nid oedd wedi profi erchyllterau maes y gad ac, megis llawer un arall, bu farw yn ystod ei oriau cyntaf o ymladd. Nid yw ei farddoniaeth yn llai grymus oherwydd hynny, ac mae geiriau agoriadol ei gerdd 'Rhyfel' yn fynegiant dwys o'r profiad o fyw mewn cyfnod mor arswydus:

> Gwae fi fy myw mewn oes mor ddreng,
> A Duw ar drai ar orwel pell;

Mae grym y llinellau clo wedi goroesi'r degawdau ers eu hysgrifennu:

> A gwaedd y bechgyn lond y gwynt,
> A'u gwaed yn gymysg efo'r glaw.

Eto i gyd, nid oedd y fath ymateb i erchylltra'r rhyfel bob amser yn arwain at ei gondemnio. Collodd y Brigadydd Owen Thomas – un o sylfaenwyr y fyddin Gymreig – ei bedwar mab yn y brwydro ond, er iddo chwerwi oherwydd y dadlau mewnol a welodd, ni chwestiynodd ddilysrwydd yr achos. Er bod agweddau pobl tuag at y rhyfel wedi llithro o frwdfrydedd i ddadrithiad erbyn ei ddiwedd, daliodd y wlad i fawrygu'r meirw heb ddangos fawr ddim amheuaeth y gallant fod wedi marw'n ofer. Ar ôl y rhyfel, codwyd cofebion i'r 'Glorious Dead' mewn pentrefi, trefi a dinasoedd fel ei gilydd ac, wrth iddynt gael eu cysegru yn y dauddegau, fe'u gorchuddiwyd â baner Jac yr Undeb, ac weithiau'r Ddraig Goch.

Yn sicr ym marn y mwyafrif roedd y rhyfel yn achos dilys. Serch hynny, roedd hefyd leiafrif pwysig a dylanwadol a wrthwynebai'r farn honno. Roedd rhai'n ei wrthwynebu ar dir crefyddol neu heddychol, ac roedd eraill yn ei erbyn ar seiliau gwleidyddol, fel arfer oherwydd eu daliadau Sosialaidd. Ar ôl dweud hynny, rhaid cofio bod nifer fawr o Sosialwyr wedi'u hysbrydoli gan ddysgeidiaeth Gristnogol, a bod yr enwadau crefyddol a'u cylchgronau'n dueddol o bledio achos y rhyfel o leiaf hyd at adeg cyflwyno gwasanaeth milwrol gorfodol yn 1916. Cymdeithas y Cyfamod oedd canolbwynt y gwrthwynebiad crefyddol i'r rhyfel ledled Prydain, a'r Cymro Richard Roberts oedd ysgrifennydd cynta'r Gymdeithas. Coleg diwinyddol Bala-Bangor a'i brifathro diwyro, Thomas Rees, oedd canolbwynt heddychiaeth grefyddol yng Nghymru. Gwrthsafodd Rees bwysau anferth o fewn ei enwad ac o'r tu allan iddo er mwyn mynegi ei gredoau heddychlon. Heddychwr Cristnogol amlwg ac egnïol arall o Gymru oedd George M. Ll. Davies, cyn-filwr tiriogaethol, a dreuliodd lawer o'r rhyfel yn y carchar oherwydd ei wrthwynebiad. Yn hydref 1916, penderfynwyd cychwyn papur newydd Cymraeg i fynegi a threfnu'r gwrthwynebiad yng Nghymru. Thomas Rees oedd y golygydd, a dibynnodd *Y Deyrnas* lawer ar ei ysbrydoliaeth nes i'r cylchgrawn ddod i ben yn 1919. Gwerthwyd 2,500 i 3,000 o gopïau'n fisol, y rhan fwyaf ohonynt ym Morgannwg, ond roedd iddo gryn gefnogaeth yng ngorllewin Cymru hefyd. Dengys ei gylchrediad gryfder y teimlad ynglŷn â'r mater yn y Gymru Gymraeg, a dengys y ffigyrau gwerthu ba ardaloedd oedd gryfaf eu cefnogaeth i'r papur: yn y Tymbl, yng Nghwm Gwendraeth yn sir Gaerfyrddin, gwerthwyd bron i gant o gopïau mewn un mis yn 1917, a'r un mis gwerthwyd 72 o gopïau ym Mlaenau Ffestiniog.

Yn ne Cymru roedd y gwrthwynebiad o du Sosialaeth ar ei gryfaf. Roedd llawer o'r aelodau hynny o'r Blaid Lafur Annibynnol a wrthwynebai'r rhyfel yn drwm dan ddylanwadau crefyddol. Un o'r rhain oedd Keir Hardie, aelod seneddol Merthyr Tudful. Cyn y rhyfel, roedd wedi darbwyllo Cymdeithas Gydwladol y Sosialwyr – oedd yn cynrychioli holl bleidiau Sosialaidd y byd – i hyrwyddo polisi o streicio fel protest yn erbyn unrhyw ryfel yn y dyfodol. Yn Awst 1914, daeth yn amlwg nad oedd hyn yn mynd i ddigwydd wrth i fyddinoedd o weithwyr ymladd yn erbyn ei gilydd, gan wrthod delfrydau'r rhyng-genedlaetholdeb dosbarth gweithiol a gefnogodd Keir Hardie mor angerddol. Bu farw Keir Hardie yn 1915, wedi'i lethu gan siom. Roedd nifer fawr o fewn y Blaid Lafur Annibynnol yn rhannu ei safbwynt, yn enwedig yn ardaloedd Merthyr ac Aberdâr lle cynhaliwyd cyfarfodydd yn erbyn y rhyfel. Roedd y Blaid Lafur Annibynnol hefyd yn weithgar yn y *No Conscription Fellowship* a oedd a chwech ar hugain o ganghennau yn ne Cymru erbyn 1917.

Aeth eraill ymhellach ac adleisio galwad Lenin y dylid defnyddio'r rhyfel i frwydro yn erbyn y gwir elyn, sef dosbarth llywodraethol pob gwlad. Mor gynnar ag 1917 mynegodd A. J. Cook, a ddaeth maes o law yn arweinydd y glowyr Prydeinig, ei safbwynt Leninaidd pan ddywedodd na fyddai'n heddychwr mewn unrhyw ryfel i ryddhau ei ddosbarth: 'As a worker I have more regard for the interests of my class than any nation . . . War against war must be the workers' cry.' Gwrthododd y Comiwnydd Arthur

Horner o Ferthyr – oedd hefyd yn ddarpar arweinydd glowyr de Cymru – nid yn unig ymuno â'r fyddin ond aeth i Ddulyn ac ymuno â Byddin Dinasyddion Iwerddon gyda'r bwriad o ymladd yn erbyn y fyddin Brydeinig. Fe'i carcharwyd ar ôl iddo ddychwelyd i Gymru a gwrthod unwaith eto wisgo lifrai Prydeinig. Cafodd ei ryddhau oherwydd pwysau milwriaethus gan y glowyr Cymreig.

Roedd ymgyrchoedd gwrth-ryfel Sosialwyr a Marcswyr y glofeydd yn achos cryn bryder: yn 1915 daeth Ffederasiwn Glowyr De Cymru allan ar streic a hynny yn erbyn rheoliadau rhyfel. Yn wir roedd ofn parhaus y gallai grym diwydiannol y glowyr Cymreig – a oedd yn hanfodol i'r ymdrech ryfel ac yn enwedig felly i'r llynges – gael ei ddymchwel o dan ddylanwad chwyldroadwyr. Dilynwyd A. J. Cook a'r Parchedig T. E. Nicholas yn aml gan asiantau'r heddlu o 1916 ymlaen. Roedd y naill a'r llall yn wrthwynebwyr Sosialaidd tanbaid i'r rhyfel, a nododd yr heddlu bopeth a ddywedasant yn erbyn y rhyfel. Ym mis Gorffennaf 1917 cafwyd ymdrech i gynnal cynhadledd ar batrwm Sofietiaid Rwsia i alw am ddiwedd i'r rhyfel, ond chwalwyd y gynhadledd gyda chryn drais gan dyrfa fawr a gelyniaethus.

Rhaid rhoi'r gwrthwynebiad milwriaethus hwn yn ei gyd-destun: pan fu farw Keir Hardie cynhaliwyd isetholiad yn Nhachwedd 1915, ac enwebodd y Blaid Lafur Annibynnol arweinydd poblogaidd y glowyr James Winstone. Ei wrthwynebydd oedd Charles Stanton, a fu'n adain chwith eithafol ond a drodd yn wladgarwr jingoistaidd. Yn un o'r ethol-aethau mwyaf radical a chanddi draddodiad heddychol yn mynd yn ôl i Henry Richard, collodd Winstone y sedd o 4,000 o bleidleisiau, ac yn etholiad cyffredinol 1918 roedd buddugoliaeth Stanton yn erbyn y Parchedig T. E. Nicholas yn fwy argyhoeddiadol fyth. Roedd llais hedd-ychiaeth yng Nghymru'n angerddol a chroyw, ond roedd yn aml yn rhanedig ac ni lwyddodd i ennill sêl bendith swmp y bobl er iddo ddenu mwy o gefnogaeth wrth i'r rhyfel lusgo yn ei flaen.

Effeithiodd y rhyfel ar Gymru mewn ffyrdd eraill hefyd. Daliwyd y gwrthryfelwyr Gwyddelig a garcharwyd wedi Gwrthryfel y Pasg mewn gwersyll ym Mron-goch ger y Bala. Cadwyd milwyr o Ganada, a oedd ar eu ffordd adref ar ôl eu dadfyddino, mewn gwersyll yng Nghinmel, y Rhyl. A hwythau'n gorfod aros cyn cael mynd adref, fe drodd eu rhwystredigaeth yn fiwtini yn 1919; saethwyd pump ohonynt ac anafwyd wyth ar hugain – ôl-nodyn dramatig i hanes y Rhyfel Mawr yng Nghymru.

Mae effeithiau cymdeithasol y rhyfel wedi'u trafod yn aml gan haneswyr. Roedd colli cynifer o ddynion o'r gweithlu'n achos newidiadau mawr yn y cydbwysedd rhwng dynion a menywod yn y farchnad lafur, gyda

merched yn cymryd swyddi a wneid gan ddynion cyn y rhyfel. Nid oedd y
newidiadau hyn mor amlwg yng Nghymru lle roedd angen dynion o hyd
yn y prif ddiwydiannau, ond roedd yr effaith i'w chanfod o hyd wrth i
fenywod gael eu recriwtio i swyddi ysgrifenyddol a gweinyddol, nyrsio a
gwasanaethau eraill.

Roedd y profiad o orfod byw mewn gwersylloedd milwrol oddi cartref am
gyfnodau hir hefyd yn effeithio'n ddwys ar lawer o ddynion. Fe'u
tynnwyd allan o gynefindra eu bywydau pob dydd, ac roedd y rhai a
ddeuai o ardaloedd Cymraeg yn eu cael eu hunain mewn byd dieithr,
Saesneg ei iaith. Ac, wrth gwrs, ni ddiflannodd y creithiau corfforol a
seicolegol gyda diwedd y rhyfel. Roedd rhai milwyr yn falch iawn o'u
hamser yn y rhyfel, ond surodd eraill nid yn unig wrth feddwl am eu cyd-
ddynion colledig, ond hefyd oherwydd y driniaeth a gawsant wedi'r
rhyfel wrth iddynt geisio ailymuno â'r bywyd sifil a'u cael eu hunain yn
aml yn olaf yn y gwt i gael gwaith. I rai, wrth gwrs, aeth y creithiau'n
ddyfnach byth, a dioddefodd llawer o'r hyn a elwir heddiw yn *post-
traumatic stress disorder* ond a ddisgrifiwyd yr adeg honno fel siel-
syfrdandod neu, yn waeth o lawer, fel llwfrdra.

I lawer cafodd y rhyfel effaith ysgytwol ar eu ffydd Gristnogol. Sut gallai
Cristnogion ladd ei gilydd ar y fath raddfa? Sut roedd modd i Dduw fod ar
y ddwy ochr? Sut y gallai capeli wobrwyo milwyr dychweledig gyda
beiblau? Dyma eiriau'r bardd gwlad, William Oerddwr, pan ddychwelodd
i'w fferm yn Eryri:

> Bûm innau tua'r Somme a thir Peronne
>   Yng nghanol brwydrau hyll a thywallt gwaed,
> A hogiau Sir Gaernarfon a Sir Fôn
>   Yn sgyrion yn yr wtra dan fy nhraed.
> Deisyfwn cyn fy nghychwyn am y drin,
>   P'run bynnag a ddown nôl ai peidio'n fyw,
> Am dynnu f'enw i ffwrdd o lyfrau crin
>   Y capel bach, rhag ofn insyltio Duw.
> Ond Beibl hardd yn anrheg 'rhoed i mi,
>   Pan ddeuthum yn fy ôl o'r Rhyfel Mawr,
> Gan eglwys anrhydeddus yr M.C.,
>   A'm henw wedi'i dorri ar ei glawr.
> Syrffedais gymaint ar eu rhodd a'i thruth
> Nes oedi agor clawr fy meibl byth.

Ond adnewyddwyd ffydd eraill gan her y rhyfel. Er enghraifft, cafodd
George M. Ll. Davies, a oedd yn wrthwynebydd tanbaid i'r rhyfel, ei
ddychwelyd i sedd seneddol Prifysgol Cymru yn 1922 fel heddychwr
Cristnogol.

Alun Menai Williams

Nobody knew we'd come home, only the people who were concerned, like my mother and father, and even today people don't know that we ever came home or that we ever went. The International Brigade and the Spanish Civil War is a forgotten war by a forgotten army by a forgotten soldier, really, and it's such a shame, because they were great, brave men . . . I feel very sad because I knew most of them intimately. Well, they're dead, they've got no normal graves. I can remember in the Battle of Brunete, there was half a dozen fellows who got killed and they were lying at the bottom of a dried river bed and when we left there, the dead bodies were there, we could only bury them in about four, five inches of sand. So I always think of that; when the floods came or the winter rains came, those poor bodies were washed out to sea, no graves at all, no memory of the Spanish International Brigadiers at all.

Aeth ing y rhyfel yn bell. Nid y rhai a ddioddefodd ar y ffrynt oedd yr unig rai y difethwyd eu bywydau: boddwyd teuluoedd gan alar mamau, a dderbyniai lythyrau ac iddynt ffrâm ddu yn eu hysbysu am farwolaeth eu meibion, ac euogrwydd y tadau a'r brodyr hynny nad aethant i ymladd neu a ddaethant yn ôl o'r brwydro yn fyw. Collodd cymunedau cyfan genhedlaeth o wŷr ifainc, ac mae'r rhestrau enwau ar gofebion ym mhentrefi a threfi ledled Cymru'n atgof dirdynnol o'r miloedd o ddynion a gipiwyd o ofal eu teuluoedd a'u ffrindiau. Lluniodd llawer o blwyfi gyfrolau i goffáu eu meirw, megis *Cewri fy Ardal* a gyhoeddwyd yn 1919 ac a rydd fanylion am fywydau cant namyn dau o ddynion o ardal Amlwch ar arfordir gogleddol Ynys Môn a fu'n ymladd yn y rhyfel; lladdwyd pob un bron. Mae cyfrol goffa arwyr Bangor yn cynnwys cant o ddynion o'r cylch hwnnw a fu farw yn ystod y rhyfel. A'r un oedd y patrwm ym mhobman. Os oedd Rhyfel y Boer yn argoel o'r hyn oedd i ddod, roedd y Rhyfel Mawr fel petai wedi cadarnhau ofnau gwaetha'r ddynoliaeth, gan ddryllio'r ysbryd optimistaidd a fu ar led yn Ewrop ar ddiwedd y bedwaredd ganrif ar bymtheg. Ac roedd mwy i ddod.

Erbyn canol y tridegau, roedd y tebygolrwydd y byddai rhyfel arall yn erbyn grym ymosodol yr Almaen, a oedd erbyn hyn dan reolaeth y Natsïaid, yn peri dychryn i lawer. Ond, cyn hynny, daeth Rhyfel Cartref Sbaen yn fath o ragbrawf i'r rhyfel yn erbyn yr Almaen. Cafodd y rhyfel hwn effaith odiaeth ar Gymru; roedd fel petai Cymru'n cydymdeimlo i'r byw â'r achos gweriniaethol ac â'r ymladd gwaedlyd a ddatblygodd yn Sbaen o 1936 ymlaen. Tyrrodd aelodau o'r chwith gwleidyddol i gefnogi'r achos, a glowyr de Cymru oedd y grŵp galwedigaethol a rhanbarthol mwyaf ym mataliwn Prydeinig y Brigadau Rhyngwladol. Bu Alun Menai Williams yn ymladd yn Sbaen, a chofiodd: 'There was a Welsh company inside the British battalion commanded by Welsh officers. They were very clannish, as opposed to the English who took anybody in. The Welsh Company were very choosy, they only wanted Welshmen.' Roedd y fintai Gymreig yn grŵp a chanddo beth dylanwad gwleidyddol yn y dadlau ymddinistriol a rwygodd y Gweriniaethwyr. Un o'r Cymry amlycaf oedd Will Paynter – gŵr o'r Rhondda a oedd yn weithredwr Comiwnyddol profiadol a ddeuai, maes o law, yn arweinydd amlwg ar y glowyr – a oedd yn gomisâr gwleidyddol dylanwadol ym mhencadlys y Frigâd yn Albacete. Cymerai'r gwirfoddolwyr Cymreig ran yn y brwydro drwy 1937 a llawer o 1938, gan gynnwys amddiffyn Madrid a brwydrau Jarama a Brunete a'r ymosodiad enbyd olaf ger Afon Ebro yn haf 1938. Aeth 177 o Gymry i ymladd yn Sbaen, a lladdwyd 33 ohonynt yno. Carcharwyd rhai ohonynt a'u cadw dan amgylchiadau llym, ac yn eu plith yr undebwr llafur Tom Jones o ogledd Cymru na ddychwelodd i Gymru tan fis Ebrill 1940, ymhell ar ôl diwedd yr ymladd yn Sbaen.

Yn ogystal, casglwyd llawer o arian tuag at yr achos yng Nghymru a chroesawyd plant o Wlad y Basg i Gymru fel ffoaduriaid. Roedd llawer o'r gweithgarwch hwn yn dyst i ddylanwad y Blaid Gomiwnyddol yng Nghymru, gan mai'r blaid oedd prif drefnydd cefnogaeth a recriwtio ar gyfer y Brigadau Rhyngwladol. Bu'n bennod anghyffredin yn hanes Cymru, gyda dynion yn ymadael â'u gwlad i ymladd rhyfel rhywun arall, wedi'u symbylu gan ideoleg a chred yn undeb a rhyng-genedlaetholdeb y dosbarth gweithiol. Mae haneswyr wedi dadlau i ba raddau y defnyddiwyd y gwirfoddolwyr rhyngwladol gan bwerau gwleidyddol tywyll, yn enwedig gan Stalin a pholisi tramor Sofietaidd, i gyflawni amcanion nas deallwyd ganddynt. Serch hynny, rhaid gweld Rhyfel Cartref Sbaen fel uchafbwynt rhyng-genedlaetholdeb yng Nghymru. Bach iawn oedd y niferoedd dan sylw o'u cymharu â'r niferoedd aeth i ymladd yn y rhyfeloedd byd, ond gadawodd Sbaen ei chraith ei hun ar y gydwybod Gymreig. Yng ngeiriau T. E. Nicholas:

> Aeth yntau – Gymro dewr – i'r tarth a'r nos,
> Plygodd ei ysgwydd o dan estron bwn,
> Tros ryddid daear syrthiodd yn y ffos
> Â'i fys yn chwilio cliced poeth ei wn.

Erbyn i'r gynnen greulon yn Sbaen ddod i ben roedd yn glir bod bygythiad mwy fyth ar y gorwel. Ar ddiwedd y Rhyfel Byd Cyntaf roedd arweinydd y Ffrancwyr, y Cadlywydd Foch, wedi proffwydo nad cytundeb heddwch mo Cytundeb Versailles ond cadoediad ugain mlynedd, ac yn wir ar 3 Medi 1939 cafodd pobl Cymru eu hunain yn rhan o ryfel arall.

Profiad gwahanol iawn i'r Rhyfel Mawr oedd yr Ail Ryfel Byd. Ni welodd y milwyr Prydeinig gymaint o frwydro, ac felly roedd nifer y clwyfedigion a'r meirwon yn llai. Hefyd, cafodd Cymru brofiad uniongyrchol o'r rhyfel wrth i'r Almaenwyr ymosod a bomio o'r awyr. Ond y gwahaniaeth mawr oedd bod yr Ail Ryfel Byd yn rhyfel diymatal, gyda holl adnoddau

Gwirfoddolwyr o
Gymru yn Rhyfel
Cartref Sbaen.

cymdeithasol ac economaidd y wlad yn cael eu crynhoi tuag at yr ymdrech. O ganlyniad, roedd y canlyniadau economaidd a chymdeithasol yn fwy dramatig fyth.

Pan ddatganodd Prydain ryfel ar yr Almaen yn 1939 ni chafwyd dim o orfoleddu 1914. Er y sylweddolwyd mai brwydr am fodolaeth fyddai hon, fel yn 1914 aeth niferoedd mawr i listio ac i ymuno â'r lluoedd arfog. Roedd tynfa 'King and Country' yn gryf o hyd, ond ar ben hynny roedd ymdeimlad bod y rhyfel yn achos cyfiawn yn erbyn treisiwr ffasgaidd. Unwaith eto gwrthwynebwyd y rhyfel gan heddychwyr, ond roedd cred gyffredinol fod y rhyfel yn werth ei ymladd. Roedd y gwrthwynebiad Sosialaidd i ryfel cyfalafol ac imperialaidd – a oedd mor llafar yn y Rhyfel Mawr – yn dawel i ddechrau cyn iddo ddiflannu'n llwyr. Cydnabu'r rhan fwyaf o Sosialwyr fod rhyfel yn erbyn Hitler yn anochel a bod rhaid difa Ffasgaeth. Yn eironig ddigon, ar y dechrau, gwrthwynebodd y Blaid Gomiwnyddol y rhyfel ar orchymyn Stalin, er bod y blaid honno wedi bod yn galw am frwydro yn erbyn Ffasgaeth ers blynyddoedd; ond roedd ymosodiad Hitler ar yr Undeb Sofietaidd yn 1941 yn ddigon i'w troi'n gefnogwyr brwd. O ganlyniad, diflannodd y bygythiad o anniddigrwydd diwydiannol ymhlith y gweithlu i raddau helaeth, er nad yn llwyr. Roedd dau gyfnod o streicio gan brentis-fechgyn glofaol y de yn 1942 ac 1943, ac ym Mawrth 1944 daeth y maes glo cyfan, 106,000 o ddynion, i stop am bron i bythefnos ar ôl i dribiwnlys Porter wneud ei argymhellion am gyflog cenedlaethol newydd i'r diwydiant.

Gan y Cenedlaetholwyr y daeth yr unig wrthwynebiad arall i'r rhyfel. Bu'r Cenedlaetholwr amlwg, Saunders Lewis, yn feirniadol iawn o bolisi tramor llywodraeth Prydain drwy'r tridegau ac yn gydymdeimladol tuag at drafferthion yr Almaen yn dilyn Cytundeb Versailles. Serch hynny, condemniodd y rhyfel, nid am ei fod yn cydymdeimlo â'r gelyn ond oherwydd ei gred genedlaethwrol mai rhyfel Lloegr ydoedd, ac y dylai Cymru, fel Iwerddon, fod yn niwtral. Anogodd aelodau'r Blaid Genedlaethol i wrthod ymuno â'r rhengoedd ac i ddadlau dros wrthwynebiad gwleidyddol yn y tribiwnlysoedd a sefydlwyd i drafod achosion gwrthwynebwyr cydwybodol. Llwyddodd llawer o aelodau'r blaid i osgoi listio, ond ar y cyfan ar sail cydwybod Gristnogol yn hytrach na rhesymau gwleidyddol y gwnaethpwyd hynny; nifer fach a ddefnyddiodd resymau gwleidyddol yn sail i'w gwrthwynebiad. Un eithriad oedd Paul Roberts o Gaerdydd a ddatganodd yn 1942: 'I am a Welshman, and I refuse the right to England to force me into any service on her behalf.' Ar ddechrau'r rhyfel, dywedodd Saunders Lewis, llywydd y Blaid Genedlaethol: 'Pe bai dim ond deg o fechgyn ifainc y Blaid yn cyhoeddi nad ymunant â byddinoedd Lloegr am mai Cymry ydynt, yna y mae brwydr Cymru wedi ei hennill.' Gwrthwynebodd rhyw 35 o ddynion ar sail cenedlaetholdeb a charcharwyd dwsin ohonynt. Ar wahân i'r eithriadau hyn felly (a dylid cofio i wrthwynebwyr cydwybodol gael eu trin yn well o lawer yn ystod yr Ail Ryfel Byd na'r Rhyfel Mawr), yn gyffredinol roedd cefnogaeth eang yng Nghymru i'r rhyfel a'i amcanion.

Fel y dywedwyd eisoes, roedd yr Ail Ryfel Byd yn rhyfel diymatal a dynnodd ar adnoddau'r gymdeithas gyfan. Yng Nghymru roedd y goblygiadau cymdeithasol a ddaeth yn sgil crynhoi'r adnoddau hyn yn enfawr. Gwelsom ym Mhennod 1 sut y daeth y rhyfel â diwedd i'r diweithdra enbyd a oedd wedi bodoli rhwng y rhyfeloedd. Daeth â ffatrïoedd cynhyrchu newydd, a chan fod y dynion yn cael eu recriwtio ar gyfer y lluoedd arfog aeth llawer o fenywod i weithio yn y diwydiannau peirianegol newydd. Os cyfyngedig oedd effaith y Rhyfel Byd Cyntaf ar fenywod Cymru, yr oedd effaith yr Ail Ryfel Byd yn anferth, a gellir dadlau i'r rhyfel beri chwyldro yn nisgwyliadau a gobeithion menywod o ran gwaith a swyddi. Ychydig iawn o gyfle a oedd i fenywod Cymru rhwng y rhyfeloedd oherwydd effaith ddwbl y dirwasgiad a gafael dynion yn y diwydiannau oedd yn bodoli eisoes. O'r herwydd gwelwyd cynnydd mawr yn y nifer o fenywod mewn swyddi. Amcangyfrifir bod cynnydd o 30 y cant yn y nifer o weithwyr benywaidd yswiriedig trwy Brydain, ond bod y cynnydd yng Nghymru cymaint â 134 y cant. Yn wir, roedd y nifer o weithwyr benywaidd oedd ar gael yn un o'r rhesymau pam daeth llawer o ffatrïoedd arfau i Gymru. Adeiladwyd Ffatrïoedd Arfau'r Goron enfawr ym Mhen-y-bont ar Ogwr, Hirwaun a Glascoed ger Pont-y-pŵl yn y de, a dwy arall yn y gogledd. Menywod oedd cyfran fawr o'r gweithlu yn y ffatrïoedd hyn: roedd mwy na hanner o'r 24,000 a gyflogwyd ym Mhont-y-pŵl a Phen-y-bont ar Ogwr yn ferched. Roedd menywod hefyd yn dal swyddi mewn diwydiannau eraill, amaethyddiaeth yn eu plith drwy'r Fyddin Dir i Fenywod. Yn ogystal, sefydlwyd Gwasanaeth Gwirfoddol i Fenywod yn 1938 yn rhannol i gynorthwyo gyda'r rhagddarpariaethau yn erbyn cyrchoedd awyr.

Er gwaethaf absenoldeb y math o rethreg wladgarol a gafwyd yn y Rhyfel Byd Cyntaf, roedd yr Ail Ryfel Byd yn fodd i ddwysáu'r ymwybod Cymreig mewn amryw ffyrdd. Efallai mai'r pwysicaf o'r rhain oedd y pryder cyffredinol bod y rhyfel, gyda'i holl newidiadau a symudiadau, yn cyflymu'r broses o seisnigeiddio Cymru. Mae'n anodd dweud i ba raddau y gwireddwyd y gofidiau hyn, ond yn sicr roedd achos i bryderu. Ar doriad y rhyfel heidiodd llawer o'r Saeson dinesig dosbarth canol i'r cefn gwlad, er mwyn ymbellhau o'r bomio. Daeth nifer fawr i Gymru, yn enwedig i'r ardaloedd gwledig a glannau'r môr. Yn ogystal â dyfodiad y cyfoethog, cafodd plant eu mudo ar raddfa helaeth o'r dinasoedd mawrion, a dynodwyd y cyfan o ogledd Cymru yn ardal dderbyn i'r faciwîs fel rhan o'r paratoadau ar gyfer y rhyfel. Amcangyfrifwyd yn fras fod tua 200,000 o faciwîs wedi dod i Gymru yn ystod y rhyfel. Derbyniodd sir y Fflint a sir Ddinbych 37,000 yn ystod dyddiau cynta'r rhyfel, gyda 6,400 arall yn Wrecsam. Aros am gyfnod byr yn unig a wnaeth y mwyafrif o'r plant, ond arhosodd nifer arwyddocaol yng ngogledd a gorllewin Cymru gydol y rhyfel.

Achosodd y niferoedd a letyai mewn cartrefi gwledig Cymraeg gryn bryder i rai, a chredwyd y gallai eu presenoldeb effeithio ar sefyllfa'r iaith Gymraeg. Mae peth tystiolaeth i ddangos bod hyn wedi digwydd, er bod rhai faciwîs wedi'u cymathu'n llwyr, ac mae enghreifftiau hynod o blant yn cyrraedd yn Llundeinwyr ac yn dychwelyd i'w cartrefi yn Gymry. Cymhlethwyd y newidiadau poblogaethol ac ieithyddol hyn ymhellach gan y gwersylloedd milwrol a godwyd i gartrefu milwyr, y rhan fwyaf ohonynt yn Saesneg eu hiaith. Ar ben hyn, tra oedd llawer yn symud i mewn i Gymru, roedd llawer o Gymry'n gadael y wlad er mwyn eu lleoli dramor neu yn Lloegr. Yn sgil y pryderon hyn sefydlwyd Pwyllgor Diogelu Diwylliant Cymru yn Rhagfyr 1939 gan Gyngor yr Eisteddfod Genedlaethol. Ym Mehefin 1940 cyhoeddwyd adroddiad byr am ei weithgareddau a oedd yn canolbwyntio ar nifer o bryderon. Awgrymodd y dylid gwahanu'r faciwîs oddi wrth blant Cymraeg ac y dylid gwrthwynebu defnyddio 40,000 acer o dir ar Fynydd Epynt gan y fyddin oherwydd yr effaith ar y gymuned leol Gymraeg. Nodwyd hefyd y pryder y byddai dynion a menywod Cymru yn y lluoedd arfog yn colli peth o'u Cymreigrwydd. Yn 1941 ailenwyd y mudiad yn Undeb Cymru Fydd gyda'r Athro W. J. Gruffydd yn llywydd. Adlewyrchodd y mudiad bryder rhai am effaith y rhyfel ar y Gymru Gymraeg, a thrwy'r rhyfel cafwyd dadleuon ynglŷn â'r ffordd orau i ddiogelu'r diwylliant arbennig Cymraeg yn wyneb amodau cyfnod rhyfel. Nid oes amheuaeth fod y ddadl hon, a leisiwyd yn ffyrnig ar adegau, wedi dwysáu ymwybyddiaeth y cyhoedd am y peryglon a wynebai'r iaith a'r diwylliant Cymraeg.

Heriwyd gwerthoedd traddodiadol Anghydffurfiaeth gan y Rhyfel Mawr, ac fe'u tanseiliwyd mwy fyth yn ystod yr Ail Ryfel Byd. Daeth y rhyfel â mwy o benrhyddid i bobl ifainc, a daeth nifer o'r tabŵau traddodiadol yn bynciau agored. Dechreuodd ffurfiau diwylliannol newydd megis cerddoriaeth *jazz* fynd yn boblogaidd a chollodd y traddodiad Anghyd-ffurfiol Gymreig lawer o'r awdurdod a fu ganddo yn gynharach yn y ganrif.

Ni ellir rhyfel heb golli bywydau, ac unwaith eto daeth poen a galar i deuluoedd a ffrindiau, er nad ar raddfa erchyll y Rhyfel Mawr. Roedd y Gwarchodwyr Cymreig yn weithgar iawn yn y brwydro ac yn rhan o'r enciliadau enbyd o Dunkirk a Boulogne yn 1940. Erbyn iddynt ddychwelyd i Brydain roedd 72 o ddynion wedi marw, 88 wedi'u clwyfo, a 453 yn garcharorion rhyfel. Ychydig o ymlad a welodd milwyr Prydain nes dechrau'r brwydro yng Ngogledd Affrica yn hydref 1942. Erbyn 1943 roedd trydydd Bataliwn y Gwarchodwyr Cymreig yng nghanol yr ymgyrch lwyddiannus honno. Yn gynnar yn 1944, roedd y bataliwn yn yr Eidal yn ymlad ym mrwydr ffyrnig a thyngedfennol Monte Cassino, gan ddrysu'r Almaenwyr ar un adeg drwy yrru negeseuon yn Gymraeg. Arhosodd y bataliwn yn yr Eidal am weddill y rhyfel, gan wthio tua'r gogledd at y brwydrau terfynol yn nyffryn Po yn 1945. Yn y cyfamser, roedd y bataliwn cyntaf a'r ail ynghlwm wrth oresgyniad Normandi cyn ymlad yn y brwydrau dilynol a aeth â'r cynghreiriaid buddugoliaethus drwy Ffrainc, Gwlad Belg a'r Iseldiroedd ac i mewn i'r Almaen, gan gynnwys yr ymgais aflwyddiannus i gysylltu â'r awyrlu yn Arnhem ym Medi 1944. Gweithred ola'r Gwarchodwyr yn yr Almaen oedd rhyddhau gwersyll milwrol, lle canfuwyd 45 o'u cyd-Warchodwyr ymhlith 8,000 o garcharorion, a dau ohonynt wedi bod yno ers y cilio o Boulogne yn 1940.

Roedd nifer o Gymry'n garcharorion rhyfel, a rhoddodd rhai eu profiadau ar bapur. Maent yn ddeunydd darllen ysgytiol. Un ohonynt oedd Jim Davies, gŵr a ddaeth wedyn yn brifathro'r Coleg Normal ym Mangor. Fe'i daliwyd yng Ngwlad Belg wedi iddo barasiwtio allan o'i awyren ddifrodedig dros yr Iseldiroedd yn Chwefror 1944. Aethpwyd ag ef i'r gwersyll rhyfel yn Stalag Luft 7 yng Ngwlad Pwyl. O'r fan honno, ym mis Ionawr 1945, y gorfodwyd ef a 1,000 o ddynion eraill i orymdeithio tua'r gorllewin. Disgrifiwyd y daith ganddo'n ddiweddarach megis 'a head down, rhythmic shuffle by over a thousand prisoners for hundreds of miles from the frozen snow-covered wastes of Upper Silesia to an unknown destination in the general direction of Berlin, inadequately clothed, in sub-zero temperatures and with hardly any food'. Bu farw llawer ar y ffordd a phan gyrhaeddwyd pen y daith cadwyd y carcharorion mewn wagenni gwartheg am bedwar diwrnod cyn iddynt fynd i mewn i'r gwersyll. 'We had survived,' meddai Jim Davies, 'but there was little to celebrate in that incubus of horror and utter despair during the dying months of a rapidly disintegrating Third Reich.'

Un o'r mapiau a ddefnyddiwyd gan yr Almaenwyr i ddewis targedau i'w bomio yn Abertawe.

Daliwyd Frank Evans gan y Siapaneaid yn Hong Kong ddydd Nadolig 1941 a threuliodd weddill y rhyfel yn garcharor yn Hong Kong ac yna Siapan. Yn wir, ni chafodd ei ryddhau hyd ddiwedd y rhyfel yn y Dwyrain Pell, yn dilyn gollwng y bom atomig ar Hiroshima a Nagasaki yn Awst 1945. Roedd ganddo atgofion brawychus:

> Erbyn Hydref 1944 roedd pethau'n ddrwg: llawer yn marw a llawer iawn â'u bywydau yn edwino'n gyflym . . . Yr oedd rhai yn colli eu golwg, a nifer mawr ohonynt nad oeddynt eto'n ddeg ar hugain oed yn edrych fel hen ddynion, a'u gwallt wedi gwynnu a'u haelodau yn gryndod i gyd.

Un o'r Cymry amlycaf i'w garcharu gan y Siapaneaid oedd Wilfred Wooller, a oedd yn arwr ar y meysydd rygbi a chriced. Fe'i daliwyd adeg cwymp Singapore a threuliodd weddill y rhyfel yng ngwersyll brawychus Changi.

Bu colledion milwrol yng Nghymru hefyd. Daeth Aberdaugleddau'n borthladd a oedd yn rheng flaen y frwydr ar yr Iwerydd, ac roedd canolfannau milwrol pwysig eraill yn yr ardal, gan gynnwys gorsaf badau awyr yr awyrlu yn Noc Penfro. O ganlyniad gosododd yr Almaenwyr ffrwydrynnau nofio yn y cylch, ac ar benwythnos y Pasg yn 1943 collwyd

dau fad llwytho yng ngheg yr harbwr a
lladdwyd pob un o'r 78 o ddynion oedd
arnynt.

Yn y rhyfel hwn gwelwyd lladd a chlwyfo
sifiliaid yn ogystal â dinistrio cartrefi ac
eiddo yng Nghymru. Roedd gan y
Luftwaffe ddiddordeb arbennig ym
mhorthladdoedd arfordir de Cymru
oherwydd eu pwysigrwydd strategol fel
mannau derbyn bwydydd a deunyddiau
crai. Tyfodd y porthladdoedd yn sydyn
wrth iddynt geisio ymdopi â symud
cymaint o nwyddau. Bu'r Almaenwyr
wrthi'n dyfal dynnu lluniau o'r awyr ac
mae rhai o'r ffotograffau gorau, o ran
manylder a gwybodaeth, o borthladdoedd
de Cymru yn rhai a dynnwyd gan y
Luftwaffe yn 1940 ac 1941. Roedd
Caerdydd a'r Barri yn dargedau amlwg, a
gadawodd y cyrchoedd awyr ar Gaerdydd

Dinistriwyd canol
tref Abertawe gan
gyrchoedd awyr
yn ystod yr Ail
Ryfel Byd.

355 yn farw a 502 wedi'u clwyfo. Dinistriwyd mwy na phum cant o
adeiladau a difrodwyd tua 30,000 arall. Ond y cyrchoedd awyr tair noson
ar Abertawe a wnaeth y difrod mwyaf ac a adawodd y creithiau dyfnaf ar
Gymru. Dechreuodd y *blitz* tair noson ar 19 Chwefror 1941. Cyn hynny,
cafwyd un noson frawychus ar 1 Medi 1940 a chyrch awyr dwys arall ar 17
Ionawr 1941. Y pryd hwnnw gollyngodd 88 o awyrennau bomio 89 tunnell
o ffrwydron ar y ddinas dros gyfnod o naw awr, gan ladd 58 o bobl. Fis yn
ddiweddarach, daeth y cyrchoedd a ddinistriodd ganol y ddinas, gan droi
ardal o ddeugain o aceri'n llwch. Lladdwyd 387 o bobl i gyd yn y
cyrchoedd ar Abertawe, clwyfwyd 412 yn ddifrifol, dinistriwyd 2,000 o
adeiladau'n llwyr a difrodwyd 27,000 eraill. Yn ystod y rhyfel lladdwyd yn
agos at 1,000 o bobl mewn cyrchoedd awyr ar Gymru.

Ni orchfygwyd Ffasgaeth heb golledion anferth. Amcangyfrifir i 19,000,000
o filwyr gael eu lladd yn ystod y rhyfel a bod 44,000,000 o farwolaethau
sifil; 27,000,000 o'r rhain yn yr Undeb Sofietaidd. O dan yr ystadegau hyn y
gorwedd llu o greulondebau cythreulig. Yn y Rhyfel Mawr roedd milwyr
wedi lladd ei gilydd, ond yn y rhyfel hwn dinistriwyd cymunedau cyfan o
sifiliaid wrth i'r Almaenwyr orchfygu Rwsia ac wrth i'r cynghreiriaid
fomio'r Almaen. Ond gwaethaf oll roedd polisi hil-laddiad systematig y
Natsïaid yn yr Holocost, a arweiniodd at lofruddio tua 6,000,000 o
Iddewon. Yng ngwersyll rhyfel Auschwitz lladdwyd cynifer â 9,000 o bobl

Sir Galahad yn llosgi yn y cefndir wrth i'w chriw chwilio am loches yn ystod Rhyfel y Falklands 1982.

bob dydd. Bu i'r Ail Ryfel Byd wanhau, os nad dinistrio, cred y ddyn-oliaeth ynddi'i hun, ac yng Nghymru fel mewn gwledydd eraill roedd y gred yn naioni cynhenid bodau dynol yn gorwedd yn llwch.

Pan gamodd Cymru a gweddill Prydain o'r tywyllwch unwaith eto ar derfyn y rhyfel yn 1945, roedd yn fyd gwahanol iawn i'r hyn a adawodd yn 1939. Er gwaetha'r fuddugoliaeth, nid oedd Prydain bellach yn archbŵer. I bob pwrpas roedd y byd wedi'i rannu yn ddau floc, a daeth Prydain a Chymru i brofi tensiynau parhaol ac ofnau'r Rhyfel Oer a bygythiad rhyfel niwclear. Roedd Prydain wedi cael ei bom hydrogen ei hun yn 1952, ac roedd hefyd yn gartref i nifer fawr o ganolfannau taflegrau Americanaidd. Erbyn diwedd y pumdegau ym Mhrydain roedd mudiad torfol sylweddol wedi dod yn groch ei wrthwynebiad i arfau niwclear, gydag Aneurin Bevan yn un o bleidwyr mwyaf pwerus yr ymgyrch dros ddiarfogi niwclear. Nid oedd canolfannau niwclear yng Nghymru, ond roedd maes tanio Castellmartin yn sir Benfro, a ddefnyddiwyd ar gyfer ymarfer gan Panzers Gorllewin yr Almaen, yn achos aml ddadl a phrotest. Y llais unigol mwyaf pwerus dros ddiarfogi oedd Bertrand Russell. Roedd cartref Russell ym Mhenrhyndeudraeth yn ganolfan i'w weithgarwch, ac oddi yno yr anfonodd delegramau at arweinyddion y byd yn ystod argyfwng Ciwba yn 1962 ac yno y datblygodd Comisiwn Troseddau Rhyfel Bertrand Russell yn ymateb i'r rhyfel yn Fiet-nam.

Pur dawel y gwyliwyd hynt a helynt y rhyfel yn Fiet-nam yng Nghymru, er iddo ysgogi teimladau cryfion ac ymgyrchoedd protest egnïol mewn gwledydd eraill. Yn 1982, fodd bynnag, cynhyrfwyd llawer gan ryfel Ynysoedd y Falkland, yn enwedig y rhai a gydymdeimlai â hawliadau Ariannin. Yn wir, cyfeiriwyd yn agored weithiau at y rhyfel fel Rhyfel y Malvinas. Daeth natur angheuol yr ymladd byr ond ffyrnig hwn yn fyw iawn i bobl Cymru pan ymosodwyd ar y llong *Sir Galahad* gan awyrennau Ariannin yn Fitzroy, ger Bluff Cove, ar 9 Mehefin 1982, a bu llawer o ddadlau wedyn ynglŷn â pham y gadawyd y llong llawn Gwarchodwyr Cymreig mewn safle mor agored. Bu rhaid i hyd yn oed y sawl nad oedd am ganfod bai gyfaddef iddo ddigwydd 'by a steady accumulation of mistakes, errors of judgement and just bad luck'. Dyma oedd ymosodiad mwyaf difrifol y rhyfel o safbwynt y lluoedd Prydeinig; lladdwyd 51 o ddynion, 32 ohonynt yn Warchodwyr Cymreig. Clwyfwyd 79 o ddynion eraill yn ddifrifol, megis Simon Weston, gan losgiadau erchyll o ganlyniad i fod yn gaeth ar long oedd yn ffrwydro. Pan gladdwyd y meirwon yn y môr bythefnos yn ddiweddarach i sŵn 'Hen Wlad Fy Nhadau', roedd y *Sir Galahad* yn dal i losgi.

> ### Simon Weston
>
> It was a scene of absolute carnage but it was a cooking carnage and what with everything exploding it was a terrible scene, lots of people lying all over the place. It was very scary but, you know, that's war. War is scary, it's not meant to be pleasant. If it was pleasant, it would be no threat to anybody and it wouldn't dissuade anybody from doing anything. Violent action is always the last resort but violence is the one thing that's constant through wars or gangster wars because people are scared of being hurt. People are scared of being killed and that's why it's such a threat and that's why they use it. Politicians use it as a last resort but unfortunately for us, fail too often at doing their jobs and we have to do ours. This is quite ironic really, that they get credit for things that they have no right to claim credit for, because ultimately they failed and that's why we have to go and do our job.

Gwelodd yr wythdegau hefyd ailddeffro ymdrechion yr Ymgyrch Ddiarfogi Niwclear (CND), a fu'n gymharol dawel trwy'r degawd cynt. Canolbwynt y don newydd o brotestio oedd gorsaf daflegrau *cruise* yr Unol Daleithiau yng Nghomin Greenham, ac enynnodd y brotest ymateb brwd o Gymru, yn enwedig gan fenywod Cymreig. Roedd rhai o ffigurau amlyca'r mudiad, megis Joan Ruddock a John Cox, yn Gymry fel roedd llawer o bleidwyr selocaf diarfogi.

Yn dilyn ymosodiad Saddam Hussein ar Kuwait yn 1991, datblygodd math newydd o ryfel a oedd yn wahanol iawn i wrthdrawiadau'r Rhyfel Oer. Yn rhydd o'r bygythiad y byddent yn codi gwrychyn yr Undeb Sofietaidd am y tro cyntaf er 1945, gallai'r Unol Daleithiau a'i chynghreiriaid gasglu ynghyd fyddin enfawr, wedi'i harfogi â'r arfau technolegol mwyaf soffistigedig. O'r herwydd, prin oedd y colledion o du'r cynghreiriaid; lladdwyd 138, o'u cymharu â thua 100,000 o golledion milwrol ar ochr yr Iraciaid. O'r milwyr a laddwyd ar ochr y cynghreiriaid yn ymgyrch Desert Storm, bu farw llawer ohonynt o achos camgymeriadau tanio – y *friendly fire* bondigrybwyll. Roedd dau Gymro ymhlith y meirw. Cafodd Rhyfel y Gwlff gefnogaeth lwyr bron ym Mhrydain, ac roedd cymeradwyaeth gyffredinol i amcanion Prydain a'r Unol Daleithiau. Yng Nghymru, er hynny, roedd anniddigrwydd gweladwy am y rhyfel a phryder am ei gyfiawnder a'i ddulliau. Yn y cyd-destun hwn, mae'n arwyddocaol mai'r unig aelodau seneddol a wrthwynebodd y rhyfel yn weithredol oedd y Ceidwadwr Syr Anthony Meyer, a llywydd Plaid Cymru, Dafydd Elis Thomas, y ddau â'u hetholaethau yng Nghymru. Yn y cyfnod ar ôl y Rhyfel Oer, daeth math arall o ryfel yn gynyddol gyffredin: ymgyrchoedd cadw heddwch. Er bod yr ymgyrchoedd hyn yn ymddangosiadol ddyngarol a diduedd, prin bod rhyfeloedd o'r fath heb ryw fwriad gwleidyddol, boed hynny'n amlwg, yn gudd neu'n annisgwyl. Unwaith eto, roedd milwyr Cymreig yng nghanol y brwydro, a defnyddiwyd signalau yn Gymraeg er mwyn drysu'r carfanau Balcanaidd yn Bosnia. Yn 1999 yn ystod ymgyrch fomio NATO yn erbyn Serbia, un o'r ychydig a fu farw ymhlith lluoedd y cynghreiriaid oedd swyddog Cymreig yng Nghatrawd y Gurkha.

Nid oes gofod yma i restru holl ryfeloedd y ganrif, nac i gydnabod y Cymry a fu'n ymladd yn Korea, Aden a mannau eraill. Cafwyd rhyw lun ar heddwch yng Ngogledd Iwerddon yn 1997 wedi rhyfel a barhaodd dros chwarter canrif ac a hawliodd fwy na 3,000 o fywydau. Cymerodd llawer o filwyr Cymreig ran yn y gwrthdaro. Er gwaethaf cydymdeimlad rhai Sosialwyr a Chenedlaetholwyr Cymreig at amcanion y Gweriniaethwyr Gwyddelig, bach oedd effaith yr ymafael hwn ar Gymru ar wahân i gysylltiadau llugoer rhwng Sinn Fein a Chymdeithas yr Iaith Gymraeg. Er hyn, bu i un swyddog a fu'n gwasanaethu yng Ngogledd Iwerddon adael y fyddin gan ddatgan na allai gefnogi'r ymgyrch filwrol yno. Gadawodd Meurig Parri, o Dredegar yn wreiddiol, y fyddin a mynd ar daith trwy'r Unol Daleithiau'n protestio yn erbyn y rhyfel yn Iwerddon. Ceisiodd hefyd sefydlu mudiad o'r enw Cyn-filwyr Gogledd Iwerddon yn erbyn y Rhyfel.

O Natal yn 1899 i Kosovo yn 1999, mae rhyfel wedi llunio llawer o hanes Cymru'r ugeinfed ganrif; mae'r cofebion i'r rhyfeloedd yn dyston amlwg ac ingol o hynny. Ond aeth dylanwad rhyfel yn llawer pellach na'r brwydrau a'r colledion; fel y gwelsom, mae gan ryfel oblygiadau cymdeithasol ac economaidd pellgyrhaeddol a dramatig. Ac mewn ystyr ddyfnach hefyd mae rhyfel wedi gadael ôl parhaol ar gydwybod, seicoleg a diwylliant y genedl.

8

Gwead ein Gwlad

NEWIDIADAU CYMDEITHASOL

Yn ystod yr ugeinfed ganrif, trawsnewidiwyd patrymau bywyd pob dydd yng Nghymru mewn ffyrdd niferus a chymhleth. Yr un pryd, gwelwyd tuedd amlwg i wrthsefyll rhai o'r newidiadau pellgyrhaeddol hyn. Wrth gwrs, nid Cymru oedd yr unig wlad i brofi'r cynyrfiadau cymdeithasol hyn; mae diwydiannu a chrebachiad cefn gwlad yn ffenomenau rhyngwladol. Eto i gyd bu profiad Cymru'n ddramatig a llym, a rhoddodd flas ac ansawdd arbennig i'r bywyd Cymreig yn ystod y ganrif.

Mae'n anodd cyffredinoli am newid cymdeithasol gan ei fod yn broses mor gymhleth ac amlhaenog. Clwstwr o ffactorau sy'n pennu sut mae bodau dynol yn cydberthyn i'w gilydd o fewn y cylch cymdeithasol – cenhedlaeth, dosbarth, ethnigrwydd, diwylliant, rhyw a daearyddiaeth – ac felly mae angen ystyried effaith y rhain oll. Nid yw'r broses newid yn unffurf a chyffredinol ychwaith, yn sicr nid mewn gwlad mor amrywiol ei natur â Chymru. Gall hyd yn oed pobl sy'n byw yn agos at ei gilydd fyw bywydau cymdeithasol gwahanol iawn ac ymadweithio'n gymdeithasol mewn ffyrdd sy'n amrywiol tu hwnt. Er hyn, gellir gweld rhai tueddiadau a phatrymau a mentro cyffredinoli am rai agweddau. Trafodir rhai o'r newidiadau mwyaf trawiadol, megis y rhai sydd wedi effeithio ar rôl a statws merched, a'r rhai sydd wedi creu amrywiaeth diwylliannol yng Nghymru, ym mhenodau 9 a 2 ond dangosir eu pwysigrwydd a'u dylanwad yn y bennod hon hefyd.

Gwelsom eisoes i Gymru groesi'r trothwy i'r ugeinfed ganrif yn economi diwydiannol a'i phoblogaeth wedi'i chrynhoi yng nghymunedau glofaol de Cymru a phorthladdoedd yr arfordir deheuol. Er gwaethaf hyn, yn ddaearyddol, roedd llawer o Gymru'n dal yn wledig, ac er bod rhaid gofalu wrth ddefnyddio'r term hwnnw, gan mai ychydig iawn o ardaloedd sydd heb eu cyffwrdd gan drefoli neu ddiwydiant, mae'r gymdeithas gefn gwlad wedi arddangos rhai nodweddion cymdeithasol arbennig. Mae'r

Gymru wledig wedi ei hastudio'n helaeth gan anthropolegwyr, a rhydd eu hastudiaethau lawer o wybodaeth inni am fyd a bywyd cefn gwlad.

Yn ystod degawdau cynta'r ugeinfed ganrif bodolai yng Nghymru batrymau byw nad oedd wedi gweld llawer o newid, mewn rhai ffyrdd, am genedlaethau a chanrifoedd hyd yn oed. Yn ogystal, roedd y cymunedau gwledig hyn yn ymwybodol iawn o'u gwreiddiau. Pan gyfwelodd David Jenkins â phobl oedd yn byw mewn ardal wledig yn ne-orllewin Cymru yn y pumdegau, cyfarfu â llawer a allai, ar eu cof, olrhain deiliadaeth fferm yn ôl i ddechrau'r bedwaredd ganrif ar bymtheg. Yn 1960 adroddodd i lawer o bobl gyfeirio at briodas leol a oedd, ar ôl iddo ymchwilio, wedi digwydd yn 1878! Seiliwyd llawer o'r elfen wreiddiedig hon yn y bywyd gwledig ar garennydd. Yn astudiaeth enwog Alwyn D. Rees, *Life in a Welsh Countryside*, a gyhoeddwyd yn 1950 ac a seiliwyd ar waith maes a wnaeth yn 1939 ac 1940, dangosir bod yn Llanfihangel-yng-Ngwynfa yn sir Drefaldwyn gymuned lle roedd tri chwarter o'r holl deuluoedd yn perthyn yn uniongyrchol i un teulu arall yn yr un pentref, a bod traean o'r holl deuluoedd yn perthyn i rhwng pump a deuddeg teulu arall. Dywedodd wrth gloi fod carennydd yn 'force to be reckoned with in every sphere of social life . . . it pervades everything'.

Lluniwyd patrwm cymdeithasol Cymru wledig gan garennydd ac economeg amaethyddiaeth. Roedd ymhell o fod yn gymdeithas unffurf ac, fel y tystia'r diboblogi parhaus, roedd yn gymdeithas a ddioddefai gan dlodi. Dengys astudiaeth David Jenkins o'r gymuned amaethyddol yn ne-orllewin Cymru ar droad y ganrif fyd ac iddi haenau amlwg oherwydd gwahaniaethau economaidd a chymdeithasol, ond eto byd a oedd yn gweithredu ar safonau derbyniedig a seiliwyd ar arferion a rhwymedigaeth. Ym mhlwyf Troed-yr-aur yng Ngheredigion yn 1901 darganfu David Jenkins fod pobl yn byw mewn 203 o dai: roedd dau ohonynt yn blastai, 46 yn ffermydd, 21 yn llefydd ceffyl (hynny yw, llefydd digon mawr i gadw o leiaf un ceffyl) o ryw ddeg acer ar hugain, a 66 yn llefydd buwch (llefydd oedd yn rhy fach i gadw ceffyl ond yn ddigon mawr i gadw un neu fwy o fuchod) o lai na phymtheg acer yr un. Yn ogystal roedd bron 70 o dyddynwyr â gardd yn unig i'w cynnal.

Dyma atgofion y bardd John Roderick Rees am ei fagwraeth ei hun ym Mhen-uwch, sir Aberteifi:

> Rhyw bedair fferm oedd yma lle roedd pobol yn cael eu bywoliaeth yn llwyr ohonyn nhw ac o'r ffermydd hynny rhyw un ohonyn nhw neu ddwy fase yn cyflogi gwas . . . doedd yna neb bron yn byw ar ei dyddyn, oedd e ddim yn cael ei fywoliaeth ohono fe, oedd o yn cael rhan o'i

fywoliaeth, rhan o'i gynhaliaeth o'r tyddyn. Dyn yn cadw buwch neu ddwy, a rhai yn cadw ychydig ddefaid, hyd yn oed pum dafad falle.

Bu ef ei hun yn byw mewn tyddyn â deuddeg acer o dir, ac enillodd ei dad ei fywoliaeth trwy grwydro'r cefn gwlad yn cynnig gwasanaeth ei stalwyn o Gob Cymreig i ffermwyr.

Dyma'r gymdeithas lle roedd cyfnewid a gweithio i dalu dyled yn dal i fodoli; ymylol oedd economi arian parod. Yr haul a'r tywydd a benderfynai oriau gwaith, a dibynnai rhythm bywyd o hyd ar dro'r tymhorau. Roedd llawer yn byw mewn tyddyn dwy-ystafell heb fawr o garthffosiaeth; anaml iawn y bwytawyd cig ffres; a rhan hanfodol o strategaeth sicrhau ymborth ar gyfer y flwyddyn oedd diwrnod lladd mochyn, a oedd yn darparu'r cig moch hallt oedd yn sail i'r cawl a fyddai'n gymaint rhan o ddeiet y teulu. Byddai tyddynwyr yn gweithio i'r ffermydd mwyaf adeg y cynhaeaf gan ddod yn rhan o system gymhleth o gyfnewid lle na chawsent arian am eu llafur ond yn hytrach yr hawl i blannu rhes o datws yng nghae'r ffermwr. Parhaodd system o'r fath yng nghefn gwlad Meirionnydd i mewn i'r blynyddoedd rhwng y rhyfeloedd.

Amrywiai'r arferion gwledig cymhleth hyn o le i le, er enghraifft roedd gwahaniaeth rhwng yr ucheldir bugeiliol a'r gwastadeddau mwy amaethol, ond roeddent i gyd yn rhan o'r un diwylliant sylfaenol ac yn profi'r un anghenion economaidd. Aeth llawer o'r hen batrymau hyn yn ddiangen ar ôl cyflwyno peiriannau i'r byd amaethyddol, yn enwedig ar ôl yr Ail Ryfel Byd, a gwnaeth mecaneiddio amaethyddiaeth lawer i newid arferion cymdeithasol. Daeth tractorau'n fwyfwy poblogaidd ac arweiniodd hynny at ddefnyddio peiriannau arbed gwaith megis torrwr gwair, chwalwr tail a byrnwr. Yn yr ucheldir, lle y magwyd defaid, un o'r enghreifftiau olaf o'r hen system gyd-ddibynnol a llafurddwys i oroesi oedd y diwrnod cneifio blynyddol ar ffermydd, pan ddeuai ffermwyr ynghyd i helpu eu cymdogion i gneifio eu defaid, gan wybod y deuai eu cymdogion yn eu tro i helpu gyda'u diadell hwythau pan fo'r angen. Dadlennodd Isabel Emmett yn ei hastudiaeth o Lanfrothen yn 1964 fod 'cneifio', yn ogystal â bod yn ffordd synhwyrol o gydweithio economaidd, hefyd yn symbol o gymdeithas wledig gyfan a oedd yn byw yn unol â'i harferion a'i rhwymedigaethau ei hun. Yn galon i'r trefniadau hyn oll, roedd cyd-ddibyniaeth a chydgyf-newidiad angenrheidiol a gwerthfawr i'r gymdeithas. Gwelwyd y math hwn o fywyd mewn rhai ardaloedd trwy lawer o'r ganrif ond, erbyn y saithdegau, daeth dan bwysau anferth gan newidiadau pellach yn strwythur a dulliau amaethu yn ogystal â newidiadau poblogaethol.

Roedd i'r gymuned wledig ei hatyniadau, rhythm tymhorol a'r gyfeillach a brofwyd wrth hel y cynhaeaf a chneifio; ar y ffermydd mwyaf fel arfer roedd digon o fwyd a thanwydd a gallai bywyd fod yn bur gysurus. Mae D. J. Williams, wrth edrych yn ôl yn y clasur o hunangofiant, *Hen Dŷ Ffarm,* yn sôn am ddyddiau hapus ei blentyndod ar y fferm, ac ymddengys ei fod yn byw mewn cymuned ddedwydd heb iddi raniadau na chwerwder.

> A dyna'r byd rhyfeddol o gyfoethog y'm ganed iddo: byd heb iddo fawr o bryder nac awydd am arian – byd, hefyd, hyd y gwelaf i, lle'r oedd pawb, yn ôl ei oed a'i brofiad, mor gyfatebol gydradd ag y gellir disgwyl i'r un gymdeithas ddynol fod. Ie, ac ymhellach, byd lle'r oedd dyn ac anifail bron fel un teulu.

Serch hynny, mae darlun mor wladaidd â hwn yn deillio'n fwy o ramantu a hiraethu am ddedwyddwch gwledig plentyndod yn hytrach nag o wirionedd garw'r bywyd gwledig. Ni fu eraill mor garedig. Yn 1915 cyhoeddodd Caradoc Evans *My People*, a gynhwysai gyhuddiadau deifiol am y creulondeb a darddodd o dlodi cefn gwlad. Mae haneswyr wedi nodi i agweddau cymdeithasol galedu'n raddol ar droad y ganrif wrth i'r bwlch rhwng ffermwyr – boed yn ddenantiaid neu'n berchnogion – a'u gweision, a gyflogwyd am flwyddyn ac a gartrefai mewn beudai, ledu'n agendor anferth yn llawn o ddrwgdeimlad ac amheuaeth. Dangosodd David Pretty sut roedd y gweithwyr gwledig tlawd ymhell o fod yn hapus eu byd gan iddynt adael yn eu lluoedd am ryddid y byd diwydiannol, a sut y brwydrodd y sawl a arhosodd ar y tir i greu undebau llafur.

O ganlyniad, roedd diboblogi'n elfen aflonyddol barhaus ym mywyd gwledig Cymru. Ar ben y mecaneiddio ac uno ffermydd, cafodd y symud i ffwrdd effaith andwyol ar batrymau ac arferion cymdeithasol y sawl a arhosodd yn y wlad. Serch hynny, gellid gweld llawer o nodweddion neilltuol y bywyd gwledig o hyd, a daliodd llawer i gael eu cyfareddu gan y math o werthoedd a oroesai yng nghefn gwlad Cymru, gwerthoedd a oedd i bob pwrpas yn absennol o fywyd trefol Prydain, ac yn gynyddol absennol o siroedd gwledig Lloegr, a oedd yn prysur droi'n faestrefi. Mae apêl cefn gwlad Cymru i'w gweld yn glir yng nghyfrol lwyddiannus Thomas Firbank, *I Bought a Mountain,* a gyhoeddwyd yn 1940 ac sy'n disgrifio ei fywyd yn cadw defaid ar fferm yn Eryri yn y tridegau. O'r chwedegau ymlaen cynyddodd y duedd hon i bortreadu cefn gwlad Cymru fel rhyw fath o Arcadia, yn lle i ddianc rhag pwysau'r byd modern. Wrth gwrs, roedd y sefyllfa y tu mewn i'r gymuned wledig yn wahanol iawn, ond o'r tu allan edrychai cefn gwlad Cymru yn lle dymunol a gwahanol. Sylw treiddgar Alwyn D. Rees am Lanfihangel yn 1950 oedd: 'Judged by urban standards the culture retains many of its old characteristics; judged by its own past it is in full decline.'

O ganlyniad, newidiwyd wyneb y Gymru wledig yn llwyr: yn y

saithdegau ac yn fwy byth yn yr wythdegau, gwrthdrowyd y gostyngiad yn nifer y boblogaeth. Daeth pobl yn ôl i gefn gwlad Cymru am y tro cyntaf ers degawdau, ond o Loegr y daethant. Rhwng 1981 ac 1991 cynyddodd poblogaeth Cymru gan 37,000, a nifer y boblogaeth a anwyd yn Lloegr gan 48,000. Roedd y neges yn glir; roedd y boblogaeth frodorol yn tueddu i adael o hyd, ac roedd y niferoedd mawr o fewnfudwyr yn fwy na llenwi'r bwlch. Nid yw goblygiadau cymdeithasol y newid hwn wedi'u deall yn iawn hyd heddiw ond arweiniodd y mewnlifiad – llawer ohonynt yn bobl a oedd yn chwilio am amgenach ffordd o fyw neu'n ymddeol i gefn gwlad – at boblogaeth lawer mwy amrywiol. Mynegwyd yr amrywiaeth hwn yn nhermau incwm, statws cymdeithasol a ffordd o fyw yn ogystal â thras ethnig. Cadwodd cefn gwlad Cymru lawer o'i nodweddion unigol ond yn ystod dau ddegawd olaf y ganrif cyflymodd y newid, ac roedd y chwalfa gymdeithasol a ddilynodd yn ddwys a heriol. Ar ddiwedd y nawdegau aeth y sefyllfa hon o ddrwg i waeth, a daeth yn amlwg na fedrai llawer o ffermydd Cymru ddarparu bywoliaeth i'r ffermwyr a'u teuluoedd. Arweiniodd y problemau hyn at gynyrfiadau cyffredinol yn 1998 wrth i'r ffermwyr brotestio. Mae Dafydd Morris, ffermwr ucheldir yn Eryri, yn mynegi chwerwder llawer o ffermwyr.

> Does yna neb yn gwybod yr ymdrech rydan ni wedi'i roi i mewn. Dwi e
> erioed wedi cael *holiday*, dydi'r plant yma erioed wedi cael *holiday*,
> dydan nhw ddim wedi gwneud dim byd ond llafurio yn y fan yma ac
> mae'u llafur bach nhw yma a nhw pia fo . . . y cwbwl rydan ni wedi'i
> neud efo'n gilydd fel teulu ydy sicrhau bod yna waith iddyn nhw, rhag
> iddyn nhw fynd i'r ciw dôl . . . mi rydan ni yn mynd i drio'n gorau i
> sicrhau y dyfodol. Does yna neb yn mynd i'n symud ni oddi yma.

Yn ddaearyddol, gall Cymru ymddangos yn gymuned wledig gan mwyaf, ond o ran poblogaeth peidiodd â bod yn gymdeithas wledig ymhell cyn dechrau'r ganrif. Yn wir, roedd y gymdeithas wledig a groesodd drothwy'r ugeinfed ganrif yn dirywio yn wyneb y grymoedd cymdeithasol newydd a seiliwyd ar ddiwydiant a threfoli, elfennau a fyddai'n llunio cymaint o hanes Cymru yn yr ugeinfed ganrif. Nid bod diwydianeiddio'n beth newydd wrth gwrs. Roedd Cymru, wedi'r cyfan, yn un o'r enghreifftiau cynharaf o ddiwydiannaeth ar raddfa fawr gyda datblygiadau'r ddeunawfed ganrif yn y diwydiant haearn yng ngogledd a de Cymru. Ychwanegodd y diwydiant glo at y newidiadau, gan gyflymu datblygiad cymdeithas drefol ac, yn gynnar yn yr ugeinfed ganrif, daeth darnau mawr o Gymru'n rhannau bywiog o gymdeithas drefol, ddiwydiannol y byd.

Nid oedd y cylchoedd diwydiannol a gwledig yn hollol ar wahân, ac roedd llawer yn clymu'r gwahanol feysydd wrth ei gilydd. Er enghraifft, hyd at ddiwedd y ganrif roedd gan yr iaith Gymraeg ac Anghydffurfiaeth bresenoldeb yn yr ardaloedd diwydiannol a'r parthau gwledig fel ei gilydd, ond dros amser daeth byd trigolion gwledig yn wahanol iawn i fyd trigolion diwydiannol.

Daliodd y diwydiant glo i dyfu ar raddfa anhygoel yn gynnar yn y ganrif, a chynyddodd nifer y glowyr gan 40 y cant rhwng 1901 ac 1911. O ganlyniad, ymddangosodd fel pe bai ardaloedd diwydiannol gorllewin sir Fynwy, Morgannwg a dwyrain sir Gaerfyrddin yn torri i ffwrdd oddi wrth y rhwymau a'u clymai wrth weddill y wlad. Roedd fel petai rhyw ranbarth newydd wedi'i lunio a chanddo ei nodweddion cymdeithasol a'i bersonoliaeth ei hun, ac erbyn 1921 gwelodd Syr Alfred Zimmern wahaniaeth clir rhwng yr hyn a alwodd yn 'Welsh Wales' a'r 'Industrial or, as I sometimes think of it, American Wales'. Mae sawl hanesydd, a Dai Smith yn amlwg yn eu mysg, wedi datblygu'r safbwynt hwn a'i wneud yn drosiad dadlennol wrth inni geisio deall amrywiaeth Cymru yn y cyfnod. Yn gyntaf, yn debyg i'r Unol Daleithiau, llifodd mewnfudwyr i'r 'Gymru newydd' hon, ac nid o rannau eraill o Gymru yn unig, ond o Loegr a mannau eraill. Erbyn 1911 amcangyfrifwyd bod un o bob pump o drigolion Morgannwg ac yn agos i chwarter o drigolion sir Fynwy wedi'u geni tu allan i Gymru. Rhwng 1901 ac 1911 mewnfudwyr i Gymru oedd yn cyfrif am 73 y cant o'r cynnydd yn y nifer a weithiai yn y diwydiant glo. Trafodir effaith ehangach y mewnfudo hwn ym mhennod 2 ond roedd iddo ddwy wedd gymdeithasol bwysig. Cymdeithas ifanc oedd hon o ran patrwm ei hoedran, ac yn 1911 roedd mwy na hanner y boblogaeth o dan 24 mlwydd oed. Yn ail, cymdeithas wrywaidd oedd hi gan mwyaf; yn 1911, nid oedd ond 965 o fenywod am bob 1,000 o ddynion, ac yn sir Fynwy nid oedd ond 907 o fenywod am bob 1,000 o ddynion. Nid yn y meysydd glo yn unig y gwelwyd cynnydd yn y boblogaeth, ond hefyd yn y trefi ar yr arfordir. Ar droad y ganrif, heblaw am Lundain, Caerdydd oedd y dref fwyaf gosmopolitanaidd ym Mhrydain, pwnc a drafodir yn fanylach yn nes ymlaen.

Lluniodd Cymru 'Americanaidd' newydd y cymoedd a'r porthladdoedd ei diwylliant ei hun, gyda'r Anghydffurfiaeth Gymreig draddodiadol yn cyd-fodoli wrth ymyl diddordebau poblogaidd, llai duwiol – y sinema newydd, y theatr gerdd a chwaraeon megis pêl-droed, paffio a rygbi. Yn 1919, nododd un sylwebydd blin, Herbert Morgan:

> Exhausted by their labour and cramped by their surroundings they resort eagerly to frivolous, sensational, and degrading pleasures such as drink, gambling and cinema shows. Most sensational films are commonly exhibited, but there are no good theatres in these crowded valleys. There has been an alarming growth of gambling and of cruder forms of sport such as boxing.

Wrth reswm, nid y maes glo oedd yr unig ardal i amlygu'r nodweddion hyn. Daeth llawer o drefi yng ngogledd Cymru dan swyn pêl-droed yn yr 1880au; agorodd Arthur Cheetham sinema barhaol yn y Rhyl yn 1906, a thair blynedd yn ddiweddarach agorwyd y sinema barhaol gyntaf yng Nghaerdydd sef yr *Electric* yn Heol y Frenhines. Ond hyd yn oed os nad oedd llawer o'r hyn a ystyrid yn fodern yn gyfyngedig i dde Cymru, roedd maint y boblogaeth, ei chyfansoddiad a'i gweithgarwch diwylliannol a gwleidyddol yn peri bod de Cymru, yn enwedig siroedd Mynwy a Morgannwg, yn arddangos patrwm cymdeithasol oedd yn amlwg o wahanol i'r hyn a geid yng ngweddill Cymru.

Yn bennaf, golygodd hyn fod Cymru i raddau helaeth yn wlad ddosbarth gweithiol. Y meysydd glo oedd canolbwynt y dosbarth hwn, a lluniwyd dosbarth gweithiol grymus, yn seiliedig ar undod y diwydiant glo a'r diwydiannau trymion eraill, ar gymunedau clòs y strydoedd o dai teras, ar systemau cynnal addysg a hamdden sefydliadau'r gweithwyr a chyn-lluniau lles y glowyr. Tanysgrifiadau'r gweithwyr a'u teuluoedd a dalodd am adeiladu sefydliadau'r glowyr a'r neuaddau lles, ac mae'r adeiladau hyn yn cynrychioli gwerthoedd a dyheadau'r dosbarth gweithiol yng Nghymru yn yr ugeinfed ganrif. Roedd ynddynt theatrau a neuaddau lle perfformiai corau meibion a lle cynhelid ralïau gwleidyddol ac eistedd-fodau; ystafelloedd lle medrai clybiau a chymdeithasau gwrdd; ac roedd i nifer fawr ohonynt lyfrgelloedd lle y gallai gweithwyr astudio pynciau megis athroniaeth, gwleidyddiaeth a hanes economaidd. Roedd hyd yn oed byllau nofio gan rai ohonynt, ynghyd â chyfleusterau hamdden eraill megis byrddau biliards. Yn fwy na dim, roedd yr adeiladau hyn yn adnoddau diwylliannol enfawr, wedi'u cefnogi gan y gweithwyr eu hunain ac yn mynegi eu gwerthoedd a'u diddordebau nhw. Buont yn fodd i gynnal creadigrwydd rhyfeddol a soffistigedigrwydd gwleidyddol y cymunedau hyn a oedd fel arall, yn aml iawn, yn faterol dlawd.

Bychan iawn oedd y tai teras a orweddai yng nghysgod y neuaddau mawr, ac roedd maint y neuaddau hyn yn symbol priodol o ddyheadau'r cymunedau. O ran maint a dylanwad, ac yn aml ar sail cynllun pensaernïol hefyd, yr unig adeiladau a allai gystadlu â'r neuaddau oedd y capeli Anghydffurfiol mwy addurnedig a niferus. Nid yw hanes dirywiad crefydd yng Nghymru wedi'i ymchwilio'n llawn eto ond, fel y dangosodd R. Tudur Jones, roedd Anghydffurfiaeth mewn argyfwng hyd yn oed ar ddechrau'r ganrif wrth iddi wynebu her patrymau cymdeithasol, diwylliannol a gwleidyddol newydd. Yna, tanseiliwyd y ffydd draddodiadol fwy byth gan gyflafan y Rhyfel Byd Cyntaf. Serch hynny, o leiaf tan yr Ail Ryfel Byd roedd gan y capeli ddylanwad grymus ar eu cymunedau, hyd yn oed yn y Gymru ddiwydiannol lle roedd ganddynt ddylanwad cymdeithasol

Pwll Penrhiwceiber yn sir Forgannwg.

enfawr. Ar lawer cyfrif, yn eu dylanwad cymdeithasol – sut roeddent yn dal i lunio ymddygiad a dyheadau a sut roeddent yn gosod patrwm ar yr wythnos – y gorwedd eu harwyddocâd yn y cyfnod hwnnw.

Yn 1917 cyhoeddodd y Comisiwn Ymchwil i Anniddigrwydd Diwydiannol ei adroddiad ar Gymru, gan ganolbwyntio bron yn llwyr ar y de. Roedd y comisiynwyr yn bur gydymdeimladol â sefyllfa'r gweithwyr – yn wir, roedd un aelod, Vernon Hartshorn, yn undebwr llafur – ond roedd eu hanesmwythyd ynglŷn â chyfundrefn gymdeithasol y cymoedd Cymreig, a'u pryder am ganlyniadau'r gyfundrefn hon yn trwytho'r adroddiad. Roedd y cynnydd mawr yn y strydoedd o dai teras, heb ganolfan ddinesig i roi awdurdod, yn peri gofid iddynt: 'owing to this absence of municipal centres and centralised institutions, the development of the civic spirit and the sense of social solidarity – what we may call the community sense – is seriously retarded.' Cwynodd yr adroddiad fod patrymau traddodiadol y gymdeithas wedi'u hamharu gan y twf cyflym yn y boblogaeth, gan 'immigrants from all parts of the United Kingdom, with even a sprinkling from beyond the seas. The resultant mixture of people often presents great differences in their traditions and antecedents, in their speech, habits and temperament, in their mental and moral make-up generally.' I brofi'r pwynt hwn nododd yr adroddiad fod gan y Rhondda 'an abundance of cinemas and music-halls, but not a single theatre'.

Yn y gymdeithas ddiwydiannol hon, roedd gan addysg safle ac arwyddocâd arbennig fel un o'r ychydig ffyrdd o osgoi bywyd o lafur caled yn y glofeydd. Erbyn yr ugeinfed ganrif, roedd yng Nghymru ddigonedd o ysgolion, ac roedd sawl ysgol ramadeg lwyddiannus. Serch hynny, i'r mwyafrif o blant daeth ysgol i ben wrth iddynt gyrraedd 14 oed, neu'n iau, ac ymuno â byd gwaith. Ategodd hyn yr ofnau am gyfundrefn gymdeithasol y Gymru ddiwydiannol newydd. O ganlyniad, edrychodd llawer o'r rhai a bryderai am y newidiadau cymdeithasol, megis Thomas Jones o Rymni – gŵr dylanwadol iawn yng Nghymru yn hanner cynta'r ugeinfed ganrif – tuag at addysg i oedolion er mwyn gwella cyflwr moesol a chymdeithasol y dosbarth gweithiol.

Mewn cynhadledd yn Neuadd Cory yng Nghaerdydd ym mis Hydref 1906 sefydlwyd Rhanbarth De Cymru o Gymdeithas Addysg y Gweithwyr, y WEA, gyda'r nod o ledaenu addysg i oedolion ledled dosbarth gweithiol yr ardal. Roedd sefydlu'r WEA yn gydnabyddiaeth o'r newidiadau cymdeithasol a oedd wedi digwydd yng Nghymru a'r problemau cymdeithasol a ddaeth yn eu sgil, ac yn gydnabyddiaeth hefyd y gallai addysg, wrth gyflwyno gwerthoedd rhyddfrydig a dyngarol, baratoi gweithwyr i ymateb i'r problemau hynny mewn modd adeiladol. Erbyn y tridegau roedd y WEA yn ddylanwadol iawn yng Nghymru o dan arweiniad ysgrifennydd rhanbarthol newydd, John Davies; cafodd Rhanbarth Gogledd Cymru ei sefydlu yn 1925 o dan weinyddiad ysbrydoledig y gweinidog Sosialaidd, y Parchedig Silyn Roberts, ac yn 1927 agorwyd Coleg Harlech, coleg preswyl i oedolion wedi'i seilio ar ethos y WEA. Yn ei flynyddoedd cynnar, fodd bynnag, wynebodd y WEA broblemau, yn rhannol oherwydd bodolaeth cymdeithasau tebyg a chanddynt athrawiaeth wahanol, megis y Coleg Llafur Canolog a Chynghrair y Plebs.

Datblygodd y Coleg Llafur Canolog ar ôl streic gan oedolion oedd yn fyfyrwyr yng Ngholeg Ruskin, coleg i weithwyr yn Rhydychen, yn 1909. Cyflwynai'r Coleg Llafur Canolog a Chynghrair y Plebs raglen Farcsaidd filwriaethus o addysg i oedolion a bwysleisiodd y dylai addysg, yn hytrach na chreu heddwch cymdeithasol, gael ei addasu i anghenion brwydr y dosbarthiadau a'r chwyldro Sosialaidd. Un o brif benseiri'r symudiad oedd Noah Ablett, glöwr o dde Cymru a fu'n fyfyriwr yng Ngholeg Ruskin. Roedd Ffederasiwn Glowyr De Cymru yn noddi'r coleg ac yn cefnogi nifer o fyfyrwyr yno. O ganlyniad, roedd y Coleg Llafur Canolog yn ddylanwad dwfn ar genhedlaeth gyfan o arweinwyr y glowyr. Caeodd y coleg yn 1929 er i'w genhadaeth gael ei harddel o hyd gan Gyngor Cenedlaethol y Colegau Llafur. Erbyn 1945, roedd mwyafrif yr aelodau seneddol a fu'n lowyr wedi'u haddysgu gan y Machiavel hwn, gan gynnwys gweinidogion y llywodraeth ar y pryd, Aneurin Bevan a James Griffiths. Hyfforddwyd yno ddau o arweinwyr Ffederasiwn Glowyr Prydain Fawr, Arthur Cook a Frank Hodges, yn ogystal â chenhedlaeth o Gomiwnyddion Cymreig yn cynnwys y nofelydd Lewis Jones. O'i

Strydoedd cefn tlodaidd yng Nghaernarfon yn y dauddegau.

gymharu â phwyslais y Coleg Llafur Canolog ar annibyniaeth y dosbarth gweithiol, pwysleisiai'r WEA agwedd fwy cymodlon rhwng y dosbarth-iadau. Gwnaeth y ddau fudiad argraff ddofn a pharhaol ar Gymru'r ugeinfed ganrif; o'u herwydd cynhyrchwyd deallusion dosbarth gweithiol a chanddynt feddyliau chwim a gwydn a ffordd groyw a rhugl o'u mynegi. Cyfoethogwyd gwleidyddiaeth a llywodraeth leol gan eu doniau. Gwelodd y ddau fudiad raddfa'r problemau cymdeithasol a chydnabod yr angen i weithwyr feddu ar sgiliau deallusol er mwyn iddynt fedru ymdrin yn llwyddiannus â'r problemau hynny er lles eu cymunedau.

Nid oedd yr un o'r problemau hyn, fodd bynnag, mor anodd ei thrin, nac mor andwyol â'r diweithdra mawr a ddaeth i Gymru yn y blynyddoedd rhwng y ddau ryfel byd. Gyda dechrau'r dirwasgiad yn y dauddegau, daeth diweithdra eang â phwysau a thyndra cymdeithasol newydd i Gymru. Ystyriwyd eisoes pa mor ysgubol oedd diweithdra yng Nghymru ym Mhennod 1; yma bodlonir ar nodi rhai o'i ganlyniadau cymdeithasol. Y broblem gyntaf, wrth gwrs, oedd tlodi. Hyd yn oed i'r glowyr hynny a ddaliai i weithio, nid oedd y cyflogau ond hanner, neu lai, yr hyn oeddent yn 1920; i'r di-waith, rhyw ychydig mwy na phunt yr wythnos yn unig oedd y tâl diweithdra i bâr a dau swllt am bob plentyn. Amcangyfrifwyd bod gwariant ar angenrheidiau megis dillad ac esgidiau wedi gostwng 15 y cant mewn termau go iawn rhwng 1920 ac 1938.

Ar wahân i'r gostyngiad mewn incwm teuluol, roedd diweithdra a thlodi yn boenus mewn ffyrdd mwy cymhleth a seicolegol, a'r boen hon a losgodd yng nghof y Cymry am genedlaethau. Roedd yn gas gan y di-waith orfod mynd heibio i'r prawf moddion cyn derbyn tâl diweithdra, ond aeth y boen ei hun yn ddyfnach byth. Yn ystod y cyfnod hwn, trawyd sawl sylwedydd gan ymdrech anferthol teuluoedd di-waith i gadw wyneb. Synnwyd ymchwilwyr cymdeithasol a oedd wedi gweld slymiau tlodaidd dinasoedd megis Lerpwl, wrth ymweld â theulu tlawd, di-waith, yn y Rhondda a chael cynnig 'tea on the table on a spotlessly clean white tablecloth . . . fresh milk, bread and butter and cheese, home-made cake and home-made jam'. Yn wir, parodd yr ymdrech i gadw safonau uchel yn wyneb tlodi enbyd un arolwg i nodi bod diweithdra yng Nghymru'n fwy o broblem i'r dosbarth canol na'r slymiau! Nid problem dosbarth canol ydoedd, wrth gwrs, ond tarodd yr arolwg ar bwynt pwysig gan dynnu sylw at y ffaith mai rhan o argyfwng parhaol y diweithdra yng Nghymru oedd ei fod yn effeithio cymaint ar y dosbarth gweithiol 'parchus', a oedd hyd yn hyn wedi arfer â gwaith caled a pheth llewyrch materol. Wrth i'r teuluoedd hyn, a'u piano yng nghornel y parlwr a charpedi ar y lloriau, deimlo tlodi, segurdod a diffyg bwyd yn y pantri, roedd y tyndra cymdeithasol a seicolegol yn hynod o ddwys, yn enwedig i'r gwragedd balch.

Gwelsom eisoes sut yr arweiniodd diweithdra at leihad ym mhoblogaeth y cymoedd, ac am amser maith ymfudo oedd prif ateb y llywodraeth i'r argyfwng. Ychwanegwyd at y tyndra seicolegol wrth i bobl orfod gadael eu teuluoedd a chymunedau, ac roedd yn brofiad rhy boenus i lawer a ddychwelodd yn fuan i'r cymoedd a'r cyni. O'r dauddegau hwyr ymlaen sefydlodd y llywodraeth ganolfannau hyfforddi i baratoi dynion ar gyfer ymgymryd â mathau eraill o waith, ac ailgynefinwyd y rhai fu'n ddi-waith am gyfnod maith â galwadau gwaith mewn canolfannau ymgyfarwyddo.

Elaine Morgan

I was born in Hopkinstown which was an average mining community. My father worked in the Ty Mawr Pit, and after 1930 he was out of work for about eight or nine years. I enjoyed it. It was a poverty-stricken community, I suppose, but the feeling of that is partly relative. I mean, if you are in the street and they're all on the same level, you don't particularly feel poor. It was like all the stereotypes, it was running alive with children and they commanded the streets during the daytime, the women were in the houses, so the streets were ours . . . There was still white-stone on the doorsteps and little half circles outside on the pavement. I think that it was largely due to the women; the women were the driving force behind the chapels and the temperance movement and you don't get into debt and you don't gamble and you don't swear and you keep yourself tidy, and then the men had their little roles elsewhere. It reminded me in some ways of what you read of the Jewish women, I mean they don't appear in public at all, but they're immensely powerful on the hearth and behind the scenes and I think this was true of Welsh women.

Plant yn ymuno yn y frwydr yn ystod dirwasgiad y tridegau.

Sefydlodd Cyngor Sir Morgannwg ganolfan i hyfforddi merched ifainc yn y sgiliau y byddai eu hangen arnynt i allu mynd yn forynion mewn cartrefi yn ne-ddwyrain Lloegr. Un o'r delweddau mwyaf dirdynnol o'r cyfnod hwn yw gweld merched ifainc Cymru, yng nghanol diffeithdra'r cymoedd, yn dysgu sut i osod allan gyllyll a ffyrc arian, a sut i weini cawl o ddysgl gaead fel y gallai eu sgiliau newydd eu gyrru i fyd a diwylliant arall. Roedd ymfudo'n gallu bod yn brofiad ofnadwy; wedi'r cyfan roeddent yn gadael cymdeithas gynefin am gymdeithas ddieithr a hyd yn oed anghyfeillgar. Nododd yr Americanwr, Eli Ginzberg, yn 1942: 'Theirs was a rich culture, and the miner who went east from South Wales left much more behind than did the miner who went south from Durham.'

I'r sawl a arhosodd yn ardaloedd y dirwasgiad, yn enwedig ym mharthau dwyreiniol, canol a gogleddol y meysydd glo, daeth diweithdra â phroblemau hir-dymor wrth ei gynffon. Pwysleisiwyd rhai o'r problemau hyn gan adroddiad Astudiaeth Gymunedol Bryn-mawr yn 1934, a oedd yn bryderus dros ben am sefyllfa'r rhai dros ddeugain oed – traean ohonynt heb gael gwaith ers mwy na phedair blynedd – a hefyd yr ifainc a oedd wedi cael nemor dim profiad o weithio. Daeth yr adroddiad i'r casgliad fod digalondid y rhagolygon economaidd wedi arwain llawer o bobl i 'despondency, bitterness and apathy'. Yn ôl yr adroddiad, ymatebodd dynion di-waith i'r anobaith hwn mewn gwahanol ffyrdd: cymerodd rhai at weithredu gwleidyddol, rhai at eu gerddi, tra bod eraill yn sefyllian ar gorneli'r strydoedd, yn anobeithiol o ddibynnol ar benderfyniadau a wnaethpwyd rhywle arall gan eraill.

Nid diweithdra oedd yr unig felltith i daro Cymru yn hanner cynta'r ugeinfed ganrif. Roedd afiechyd a marwolaeth yn ymwelwyr cyson i dai Cymru: gadawodd cloddio am lo a llechi ei ôl andwyol ar ysgyfaint y gweithwyr, gan beri iddynt orfod ymladd am eu hanadl wrth ddioddef pneumoconiosis a silicosis. Ac am bob marwolaeth yn y pyllau roedd cant o ddamweiniau a arweiniodd at golli aelodau o'r corff neu barlysiad.

Bu afiechydon megis teiffoid, difftheria, y dwymyn goludd, y dwymyn goch, y pâs a'r frech wen yn gyfrifol am golli bywydau lawer. Gwaethygwyd y problemau iechyd gan safonau tai a diffyg glanweithdra; yn 1908, sir Forgannwg oedd â'r gyfradd ail uchaf o farwolaethau drwy Gymru a Lloegr gyfan. Y gyfradd ar gyfer marwolaethau babanod oedd i'w chyfrif am lawer o hyn, a'r gostyngiad yn y gyfradd honno oedd yn bennaf cyfrifol am y gwelliant a ddigwyddodd yn y cyfraddau marwolaethau yn negawdau cynnar y ganrif. Roedd y sefyllfa'n ddigon drwg yn y Gymru ddiwydiannol, ond mewn rhannau o gefn gwlad Cymru roedd y gyfradd marwolaethau ar gyfer babanod yn argyfyngus: yng Nghastellnewydd Emlyn, er enghraifft, yn 1909, roedd cynifer â 246 o bob 1,000 yn marw yn eu babandod. Ar droad y ganrif safai'r gyfradd ar gyfer Cymru ar uchafbwynt o 135 ym mhob 1,000, ond bu gostyngiad cyflym wedi hynny i 92 yn 1916 a 67 yn 1930, er iddi aros yn bryderus o uchel mewn ardaloedd gwledig lle nad oedd cyfleusterau meddygol da. Parhaodd cyfradd marwolaethau mamau wrth roi genedigaeth yn ystyfnig o uchel yn yr ardaloedd hyn hefyd, ac roedd y gyfradd yng Nghaernarfon, er enghraifft, yn y cyfnod rhwng y ddau ryfel byd ddwywaith y gyfradd trwy Gymru a Lloegr.

Y prif reswm am y gostyngiad yn y cyfraddau hyn oedd gwelliannau yn y gwasanaethau meddygol, yn enwedig ymweliadau iechyd a gofal mamolaeth a ddilynodd ddeddfwriaeth berthnasol yn 1908 ac 1918. Er hynny, roedd Cymru'n wlad fregus ei hiechyd, a darluniwyd hynny yn ddramatig o effeithiol gan amharodrwydd y darfodedigaeth (TB) i gilio o'r tir. Ers diwedd y bedwaredd ganrif ar bymtheg roedd y darfodedigaeth wedi cilio'n sylweddol ledled Ewrop, ond roedd cyfradd y gostyngiad yng Nghymru yn is nag yn unman arall. Erbyn y dauddegau Cymru oedd man gwaetha'r Deyrnas Unedig am achosion o'r darfodedigaeth. Roedd y clefyd hwn – a gysylltir â thlodi ac amgylchiadau cymdeithasol gwael – yn rhemp trwy Gymru ac ychydig o deuluoedd a lwyddodd i osgoi ei frathiad. Daeth y darfodedigaeth i'w gydnabod yn broblem Gymreig arbennig yn 1910 pan sefydlwyd Cymdeithas Goffa Genedlaethol y Brenin Edward VII, gyda chymorth ariannol gan y teulu Davies, y meistri glo o Landinam, er mwyn ymladd y clefyd yng Nghymru. Cafwyd peth llwyddiant yn y frwydr yn ei erbyn, ond parhaodd yn broblem sylweddol

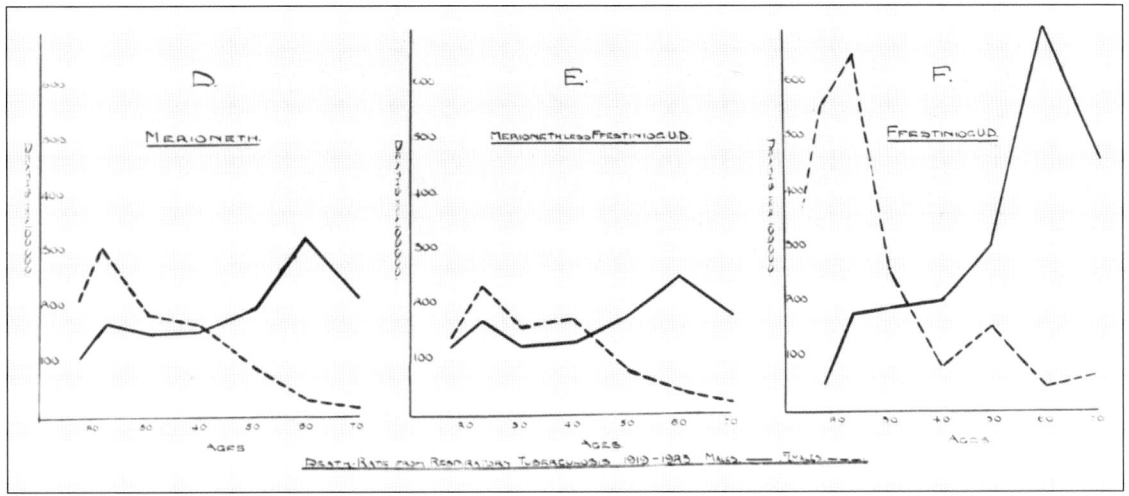

Mae'r graffiau'n dangos yn glir mai menywod ifainc a dynion hŷn a dueddai i farw o'r darfodedigaeth. Maent hefyd yn dangos mor uchel oedd nifer y marwolaethau yn ardal Ffestiniog.

er gwaethaf lleihad mawr mewn rhannau eraill o'r Deyrnas Unedig. Hyd yn oed yn 1939, pan gyhoeddwyd adroddiad Clement Davies ar y clefyd gyda'i feirniadaeth ddeifiol ar amgylchiadau cymdeithasol a diffyg gweithredu ar ran y cynghorau lleol, roedd y clefyd yn dal ei dir. Yn ôl yr adroddiad roedd gan saith o'r tair sir ar ddeg yng Nghymru y cyfraddau uchaf o'r darfodedigaeth drwy Gymru a Lloegr.

Sir Gaernarfon oedd yr ardal waethaf drwy Gymru a Lloegr, a hynny oherwydd bod cyfraddau enbydus o uchel mewn dau le yn arbennig; ym mhentrefi chwarelyddol Dyffryn Nantlle ac ardal Llanberis, cafwyd cyfuniad angheuol o lwch y llechi, amgylchiadau cymdeithasol ofnadwy a rhyw ffataliaeth ddofn ynglŷn â'r darfodedigaeth a'i gnwd cyson o fenywod ifainc a dynion canol oed.

Sefydlwyd clinigau ledled Cymru ac adeiladwyd cyfres o sanatoria i drin y cleifion. Mae'n anodd dirnad heddiw sut y cafodd y clefyd ei drin hyd at ddiwedd y tridegau, pan nad oedd llawer o'r cyffuriau diweddarach effeithiol ar gael. Nid oedd pelydr-x na gwrthfiotigau nes cyflwyno penisilin yn ystod yr Ail Ryfel Byd. Llwyddodd gwell amodau byw a'r cyffur *streptomycin*, a ddaeth yn haws ei gael ar ôl yr Ail Ryfel Byd, i waredu Cymru rhag y darfodedigaeth. Trawsnewidiwyd bywyd trigolion Cymru gan y datblygiadau meddygol hyn, gan wireddu gweledigaeth Aneurin Bevan ar ffurf y Gwasanaeth Iechyd Cenedlaethol a chan ddarparu tai modern. Roedd Cymru wedi'r rhyfel yn wahanol iawn i Gymru'r tridegau.

Roedd ystyfnigrwydd y darfodedigaeth i gilio'n adlewyrchu'r amgylchiadau cymdeithasol dychrynllyd, yn enwedig yng nghefn gwlad Cymru: roedd tai llaith a gorlawn, ymborth gwael, systemau carthffosiaeth hynod o elfennol a diffyg gwybodaeth gyffredinol ynghylch afiechyd. Pryderon am amgylchiadau o'r fath a ysgogodd y symudiad tuag at ddarparu tai i'r werin a chreu'r ystadau cyngor. Roedd darparu cartrefi wedi bod yn achos pryder ers amser maith yng Nghymru. Yn yr ardaloedd diwydiannol roedd cyflymder y cynnydd wedi cynhyrchu tai o ansawdd anwastad iawn, llawer ohonynt yn annigonol, ac roedd gorboblogi'n broblem dragwyddol. Roedd diffyg cynllunio i'w weld yn glir ledled y cymoedd diwydiannol, a daeth y strydoedd teras i fod yn bensaernïaeth nodweddiadol Gymreig. Yn yr ardaloedd gwledig, er gwaethaf peth gwelliant tua diwedd y bedwaredd ganrif ar bymtheg roedd systemau carthffosiaeth digonol a dŵr tap yn eithriadau a dweud y lleiaf.

Yn dilyn Deddf Addison yn 1919 dechreuwyd darparu tai i'r werin bobl; roedd ystâd Townhill yn Abertawe yn enghraifft gynnar o hyn, ac yn ystod y tridegau gwelwyd datblygu tai cyngor ar raddfa ehangach. Yn 1932, ac ar ôl cryn ddadlau, cytunwyd i adleoli ardal ddifreintiedig Hirael ym Mangor i ystâd newydd tu allan i'r ddinas ym Maesgeirchen, a gorffennwyd adeiladu'r rhan gyntaf yn 1936. Erbyn 1935 roedd yr awdurdodau lleol yng Nghymru wedi adeiladu tua 35,000 o gartrefi, gyda 27,000 ohonynt ym Morgannwg, Caerdydd, Mynwy, Wrecsam ac Abertawe. Ond, ar ôl yr Ail Ryfel Byd y dechreuodd y cynnydd aruthrol mewn codi tai cyngor a fyddai'n newid golwg Cymru. Erbyn y chwedegau roedd gan bob dinas, tref a phentref yng Nghymru eu tai cyngor. Dechrauwyd ystâd anferth Penlan, Abertawe, yn 1945 a rhwng 1946 ac 1954 adeiladwyd 86 y cant o'r tai newydd yn Abertawe gan yr awdurdod lleol. Ym Mhort Talbot gerllaw, dilynwyd twf gwaith dur Margam o'r pumdegau gan ddatblygiad ystâd helaeth Sandfields. Erbyn y chwedegau, roedd 20,000 o dai cyngor yn cael eu hadeiladu bob blwyddyn, ac erbyn 1965 roedd 144,000 o'r 225,000 o dai yng Nghymru wedi'u hadeiladu gan yr awdurdodau lleol.

Daeth sefydlu trefi newydd o dan ddarpariaeth Deddf Trefi Newydd 1946 yn rhan o'r strategaeth tai genedlaethol wedi'r rhyfel. Roedd yn amlwg fod achos ar gyfer tref o'r fath yng Nghymru, a bu llawer o drafod ynglŷn â'i lleoliad. Cytunwyd yn y diwedd ar Gwmbrân fel safle'r dref newydd yn 1949. Yn gymuned fach ar y dechrau, tyfodd y dref gan ddyblu ei maint rhwng 1955 ac 1959, a'i ddyblu eto rhwng 1959 ac 1966. Erbyn 1984 roedd tua 10,000 o gartrefi yng Nghwmbrân. Dyma arbrawf bwriadol i ddarparu tai a lwyddodd, er gwaethaf rhai diffygion, i osgoi llawer o'r problemau a boenodd gymaint o ystadau a threfi newydd eraill.

O'u cymharu â'r hen dai teras roedd gan y tai cyngor modern erddi, waliau solet, ceginau gosod a thoiledau ac ystafelloedd ymolchi y tu mewn i'r tŷ; roedd nifer o'r tai cyntaf a adeiladwyd yn dai pâr. Trawsnewidiwyd amgylchiadau byw degau o filoedd o deuluoedd Cymreig er gwell gan y tai cyngor hyn, ond erbyn y saithdegau daeth rhai o'r ystadau cyngor i'w cysylltu ag anhrefn gymdeithasol ddwys – nodwedd a ysgogwyd yn aml gan eu lleoliad a'u pensaernïaeth – yn hytrach nag â gwell amodau byw. Lleolwyd llawer o'r ystadau cyngor ar wahân i'w cymunedau gwreiddiol, ac roedd hyn yn wir am yr ystadau bychain gwledig, megis Bro Silyn yn Nyffryn Nantlle, yn ogystal â'r ystadau mawrion megis Penrhys yn y Rhondda a Phen-y-waun yng Nghwm Cynon. Roedd yr arwahanrwydd hwn yn peri llawer o broblemau gan ei fod yn amharu ar effeithlonrwydd rhwydweithiau cymunedol a theuluol ac yn pellhau trigolion yr ystadau o'r adnoddau a'r gwasanaethau oedd arnynt eu hangen. Daeth yr ystadau i'w gweld fwyfwy fel *ghettos* i gartrefu'r diarddeledig a'r di-waith ac, er bod hyn yn ddehongliad anghywir ac yn un annheg iawn i'r rhan fwyaf o bobl oedd yn byw yn yr ardaloedd hyn, bu'n anodd iawn dileu'r enw drwg a oedd wedi'i greu.

Nid tai'r ystadau cyngor oedd yr unig dai o ansawdd gwael yng Nghymru. Daeth yn fater o bryder fod cynifer o bobl, yn enwedig yng nghymoedd de Cymru, yn byw mewn tai o gyflwr gwael ac o werth isel, er mai nhw oedd perchnogion y tai hynny. Yn 1984 roedd 40 y cant o dai Cymru, y mwyafrif ohonynt dan berchnogaeth breifat, wedi'u hadeiladu cyn 1919. Ni wnaeth gwerthu tai cyngor ddatrys y problemau sylfaenol, a pharhaodd diffyg cartrefi o safon yn broblem gymdeithasol ddwys mewn rhai rhannau o Gymru. Ar ben arall y raddfa gymdeithasol ac yn yr ardaloedd mwy cyfoethog, gwelwyd bŵm adeiladu yn yr wythdegau wrth i brisiau tai godi'n ddramatig ac i ddatblygiadau tai i'r dosbarth canol cefnog ffynnu. Roedd datblygiadau o'r fath, yn aml mewn ardaloedd megis maestrefi Caerdydd ac ardal yr Wyddgrug yn sir y Fflint, yn debyg i ddatblygiadau o'r fath yng ngweddill Prydain. Nid oedd i'r tai hyn gymeriad rhanbarthol, nac ychwaith unrhyw nodweddion cynhenid Cymreig ond, er hynny, daethant yn gymaint rhan o'r Gymru fodern â strydoedd teras y cymoedd a bythynnod y cefn gwlad. Ni ddylai eu hunffurfiaeth olygu eu bod yn anweledig, ac ni ddylai'r problemau sy'n dal i fodoli o ran darpariaeth tai guddio'r gwelliannau enfawr sydd wedi digwydd yn ystod y ganrif.

Erbyn dechrau'r tridegau roedd trydan a nwyddau trydanol, ceir a chyflogaeth gyson eisoes wedi gweddnewid safonau byw miliynau o bobl yn ne Lloegr. Roedd ambell ardal lewyrchus yn bodoli yng Nghymru hefyd, ond ni fedrai llawer o'r wlad – oherwydd tlodi, diweithdra neu arwahanrwydd daearyddol – elwa'n llawn ar y cynnydd hwn cyn y pumdegau. Erbyn y degawd hwnnw, roedd newidiadau amlwg i'w gweld wrth i fwy a mwy o deuluoedd Cymreig gael gafael ar gyfarpar domestig megis peiriannau golchi dillad a sugnwyr llwch, ac ar eu ceir eu hunain ac ar setiau teledu a'u galluogodd i gyfranogi o'r masddiwylliant Eingl-Americanaidd. Erbyn 1959 roedd ymron i filiwn o drwyddedau teledu (du a gwyn) mewn grym yng Nghymru. Mewn llawer ystyr mae newid cymdeithasol yng Nghymru ers hynny wedi bod yn rhan annatod o'r newidiadau sydd wedi effeithio ar y byd gorllewinol yn gyffredinol. Yn sicr, daeth y duedd tuag at chwalu'r rhwydweithiau cymunedol tradd-odiadol, y gwanhau ar weithgareddau cymunedol a'r cynnydd yn y ffordd y mae pobl yn byw bywydau cynyddol breifat yn fwy amlwg yng Nghymru yn negawdau ola'r ugeinfed ganrif. I'r un graddau, erbyn diwedd y ganrif, gwelwyd mabwysiadu tueddiadau'r dosbarth canol at swbwrbaneiddio, siopa tu allan i'r dref a gwyliau tramor gan nifer gynyddol o deuluoedd dosbarth gweithiol.

Erbyn diwedd y ganrif llwyddodd y newidiadau hyn i ysgogi nerfusrwydd ac ofn ynghylch cyfeiriad a chyflymder y newid cymdeithasol. Ym mlynyddoedd ola'r ugeinfed ganrif, gwelwyd eto gan rai, mewn gwahanol ffurfiau, yr ymddatodiad cymdeithasol a'r dirywiad moesol a ddisgrif-iwyd yn gynharach yn y ganrif. Yn nhyb llawer, tanlinellwyd y chwalfa gymdeithasol gan y cynnydd ymddangosiadol aruthrol mewn troseddu. Yn gynharach yn y ganrif, ofnai'r bonedd y byddai'r dosbarth gweithiol undebol a threfnus yn tanseilio cymdeithas, ond wrth i'r ganrif ddod i ben datblygai ofn trais a fandaliaeth droseddol gan danddosbarth anhrefnus.

Rhaid bod yn ofalus wrth drafod ffigyrau troseddu gan y gall yr ystadegau fod yn gamarweiniol. Gall deddfwriaeth greu troseddau newydd nad oeddent yn bodoli ynghynt, megis troseddau gyrru, a hefyd, yn fwy arwyddocaol, mae ystadegau'n dibynnu ar adrodd a chofnodi troseddau. Er gwaethaf hyn, ymddengys mai nifer y troseddau yw un o'r gwahaniaethau mwyaf rhwng bywyd cymdeithasol ar ddechrau'r ganrif

---

Dewi Thomas

Roeddech chi'n ymwybodol iawn o'r math o fywyd oedd gyda chi, ac roedd yn naturiol bod chi am amddiffyn hwnnw, yn enwedig y Cymry Cymraeg, lle roedd 'na gapeli, lle roedd 'na gymdeithasau diwylliannol, lle roedd 'na bethau fel chwiorydd a'r WI ac yn y blaen. Roeddech chi am amddiffyn y patrwm yna hyd y gallech chi. Erbyn hyn, mae pethau wedi newid cymaint mewn llawer o bentrefi a dŷn nhw ddim ond rhyw fath o lefydd i bobl gysgu; mae wedi newid. Roeddwn i'n nabod pawb oedd yn y pentrefi yna o fewn blwyddyn i ddwy wedi dod i fyw iddyn nhw. Erbyn hyn, dwi'n nabod neb ynddyn nhw; mae'r tai wedi'u gwerthu, mae pobl ddiarth wedi dod, maen nhw'n bobl annibynnol, pobl yn eu ceir, dim ond ceir yn gwibio heibio, 'na i gyd sydd gyda chi. Ro'ch chi'n cerdded trwy'r pentref yn yr hen amser a phobl ar stepen y drws ac fe fyddech chi'n gallu cael sgwrs â nhw, pobl eraill yn yr ardd yn codi pennau a chael sgwrs â nhw. Mae hwnna wedi gorffen i gyd – pobl mewn bocsys bellach yn teithio ar bedair olwyn.

ac yn y degawdau olaf. Yn ei lyfr olaf, trafododd yr hanesydd David Jones natur troseddu a phlismona yn ne Cymru yn ystod yr ugeinfed ganrif, ac mae ei gasgliadau'n dweud llawer am gwrs y ganrif.

Yn y bedwaredd ganrif ar bymtheg roedd nifer y troseddau yng Nghymru, gwlad y menyg gwynion, yn llai o dipyn nag yn Lloegr ac er bod haneswyr yn ein rhybuddio rhag cofleidio darlun goroptimistaidd, mae'n amlwg bod i Gymru enw fel gwlad gymharol ddidrosedd ar droad y ganrif, sefyllfa a barhaodd tan ar ôl y Rhyfel Byd Cyntaf. Mae sylfaen gadarn i honiad cyson y genhedlaeth hŷn nad oedd troseddu'n fawr o broblem ac na fyddai neb yn cloi eu drysau. Serch hynny, gall yr argraffiadau hyn fod yn gamarweiniol hefyd ac, fel y dangosodd Russell Davies yn ei astudiaeth o sir Gaerfyrddin, ar droad y ganrif roedd trais yn rhemp mewn rhai ardaloedd, a thrais yn y cartref yn broblem ddifrifol. Roedd puteindra, meddwdod, lladrad a chardota'n peri problemau hefyd. Nodwyd patrwm tebyg gan Michael Lieven yn ei astudiaeth o Senghennydd lle roedd sawl achos o dreisio menywod, gan gynnwys criwdreisio, yn gynnar yn y ganrif. Hefyd, daeth Davies ar draws tystiolaeth helaeth o esgeuluso plant a'u cam-drin yn gorfforol ac yn rhywiol. Yn 1913 adroddodd Cangen Rhanbarth Caerfyrddin o'r NSPCC ei bod wedi ymchwilio i 210 o achosion o greulondeb i blant, a bod 205 ohonynt wedi eu canfod i fod yn wir. Felly, er nad oedd lefel y troseddau cofnodedig mor uchel â heddiw, roedd i'r gymdeithas honno lawer nodwedd anghynnes.

Beth bynnag oedd y gwir sefyllfa ar ddechrau'r ganrif, nid oes amheuaeth nad yw'r nifer o achosion cofnodedig o droseddu wedi cynyddu'n sylweddol yn ystod y ganrif. Roedd y nifer o droseddau ditiadwy ymhlith pob 100,000 o boblogaeth yn 1901 yn 222, ffigwr anhygoel o isel, ond erbyn 1989 cynyddodd y nifer i 6,818 ym mhob 100,000. Serch hynny, nid twf cyson oedd hwn, ond cynnydd a ddilynodd batrwm diddorol a gymerodd gamau mawr ar wahanol adegau ac a aeth â'r ystadegau'n uwch ac yn uwch. Gwelwyd y cyntaf o'r camau hyn tua dechrau'r dauddegau pan gynyddodd y nifer o droseddau'n sydyn. Yna, rhwng y rhyfeloedd, cafwyd naid pellach, yn enwedig gan bobl ifainc. Digwyddodd cynnydd arall yn ystod y rhyfel ac arhosodd y lefel newydd o droseddu'n bur gyson hyd at ganol y pumdegau, ond yna, tua diwedd y degawd, ffrwydrodd yr ystadegau troseddu i uchderau newydd. Dyblu fu hanes yr ystadegau hyn rhwng 1951 ac 1961, cyn dyblu eto rhwng 1971 ac 1989. Roedd peth amrywiaeth o fewn Cymru, gydag ardaloedd a oedd dan ofal Heddlu De Cymru, a ffurfiwyd yn 1969, a Heddlu Gwent, yn arddangos lefelau o droseddu oedd yn gyson uwch na'r ardaloedd mwy gwledig oedd dan ofal Heddlu Dyfed-Powys a Heddlu Gogledd Cymru.

Rhwng 1979 ac 1986, cododd y nifer o droseddau difrifol yn llym unwaith eto. Dyma gyfnod pan ddychwelodd diweith-dra eang a streiciau diwydiannol, megis streic y glowyr yn 1984–5, i Gymru. Yn wir, yn ne Cymru y cafwyd rhai o'r cyfraddau uchaf o droseddau ym Mhrydain; roedd yr ystadegau am fyrgleriaeth, lladrata ceir, trais a fandaliaeth yn arswydus o uchel. Cydnabuwyd bod troseddau gan ddynion ifainc yn broblem arbennig, ac roedd tua hanner o'r rhai a gafwyd yn euog o droseddau ditiadwy o dan 21 oed, chwarter ohonynt o dan 17 oed. Roedd cyfran fawr o'r rhai a ymddangosai'n gyson gerbron y llysoedd oherwydd troseddu rhwng 1969 ac 1989 yn dod o blith rhengoedd y di-waith a'r rhai a dderbyniai gyflog isel.

Mae'r cysylltiad uniongyrchol rhwng troseddu a newid cymdeithasol yn destun trafodaeth gan droseddegwyr a gwleid-yddion fel ei gilydd. Ac fel yr oedd hi'n amlwg ar ddechrau'r ganrif fod newidiadau sylfaenol yn y patrwm cymdeithasol yn digwydd, felly ar ddiwedd y ganrif gellir canfod newidiadau cymdeithasol eraill yr

Nia Elis-Williams

Wrth weithio efo troseddwyr a'r troseddwyr di-baid yn arbennig, 'dach chi'n sylweddoli, o dderbyn yr holl broblema 'ma sy gynnoch chi, yr un peth sy gynnon nhw ddim ydy hunan-barch a dim parch tuag at neb arall. Achos, os oes gynnoch chi ddim hunan-barch, mae'n annhebygol iawn eich bod chi'n gwbod sut i ddangos parch at neb arall. A does 'na ddim ystyried canlyniadau. Os oes gynnoch chi ddim gwaith, does gynnoch chi ddim to. Pam poeni am ganlyniadau dwyn o rywle, achos y canlyniad ydi fod gynnoch chi e'lla garchar am, be, tri mis? Os 'dach chi ddim yn ystyried y canlyniadau i chi'ch hun , saff 'dach chi ddim yn mynd i ddechra ystyried y canlyniadau i'r dioddefwyr, y rhai sy wedi diodda oherwydd eich troseddu chi. Y duedd, dwi'n meddwl, ydy ystyried fod troseddu'n broblem syml a bod 'na atab syml iddo fo a be dwi'n trio ddeud ydy bod y broblem yn un gymhleth dros ben, yn gymhleth i bob unigolyn, yn gymhleth i'r gymuned ac wedyn trwy'r gymdeithas.

un mor sylfaenol. Hyd yn oed yng nghefn gwlad Cymru gwelir newidiadau sylfaenol yn y patrwm cymdeithasol; rhwng 1948 ac 1974 roedd gostyngiad dramatig yn y nifer oedd yn gweithio yn y byd amaeth, o fwy na 43,000 i ryw hanner hynny yn 1974. Erbyn diwedd y ganrif disgynnodd y nifer ymhellach i 18,000, dim ond 1.4 y cant o'r holl weithlu. Roedd y sawl oedd yn ymwneud yn uniongyrchol ag amaethyddiaeth bellach yn lleiafrif bychan iawn yng Nghymru, ac yn fwy arwyddocaol, roeddent yn lleiafrif yn y cefn gwlad. Daeth ffermydd yn fwy wrth i unedau gael eu cyfuno. Trodd y tyddynnod a'r tai a adawyd yn wag yn dai haf, yn gartrefi ymddeol neu'n gartrefi i bobl a deithiai i'r gwaith yn y trefi. Chwalwyd hen batrymau'r bywyd gwledig, yr arferion, y cneifio a'r cynhaeaf cydweithredol, a diflannodd rhythmau cynnil y bywyd gwledig. Aeth enwau'r caeau a'r ffriddoedd, a fu unwaith mor bwysig, yn angof. Achoswyd y newidiadau hyn yn y gymdeithas wledig gan nifer o ffactorau: nifer y mewnfudwyr i gefn gwlad Cymru yn ystod y saithdegau a'r wythdegau; dirywiad yr economi gwledig; a phwysigrwydd cynyddol cefn gwlad Cymru fel adnodd ecolegol a lle i hamddena. Gyda'i gilydd, sbardunodd y rhain un o'r newidiadau cymdeithasol mwyaf sylfaenol i effeithio ar Gymru. O fewn cyfnod o ugain mlynedd dymchwelwyd traddodiad o gof a gwybodaeth leol, o garennydd a chyd-ddealltwriaeth. Daeth cefn gwlad Cymru, gyda'i ffermydd mawrion, a'i fyngalos a'i *telecottages,* yn gefn gwlad mor fodern ag y gallai rhywun ei ganfod yn unman yn Ewrop.

Nid y Gymru wledig oedd yr unig ardal i'w thrawsnewid gan y modern-eiddio hwn. Wrth i swyddi symud fwyfwy i gyfeiriad yr arfordir, daeth cymoedd de Cymru yn debycach i lefydd noswylio i'r minteioedd o weith-wyr a deithiai'n ddyddiol i'w swyddi yn y de. Mewn rhai ardaloedd treuliai'r rhai na fedrent gael hyd i waith eu dyddiau mewn cymunedau a ddioddefai'n arw gan effeithiau troseddu a chyffuriau. Daeth y cymoedd, a fu unwaith yn ddeinamo Cymru, yn gartref i'r claf, yr hen a'r anabl. Tebyg oedd hynt trigolion rhai o hen drefi diwydiannol y diwydiant llechi yng ngogledd Cymru.

Serch hynny, erbyn diwedd y ganrif, roedd y gymdeithas Gymreig a seiliwyd ar amaethyddiaeth, y lofa, y felin a'r chwarel lechi wedi diflannu, ac yn ei sgil roedd Cymru fodern wedi ymddangos. Roedd y Gymru hon ar ei chryfaf ar hyd yr M4 ac yng ngogledd-ddwyrain Cymru, ond roedd hefyd yn amlwg mewn mannau eraill. Dyma Gymru ffyniannus ac addysgedig, Cymru'r marinas a'r clybiau golff, Cymru teithio rhyng-wladol a thai mawr. Mae'r fath fyd yn dra gwahanol i'r delweddau cyffredin o fywyd cymdeithasol yng Nghymru, ac nid yw'n gorwedd yn esmwyth wrth ochr fframweithiau ideolegol llawer o ddeallusion Cymru. Eto i gyd, dyma oedd y realiti cymdeithasol i nifer gynyddol o bobl.

Braidd yn gynnar eto yw cymryd datblygiad Bae Caerdydd, sy'n ymbarchuso man a fu'n ardal dlawd o'r dociau, yn drosiad am Gymru gyfan. Ni all datblygiad o'r fath, fel arfer, gwmpasu pob agwedd ddaearyddol a chymdeithasol, a gall godi problemau moesol. Ond roedd iddo arwyddocâd symbolaidd pwerus, nid yn unig fel arwydd o adfywiad ond oherwydd ei fod yn dynodi strategaeth fwriadol ac uchelgeisiol i ddisodli seiliau cymdeithasol y gorffennol.

Roedd gweddillion yr hen Gymru a'r Gymru newydd a darddodd o gyfnod y chwyldro Thatcheraidd yn agored i'r un newidiadau pell-gyrhaeddol a fyddai'n ysgwyd a chymhlethu arferion cymdeithasol trwy lawer o'r byd gorllewinol diwydiannol. Wrth i wead seiliau cymdeithasol a'r ffordd roedd pobl a chymunedau'n ymagweddu tuag at ei gilydd wynebu her newidiadau dwfn, felly hefyd roedd rhai o sefydliadau hynaf hanes dynol yn gwanhau. Roedd newidiadau yn y teulu, efallai hyd yn oed diwedd y teulu fel yr uned gymdeithasol normal, yr un mor amlwg yng Nghymru ag yn unman arall. Yn wir, yng Nghymru y gwnaeth John Redwood y mater yn bwnc gwleidyddol amlwg wrth iddo dynnu sylw crafog at absenoldeb tadau ar ystâd Llaneurwg yng Nghaerdydd yn 1993.

Arhosodd y nifer o briodasau yng Nghymru yn bur gyson ar hyd lawer o'r ganrif gyda phenllanw yn dilyn y ddau ryfel byd (ac ym mlynyddoedd cynnar yr Ail Ryfel Byd). Yn 1920 roedd 26,000 o briodasau yng Nghymru, ac roedd 23,000 yn 1948. Lleihaodd y nifer ychydig yn y blynyddoedd wedyn ond parhaodd priodas i fod yn boblogaidd. Yn 1983, roedd y nifer yn dal i fod yn gymharol uchel, gyda bron i 20,000 o briodasau y flwyddyn, ond ymhen deng mlynedd roedd y nifer wedi disgyn i tua 16,000, y ffigwr isaf yn ystod y ganrif, a hynny er gwaetha'r ffaith fod nifer y boblogaeth gyfan wedi cynyddu gan bron i filiwn. Lleihaodd y gyfradd briodasau yn fawr, yn enwedig yn ystod dau ddegawd ola'r ganrif. Yr un pryd daeth ysgaru yn fwyfwy cyffredin. Digwyddiad prin iawn oedd ysgaru ar ddechrau'r ganrif ond, erbyn y nawdegau, roedd tua 9,000 o ysgariadau y flwyddyn. Roedd y pwyslais ar briodi'n fodd i ddiystyru pa mor gyffredin oedd ffurfiau eraill o berthnasau sefydlog yn y gymuned, ond mae'r ffigyrau hyn yn awgrymu newid pendant mewn safonau ymddygiad ac agweddau cymdeithasol.

Ni phallodd cyflymder y newid cymdeithasol yng Nghymru yn ystod yr ugeinfed ganrif, ac roedd y newidiadau yn rhai pellgyrhaeddol. Roedd y gymdeithas Gymreig ar drothwy'r unfed ganrif ar hugain yn dal i arddangos rhai nodweddion a fyddai'n gyfarwydd i'r sawl oedd yn byw yn 1900, ond byddai unrhyw Gymro, ac yn enwedig unrhyw Gymraes, o'r cyfnod hwnnw yn cael cymdeithas y flwyddyn 2000 yn ddieithr ac yn anghredadwy. Ar ddechrau'r ganrif, i bob pwrpas, gweini oedd yr unig fath o waith oedd ar gael i fenywod, a phrin bod menywod priod yn gweithio am gyflog o gwbl. Er enghraifft, roedd yn rhaid i fenywod a oedd yn athrawon ddewis rhwng priodas a gyrfa, gan y golygai priodi ddiswyddiad. Erbyn diwedd y ganrif, fodd bynnag, roeddem yn byw mewn cymdeithas lle y gweithiai cynifer, os nad mwy, o fenywod nag o ddynion, datblygiad a barodd newidiadau mawr yng nghyfrifoldebau a rôl y rhywiau. Yn 1911, cyflogwyd bron i ddwywaith cymaint o ddynion yng Nghymru ag yn y nawdegau: 808,000 o gymharu â 487,000 yn 1994. Mewn gwrthgyferbyniad, mwy na dyblu a wnaeth nifer y menywod cyflogedig, o 216,000 yn 1911 i 477,000 yn 1994. Erbyn diwedd y degawd roedd y nifer o ddynion a merched cyflogedig tua'r un fath. Trafodir y newidiadau hyn yn safle'r ferch yn fanylach yn y bennod nesaf, ond fe'u nodir yma oherwydd eu bod yn adlewyrchu newid cymdeithasol o'r pwys mwyaf. Mae'r newid ym myd y ferch yn arwydd o raddfa'r newidiadau cymdeithasol a brofwyd yng Nghymru ac a gafodd effaith ddofn ar strwythurau cymdeithasol a bywydau personol. I roi un enghraifft huawdl: roedd gwrywgydiaeth yn drosedd yn 1900, a pharhaodd felly am ran fawr o'r ganrif, ond erbyn y nawdegau, er bod cryn ragfarn yn ei herbyn o hyd, roedd yn· ddigon cyffredin i bobl o'r un rhyw arddel perthynas â'i gilydd heb orfod cuddio hynny.

Yn ystod y ganrif, disodlwyd y teulu a gynhwysai ŵr, gwraig a llond tŷ o blant gan deuluoedd llawer llai a chan gynnydd aruthrol mewn ysgariad, teuluoedd un rhiant a theuluoedd lle nad oedd y ddau gymar yn briod. Wrth i'r ganrif ddod i ben, ganwyd pedwar allan o bob deg o fabanod i fenywod dibriod. Lleihaodd y gyfradd enedigaethau'n ddramatig yn ystod y ganrif hefyd: ganwyd bron i 70,000 o blant yng Nghymru yn 1911, ond ar ddiwedd y ganrif roedd y nifer wedi disgyn i'w hanner, 35,000. Yn negawd cynta'r ganrif cynyddodd poblogaeth Cymru gan 20 y cant, ond erbyn y saithdegau roedd y cynnydd wedi lleihau i 3 y cant. Roedd y boblogaeth yn heneiddio.

Roedd plant a fyddai wedi dechrau gweithio yn ddeuddeg neu'n dair ar ddeg oed yn 1900 yn gallu derbyn addysg nes eu bod yn ddeunaw ar ddiwedd y ganrif. Aeth cymaint â thraean o bobl ifainc, menywod yn ogystal â dynion, ymlaen i addysg uwch yn y nawdegau; ar ddechrau'r ganrif roedd y niferoedd yn fychan iawn, a'r rhai o deuluoedd tlawd yn brinnach byth. Erbyn y nawdegau roedd yn agos at 60,000 o fyfyrwyr yn derbyn addysg uwch yng Nghymru.

Ciliodd dylanwad y capeli a arferai gynnig nid yn unig ffydd a gras ond disgyblaeth gymdeithasol a phatrwm i fywydau llawer. Ar ddechrau'r ganrif mynychai 50 y cant o'r boblogaeth addoldy yn gyson, ond erbyn y nawdegau gostyngodd y ganran i lai na 10 y cant. Yn 1900 nid oedd na theledu na radio, ychydig iawn o geir, dim rhewgelloedd na pheiriannau golchi dillad na phensiynau henaint na gwrthfiotigau. Erbyn y nawdegau roedd 84 y cant o dai yn berchen ar rewgell a 70 y cant yn berchen ar fideorecordydd. Yn 1900 âi pobl dros y dŵr i ymladd rhyfeloedd, yn y flwyddyn 2000 aent yno ar eu gwyliau, ac nid oedd Efrog Newydd ond taith chwe awr mewn awyren. Araf iawn y daeth y teleffon, a oedd wedi ei ddyfeisio erbyn 1900, i fod yn un o declynnau'r werin bobl, ond erbyn y nawdegau roedd y ffôn i'w weld yn 86 y cant o gartrefi. Yn gynyddol, roedd tai a busnesau yn defnyddio'r rhyngrwyd drwy eu cyfrifiaduron personol. Yn wir, cafwyd peth o wybodaeth y paragraffau hyn drwy ddefnyddio'r rhyngrwyd a gwefan y Swyddfa Gymreig. Ysgubodd y newidiadau technolegol a chymdeithasol hyn trwy Gymru, gan effeithio ar sut roedd pobl yn byw – o'r manylion lleiaf megis yr hyn roeddent yn ei fwyta, y ffordd roeddent yn coginio, a newidiadau yn eu hymarferion rhywiol, i drawsnewidiadau anferth mewn adeileddau cymdeithasol a dos-barth. Cymdeithas draddodiadol wledig, cymdeithas fas-ddiwydiannol, ailstrwythuro ôl-ddiwydiannol – roedd Cymru wedi eu profi pob un yn ystod y ganrif.

Wrth iddi fynd i mewn i'r unfed ganrif ar hugain, roedd mwyafrif trigolion Cymru'n mwynhau safon byw a chysuron y byddai eu cymheiriaid ar ddechrau'r ugeinfed ganrif wedi methu â'u dychmygu. Yn union fel y collodd y tirfeddianwyr eu hystadau yn y dauddegau, collodd y ffermwyr a rhengoedd y dosbarth gweithiol traddodiadol statws a dylanwad yn wyneb newidiadau cymdeithasol yr wythdegau a'r nawdegau. Roedd cymdeithas wedi dod yn fwy amrywiol ei natur, ac yn fwy agored i strategaethau ac uchelgeisiau personol. Ni allai Cymru osgoi'r heriau cymdeithasol a ddilynodd gyflymder ffyrnig y newidiadau, ac ar ddiwedd yr ugeinfed ganrif, fel ar ei dechrau, ymddengys fod newid o hyd yn fygythiad ac yn addewid.

9

O'r Gegin i'r Gweithle

MENYWOD

Roedd yr ugeinfed ganrif yn gyfnod a welodd drawsnewid aruthrol yn rôl, statws a safle menywod yng Nghymru fel mewn rhannau eraill o Ewrop. Ar ddechrau'r ganrif, ni ystyriwyd bod menywod yn ddigon aeddfed i fwrw pleidlais, ond yn 1979 daeth menyw yn brif weinidog y Deyrnas Unedig ac ugain mlynedd yn ddiweddarach roedd hanner aelodau Cabinet cyntaf Cynulliad Cenedlaethol Cymru yn fenywod. Ar droad y ganrif, mynd i weini fel morwyn oedd tynged y mwyafrif o fenywod di-briod cyflogedig ac, ar y cyfan, disgwyliwyd i fenywod priod ofalu am eu cartrefi a'u teuluoedd yn hytrach nag ymgymryd â gwaith cyflogedig. Erbyn diwedd y ganrif, roedd mwy na hanner y gweithlu'n fenywod, gan gynnwys menywod priod, ac roeddent yn cyfrif am ganran uchel o'r sector cynhyrchu yn ogystal â'r sector gwasanaethu. Ar ddechrau'r ganrif, y teulu, yn ddiamau, oedd yr uned y seiliwyd y gymdeithas arni; ystyriwyd bod plant a anwyd y tu allan i briodas yn 'anghyfreithlon', gyda'r mamau'n debygol o gael eu cystwyo. Erbyn diwedd y ganrif, roedd dyfodol y teulu fel sefydliad yn llai sicr, ac yn 1996 digwyddodd 41 y cant o'r genedigaethau yng Nghymru y tu allan i briodas. Ganwyd Katie Olwen Pritchard yn 1907 yn Nyffryn Nantlle, ond bu fyw bron drwy'r ganrif i gyd ym mhentref glofaol Gilfach Goch yn ne Cymru. Nid oedd hi'n amau mai: 'un o'r pethau mwyaf sydd wedi digwydd yn ystod y ganrif oedd rhoi gwerth ar fywyd y ferch. Mae bywyd y ferch wedi cael ei newid yn gyfan gwbl.'

Gan fod dynion wedi chwarae rhan mor flaenllaw yn economi Cymru yn ystod y ganrif, gellir dadlau bod menywod Cymru wedi gorfod brwydro'n galetach na'r rhelyw er mwyn cael eu trin yn gyfartal. Yn 1936 amcangyfrifwyd bod un allan o bob tri pherson cyflogedig yng Nghymru a Lloegr yn fenyw. Ond yng Nghymru ei hun, ac er gwaethaf diweithdra uchel ymhlith dynion, dim ond 17 y cant o'r llafurlu oedd yn fenywod. Roedd ymdrechion menywod i gael eu hethol yn aelodau seneddol yn boenus o aflwyddiannus; dim ond saith o aelodau seneddol Cymru oedd yn fenywod drwy'r ganrif ar ei hyd.

Fel y soniwyd eisoes, gweithio fel morynion tŷ roedd y mwyafrif o fenywod cyflogedig ar ddechrau'r ganrif. Roedd rhaid i lawer ohonynt adael Cymru er mwyn cael gwaith yng nghytrefi mawrion Lloegr megis Glannau Mersi, Manceinion a Llundain, a gellid canfod rhyw chwerwedd yn llais Katie Olwen Pritchard wrth iddi eu cofio'n ymadael:

> Truenus iawn oedd eu cyfleoedd nhw y pryd hynny. Doedd dim byd ar agor iddynt ond gwasanaeth yn Llundain ac rwy'n cofio'r merched bach hyn, pedair ar ddeg oed, yn mynd oddi ar stesion y Gilfach gyda'u basgedi gwellt. Dyma chi ferched oedd yn Gymry, ein plant ni, plant y cwm oeddynt ac yn gorfod treulio eu hoes yn Llundain.

Roedd cyflogi gweision yn symbol o statws arbennig yn y gymdeithas ar droad y ganrif, ac ni fyddai teulu dosbarth canol yn cael ei ystyried yn gyflawn heb fod ganddo o leiaf un forwyn. Roedd gwahaniaeth mawr mewn amodau gwaith rhwng y naill dŷ a'r llall. Tra oedd rhai menywod yn gweithio mewn tai mawr a chanddynt hierarchaeth gyfan o weision, roedd eraill yn gorfod ymgymryd â'r gwaith tŷ i gyd. Soniodd Eurwen Williams o Lanrug am y dewisiadau cyfyngedig oedd ar gael iddi hi yn y tridegau:

> Wel, doedd yna ddim llawer o *prospects* i chi fel gwaith yma os na fasach chi'n cael addysg. Fuo fi ddim mewn *county school* a doedd yna ddim byd ond gweini o'm blaen i mewn ffordd . . . gweithio mewn *hotels* fuo fi, dechrau fel *kitchen maid* a *pantry maid* a mynd ymlaen i fod yn *waitress*.

Yn aml, roedd gweision a morynion yn gorfod 'byw mewn', dan amodau a allai fod yn llym. Gadawodd Eirlys Thomas o Aberllefenni yn ne Meirionnydd yr ysgol yn bedair ar ddeg oed, a blwyddyn yn ddiweddarach roedd hi'n gweithio fel morwyn mewn tŷ crand yn Sgwâr Grosvenor yng nghanol Llundain. Ymhlith ei dyletswyddau roedd glanhau'r lloriau â charreg bwdr;

> *Hearthstone*, roedd o fel *sand* ac roeddech chi'n gorfod'i neud o'n llyfn. Os oeddech chi'n 'i neud o fel arall roedd o'n mynd fel tonnau'r môr. Roeddech chi'n gorfod ei olchi fo a'i neud o'n llyfn. Wel, ro'n i'n fach ac ro'n i'n gorfod symud y bwced lawer gwaith ond yn aml iawn . . . ro'n i'n gorfod mynd yn ôl i neud o eto. Dyna'ch job chi ynde.

Ar y llaw arall, cynigiodd y fath swyddi rai manteision. Cafodd menywod ifainc gyfle i adael eu cartrefi a dod yn annibynnol ar eu rhieni. Yn 1923, a hithau'n bymtheg oed, gadawodd Mary Evans bentref bach Gwynfryn, ger Wrecsam, i weithio mewn plasty mawr yn swydd Gaer.

Elaine Morgan

If the women hadn't worked very hard in Wales at that time, the place would have been running alive with bugs and typhoid and God knows what. It was they that got the community to lift itself by its boot-straps and try to get a bit of decency and so it seemed to me quite a fair division of labour – the men doing the work which is hard and horrible and women trying to give them something decent, civilized . . . I didn't feel that the women were oppressed at all.

Roedd o'n newid mawr i mi wrth gwrs, ond roeddwn i reit hapus yn y gwaith. Mi es i fel beth o'n nhw'n galw'n *under-house-maid*, a wedyn jyst gweithio yn y llofftydd oeddwn i. Roedd yna wyth ohonon ni, roedd yna *butler* yno a *cook-housekeeper* a *kitchen maid* a dwy yn y llofftydd a wedyn roedd yna *footman* yno hefyd. Ro'n i'n teimlo'n blentyn rywsut yn eu canol nhw, ond ro'n i'n hapus iawn yno.

Priodi a roddodd derfyn ar yrfaoedd llawer o'r menywod oedd yn gweithio fel morynion. Disgwyliwyd i fenyw briod fod yn wraig ac yn fam, gan ymgorffori gwerthoedd 'y fam Gymreig'. Fel y gwelsom eisoes, nifer fach o fenywod priod oedd mewn swyddi cyflogedig. Doedd dim dewis i athrawesau oedd am briodi ond ymddiswyddo, ac felly fe'u gorfodwyd i ddewis rhwng priodas a gyrfa. Roedd yr athrawesau hynny'n ymwybodol iawn o'r aberth oedd yn eu hwynebu. Dyna sefyllfa Katie Olwen Pritchard, oedd hefyd yn ymwybodol o aberth ei rhieni wrth ei hanfon i Goleg Hyfforddi'r Barri yn y dauddegau:

> Os oeddech chi wedi bod mor ffortunus â chael addysg a mynd i goleg a dod allan yn athrawes roeddech chi'n gwybod y pryd hynny bod yn rhaid ichi aberthu . . . Roeddech chi'n gwybod cyn mynd i mewn bod bywyd priodasol wedi ei gau i chi.

Er i'r menywod a briododd ac a gadwodd deulu ar dâl glöwr neu chwarelwr gyflawni gwaith hanfodol y tu mewn i'w cymunedau, ni chafodd y gwaith hwnnw ei werthfawrogi ryw lawer. Fe'i hystyriwyd yn fater o ddyletswydd. Ni ddylid anghofio mai gwaith llawn amser oedd bod yn wraig tŷ yn negawdau cynnar y ganrif. Roedd rhaid darparu bwyd maethlon i'r gŵr a'r meibion a gofal i'r plant llai, a hynny tra'n brwydro'n ddi-baid yn erbyn baw a llwch a gwlybaniaeth a'r afiechydon a oedd yn bygwth o bob tu. Efallai mai'r ddelwedd sy'n aros orau yn y cof yw'r un o'r wraig yn golchi cefn ei glöwr o ŵr yn y twba sinc o flaen y tân. Y wraig honno oedd yn gorfod twymo'r dŵr ar y tân glo, golchi'r dillad â llaw, sgwrio'r lloriau a bwydo'r plant.

Ni chafodd gweithgarwch menywod ym maes gwleidyddiaeth leol ei gydnabod bob tro. Ymunodd Eunice Stallard â'r Blaid Lafur yn 1933 pan oedd hi'n un ar bymtheg oed ar ôl mynd yng nghwmni ei mam i gyfarfod ar gyfer menywod y blaid yn Ystradgynlais: 'Wel, wi'n credu oedd y menywod yn gryf. Roedd sawl menyw ar y cyngor, y cyngor plwyf oedd e bryd hynny ac roedd sawl menyw ar hwnnw.' Ar y llaw arall, pan ddychwelodd Elaine Morgan i'r Rhondda yn ystod yr Ail Ryfel Byd, ar ôl iddi ddilyn Roy Jenkins fel cadeirydd yr Oxford University Democratic Socialist Club (fel y gelwid clwb Llafur y brifysgol ar y pryd), ac ymuno â changen leol y blaid, fe ddarganfu: 'If there were women in the Labour Party they were making tea and that's about it.'

Tarddiad y rhagfarn yn erbyn menywod a oedd am ymwneud â gwleidyddiaeth oedd y ffin bendant a fodolai rhwng rôl y fenyw a rôl y dyn yn y Gymru ddiwydiannol. Deilliodd y ffin o'r ffaith i waith gael ei ddosrannu yn ôl rhyw, arfer a barodd hyd at chwarter ola'r ganrif. Fel y dywedodd Elaine Morgan: 'The lives of men and women were more separate because of the industry. There was no way they could share in that industry . . . the kind of all male world that the men lived in did create its own ethos.'

Merched i lowyr oedd Elaine Morgan ac Eunice Stallard, a chofiodd y ddwy am rôl bositif, rymus y fenyw yn y cartref yn ystod y tridegau, yn enwedig fel yr un oedd yn cadw trefn ar faterion ariannol y teulu. Yn ôl Eunice Stallard, 'Yn Ystradgynlais, yng nghartrefi'r glowyr, roedd y gŵr yn arfer dod â'r pai, ei gyflog, yn ôl a'i roi i'w wraig. A hi oedd y *boss*, hi oedd yr *exchequer* yn y cartref, a mam oedd popeth.' Mewn ambell deulu, ymgymerodd y dynion hefyd â pheth o'r gwaith tŷ. Ond er gwaetha'r agweddau cadarnhaol hyn ar fywydau menywod y maes glo yn ystod hanner cynta'r ganrif, mae'r ystadegau marwolaeth ymhlith menywod yn dweud stori arall.

Ym Mhontypridd, er enghraifft, rhwng 1901 ac 1910 mae'r gyfradd marwolaethau ar gyfer menywod mewn oed esgor yn uwch na'r cyfartaledd ar gyfer dynion o'r un oed. Roedd y gyfradd marwolaethau ar gyfer dynion a menywod ym Morgannwg yn uwch o lawer na'r cyfartaledd yn Lloegr a Chymru. Ni chafwyd fawr o newid yn yr ystadegau rhwng y ddau ryfel byd, a thynnwyd sylw at y cyfraddau marwolaethau ar gyfer menywod yng Nghymru gan eu bod yn arswydus o uchel ym mhob sir bron. I ryw raddau, roedd hyn yn ganlyniad i natur fratiog y ddarpariaeth oedd ar gael i fenywod a oedd yn feichiog neu'n esgor. Roedd y sefyllfa'n arbennig o wael mewn rhai o'r ardaloedd gwledig; yn 1930 yn sir Feirionnydd, dim ond un allan o bob pum genedigaeth oedd ym mhresenoldeb bydwraig.

Tynged llawer o fenywod yn ystod hanner cynta'r ganrif oedd beichiogi'n aml ac esgor yn boenus. Ni chafwyd fawr o sôn am ddulliau atal cenhedlu ymhlith menywod dosbarth gweithiol bryd hynny. Byddai menyw yn ei chael ei hun yn feichiog dro ar ôl tro, proses a barodd yn aml iddi

$\mathcal{M}$enywod y cyfnod

Dywedodd un hanesydd mai wedi'i hanner ysgrifennu y mae hanes. Y rheswm yw bod hanner y boblogaeth wedi'i anwybyddu; y menywod. Fel arfer, dim ond un bennod fydd ar hanes menywod mewn llyfrau hanes tebyg i hwn. Pam?

Ysgrifennwyd llawer o'n hanes gan ddynion am ddynion. Roedden nhw'n ysgrifennu am frenhinoedd, pendefigion, rhyfeloedd a gwleidyddiaeth. Prin y byddent yn ysgrifennu am fenywod oni bai eu bod yn freninesau megis Elisabeth (1558-1603) neu Anne (1702-1714). Pan fyddent yn gwneud hynny, fodd bynnag, byddent yn aml yn rhoi eu barn neu gyngor am y modd y dylai menywod ymddwyn. Byddai rhai dynion hyd yn oed yn ysgrifennu llyfrau i helpu dynion eraill osod rheolau ar gyfer eu gwragedd.

Gallai'r gŵr wneud fel y mynnai ond ni allai'r wraig. Dynion luniodd y gyfraith. Yn 1603 cyflwynodd y Senedd ddeddf gwlad newydd a ddywedai nad oedd gan fenywod hawl gyfreithlon i eiddo na rhyddid dewis ar ôl priodi. Roedden nhw a'u holl eiddo yn perthyn i'w gwŷr.

A   The English House-wife (1673) gan Gervase Markham oedd un o lyfrau mwyaf poblogaidd y cyfnod. Roedd ynddo gyfarwyddyd i helpu dynion i hyfforddi eu gwragedd i fod yn wragedd tŷ da

B   Ffrwyn tafodwraig. Câi hon ei defnyddio i gosbi gwragedd a fyddai'n hel clecs

---

Rhaid i [ŵr] ddygymod yn amyneddgar â chwerwder ei wraig, oherwydd does dim yn y byd yn fwy sbeitlyd na gwraig ddig. Rhaid i ŵr beidio â pheri anaf i'w wraig drwy air na thrwy weithred oherwydd creadur eiddil yw menyw. Does ganddi ddim cymaint o ddewder cadarn â dyn. Rhaid i'r gŵr wneud yn siŵr fod ei wraig yn hapus ... neu bydd ganddi le i gecru Ond beth fydd gan y wraig i'w wneud? ...
Fel hyn y mae Sant Pedr yn siarad â gwragedd: 'Boed i wragedd fod yn ddarostyngedig i'w gwŷr'. Rhaid i'r [wraig] beidio â bod yn eiddigeddus nac amau ei gŵr os bydd oddi cartref.

C   Syr William Vaughan o Langyndeyrn: The Golden Grove (1608)

Y wraig yw'r llestr gwannaf, yn fregus iawn ei chalon, yn anghyson ac yn hawdd iawn ei chythruddo.

D   The Homily on Marriage (1562). Dyma ran o'r gwasanaeth eglwysig a gâi ei ddarllen ar y Sul

Rhaid i'r wraig gyd-dynnu â'i gŵr, hyd yn oed os bydd yn ei cham-drin. Rhaid i chi ymddwyn yn weddus, anwybyddu gwendidau eich gŵr a gweithio'n ddiwyd yn gofalu am y tŷ.

E   Llythyr gan yr Arglwydd Halifax at ei ferch (1680)

Roedd gan hyd yn oed yr eglwys syniadau cryf ynglŷn â menywod. O gofio mai dyn oedd pob offeiriad ac esgob, dydy hyn ddim yn syndod. Roedd dysgeidiaeth yr eglwys yn ddylanwad grymus. Pregethai'r Piwritan, John Knox, yn erbyn rheolaeth gan fenywod. Cafodd Elisabeth ei digio gan ei bamffled, *The First Blast of the Trumpet against the Monstrous Regiment of Women* (1558).

Yn anffodus, fyddai menywod ddim yn ysgrifennu amdanynt eu hunain yn aml iawn. Prin oedd y menywod a allai ddarllen neu ysgrifennu. Ychydig iawn o gyfle a roddwyd iddynt gael addysg. Roedd disgwyl iddynt briodi, cael plant a gofalu am y tŷ.

Roedd yna eithriadau. Roedd Bathsua Makin yn ysgolhaig talentog, mewn mathemateg ac ieithoedd yn arbennig. Yn ystod teyrnasiad Siarl II agorodd ysgol i ferched a chyhoeddodd lyfr.

Mae dau fath o fenyw: mae rhai yn fwy doeth, yn fwy dysgedig ac yn fwy cyson na nifer o ddynion, ond mae rhai yn ymddwyn yn ffôl, yn fasweddus, yn ynfyd, yn eiddil, yn falch, yn gysetlyd, yn cario clecs ac ym mhob ffordd yn wehilion y domen dail.

F Rhan o bregeth yr Esgob Aylmer i'r Frenhines Elisabeth (1583)

G Y wraig ddawnus a'r gŵr diflas (1789)

Menywod ... a grëwyd gan natur i gadw'r cartref ac i fwydo'r teulu a'r plant, ac nid i ymyrryd mewn materion [pwysig] ..., nac i [ddal] swydd mewn dinas neu [gyngor] ddim mwy na phlant na babanod.

H Darn o lyfr Syr Thomas Smith, *De Republica Anglorum* (1565)

[Honna dynion] fod menywod yn brysur iawn â'u tafod ... Eu tafod yw'r unig arf sydd gan fenywod i'w hamddiffyn eu hunain ... ac mae'n rhaid iddynt ei ddefnyddio'n [gelfydd, oherwydd] os bydd menywod yn ffôl ... gall dynion ... eu gwneud yn gaethweision. Dylai [menywod] dreulio eu hamser yn cael eu dysgu am y pethau hynny a ddysgir fel arfer i Foneddigesau mewn ysgolion yn hytrach na threulio amser yn dysgu dawnsio, peintio eu hwynebau, trin eu gwallt a gwisgo eu cyrff. Pe bai menywod yn cael eu haddysgu rwy'n hyderus y byddai'r manteision yn niferus. Pan fydd menywod yn cael addysg maent yn aml yn dod yn gyfartal â dynion, weithiau'n rhagori arnynt.

I Detholiad o lyfr Bathsua Makin, *The Education of Women* (1673)

1. Darllenwch ffynhonnell C. A oes gan Syr William Vaughan feddwl mawr o fenywod ai peidio? Eglurwch eich ateb.

2. Darllenwch ffynhonnell A.
   a) Beth oedd y dyletswyddau yr oedd disgwyl i'r wraig, Syr Geiffraith eu gwneud yn ôl Mr Markham? Defnyddiwch siriadur i'ch helpu.
   b) Beth ddywed y ffynhonnell hon am ei agwedd at fenywod?

3. Darllenwch y testun ac edrychwch ar y ffynonellau C, I H.
   a) Pa ffynonellau sy'n awgrymu bod y gyfraith wedi'i llunio gan ddynion ac wedi'i ...

   b) Disgrifiwch agwedd yr Eglwys tuag at fenywod yn oes y Tuduriaid.
   c) Ydych chi'n meddwl y byddai'r Frenhines Elisabeth wedi cytuno neu anghytuno â Syr Thomas Smith ynglŷn â rôl menywod? Eglurwch eich ateb.

4. Darllenwch ffynhonnell I.
   a) Yn ôl Bathsua Makin pa rsiad oedd y rhan fwyaf o fenywod wrth gael addysg?
   b) Pwy meddai hi sy'n gyfrifol am hyn?
   c) Ydych chi'n ... agweddau at fenywod yn bod neu'n ... Eglurwch eich ateb.

heneiddio'n gynnar a bod yn wael ei hiechyd. Erbyn y tridegau roedd defnydd helaethach ar ddulliau atal cenhedlu, ond wynebodd y clinig arloesol a gafodd ei sefydlu yn Abertyleri yn 1925 nifer o anawsterau, a gwrthwynebwyd cynllun i ddarparu cyngor am atal cenhedlu yng ngogledd Cymru, ardal a ddisgrifiwyd gan un meddyg yn 1935 fel 'a derelict area as far as birth control is concerned'.

Gwelwyd eisoes sut yr hawliodd y darfodedigaeth fywydau miloedd o Gymry. Roedd menywod yn tueddu i ddal yr afiechyd yn iau na dynion, a chafwyd y lefelau uchaf ymhlith menywod rhwng 15 a 30 oed. Gwragedd tŷ oedd y menywod hyn gan amlaf, ac i bob golwg roedd cysylltiad cryf rhwng y ddarfodedigaeth ac amodau byw menywod oedd yn byw mewn tai llaith oedd heb eu hawyru'n effeithiol.

I lawer o fenywod, roedd bywyd yn ystod hanner cynta'r ganrif yn galed hyd yn oed ar adegau o gyflogaeth lawn, pan fyddai arian ar gael nid yn unig ar gyfer bwyd ond hefyd i brynu moethbethau megis trincedi a charpedi a llenni i'r parlwr. Gwaethygodd y sefyllfa'n enbyd yn ystod y dirwasgiad yn y dauddegau a'r tridegau, a phrofodd teuluoedd oedd wedi arfer â safon byw dechau – safon oedd yn cynnwys bwrdd te ac arno liain bwrdd a chwpanau a soseri tsieni – dlodi ar raddfa nad oedd hyd hynny'n gyfarwydd y tu allan i slymiau'r dinasoedd mawrion. Bu'r dirwasgiad yn sioc seicolegol a chorfforol, ac roedd straen 'cadw wyneb' yn dweud ar y menywod, a hwythau'n ceisio aros yn 'deidi' ac yn barchus yng nghanol diffeithwch economaidd y maes glo. Gwnaethpwyd niwed mawr i'w hiechyd wrth iddynt roi'r gorau i fwyta er mwyn sicrhau bwyd i'w teuluoedd. Yn 1938, yn ôl y Pilgrim Trust, 'In most unemployed families, the parents, and particularly the wives, bore the burden of want, and in many instances were literally starving themselves in order to feed and clothe the children reasonably well.'

Gwelwyd newid anferth yn statws menywod yn ystod y ddau ryfel byd. Wrth i'r dynion ymuno â'r lluoedd arfog, daeth galw mawr am weithwyr i gymryd eu lle. O ganlyniad, llifodd menywod i mewn i'r diwydiannau newydd a sefydlwyd yn ystod y rhyfel. Ni chafodd menywod weithio yn y diwydiant glo o hyd, ffaith a olygai, efallai, i'r newidiadau fod yn llai yng Nghymru na mewn rhannau eraill o Brydain. Serch hynny, roedd effaith y broses recriwtio'n syfrdanol. Yn ystod y Rhyfel Byd Cyntaf aeth niferoedd mawr o fenywod Cymru i weithio mewn llu o swyddi amrywiol, gan fynd adref gyda chyflog yn eu pocedi am y tro cyntaf. Wrth iddynt weithio yn y ffatrïoedd arfau, ar y ffermydd ac yn y dociau, cyfrannodd menywod yn uniongyrchol tuag at yr ymdrech ryfel. Ar ôl y rhyfel, aethant yn ôl, gan amlaf, i'w rôl draddodiadol, ond erbyn hyn roedd ganddynt yr hawl i

Lumberjills – merched y *Land Army* yn torri coed ger y Trallwng.

bleidleisio. Disgynnodd nifer y menywod cyflogedig rhwng y rhyfeloedd, er y cododd y nifer oedd yn meddu ar swyddi clerigol neu broffesiynol megis dysgu.

Roedd canlyniadau'r Ail Ryfel Byd yn fwy pellgyrhaeddol fyth, yn enwedig yng Nghymru. Erbyn 1945 cyflogwyd mwy na dwywaith y nifer o fenywod a gyflogwyd yn 1939, a chafwyd cynnydd o fwy na 130 y cant yn nifer y gweithwyr benywaidd yswiriedig, o'i gymharu â chynnydd Prydeinig o 30 y cant. Yn y tridegau, yr unig ddyfodol a wynebai Eurwen Williams oedd gweini wrth y bwrdd, ond ar ddechrau'r rhyfel fe'i cafodd ei hun yn gweithio mewn siediau'n perthyn i chwarel a oedd yn cael ei ddefnyddio fel ffatri dros dro, cyn iddi symud i ffatri go iawn yng Nghaernarfon. 'Mi ges i fynd ar *assembly* fy hun a mi oeddwn i'n hapus ar y *job* honno. Gwneud partiau oeddwn i i'r *Wellington bomber* ac ar y *job* honno fuo fi am tua pedair blynedd.' Ar y dechrau, roedd pob menyw'n gweithio wrth ochr dyn, a byddai'r dyn hwnnw'n ennill dwywaith cymaint â hi.

> . . . ond fel oedd y blynyddoedd yn mynd yn eu blaen roedd y genod yn cymeryd drosodd wedyn. Roedd dyn a merch yn dechrau'r flwyddyn gyntaf ond mewn dim o beth roedd hi'n mynd yn ddwy ferch oedd yn gwneud y job . . . I ddeud y gwir dwi'n meddwl fod y genod wedi troi allan yn well nag oedd y dynion. Roedd hi'n ofnadwy i droi chwarelwr i

Eirwen Gwynn

Mi newidiais i i ffiseg a dyna'r peth difyrra wnes i 'rioed achos roedd 'na gymaint o ragfarn. Pan o'n i'n cymryd arholiad anrhydedd, mi glowyd ni i gyd mewn labordy am ddiwrnod, pawb â'i dasg a'r arholwr allanol yn dod o gwmpas ac yn treulio rhwng deng munud a chwarter awr efo pob un o'r deuddeg oedd yno ac ar ddiwedd y pnawn, roedd o'n dod ata' i ac, edrach arna' i efo'r dirmyg mwya' yn ei lygaid: 'And what on earth are you doing here?' medda fo wrtha'i, a ffwrdd â fo. Ddaru o ddim edrych ar 'y ngwaith i o gwbl. A wedyn mi ges i'r un rhagfarn pan ddechreuis i wneud ymchwil. Roedden ni'n gwneud ein hoffer ein hunain i raddau helaeth ac ro'n i yn y gweithdy un diwrnod yn trin y *turn* ac mi ddoth y *prof* heibio a fuo bron iddo fo gael cathod bach o 'ngweld i'n gwneud pethau fel hyn am fod yn rhaid i mi adael i'r dynion wneud hynna i fi. 'Wel na,' medda fi, 'os dwi yn dod yma, dwi'n mynd i wneud yr fath yn union â'r dynion.' A mi fuo'n rhaid i mi fynnu gwneud hynny. Ond mi oedd yna ragfarn gyffredinol. Mi oedd o'n ddiflas iawn.

wneud y gwaith yna . . . roedd y dynion yn ei chael hi'n anodd ofnadwy gwneud y partiau yma.

Aeth nifer sylweddol o fenywod fel Eurwen Williams i weithio yn y ffatrïoedd arfau newydd a agorwyd ar draws y wlad, yn yr Wyddgrug, Wrecsam, Hirwaun, Pen-y-bont ar Ogwr, Pont-y-pŵl a sawl man arall. Yn wir, un rheswm dros sefydlu'r ffatrïoedd hyn yng Nghymru oedd bod cyflenwad mawr o weithwyr benywaidd ar gael yn lleol. Erbyn 1941, menywod a ffurfiodd 70 y cant o weithlu'r Ffatri Ordnans Brenhinol anferth ym Mhen-y-bont ar Ogwr. Daeth cenhedlaeth gyfan o fenywod oedd heb wneud y fath waith o'r blaen yn weithwyr ffatri.

Fel a ddigwyddodd yn y Rhyfel Byd Cyntaf, ymunodd rhai menywod â Byddin y Tir tra ymgymerodd eraill â gwaith mwy traddodiadol megis nyrsio. Arhosodd y rhan fwyaf o'r nyrsys ym Mhrydain, ond cafodd rhai ohonynt eu hunain yng nghanol yr ymladd. Dyna oedd tynged Elinor Glyn Thomas o Drawsfynydd. A hithau wedi'i hyfforddi yn Lerpwl a Wrecsam yn 1942 penderfynodd ymuno â'r Gwasanaeth Nyrsio Milwrol, a hynny yn erbyn dymuniadau ei thad, a oedd yn daer ei gred mai lle i ddynion yn unig oedd maes y gad. Yn 1943, gadawodd Elinor Glyn Thomas ar fwrdd hen long gleifion ac ni ddychwelodd gartref am yn agos i bedair blynedd. Yn y cyfamser, roedd hi wedi gweld canlyniadau erchyll y brwydro yn yr Eidal a Gogledd Affrica, wrth iddi weithio mewn gorsafoedd ar gyfer milwyr oedd newydd eu hanafu. Roedd eraill yn wrthwynebwyr cydwybodol, ond ni chymerwyd y menywod hyn o ddifrif, fel y cofiodd Menna Williams o Ruthun: 'Ro'n i wedi cofrestru fel gwrthwynebydd cydwybodol ond doedd cofrestriad merch ddim yn cyfrif ryw lawer . . . yr unig beth roedden nhw'n dweud oedd "directed to teaching".'

Ar lawer golwg, hyd yn oed ar ôl yr Ail Ryfel Byd dynion oedd yn ben ar y gymdeithas yng Nghymru, gan fod yr agweddau cymdeithasol a feithrinwyd mewn cyfnod economaidd cynharach yn dal i fodoli a bod dylanwad y diwydiannau glo a dur yn sylweddol o hyd. Ond nid oedd modd troi yn ôl yn gyfan gwbl. Daliodd menywod i weithio yn y ffatrïoedd ar ôl y rhyfel, ac roedd ganddynt dipyn o bresenoldeb yn y sector cynhyrchu. Serch hynny, erbyn 1971 gweithiai 60 y cant o'r menywod cyflogedig mewn swyddi clerigol neu mewn galwedigaethau a ystyriwyd yn addas iddynt, megis y sector manwerthu.

Roedd y cyfnod ar ôl y rhyfel yn gymharol lewyrchus, a gwelwyd am y tro cyntaf lawer o'r offer trydanol a oedd wedi ymddangos mewn ardaloedd mwy ffyniannus yn y tridegau. Cafodd gwaith tŷ traddodiadol ei drawsnewid gan beiriannau golchi, sugnwyr llwch, twymwyr tanddwr a thannau trydan, offer a ddaeth yn gyffredin yng nghartrefi Cymru erbyn y pumdegau a'r chwedegau, yn ogystal â'r teledu a'r chwaraeydd recordiau a gyflwynodd agwedd newydd ar ddiwylliant a diddanwch yn y cartref.

Yn fwy na dim byd arall, y newidiadau mewn dulliau atal cenhedlu a gafodd yr effaith fwyaf ar fywydau menywod. Erbyn y chwedegau roedd y bilsen atal cenhedlu'n gyffredin, ac yn ei sgil daeth diwedd ar yr ofn parhaus a brofodd llawer o fenywod, sef ofn beichiogi heb ddewis gwneud hynny. Roedd condomau wedi dod yn lled gyffredin yn ystod yr Ail Ryfel Byd, ond nid oeddent bob tro yn hawdd eu cael ac roedd eu defnyddio'n dibynnu ar gydweithrediad dynion. Gyda dyfodiad y bilsen a dyfeisiau atal cenhedlu eraill ar gyfer menywod, roedd gan y fenyw am y tro cyntaf y gallu i ddewis peidio â beichiogi. Daeth teuluoedd bach yn fwy cyffredin, ac roedd menywod ifainc yn gallu mwynhau bywyd rhywiol heb ofni mynd yn feichiog. Roedd pasio Deddf Erthylu 1967 hefyd yn lleihau'r ofn o orfod derbyn beichiogrwydd heb ei eisiau. Cafodd y ddeddf groeso brwd gan Dr John Hughes, oedd yn gweithio fel cynghorydd meddygol i fyfyrwyr ar y pryd:

> Ro'n i'n falch dros ben o gael y Ddeddf yma oedd yn help ofnadwy i feddygon ac i ferched oedd angen erthylu. Cyn y ddeddf ro'n i wedi cael y profiad o ferched yn wael dros ben am eu bod nhw wedi trio cael erthyliad, unai eu hunain neu trwy rywun arall yn rhoi cymorth iddyn nhw . . . A fe dda'th y ddeddf allan . . . mi oedd hyn cystal i mi â darganfod penisilin.

Canlyniad yr holl newidiadau hyn oedd trawsffurfio bywydau menywod yn sylweddol trwy'r byd datblygedig. Daeth datblygiadau pellach yn ystod degawdau ola'r ganrif, datblygiadau a wnaeth gymaint o argraff yng Nghymru ag yn unman arall yn y byd: cyflogi menywod priod ar raddfa eang, gwanhau a chwalu'r teulu fel sefydliad a thwf ffeministiaeth.

Aeth y chwyldro economaidd a drawsnewidiodd Gymru ar ôl yr wythdegau law yn llaw â datblygu gweithlu benywaidd. Wrth i'r diwydiannau traddodiadol gwrywaidd grebachu, sefydlwyd diwydiannau newydd oedd yn cyflogi menywod. Yn 1951, rhestrwyd mwy na thri chwarter o fenywod Cymru fel rhai heb waith, ond dim ond 10 y cant o ddynion a nodwyd yn yr un categori. Erbyn y nawdegau cynnar, menywod oedd bron i hanner y gweithlu. Recriwtiwyd niferoedd sylweddol o fenywod gan y cwmnïau electronaidd newydd, a menywod oedd yn cyfrif am hanner gweithlu Sony.

Disgynnodd nifer y gweithwyr benywaidd yn y sector cynhyrchu rywfaint yn yr wythdegau, ond yr un pryd cynigiodd twf y sector gwasanaethu gyfle ehangach iddynt. Yn gynnar yn y ganrif roedd menywod wedi meddiannu'r swyddi clerigol ac ysgrifenyddol a fu'n eiddo i ddynion gynt, proses a gafodd hwb mawr gan ddyfodiad y teipiadur. Trwy gydol y ganrif, cynyddodd nifer y menywod a weithiodd mewn swyddfeydd yn y sector ariannol, mewn cwmnïoedd yswiriant ac yn asiantaethau'r llywodraeth. Er i'r dechnoleg newydd fygwth rhai o'r swyddi hyn tua diwedd y ganrif – yn y banciau, er enghraifft – daliodd y galw am fenywod i weithio mewn swyddfeydd. Arweiniodd y twf mewn diwydiannau eraill, megis twristiaeth, hefyd at alw am fenywod, ac o ganlyniad daeth menywod i'w cysylltu â diwydiannau arloesol yn hytrach na'r sector traddodiadol oedd yn dirywio. Yn wir, ofnwyd bod y newidiadau hyn wedi peri i ddynion golli hyder a bod y newid yn rolau'r naill ryw a'r llall ac mewn patrymau cyflogaeth wedi arwain at deimlad o ansicrwydd ymhlith y boblogaeth wrywaidd.

Rhaid goleddfu rywfaint ar y darlun teg hwn. Roedd cyflogau menywod yn aml yn isel, ac roedd yn anodd iddynt gyrraedd y swyddi uchaf, anfantais a ddeilliodd o'r ffaith mai dynion fel arfer oedd y rheolwyr a'r rhai â'r gallu i wneud penderfyniadau. Ceir enghraifft o'r 'nenfwd gwydr' hwn ym Mhrifysgol Cymru: er i nifer gynyddol o fenywod gael eu penodi fel darlithwyr ychydig ohonynt a ddyrchafwyd i statws Athro. Tebyg oedd y sefyllfa yn yr ysgolion; yng nghanol y nawdegau dim ond 7 y cant o brifathrawon ysgolion uwchradd oedd yn fenywod o'i gymharu â 17 y cant yn Lloegr. Ac roedd y rhagfarn yn parhau: yn 1999, dechreuodd criw o fenywod busnes amlwg Caerdydd ymgyrch i gael mynediad i glwb y Cardiff and County, y mae ei aelodaeth yn gyfyngedig i ddynion. Rhaid cofio hefyd mai swyddi rhan-amser a rhai dros dro yw cryn dipyn o'r swyddi sydd gan fenywod. Mae hyn yn arbennig o wir am waith yn y sectorau twristiaeth a glanhau. Erbyn diwedd y ganrif roedd chwarter o holl swyddi Cymru'n cael eu gwneud gan fenywod oedd yn gweithio'n rhan amser, ac roedd yn agos at hanner o'r holl fenywod oedd mewn gwaith yng Nghymru yn gweithio'n rhan amser, o'u cymharu â 10 y cant o ddynion.

Newidiodd rôl a statws menywod Cymru'n gyflym iawn tua diwedd y ganrif, gan herio syniadau a oedd wedi'u llunio mewn gwlad lle mai dynion fu mewn grym. Ond er i'r sefyllfa ddiriaethol newid, llusgodd agweddau y tu ôl i'r realiti newydd. O ganlyniad, roedd prinder menywod mewn swyddi uchel, a dibrisiwyd cyfraniad gweithwyr benywaidd yn aml. Cafwyd ymdrech i ddatrys y broblem wrth i nifer o gyrff cyhoeddus a busnesau gyflogi swyddogion cyfleoedd cyfartal ac i Chwarae Teg gael ei sefydlu. Swyddogaeth Chwarae Teg oedd codi ymwybyddiaeth cyflogwyr Cymru o'r problemau sy'n wynebu menywod yn y gwaith. Yn y blynyddoedd a arweiniodd at sefydlu'r Cynulliad Cenedlaethol, daliwyd un o swyddi mwyaf amlwg Cymru, sef yr ysgrifennydd parhaol yn y Swyddfa Gymreig, gan fenyw, Rachel Lomax.

Fel y gwelsom eisoes ym Mhennod 8, roedd y newid yn rôl a statws menywod yn rhannol gyfrifol am un o newidiadau cymdeithasol mwyaf arwyddocaol ddiwedd y ganrif. Yn y cyfnod hwnnw, trawsnewidiwyd natur a phwysigrwydd yr uned deuluol. Erbyn diwedd y ganrif sefydliad mewn cyflwr o argyfwng oedd y teulu, ac yntau wedi colli ei safle fel yr uned y seiliwyd y gymdeithas arni. Nid dyma oedd yr unig ddewis erbyn hyn: gellid aros yn sengl, ysgaru, cael perthynas hoyw, byw fel mam sengl heb gymar neu gael cymar heb fod yn briod ag ef. Arswydodd rhai wrth feddwl am y fath sefyllfa, a sut bynnag mae rhywun yn ystyried y datblygiadau hyn ni ellir gwadu eu bod wedi peri newid sylfaenol mewn ymddygiad a disgwyliadau personol ac yn nhrefn a gweithgaredd y gymdeithas yng Nghymru fel mewn gwledydd eraill. Er gwell neu er gwaeth, felly, roedd Cymru unwaith eto'n rhan o newidiadau mawr y byd cyfoes. Yn 1996, ganwyd 20,524 o blant Cymru o fewn priodas a 14,370 y tu allan (er nad o angenrheidrwydd y tu allan i berthynas sefydlog). Er i'r uned deuluol barhau, disgyn yn flynyddol wnaeth nifer y priodasau, a chafwyd bron i 10,000 ysgariad bob blwyddyn. Roedd gan lawer o'r rhieni sengl berthynas sefydlog, ond roeddent yn byw mewn byd oedd yn wahanol iawn i gymdeithas ddechrau'r ganrif. Yn y cyfnod hwnnw, ofnai menywod ifainc sibrydion ceryddgar eu cymdogion a'u ffrindiau, ac roedd esgymuniad o'r capel yn destun hanesion lu. Atgof oedd y dyddiau hynny pan fyddai menyw ifanc yn diflannu i roi genedigaeth i blentyn oedd wedyn yn cael ei fabwysiadu a phan fyddai teidiau a neiniau'n cywilyddio wrth esgus bod eu hwyrion yn blant iddynt.

Tarddodd ffeministiaeth o'r newidiadau hyn, yn ogystal â chyfrannu atynt. Fel y soniwyd eisoes, roedd ethos gwrywaidd llethol y diwydiannau trymion a chryfder diwylliant gwrywaidd a seiliwyd ar chwaraeon, y dafarn a'r undebau llafur yn magu agweddau oedd yn gweithio yn erbyn unrhyw newid. Ond fe gafwyd newid er gwaetha'r agweddau hynny, wrth i niferoedd cynyddol o fenywod gael swyddi a mynnu eu lle ym maes diwylliant a gwleidyddiaeth. Ar adegau cuddiwyd ymdrech a llwyddiant menywod gan gadernid y traddodiad gwrywaidd, a gellid ystyried Cymru'n llai blaengar yn y maes hwn nag mewn ambell faes arall. Ategwyd yr argraff hon wrth i Lloyd George, er ei fod o blaid rhoi'r bleidlais i fenywod, gael ei dargedu gan y swffragetiaid. Ymosododd y swffragetiaid arno ar sawl achlysur ac, yn 1913, cafwyd digwyddiad treisgar ac annifyr iawn yn Llanystumdwy, cartref Lloyd George, wrth i lanciau lleol ymosod ar fenywod oedd yn protestio yn y pentref.

Gellid meddwl nad oedd fawr o gefnogaeth i ymgyrch y swffragetiaid yng Nghymru, ond darlun unochrog iawn fyddai hynny. Yn 1907 sefydlwyd y gangen Gymreig gyntaf o'r National Union of Women's Suffrage Societies (NUWSS) yn Llandudno, ac agorwyd cangen yng Nghaerdydd y flwyddyn wedyn. Yn wahanol i'r sefyllfa yn sir Gaerhirfryn a rhannau o Lundain, ni threiddiodd y mudiad i mewn i'r dosbarth gweithiol, er iddo ddenu peth cefnogaeth yn y Rhondda a llefydd eraill. Serch hynny, erbyn 1914 roedd gan y NUWSS seiliau cadarn yng Nghymru. Methodd mudiad mwy milwriaethus, sef y Women's Social and Political Union (WSPU), ddenu llawer o gefnogaeth yng Nghymru a dim ond pump o ganghennau Cymreig a sefydlwyd. Er gwaethaf hyn, gwelodd Cymru rywfaint o weithgarwch milwriaethus, gan gynnwys torri llinellau telegraff ac ambell achos o losgi.

Yng Nghymru, mudiad dosbarth canol, ar y cyfan, oedd y mudiad dros ryddfreinio menywod, gyda menywod y dosbarth gweithiol yn mynegi'u teimladau gwleidyddol mewn ffyrdd eraill. Ar adegau streic, yn ogystal â chynnal eu teuluoedd byddai menywod yn cymryd eu rhan mewn protestiadau uniongyrchol, megis gwawdio'r bradwyr yn ystod cloi allan y Penrhyn yn 1900–1. Roedd picedu gan fenywod yn effeithiol iawn yn ystod y ddau anghydfod yn 1921 ac 1926 wrth iddynt godi cywilydd ar ddynion a demtiwyd i fynd yn ôl i'r gwaith glo. Cofiodd Glyn Phillips, oedd yn byw ym Maesteg ar y pryd, yr hyn a ddigwyddodd pan fethodd llinell biced â pherswadio blacleg i beidio â dychwelyd i'r gwaith: 'Y diwrnod wedyn [roedd] yr un boi yn mynd eto a'r menywod yn leinio'r stryd ac yn dweud wrth y dynion am gadw draw, y nhw oedd ar yr heolydd o'r pwll i'w gartref e, menywod yn unig. Fe fu rhaid iddo fe gerdded drwy'r menywod. Roedd y blocêd oedd y menywod wedi ei roi arno fe wedi effeithio'n fawr arno fe.' O'r chwedegau ymlaen, gwelwyd yr un traddodiad o weithredu uniongyrchol, mewn cyd-destun gwahanol, yng ngweithgareddau Cymdeithas yr Iaith Gymraeg. Roedd menywod bob amser yn rhan flaenllaw o brotestiadau'r Gymdeithas a chafodd llawer ohonynt eu harestio, er na ddaeth menyw'n gadeirydd y Gymdeithas tan 1981.

Grŵp gwragedd Maerdy'n cefnogi'r glowyr yn ystod streic 1984–5.

Yn ystod streic y glowyr yn 1984–5 sefydlwyd grwpiau menywod ar draws y maes glo ac aethant i gysylltiad â grwpiau tebyg mewn lleoedd eraill. Ni chyfyngwyd y menywod hyn i rôl gofalwyr goddefol; roeddent yn trefnu ac yn cenhadu. Cofiodd gwraig i löwr, Sian James, y sefyllfa yn ei hardal hi: 'Dim ond deugain o deuluoedd o'n ni, ro'dd y merched yn dod at ei gilydd i gasglu arian a threfnu parseli bwyd ac i drefnu ffair sborion neu beth bynnag oedd yn mynd ymlaen ac ro'dd y dynion yn mynd i dorri coed.' Cyn hir, cafodd hi ei thynnu i mewn i'r gwaith o gydlynu ymdrechion tri chwm cyfagos, Cwm Nedd, Cwm Dulais a Chwm Tawe Uchaf. Roedd galw cynyddol arni i fynd i annerch ralïau cefnogwyr yn Llundain a mannau eraill. Sgil-effaith y gweithgarwch hwn oedd iddi hi ac eraill ddarganfod eu bod yn meddu ar hunanhyder annisgwyl, a pharhaodd nifer sylweddol o'r menywod hyn i weithredu'n wleidyddol ar ôl i'r streic ddod i ben. Gwelwyd cynnydd hefyd yn nifer y menywod oedd yn troedio llwybr a ddilynwyd gan ddynion Cymru ers cenedlaethau, llwybr a arweiniodd at addysg oedolion a phrifysgol. Nid yn streic y glowyr yn unig y chwaraeodd menywod ran amlwg. Menyw oedd arweinydd yr Ymgyrch dros Ddiarfogi Niwclear, a gweithredodd nifer o fenywod o Gymru yn erbyn dod â thaflegrau i Gomin Greenham. Cofiodd un wrthdystwraig orymdeithio'r cant a hanner o filltiroedd o Gaerdydd i Gomin Greenham, uchafbwynt y brotest honno. 'Tri deg naw ohonom, dwi'n credu, 35 o fenywod ac ro'dd pedwar dyn a thri babi . . . gorymdaith menywod ac ro'dd y dynion yn cael uno gyda ni, ymuno â ni, ond menywod oedd ar y blaen ac ro'n ni'n cerdded o dan faner Women for Life on Earth.' Un o ddigwyddiadau mwyaf trasig gwrthdystiad Comin Greenham oedd marwolaeth Helen Thomas, menyw ddwy ar hugain oed o Gaerfyrddin. Cynhaliwyd protestiadau eraill hefyd, y tro yma yng Nghymru, a gwnaethpwyd ymdrech i sefydlu gwersyll ym Mreudeth yn 1992.

Ystyriwyd un fenyw o Gymru, sef Elaine Morgan, yn awdur ac yn ddamcaniaethydd ffeministaidd o arwyddocâd byd-eang, a chyfieithwyd ei chyfrol, *The Descent of Woman* (1972), i sawl iaith. Mae'r gyfrol ymhlith y llyfrau mwyaf poblogaidd a mwyaf dylanwadol i'w hysgrifennu gan rywun o Gymru yn ystod y ganrif hon. Gwnaeth menywod eraill gyfraniad sylweddol i lenyddiaeth Cymru yn ystod y ganrif hefyd: clywir llais pefriol yn rhyddiaith rymus Kate Roberts ac yn negawdau ola'r ganrif gwelir dylanwad beirdd coeth megis Gillian Clarke, Menna Elfyn a Gwyneth Lewis. Proses araf oedd cydnabod statws yr arlunydd Gwen John, ond ymhen hir a hwyr daeth yn ffigwr o fri ac arddangoswyd ei gwaith mewn orielau ledled y byd.

Diddorol yw nodi mai yn Ynys Môn y dechreuodd Sefydliad y Merched yn 1915. Hanner can mlynedd yn ddiweddarach cychwynnwyd Merched y Wawr, mudiad Cymreig llawn ynni a brwdfrydedd. Erbyn 1997 roedd gan Ferched y Wawr 280 o ganghennau a rhyw ddeuddeg o glybiau ledled Cymru. Mae'n amheus a ellid ystyried yr holl ddatblygiadau hyn yn 'ffeministaidd', ac erbyn diwedd y ganrif, gellid gweld bod rhyw gymaint o ailgloriannu 'ôl-ffeministaidd' wedi digwydd yng Nghymru fel mewn mannau eraill. Eto i gyd, mae'n gwbl amlwg bod dyheadau, disgwyliadau a bywydau pob dydd menywod Cymru wedi'u chwyldroi. Drwy gydol y ganrif, llwyddodd ambell faes i wrthsefyll y newidiadau hyn. Cyfeiriwyd at rai o'r rhain eisoes, ond yn y cyd-destun hwn gellir nodi hefyd pa mor hwyrfrydig oedd yr Eglwys yng Nghymru i dderbyn menywod yn offeiriaid.

Ond yn y byd gwleidyddol efallai y bu prinder menywod yn arbennig o amlwg. Gellid dadlau bod ethol nifer o fenywod yn aelodau senedd Ewrop yn arwydd o statws eilradd y cynrychiolwyr hynny o'u cymharu ag aelodau'r Tŷ Cyffredin. Yn yr wythdegau a'r nawdegau etholwyd Beata Brookes (Plaid Geidwadol) ac Ann Clwyd, Eluned Morgan a Glenys Kinnock (Plaid Lafur) i senedd Ewrop, ac ymunodd Jill Evans (Plaid Cymru) â nhw yn 1999. Mae'n arwyddocaol mai dim ond saith menyw sydd wedi cynrychioli etholaethau Cymreig yn Nhŷ'r Cyffredin. Er i Millicent Mackenzie gystadlu am sedd Prifysgol Cymru yn 1918, Megan Lloyd George oedd y fenyw gyntaf i gael ei hethol pan gipiodd Ynys Môn i'r Rhyddfrydwyr yn 1929. Yn ddiweddarach, ymunodd â'r Blaid Lafur a

Menywod yn ymgyrchu dros sefydlu Cynulliad i Gymru.

chynrychioli Caerfyrddin nes iddi farw yn 1966. Yn 1950 enillwyd Dwyrain Fflint gan ferch i dad enwog arall, sef Eirene White, merch Thomas Jones, Rhymni, 'prif weinidog answyddogol Cymru' yn nhyb rhai, ac yn yr un flwyddyn cipiodd Dorothy Rees y Barri, dim ond i'w cholli y flwyddyn wedyn. Ni ddewiswyd menyw ar gyfer sedd ddiogel yn y cymoedd tan 1984, pan gafodd Ann Clwyd ei dewis yng Nghwm Cynon. Mae'n ffaith syfrdanol mai hi oedd yr unig aelod seneddol benywaidd yng Nghymru tan 1997, pan etholwyd Julie Morgan (Gogledd Caerdydd), Betty Williams (Conwy) a Jackie Lawrence (Preseli/Penfro). Ni chynrychiolwyd na'r Blaid Geidwadol na Phlaid Cymru gan fenyw yn Nhŷ'r Cyffredin hyd yma. Tan y nawdegau, ni allai unrhyw blaid yng Nghymru hawlio record weddol hyd yn oed lle roedd dewis menywod yn ddarpar aelodau seneddol yn y cwestiwn. Ond yn 1999 gwelwyd gweddnewid pethau gydag etholiadau Cynulliad Cenedlaethol Cymru. Mabwysiadodd y Blaid Lafur bolisi dadleuol o 'efeillio', gyda'r bwriad o greu cydbwysedd rhwng y ddau ryw wrth ddewis ymgeiswyr. Yn y pen draw, menywod oedd y mwyafrif o aelodau Llafur y Cynulliad, gyda phymtheg menyw a thri ar ddeg o ddynion. Gwnaeth Plaid Cymru hefyd ymgais i fod yn gefnogol i aelodau benywaidd, ond llwyddodd y blaid i ethol dim ond chwe menyw o'u cymharu ag un ar ddeg o ddynion. Roedd gan y Democratiaid Rhyddfrydol dair menyw a thri dyn, ond nid oedd gan y Ceidwadwyr yr un aelod o fenyw. Erbyn diwedd y ganrif felly roedd pedair ar hugain o'r trigain o aelodau yn y Cynulliad yn fenywod, a hynny'n dangos bod pethau wedi symud yn sylweddol tuag at sicrhau

Eluned Morgan

Roedd hi'n glir mai ymgyrch fer fyddai'r ymgyrch dros efeillio a chael menywod i gynrychioli'r Blaid Lafur, ac roedd hi wedi cael ei rhedeg mewn ffordd effeithiol iawn. Beth oedd yn ddiddorol oedd bod dim cymaint â hynny o bwyslais na gwthio wedi dod o Lundain chwaith. Roedd hi yn rhywbeth oedd wedi cael ei threfnu yng Nghymru ac mae hwnna, 'dwi'n meddwl, yn nodweddiadol ac yn bwysig. Ac, wrth gwrs, mae yna broblemau y tu mewn i'r Blaid Lafur o hyd, ond ar ddiwedd y dydd beth rŷn ni wedi llwyddo cael yw cynrychiolaeth fwy teg na jest â bod unrhyw wlad arall yn y byd erbyn hyn. Ni yw'r ail orau â'r ardal rhanbarthol yn y byd(??)! Felly mae'n mynd o sefyllfa lle roedd pedair o fenywod cyn '89 ac, erbyn hyn, wedi cael 40 y cant o fenywod, yn symudiad hollol radical a dwi'n meddwl bod hwnna yn bwysig ofnadwy er mwyn creu y math o *role model* sydd angen ar gyfer y Gymru fodern, achos mae yna dal broblemau enfawr yn ein cymdeithas ni.

cynrychioli'r hanner hwnnw o'r boblogaeth na chafodd hyd hynny chwarae teg o du'r system wleidyddol.

Er gwaethaf eu proffeil isel ym mywyd gwleidyddol Cymru, mae menywod wedi cyfrannu'n anferthol mewn meysydd eraill; er enghraifft, mae eu hymrwymiad i addysg ac i'r iaith Gymraeg wedi bod yn hollbwysig. Rhoddodd Prifysgol Cymru gyfle i genedlaethau o fenywod gael addysg uwch, a gwnaeth llawer ohonynt gyfraniadau mawr ym meysydd addysg a darlledu ac ym mywyd diwylliannol Cymru'n gyffredinol. Mae'r mudiad eisteddfodol, o'r Genedlaethol i'r eisteddfodau bach lleol, wedi dibynnu'n aml ar waith dibrin menywod, gwaith nad yw'n cael ei gydnabod bob tro.

A ninnau'n symud i'r filflwyddiant newydd, rhaid cydnabod bod y newidiadau yn rôl a statws menywod yn cynrychioli symudiad sylfaenol yn ein hanes. Gellid honni bod natur y teulu wedi newid mwy yn nhraean ola'r ganrif nag yn y ddau fileniwm cyn hynny. Yn y teulu traddodiadol, lle'r fenyw oedd cael plant a'u magu, ac roedd ganddi statws isradd o'i chymharu â'r dyn oedd yn benteulu. Mae'r fath sefyllfa wedi newid yn llwyr. Er nad yw menywod Cymru wedi gwireddu'r freuddwyd o gael cydraddoldeb llawn, mae'r newidiadau sydd wedi digwydd – mewn patrymau gwaith, technoleg newydd, rhyddid rhywiol, a rheolaeth dros genhedlu plant – yn awgrymu'n gryf mai nhw fydd yn berchen ar y dyfodol. Ar ddechrau'r ugeinfed ganrif, roedd menywod yn sgwrio lloriau ac yn berwi dillad; maen nhw'n mynd i'r ganrif nesaf yn meddu ar ddisgwyliadau a phosibiliadau gwahanol iawn.

10

Coch a Melyn a Gwyrdd a Glas

GWLEIDYDDIAETH

Drwy gydol yr ugeinfed ganrif, roedd proffeil gwleidyddol Cymru yn dra gwahanol i'r hyn a geid yn Lloegr a'r Alban. Roedd amrywiadau mawr rhwng rhai ardaloedd a'i gilydd, ond mae'n wir dweud mai nerth, trefn ac apêl boblogaidd y Blaid Geidwadol oedd yr edau a redodd trwy wleidyddiaeth yn Lloegr. Ond plaid leiafrifol oedd y Ceidwadwyr yng Nghymru, o ddyddiau cynnar democratiaeth ar ôl Deddf Diwygio'r Senedd 1867 hyd at ddiwedd yr ugeinfed ganrif, er gwaethaf rhyw fesur o lwyddiant yn 1979 ac 1983 yn sgil buddugoliaethau Margaret Thatcher. Yn ôl Felix Aubel, hanesydd y Ceidwadwyr yng Nghymru, yntau'n ymgeisydd seneddol dros y blaid honno: 'The history of the Conservative Party in Wales has undeniably been one of consistent electoral failure throughout most of the Principality.' Pleidiau eraill sydd wedi tra-arglwyddiaethu gwleidyddiaeth yng Nghymru: yn gyntaf y Blaid Ryddfrydol, y bu ganddi ddominyddiaeth ryfeddol, ac yna'r Blaid Lafur, a gyrhaeddodd ei hanterth yn 1966 ac eto yn 1997. Gellir dweud felly fod gan batrwm gwleidyddol Cymru ei gymeriad ei hun. Eto i gyd, gan nad oedd unrhyw gorff democrataidd a oedd yn benodol Gymreig, a chan fod pleidleisiau pobl Cymru'n cael eu llyncu gan gyfanswm pleidleisiau'r Deyrnas Unedig, ni chafodd y cymeriad hwnnw fawr o fynegiant. Ond daeth tro ar fyd adeg sefydlu Cynulliad Cenedlaethol Cymru. Mae'r digwyddiad tyngedfennol hwnnw'n golygu bod gan farn wleidyddol Cymru lais, ffaith sydd â goblygiadau nid yn unig i'r wlad hon, ond i'r wladwriaeth gyfan.

Agwedd arall ar y sefyllfa wleidyddol yng Nghymru sydd yn ei gwneud hi'n wahanol i Loegr yw bodolaeth grymoedd dylanwadol y tu allan i'r prif bleidiau. Wynebodd y Blaid Lafur sialens mewn rhai o'i chadarnleoedd o du'r Blaid Gomiwnyddol, plaid a oedd yn meddu ar ddylanwad ymhell y tu hwnt i rengoedd ei haelodau ei hun. Digwyddiad mwy arwyddocaol oedd sefydlu Plaid Genedlaethol Cymru yn 1925; er i gyfraniad y blaid am flynyddoedd fod yn bennaf yn ddeallusol, daeth ar ôl 1966 i chwarae rhan bwysig yn y prosesau gwleidyddol ac etholiadol, statws a gafodd ei gadarnhau yn ddiymwad yn 1999 yn yr etholiadau i'r Cynulliad Cenedlaethol.

A mwyafrif etholwyr Cymru yn tueddu i'r chwith yn wleidyddol, gellid ystyried y broses wleidyddol Gymreig yn ystod yr ugeinfed ganrif fel cystadleuaeth rhwng nifer o bleidiau wrth-Geidwadol – Rhyddfrydwyr, Llafur, Comiwnyddion, Plaid Cymru – am gefnogaeth yr etholwyr radicalaidd. Mae'r sefyllfa hon yn bur wahanol i'r hyn a gafwyd yng ngweddill Prydain.

Rhyddfrydiaeth

Cenedl Ryddfrydol oedd y Cymry ar ddechrau'r ugeinfed ganrif. Daeth y blaid honno i'w hoed yn ystod y bedwaredd ganrif ar bymtheg, a chafodd ei safle grymus ei ategu yn etholiad cyffredinol cynta'r ganrif ym Medi 1900; enillodd y Rhyddfrydwyr chwech ar hugain o seddau ac un sedd 'Lib-Lab', o'u cymharu â'r un sedd a gafodd y Blaid Lafur a'r chwech a aeth i'r Ceidwadwyr. Ond bychan oedd llwyddiant 1900 ochr yn ochr â buddugoliaeth ysgubol 1906. Yn yr etholiad hwnnw, enillodd y Rhyddfrydwyr wyth ar hugain o seddau, tra derbyniai'r pedwar aelod 'Lib-Lab' hwythau arweiniad y Blaid Ryddfrydol. Yn wyneb cryfder apêl Rhyddfrydiaeth, methodd y Blaid Geidwadol â chipio hyd yn oed un sedd yng Nghymru. I bob golwg, roedd fel pe bai'r Rhyddfrydwyr yn lleisio barn Cymru gyfan: medrai uno radicaliaid uchelgeisiol o'r gogledd, megis David Lloyd George, â ffigyrau pwysig o'r de, megis yr undebwr William Abraham a'r meistr glo a chyfalafwr D. A. Thomas. Derbyniodd y blaid gefnogaeth gadarn o du'r Anghydffurfwyr, a heidiodd gweithwyr, perchnogion siopau a thyddynwyr i fwrw eu pleidleisiau drosti. Ac ni chafodd y cefnogwyr hynny eu siomi gan y llywodraeth Ryddfrydol a etholwyd yn 1906, ac eto, dwywaith, yn 1910. Roedd y llywodraeth honno ymhlith y rhai mwyaf blaengar a radicalaidd yn hanes Prydain, gan gyflwyno pensiynau i'r henoed, yswiriant cenedlaethol a lleiafswm cyflog i'r glowyr (yn dilyn streic 1912), yn ogystal ag ymladd brwydr gyfansoddiadol â Thŷ'r Arglwyddi. A Chymro penderfynol, huawdl a deheuig – David Lloyd George – oedd ar flaen y gad yn y blynyddoedd cyffrous hyn, yn gyntaf fel llywydd y Bwrdd Masnach ac yna fel canghellor y Trysorlys. Erbyn 1915 roedd Lloyd George yn weinidog arfau ac, yn 1916, a Phrydain yng nghanol cyflafan y Rhyfel Byd Cyntaf, ymddiriedwyd dyfodol ymerodraeth fwyaf pwerus y byd i'r Cymro Cymraeg a'r Anghydffurfiwr o Lanystumdwy. Yn 1918, ac yntau'n cael cyfnod pellach fel prif weinidog, chwaraeodd ran dyngedfennol yn y broses o lunio'r Ewrop newydd.

Lloyd George yw'r unig Gymro i ddod yn brif weinidog, a thaflodd ei fri a'i orchestion gysgod enfawr dros fywyd gwleidyddol Cymru'r ugeinfed ganrif. Er nad oedd yn aelod o unrhyw lywodraeth ar ôl 1922, gan aros mewn anialwch gwleidyddol a cholli ei afael ar y farn boblogaidd yng Nghymru, ef oedd gwleidydd a gwladweinydd mwyaf Cymru, nid yn unig yn ystod yr ugeinfed ganrif ond trwy'r cyfnod modern ar ei hyd. Roedd ei enw'n adnabyddus drwy'r byd, gyda chofiannydd o America, yr hanesydd Bentley Gilbert, yn ei ddisgrifio fel 'the archetypal political man who presided over the introduction of twentieth-century politics in Great Britain, for whom politics was not a duty but a passion'. Ond gwelwyd Lloyd George, nid yn unig fel gwleidydd cynddelweddaidd ond fel cynddelw o Gymro hefyd. Cafodd ei bortreadu'n gyson fel Cymro nodweddiadol, a dyna'r ddelwedd a fabwysiadwyd ganddo ef ei hun. Roedd yn fwriadol yn ei uniaethu ei hun â phobl Cymru a'u diwylliant; mewn cofiant cynnar, a gyhoeddwyd yn 1908, fe gafodd ei gyflwyno'n etifedd naturiol i hanes Cymru yn ei grynswth ac, yn wir, yn ymgorfforiad o'r hanes hwnnw. Ceir disgrifiadau amrywiol ohono: yr afr Gymreig, y Myrddin newydd, neu y 'goat-footed bard, a half-human visitor to our age from the hagridden magic and enchanted woods of Celtic antiquity', i ddyfynnu'r economegydd John Maynard Keynes. Derbyniwyd ei nodweddion personol ef – ei allu rhethregol, ei angerdd, ei radicaliaeth, ei gyfrwystra, ei anwadalwch, hyd yn oed ei ynni rhywiol – yn fwyfwy fel nodweddion penodol Gymreig. Rhywsut neu'i gilydd gwnaethpwyd y Cymry yn ei ddelwedd ef, a chafodd yntau ei ail-lunio i gydymffurfio â'r delweddau derbyniedig o'i gydwladwyr. Roedd Lloyd George ei hun yn derbyn ac yn cynnal y dehongliad hwn. Nid oedd yn Sais, ffaith oedd yn hysbys i bawb, ac roedd yn ymwybodol o'r 'unconscious and only half-conscious contempt with which the Englishman regarded the Welsh people', chwedl yntau.

Ganwyd Lloyd George yn 1863 ym Manceinion, lle bu ei dad, am gyfnod byr, yn athro ysgol, ond fe'i magwyd yn Llanystumdwy, sir Gaernarfon, profiad a wnaeth argraff ddofn arno, ac un a barhaodd am weddill ei oes. Magwraeth barchus, gynnil a chrefyddol ydoedd, a'r bachgen ifanc yn cael ei drwytho yn niwylliant gwleidyddol Cymru'r bedwaredd ganrif ar bymtheg, diwylliant a oedd yn ystyried tirfeddianwyr Seisnig neu Seisnigedig, yn ogystal ag Eglwys Loegr, yn elynion. Yn ôl Bentley Gilbert, roedd gan Lloyd George, yn ystod ei fywyd, 'views on every topic, but commitments to none save land reform and Welsh nationalism'. Ceir tystiolaeth o ddyfnder yr ymroddiad hwnnw yn ei ymosodiadau di-flino ar nerth gafael landlordiaeth ar gyfundrefn gymdeithasol Prydain. Yn 1909, ac yntau'n paratoi ar gyfer y frwydr gyfansoddiadol yn erbyn pwerau'r Tŷ'r Arglwyddi, heriodd ei wrthwynebwyr:

Lloyd George yn
Uwchgynhadledd
Geneva yn 1922.

TO THE CHAMPION OF OPPRESSED PEOPLES AND THE
PROPHET OF EUROPEAN BROTHERHOOD.
D. LLOYD GEORGE

Who ordained that a few should have the land of Britain as a perquisite?
Who made ten thousand people owners of the soil, and the rest of us
trespassers in the land of our birth? . . . These are questions that will be
asked. The answers are charged with peril for the order of things the
peers represent, but they are fraught with rare and refreshing fruit for
the parched lips of the multitude who have been treading the dusty road
along which people have marched through the dark ages which are now
emerging into the light.

Deallai Lloyd George sut y gallai'r wladwriaeth ddefnyddio ei phŵer i
newid amgylchiadau pob dydd ei dinasyddion. Deallai hefyd sut y medrai
grym gwleidyddol, o'i drefnu'n gyfrwys, herio buddiannau'r breintiedig a
gwella amodau byw'r rhai nad oeddent yn dda eu byd. Dyna a
ysbardunodd Ddeddf Pensiynau'r Henoed 1908 a Deddf Yswiriant
Gwladol 1911.

Roedd gan Lloyd George ddyled mawr i'w gefndir yn Eifionydd a
roddodd iddo nid yn unig rethreg a radicaliaeth ond hefyd greddf a
chraffter ac uchelgais. Ac yntau'n gyfreithiwr tair ar hugain oed ym
Mhorthmadog, ysgrifennodd at ei ddarpar wraig, 'My supreme idea is to
get on. To this idea I shall sacrifice everything – except I trust honesty. I am
prepared to thrust even love itself under the wheels of my Juggernaut, if it

obstructs the way.' Mae cymhlethdodau ei fywyd personol, a ddaeth yn agos at ddistrywio ei yrfa, wedi tynnu sylw helaeth, ond trwy'r cwbl yr oedd yn ffyddlon i'r uchelgais hwnnw. Cadwodd yn driw i'w wreiddiau hefyd; gan ei fod yn un o'r ychydig o wleidyddion o gefndir tlawd a thras ddistadl i gipio uchel swyddi'r wladwriaeth, roedd ganddo'r gallu i ddeall symudiadau'r farn gyhoeddus ac i gydymdeimlo â buddiannau pobl gyffredin, gallu prin ymhlith prif weinidogion Prydeinig, a dawn na chollodd byth.

Roedd gan Lloyd George ran yn y broses o ail-lunio Rhyddfrydiaeth a gwleidyddiaeth Brydeinig ar ôl buddugoliaeth 1906. Yn ei rôl fel arweinydd rhyfel a ddeallai oblygiadau rhyfel cyflawn, fel gwladweinydd dylanwadol yn y trafodaethau yn Versailles ar ôl y Rhyfel Byd Cyntaf ac fel un o benseiri rhaniad Iwerddon yn 1920, roedd yn wleidydd cyfan gwbl fodern. Ond roedd hefyd yn allanwr, a chan ei fod yn glynu at syniadau'r bedwaredd ganrif ar bymtheg, cafodd ei hun yn fwyfwy ar y cyrion yng Nghymru hefyd. Er gwaethaf ei gydymdeimlad â'r tlodion a'i argyhoeddiad fod gan y wladwriaeth gyfrifoldeb am les y bobl, nid Sosialydd mo Lloyd George; radical gwledig Cymreig ydoedd, ac yn y blynyddoedd ar ôl y rhyfel daeth eraill i reoli agenda wleidyddol Cymru.

I bob golwg, roedd cwpan Rhyddfrydwyr Cymru yn gorlifo yn 1906 ac eto yn 1910, ond cwpan wedi'i hollti ydoedd. Pedair blynedd ar ôl buddugoliaeth ysgubol Lloyd George yn 1918, y Blaid Lafur oedd ar frig y byd gwleidyddol Cymreig, safle a gadwodd y blaid honno am weddill y ganrif. Mae haneswyr a gwleidyddion wedi ysgrifennu miliynau o eiriau mewn ymgais i egluro'r newid trawiadol a diddorol hwnnw, cwymp y Blaid Ryddfrydol a thwf y Blaid Lafur. Ymddengys i'r etholwyr roi heibio un blaid dra-arglwyddiaethol ac ymgymryd ag un arall, a hynny mewn byr o dro. Ond yn wahanol i'r sefyllfa mewn rhannau o Loegr, ni ddiflannodd Rhyddfrydwyr Cymru yn llwyr. Yn etholiad 1924, cafodd y Rhyddfrydwyr 17.7 y cant o'r bleidlais yn Lloegr, ac roedd y ganran hyd yn oed yn is yn yr Alban; ond yng Nghymru, enillodd y blaid 31 y cant o'r bleidlais, ffigwr a olygodd mai'r Rhyddfrydwyr oedd yr ail blaid o ran maint. Hyd yn oed yn 1945, a'r Rhyddfrydwyr â chwe aelod seneddol yng Nghymru, roedd eu pleidlais bron ddwywaith gymaint â'r hyn a gawsant yn Lloegr, a theirgwaith yn uwch na'r ganran yn yr Alban.

Yn y dauddegau, wrth i'r Blaid Lafur ysgubo drwy'r Gymru ddiwydiannol, daliodd y Blaid Ryddfrydol ei thir dros ran helaeth o'r Gymru wledig. Ailetholwyd Lloyd George bob tro iddo sefyll, ac roedd Rhyddfrydiaeth, 'er gwaethaf ei rhaniadau mewnol niferus, yn fudiad nerthol mewn llawer o etholaethau, yn arbennig rhai'r gorllewin a'r canolbarth. Er

Yr Arglwydd Hooson

Y camgymeriad mwyaf wnaethpwyd yn y wlad yma oedd gadael i'r Blaid Lafur gymryd lle y Blaid Ryddfrydol. Pe baen nhw wedi diwygio ddigon ar y Blaid Ryddfrydol, ac roedd 'na fai mawr ar y Rhyddfrydwyr eu hunain i raddau, a bai mawr ar rai o'r undebau llafur. Pe baen nhw wedi canolbwyntio fel roedd Lloyd George yn ei wneud, a gwneud yn siwr fod yr economi yn gweithio, ac wedyn codi trethi i newid y ffordd y mae cyfoeth yn cael ei rannu allan, mi fyddai wedi bod yn llawer gwell i'r wlad. Ac os edrychwch chi'n ôl ar y peth, pan o'n i yn Nhŷ'r Cyffredin gynta, roedd y Blaid Lafur i gyd yn credu mewn Marcsiaeth, fel roedd rhai o fy ffrindiau gorau i, Elwyn Jones Llanelli ac yn y blaen. Dwi'n cofio pan o'n i fel Rhyddfrydwr yn gwrthwynebu'r ddeddf i ailgenedlaetholi'r diwydiant dur, roedd y Blaid Lafur i gyd ar eu traed yn gweiddi arna'i. Doedden nhw ddim wedi ymosod ar unrhyw un o'r Torïaid, ddaru nhw ymosod arna i y diwrnod yna. Roedd hi bron yn amhosibl i mi fynd ymlaen efo fy araith, ond os edrychwch chi ar be oedden nhw'n wneud, maen nhw i gyd yn cyfaddef erbyn heddiw mai camgymeriad ofnadwy oedd o. Ddaru ni wastraffu ar yr ochr radicalaidd ddeng mlynedd ar hugain o flynyddoedd.

enghraifft, ni chefnodd sir Drefaldwyn ar y blaid tan 1979, a daeth yn ôl at ei choed yn fuan iawn, yn 1983. Aelod seneddol Maldwyn o 1929 hyd at ei farwolaeth yn 1962 oedd Clement Davies, a ddisgrifiwyd fel 'one of the unknown great men of modern times'. Yn Rhyddfrydwr Cenedlaethol o 1931 hyd at 1939, ailymunodd â'r Blaid Ryddfrydol yn 1942. Chwaraeodd ran allweddol yng nghwymp y prif weinidog, Neville Chamberlain, yn 1940 ac yn 1945 daeth yn gadeirydd y Blaid Ryddfrydol Seneddol. Bu'n arwain y Rhyddfrydwyr tan 1956, ac ni ellir amau pwysigrwydd ei gyfraniad wrth iddo gynnal, ar adeg anodd yn ei hanes, blaid fach ansicr o'i rôl gwleidyddol a'i dyfodol. Dilynwyd Clement Davies fel aelod seneddol Rhyddfrydol Maldwyn gan Emlyn Hooson, a gynrychiolodd yr etholaeth o 1962 hyd at 1979. Safodd Hooson yn erbyn Jeremy Thorpe am arweinyddiaeth y blaid yn 1967, a cheir peth tystiolaeth mai awydd y Rhyddfrydwyr i roi gorau i'r dilyniant o arweinwyr 'Celtaidd' a barodd iddo golli.

Ni chafodd y Democratiaid Cymdeithasol (SDP) – darpar bartneriaid y Rhyddfrydwyr a holltodd oddi wrth y Blaid Lafur yn yr wythdegau cynnar – fawr o lwyddiant yng Nghymru, a hynny er gwaetha'r ffaith bod arweinwyr y blaid newydd, y 'gang o bedwar', yn cynnwys Roy Jenkins, oedd yn Gymro, a David Owen, oedd â chysylltiadau cryf â'r wlad. Denodd yr SDP ddau wleidydd Cymreig a chanddynt broffeil uchel, sef Tom Ellis, aelod seneddol Wrecsam, a Gwynoro Jones, aelod seneddol Caerfyrddin o 1970 hyd at 1974. Derbyniodd Cynghrair yr SDP a'r Rhyddfrydwyr bleidlais sylweddol yn etholiad 1983, ond siom iddynt oedd canlyniad yr etholiad hwnnw yng Nghymru, gyda Tom Ellis yn colli sedd newydd De-orllewin Clwyd.

Felly parhaodd y Blaid Ryddfrydol i wneud peth argraff ar fywyd gwleidyddol Cymru, ond roedd yr argraff megis cysgod o'r grym a fu. Erbyn y dauddegau, cilio yr oedd dylanwad y Rhyddfrydwyr, a'r Blaid

Lafur wrthi'n ymwreiddio'n gadarn yng Nghymru. Yn etholiadau'r Cynulliad Cenedlaethol yn 1999, y Blaid Ryddfrydol, a chanddi chwech o seddi, oedd y lleiaf o'r pleidiau.

Llafur

Sut mae egluro'r newid o Ryddfrydiaeth i Lafur? Yn gyntaf oll, rhaid pwysleisio nad newid sydyn mohono, gan i Lafur ers blynyddoedd fod ar drywydd dylanwad gwleidyddol. Yn 1900 etholwyd Keir Hardie, un o brif sylfaenwyr y Blaid Lafur, yn aelod seneddol Merthyr Tudful (er iddo ddod yn ail bob tro i'r Rhyddfrydwr D. A. Thomas yn yr etholaeth ddau aelod honno), a safodd nifer o lowyr 'Lib-Lab' yn llwyddiannus fel ymgeiswyr 'llafur' o dan ymbarél y Blaid Ryddfrydol. Wedi i'r glowyr ymgysylltu â'r Blaid Lafur yn 1909 (cam y bu Sosialwyr yn bleidiol iddo ers tro), fe ddaeth yr aelodau seneddol hynny'n aelodau o'r Blaid Lafur Seneddol. Sefydlwyd y Blaid Lafur Annibynnol (ILP) yn 1893, ac er mai llugoer oedd yr ymateb yng Nghymru ar y pryd, sefydlwyd canghennau yn Wrecsam a Merthyr Tudful erbyn 1897, ac erbyn 1905 roedd bron i ddeg ar hugain o ganghennau yn ne Cymru. Dadl yr ILP a Sosialwyr eraill oedd na fedrai Rhyddfrydiaeth, gyda'i harweinyddiaeth ddosbarth canol, gynrychioli buddiannau'r gweithwyr, dadl a ategwyd mewn llawer o etholaethau gan y Rhyddfrydwyr eu hunain wrth iddynt wrthod mabwysiadu ymgeiswyr o'r undebau na'r mudiad llafur, heblaw am yr etholaethau hynny, megis y Rhondda, lle nad oedd dewis ganddynt.

Ffactor arall a gafodd effaith ar batrwm gwleidyddol Cymru (er i ambell hanesydd ddadlau ynglŷn ag union ddylanwad y newidiadau hyn) oedd y cynnydd wedi 1918 yn y nifer a chanddynt yr hawl i bleidleisio, canlyniad y mesurau i ddiwygio cynrychiolaeth y bobl. Cafodd menywod eu rhyddfreinio yn sgil y mesuriadau hyn, a chrewyd rhai etholaethau newydd. Rhaid ystyried hefyd effeithiau gwleidyddol y Rhyfel Byd Cyntaf. Yn ystod y rhyfel hwnnw, gwaethygodd yr hollt rhwng Lloyd George ac Asquith, hollt a olygodd fod y Blaid Ryddfrydol yn datblygu'n ddau grŵp gelyniaethus.

Ond uwchlaw pob dim, chwalwyd seiliau Rhyddfrydiaeth yng Nghymru gan dwf ymwybyddiaeth ddosbarth, nid yn yr ystyr Farcsaidd, chwyldroadol, ond ar lefel bywyd bob dydd. Erbyn ail ddegawd y ganrif ymddengys i lawer mai dosbarth oedd wrth wraidd y modd yr oedd pobl yn byw, pa waith yr oeddent yn ei wneud, pa fath o dai oedd ganddynt, a beth oedd eu hincwm. A'r diwydiant glo yn ben yng Nghymru, daeth ystyriaethau dosbarth yn hollbwysig. Roedd pob pwnc – streiciau, diogelwch yn y pyllau, cyflogau, tai, iechyd – yn bwnc dosbarth, a

Yr Arglwydd Gwilym Prys Davies

Dwi'n meddwl mai Jim Griffiths oedd y Cymro Cymraeg mwya ei ddylanwad yn y ganrif yma ar ddatblygiad sosialaeth ym Mhrydain a sosialaeth yng Nghymru. Roedd o wedi ei eni yn 1890 ac i raddau helaeth iawn roedd profiad Jim Griffiths ar hyd ei oes yn ddrych o brofiad Cymru. Wedi ei fagu ar aelwyd Gymraeg Anghydffurfiol, roedd dylanwad Gladstone yn fawr ar ei dad, ac roedd ei dad yn bwriadu iddo fynd i'r weinidogaeth ond aeth Jim i'r gwaith glo a thyfu yno yn arweinydd yr Undeb. Roedd Jim yn sôn am yr oerni yn y cartref oherwydd ei fod e wedi troi at yr ILP. Wedyn ar ddiwedd y Rhyfel Byd Cyntaf aeth Jim i'r Coleg Llafur a dylanwad Marcsiaeth yn gryf yno a mae hynny efallai'n esbonio i raddau pam roedd cenedlaetholwyr yn credu ei fod o wedi pellhau oddi wrth Gymreictod oherwydd dylanwad y Coleg Llafur yn ganolog. Ond wedyn hyd yn oed pan oedd yn ysgrifennydd y Blaid Seneddol Gymreig o '38 ymlaen roedd o'n brwydro'n galed iawn i gryfhau achosion Cymru, fe wnaeth ei gyfraniad dros Ddeddf Iaith Cymru. Wedyn y Pwyllgor Ad-drefnu Cymru, wedyn dadlau dros ysgrifennydd gwladol a dwi'n siwr fod o wedi rhoi boddhad enfawr iddo fe ar ddiwedd ei oes i ddod yn ôl i adeiladu'r Swyddfa Gymreig newydd yma ac i baratoi'r tir ar gyfer Deddf Iaith newydd. Mae hwnna'n ddrych fwy neu lai o brofiad Cymru.

llwyddodd y Blaid Lafur i'w phortreadu ei hun fel plaid a oedd yn ymwybodol o gefndir dosbarth ei chefnogwyr ac yn barod i gynrychioli buddiannau gwleidyddol y cefnogwyr hynny yn yr un modd ag y'u cynrychiolwyd yn y gweithle gan yr undebau.

Wedi'r Rhyfel Byd Cyntaf, ysgubodd y Blaid Lafur drwy ardaloedd diwydiannol Cymru. Yn etholiad y cwpon yn 1918, a gynhaliwyd yn fuan wedi'r Cadoediad, enillodd y Blaid Lafur ddeg o seddau, i gyd ym maes glo'r de ac eithrio un fuddugoliaeth annisgwyl, ac amwys, yn Ynys Môn. Adeiladwyd ar y sail gadarn hon, ac yn 1922 cipiodd Llafur ddeunaw o seddau a mwy na 40 y cant o'r bleidlais, gan gyrraedd y brig ymhlith pleidiau gwleidyddol Cymru. A'r maes glo erbyn 1922 yn gadarnle i Lafur, roedd y blaid hefyd yn ennill tir mewn mannau eraill. Un o'r buddugoliaethau mwyaf cyffrous oedd un R. T. Jones yn sir Gaernarfon; er iddo golli'r sedd yn 1923, roedd y blaid wedi llwyddo i agor cil y drws yn y gogledd 'gwledig'. Ni chollodd ei hyder hyd yn oed yn ystod argyfwng trychinebus 1931; er i nifer aelodau seneddol Llafur Cymru leihau o bump ar hugain i un ar bymtheg, arhosodd canran y blaid o'r bleidlais yn rhyfeddol o sefydlog. O'r holl aelodau Llafur a etholwyd yn 1931, daeth traean ohonynt o dde Cymru.

Roedd llawer o aelodau seneddol Llafur y dauddegau a'r tridegau yn swyddogion undeb, a gwobr am wasanaeth ffyddlon i'r undeb oedd eu henwebu i etholaeth seneddol. Er i nifer ohonynt brofi'n wleidyddion medrus a chydwybodol, ac er gwaetha'u hymdrechion glew i amddiffyn de Cymru yn ystod blynyddoedd anfad y dirwasgiad, nid oeddent yn disgleirio fel grŵp, ac ychydig ohonynt a lwyddodd i wneud argraff yn San Steffan. Un a wnaeth argraff oedd James Griffiths, fel y gwelir ym Mhennod 5, a'r llall a enillodd fri ar y llwyfan Prydeinig a rhyngwladol oedd Aneurin Bevan, aelod seneddol Glynebwy. Cydnabu hyd yn oed J. Campbell, y mwyaf beirniadol o gofianwyr Bevan, ei fod yn 'one of the most gifted and creative political leaders to have graced British politics this century – the equal in potential, if not in achievement, of David Lloyd George and Winston Churchill'. Roedd Bevan yn sosialydd diysgog, yn areithydd a dadleuwr heb ei ail ac ar ôl ei benodi'n weinidog yn y llywodraeth yn y blynyddoedd ar ôl y rhyfel, daeth yn ddiwygiwr penderfynol ac yn wleidydd celfydd.

Ganwyd Aneurin Bevan yn Nhredegar yn 1897, yn fab i löwr. Aeth i weithio dan ddaear yng nglofa Tŷ-Tryst yn 1910 ar ei ben-blwydd yn dair ar ddeg oed. Erbyn ei fod yn bedair ar bymtheg, ef oedd yr ieuengaf o gadeiryddion cyfrinfeydd de Cymru, ac yn 1919 gadawodd y pyllau er mwyn mynychu'r sefydliad Marcsaidd hwnnw, y Coleg Llafur Canolog yn Llundain. Wedi iddo ddychwelyd yn 1921, ymgymerodd yn frwd â helyntion y cymunedau glofaol, gan ddod yn gynghorydd dosbarth ac yn arweinydd grymus Cymdeithas Cymorth Meddygol Tredegar a Sefydliad y Gweithwyr. Yn bwysicaf oll, roedd Bevan yn weithgar yng nghyfrinfa leol Ffederasiwn Glowyr De Cymru, gan weithredu fel swyddog lleol yn ystod y streic gyffredinol a'r blynyddoedd cythryblus a'i dilynodd. Fe'i hetholwyd i gyngor sir Fynwy yn 1928 ac, wedi i aelod seneddol Glynebwy gael ei ddadethol – digwyddiad anghyffredin iawn ar y pryd – enwebwyd Bevan fel ymgeisydd Llafur dros yr etholaeth mewn pryd i ymladd etholiad 1929.

Gwrthryfelwr oedd Bevan, a frwydrodd bron trwy gydol ei yrfa, yn aml yn erbyn arweinyddiaeth ei blaid ei hun. Ar ôl 1931 ymatebodd yn ffyrnig i agwedd ddihid y Llywodraeth Genedlaethol newydd yn wyneb cyflwr dirwasgedig a thrychinebus ei etholaeth ei hun a'r rhai cyfagos, gan fynegi ei angerdd yn ddibaid yn y senedd ac ar lwyfannau ym mhob cwr o'r deyrnas. Dyn y chwith oedd Bevan ac yn y tridegau cefnogodd y syniad o godi 'brigadau rhyddid' i'r gweithwyr, syniad y tybiai rhai fod iddo naws chwyldroadol. Dadleuodd o blaid ymuno â'r Comiwnyddion ac eraill mewn ffrynt poblogaidd, yn arbennig er mwyn cefnogi achos y Weriniaeth yn Sbaen. Yn 1937 sefydlodd *Tribune*, cylchgrawn adain chwith mwyaf dylanwadol Prydain, a daeth yn olygydd arno. Oherwydd ei safiad adain chwith, cafodd ei ddiarddel am gyfnod o'r Blaid Lafur Seneddol yn 1939, a hynny yng nghwmni Syr Stafford Cripps.

Yn ystod yr Ail Ryfel Byd, roedd Bevan fel gwrthblaid un dyn i Winston Churchill yn Nhŷ'r Cyffredin, ac enillodd barch mawr yn ogystal â drwg-enwogrwydd o ganlyniad. A'r ddau yn areithwyr campus ond yn wahanol iawn eu harddull, ystyriwyd y croesi cleddyfau rhyngddynt fel enghreifftiau clasurol o *genre* Tŷ'r Cyffredin. Yn 1944, cyhoeddodd Bevan *Why Not Trust the Tories?*, llyfr deifiol a barodd iddo ddod yn agos iawn, ar

Aneurin Bevan yn annerch cynulleidfa yn Shotton yn ystod ymgyrch etholiad 1950.

adeg o glymblaid, at gael ei ddiarddel o'r Blaid Lafur Seneddol unwaith eto.

Wedi'r rhyfel, gwasanaethodd Bevan fel gweinidog dros iechyd a thai yn llywodraeth Clement Attlee. Roedd yn gyfarwydd iawn ag effeithiau niweidiol salwch mewn cymuned-au dosbarth gweithiol, ac yn gynefin hefyd â'r dulliau a fabwysiadodd y gweithwyr yn eu hymdrech i wrthsefyll ac i leddfu'r diodd-efaint, dulliau cydweithredol a chyfundrefnol megis Cymdeithas Cymorth Meddygol Tredegar. Profodd Bevan yn weinidog craff, ymarferol a phenderfynol tu hwnt. Yn dilyn ei frwydrau caled yn erbyn y Gymdeithas Feddygol Brydeinig (BMA), corff a ddisgrif-iwyd ganddo unwaith fel 'a small body of politically poisoned people', lluniodd Bevan gampwaith ymhlith mesurau diwygio'r Blaid Lafur a chonglfaen y wladwriaeth les, sef y Gwasanaeth Iechyd Cenedlaethol.

Gyda'r Rhyfel Oer yn dwysáu a chost ailarfogi'n cynyddu, cafodd Bevan ei hun benben â'i blaid unwaith eto ar y cwestiwn o gyllido ei greadigaeth newydd. Cerddodd allan o gyfarfod o'r Cabinet yn 1951 mewn protest yn erbyn codi tâl cyfyngedig am ragnodyn meddygol, un o ymddiswydd-iadau enwoca'r ganrif. Cafwyd brwydr filain, gyd-ddinistriol am reolaeth y blaid rhwng Bevan a'i ddilynwyr – y 'Bevanites' – a'r arweinyddiaeth. Daeth Bevan yn agos at gael ei ddiarddel eto yn 1955, ond erbyn diwedd y pumdegau roedd y ddwy ochr wedi cymodi. Daeth Bevan yn ddirprwy arweinydd y Blaid Lafur yn 1959, blwyddyn cyn iddo farw.

Fel y trafodwyd eisoes, uniaethodd Lloyd George ei hun â Chymru, ac fe'i gwelwyd gan lawer y tu mewn a thu allan i'r wlad fel ymgorfforiad o'r genedl Gymreig. Roedd perthynas Bevan â Chymru, a'i statws fel eicon gwleidyddol Cymreig, yn fwy dadleuol o'r hanner. Fferm yn ne-ddwyrain Lloegr oedd cartref gwledig Bevan, tra byddai Lloyd George yn mynd yn ôl i Gricieth (er bod ganddo hefyd gartref yn Surrey). Eto i gyd, nid oedd modd gwadu mai Cymro oedd Bevan, ac fe'i hystyriwyd yn Gymro gan eraill. Ac yntau, fel Lloyd George ac, yn ddiweddarach, Neil Kinnock, yn areithiwr huawdl, priodolwyd y ddawn honno i'w gefndir Cymreig, cefndir a ystyriwyd yn darddle ei awydd am gyfiawnder cymdeithasol. Yn ôl ei gofiannydd mwyaf diweddar, Dai Smith, roedd Bevan, gyda'i ddiffyg parch tuag at yr awdurdodau, yn rhoi mynegiant i rinweddau creadigol a thosturiol de Cymru – yr ardal ddiwylliannol gyfoethog ac economaidd amddifad honno a gynrychiolwyd ganddo – nid yn unig yn y Senedd ond ar lwyfan Prydeinig a rhyngwladol. Roedd enwau Bevan – ei gyfenw lawn cymaint â'i enw cyntaf – a'i acen gryf yn dyst i'w Gymreictod. Hyd yn oed o'i dalfyrru'n serchog, nid enw Seisnig mo 'Nye'. Ac nid ar chwarae bach y rhoddwyd iddo'r enw 'Aneurin'; roedd gan ei dad, David, ddiddordeb dwfn yn y diwylliant Cymraeg, a chafodd rhai o frodyr a chwiorydd Nye enwau a fyddai wedi bod yn addurn i deulu o ymgyrchwyr pybyr dros y Gymraeg yn yr 1870au: Blodwen, Myfanwy, Iorwerth ac Idris, yn ogystal ag Arianwen, y chwaer oedd agosaf ato. Soniwyd droeon am wrthwynebiad Bevan i ddatganoli, ond nid mater syml oedd y gwrthwynebiad hwnnw. Tarddai hwnnw, nid o awydd i lethu nac i wadu'i hunaniaeth Gymreig, ond o'r Farcsiaeth egwyddorol a goleddwyd ganddo, gyda'i phwyslais ar ddefnyddio grym gwleidyddol i wella cyflwr y bobl.

Er gwaetha'r cymhlethdodau hyn, enynnodd Bevan gariad dwfn drwy Gymru gyfan, nid yn unig am yr hyn yr oedd, ond am yr hyn a gynrychiolwyd ganddo, sef pobl a ymdrechai gyda dychymyg a dewrder, yn wyneb tlodi enbyd, i greu dyfodol gwell. Gellid dadlau bod teitl llyfr Bevan, *In Place of Fear*, yn bwysicach na'i gynnwys, gan i neges y teitl daro tant uniongyrchol ym meddyliau'r Cymry.

Cafodd Llafur fuddugoliaeth orfoleddus yn etholiad 1945 – yr un cyntaf, oherwydd y rhyfel, i'w gynnal ers deng mlynedd – a gwelwyd cynnydd yn y flwyddyn honno yn y gefnogaeth i'r blaid yng Nghymru. Cododd nifer yr aelodau seneddol Cymreig i bump ar hugain, o'i chymharu â deunaw yn 1935; enillodd 58 y cant o'r pleidleisiau gan lwyddo i gipio Caernarfon ac i wella'i safle yng Nghaerdydd. Yn ystod y ddau ddegawd nesaf, aeth y Blaid Lafur o nerth i nerth yng Nghymru nes cyrraedd anterth etholiad 1966.

Blwyddyn	Nifer yr aelodau	Canran y pleidleisiau %
1950	27	58
1951	27	60.5
1955	27	58
1959	27	57
1964	28	58
1966	32	60

Bu llai o lewyrch yn y saithdegau; gostyngodd nifer yr aelodau seneddol o uchafbwynt 1966 i saith ar hugain yn 1970 ac i dri ar hugain yn nau etholiad 1974. Gwelwyd hefyd gostyngiad o ryw 10 y cant yn y nifer a bleidleisiai dros y blaid. Wrth i'r Ceidwadwyr fagu nerth o 1979 ymlaen, collodd y Blaid Lafur dir. Dim ond dau ar hugain o'r ymgeiswyr Llafur a etholwyd yn 1979 (un ar hugain, o beidio â chyfrif George Thomas, Llefarydd Tŷ'r Cyffredin) ac, yn 1983, cafodd y blaid 37.5 y cant o'r bleidlais wrth i ugain aelod gael eu hethol. Erbyn hynny, roedd sefyllfa'r blaid yn wahanol iawn i flynyddoedd ffyniannus y pumdegau a'r chwedegau. Serch y dirywiad hwn roedd Cymru'n dal i fod yn un o gadarnleoedd y Blaid Lafur, gyda'r gefnogaeth iddi'n uwch o dipyn nag yng ngweddill y Deyrnas Unedig. Yn etholiad 1983, er enghraifft, er i Lafur berfformio'n wael o gymharu â'i record blaenorol yng Nghymru, roedd y gefnogaeth iddi'n sylweddol uwch na chyfartaledd y pleidleisiau iddi trwy Brydain.

Yn dilyn etholiad 1983, daeth Neil Kinnock yn arweinydd y Blaid Lafur, yr unig Gymro i'w harwain yn ystod yr ugeinfed ganrif. Cafwyd arweinwyr eraill a oedd yn cynrychioli etholaethau yng Nghymru, ond roedd Keir Hardie (Merthyr) a Ramsay MacDonald (Aberafan) yn Albanwyr a James Callaghan (De-Ddwyrain Caerdydd) a Michael Foot (Glynebwy) yn Saeson. Ond un o fechgyn y cymoedd glofaol oedd Kinnock, ffaith a barodd i'r wasg ymosod yn ddidrugaredd arno fel 'boyo'. Ac yntau wedi'i eni yn Nhredegar i deulu o lowyr, roedd Kinnock, yng ngeiriau'r hanesydd K. O. Morgan, yn 'authentic proletarian'. Yn ôl ei sylw cofiadwy ei hun, ef oedd 'the first Kinnock for a thousand years' i fynychu prifysgol. Yn ystod ei gyfnod yng Ngholeg Prifysgol Caerdydd, fe gwrddodd â'i ddarpar wraig, Glenys, Cymraes Gymraeg oedd yn weithgar gyda'r Blaid Lafur yn Ynys Môn, ac a gafodd wedyn yrfa wleidyddol ei hun fel aelod o Senedd yr Undeb Ewropeaidd. Ar ôl cyfnod byr yn gweithio dros Gymdeithas Addysg y Gweithwyr, etholwyd Kinnock yn aelod seneddol Bedwellte yn 1970. Yn areithiwr greddfol, cyfunodd ymroddiad angerddol â hiwmor direidus, dawn a ddefnyddiodd yn dra effeithiol. Cefnogodd nifer o achosion yr asgell chwith, ac yn 1979 dadleuodd yn ddeifiol yn erbyn polisi datganoli ei blaid. I Kinnock, ac yntau'n Sosialydd ac yn Gymro di-Gymraeg o gymoedd glofaol y de, ymddangosodd datganoli fel ymosod-iad ar ei hunaniaeth ef ei hun. Er iddo newid ei farn yn ddiweddarach yn ei yrfa, yn 1979 cafodd effaith ddinistriol dros ben ar yr ymgyrch dros ddatganoli. Fel y dangoswyd gan ganlyniad y Refferendwm, llwyddodd ei gondemniad ffyrnig o genedlaetholdeb i gyffwrdd â rhai o ofnau dyfnaf pobl Cymru. Ond methodd â chyffwrdd a'r etholwyr ledled Prydain ac, er i Lafur ymladd yn galed yn etholiadau 1987 ac 1992, colli fu ei hanes;

ystyriwyd yr hyn a alwyd yn 'Kinnock factor' yn elfen bwysig yn ei methiant. Nid oedd rhethreg ac acen Gymreig Kinnock yn apelio at bleidleiswyr Seisnig, gan roi terfyn creulon ar yrfa wleidyddol a ddechreuodd mewn modd mor addawol. Eto i gyd, mae ganddo le diogel yn hanes ei blaid; ef a ddifododd y Militant Tendency yn 1985–7 ac ef a lwyddodd i ddiwygio'r Blaid Lafur a'i gwneud unwaith eto'n blaid o ddifrif wedi etholiad trychinebus 1983, gan ail-lunio'i strwythur a chefnu ar bolisïau y bu ef unwaith yn eu cefnogi, yn enwedig diarfogi niwcliar unochrog. Ond yn 1997, a Llafur yn ennill yr etholiad â mwyafrif llethol, Sais a addysgwyd mewn ysgol fonedd ac yn Rhydychen a fedodd yr hyn a heuwyd gan Neil Kinnock.

Gwelwyd twf sylweddol yn y bleidlais Lafur dan arweinyddiaeth Kinnock. Erbyn 1992, roedd y blaid yn derbyn yn agos at 50 y cant o'r bleidlais yng Nghymru, o'i chymharu â 37 y cant yn 1983, ac yn y flwyddyn honno etholwyd saith ar hugain o aelodau seneddol Llafur. Ym muddugoliaeth ysgubol 1997, cipiodd Lafur bedair ar ddeg ar hugain o'r deugain etholaeth Gymreig, gan gynnwys seddau annisgwyl megis Gorllewin Clwyd. Ond daeth tro ar fyd eto pan gynhaliwyd yr etholiadau cyntaf ar gyfer Cynulliad Cenedlaethol Cymru. A'r Blaid Lafur wedi'i rhwygo gan raniadau mewnol, cipiodd Plaid Cymru gadarnleodd Llafur fel Llanelli, y Rhondda ac Islwyn, etholaeth Kinnock gynt. Llafur, ac wyth ar hugain o seddau, oedd plaid fwyaf y Cynulliad ond, a system cynrychiolaeth gyfrannol newydd yn gweithredu, nid oedd ganddi fwyafrif dros bawb.

Ar lawer golwg, eithriadau ymhlith gwleidyddion Llafur Cymreig oedd Bevan a Kinnock, a'u syniadau adain chwith. Y duedd oedd i wleidyddion o Gymru fod yn bragmataidd, gan ymwneud â phynciau oedd yn effeithio ar fywyd pob dydd. Gellid dadlau bod dyn gofalus, cymedrol ei ffordd megis James Griffiths yn fwy nodweddiadol o'r mudiad Llafur Cymreig. Eto i gyd, nid oedd y blaid yn amddifad o ideoleg; cyn dyfodiad Llafur Newydd y nawdegau, plaid gyfunolaidd ydoedd. Fe'i cyhuddwyd yn aml o fod yn ganoliaethol, ond ymateb pragmataidd oedd y ganoliaeth honno; y canol oedd biau'r grym, ac ystyriai'r Blaid Lafur fod ganddi ddylet-swydd i gipio'r grym hwnnw a'i ddefnyddio er lles ei phobl.

Dim ond yn achlysurol y cafodd y Blaid Lafur y cyfle i gymryd yr awenau yn San Steffan. Roedd y sefyllfa'n bur wahanol yng Nghymru; yno daliai afael parhaus ar neuaddau tref ledled y Gymru ddiwydiannol, ac enillodd hi Gaerdydd oddi wrth y Ceidwadwyr yn y pumdegau. Record ddadleuol sydd ganddi, yn bennaf oherwydd, i bob pwrpas, roedd gan y blaid reolaeth lwyr dros yr ardaloedd a weinyddwyd ganddi. Cafwyd enghreifftiau o lygredd, a bu gan nawdd gwleidyddol ran fawr yn y broses o wneud apwyntiadau, arfer a ddatgelwyd o bryd i'w gilydd gan beri drwg mawr i enw'r blaid. Ond trwy hyn i gyd, aros yn rhyfeddol o ffyddlon i'r Blaid Lafur a wnaeth y Gymru ddiwydiannol.

Plaid Cymru

Gellid gweld gwrthwynebiad ffyrnig Neil Kinnock i ddatganoli yn 1979 fel ymateb i'r her i rym y Blaid Lafur yng Nghymru o du Plaid Cymru – her a ddaeth i'r amlwg yn y misoedd ar ôl buddugoliaeth Llafur yn etholiad 1966. Cynhaliwyd yr etholiad cyffredinol ym mis Mawrth; dim ond ychydig fisoedd yn ddiweddarach, bu farw'r aelod seneddol Llafur dros Gaerfyrddin, Megan Lloyd George. Roedd yr isetholiad, a gynhaliwyd ar 14 Gorffennaf, gyda'r mwyaf arwyddocaol yn hanes gwleidyddol Cymru, gyda Phlaid Cymru'n cyflawni uchelgais yr oedd wedi bod yn ym-gyrraedd tuag ato ers deugain mlynedd. Mewn gornest rhwng pedair plaid, gwelwyd chwalu mwyafrif Llafur o 9,000; roedd Plaid Cymru'n fuddugol gyda mwyafrif o 2,400, a'i phleidlais yn fwy na dwbl yr hyn a gafodd yn yr etholiad cyffredinol. Yn fwy ysgytwol byth i'r Blaid Lafur, daeth Plaid Cymru'n agos at ennill isetholiadau a gynhaliwyd mewn dau o gadarnleoedd Llafur yn y cymoedd: Gorllewin y Rhondda yn 1967 a Chaerffili yn 1968.

Trawiadol iawn oedd buddugoliaeth Plaid Cymru o ystyried cyn lleied o gefnogaeth oedd gan y blaid ers ei sefydlu yn 1925. Dim ond 609 pleidlais a gafodd y Parchedig Lewis Valentine yn sir Gaernarfon yn 1929, ac ni wnaeth J. E. Daniel fawr yn well wrth ymladd yr un sedd yn 1931 (1,136 pleidlais) ac 1935 (2,534). Derbyniodd Saunders Lewis 914 pleidlais yn yr ornest am sedd Prifysgol Cymru yn 1931; cynhaliwyd isetholiad chwerw iawn am yr un sedd yn Ionawr 1943, a chollodd Lewis i W. J. Gruffydd, dyn oedd nid yn unig yn gyd-lenor ond hefyd yn gyd-Genedlaetholwr, er iddo sefyll fel Rhyddfrydwr. Cafodd y blaid beth llwyddiant yn yr isetholiadau a gynhaliwyd ym mwrdeistrefi Caernarfon a Chastell-nedd yn 1945. A chadoediad gwleidyddol cyfnod y rhyfel yn bodoli o hyd, nid oedd amgylchiadau'r ddwy ornest hyn yn arferol, ond mae'r 6,000 a rhagor o bleidleisiau a gafodd eu bwrw dros Blaid Cymru yn y naill etholiad a'r llall yn brawf o allu'r blaid i ddenu cefnogaeth sylweddol, hyd yn oed – yn achos Castell-nedd – mewn ardal ddiwydiannol. Erbyn etholiad cyffredinol 1945, serch hynny, ac amgylchiadau anghyffredin y cadoediad wedi mynd heibio, ciliodd cefnogaeth Plaid Cymru eto, gan adael y 10 y cant o'r bleidlais a gafodd Gwynfor Evans ym Meirionnydd fel yr unig lygedyn o obaith ar gyfer y dyfodol.

O dan arweinyddiaeth Gwynfor Evans, gwelwyd peth cynnydd yn y

Ymgyrch Senedd i Gymru, 1949.

gefnogaeth i'r blaid yn y ddau ddegawd wedyn, a chododd y nifer o ymgeiswyr Plaid Cymru o saith yn 1950 i ugain yn 1959. O ganlyniad cynyddodd ei chanran o'r bleidlais o 1.2 y cant i 5.2 y cant. Ond siom oedd hanner cynta'r chwedegau, gydag uchelgais etholiadol y blaid, i bob golwg, mewn adfeilion. Erbyn 1966 roedd canran ei phleidlais wedi gostwng i 4.3 y cant. Hyd yn oed ym Meirionnydd, etholaeth a oedd wedi ymddangos mor addawol yn y pumdegau, ciliodd y bleidlais o 23 y cant yn 1959 i 11 y cant yn 1966. Nid oedd y rhagolygon yn dda yng Nghaerfyrddin ychwaith; er i Gwynfor Evans, oedd yn byw yn yr etholaeth, godi ei gyfran o'r bleidlais, daeth yn drydydd, gyda 16 y cant o'r bleidlais, yn etholiad cyffredinol 1966.

Rhoddodd buddugoliaeth Plaid Cymru yn isetholiad 1966, felly, digwyddiad a ddilynwyd bron yn syth gan fuddugoliaeth Plaid Genedlaethol yr Alban (SNP) yn isetholiad Hamilton, hwb anferth i adfywiad Cenedlaetholdeb yng Nghymru, a hynny er i Gwynfor Evans golli Caerfyrddin yn 1970. Yn ôl Gwynfor Evans:

> Y gred gyffredinol cyn etholiad Caerfyrddin oedd na fyddai Plaid Cymru byth yn ennill etholiad seneddol. Ambell i etholiad lleol, ie. Roedd hynny'n bosibl, ond am etholiad seneddol, byth yn dragwyddol. Ond fe roddwyd pen ar hynny wrth gwrs. Fe ddaeth y fuddugoliaeth gwbl annisgwyl fel sioc a rhoddodd ias o obaith, rwy'n credu, trwy'r wlad ac yn sicr fe ddyrchafodd statws y Blaid ac fe ychwanegodd at ei hygrededd hi ac at hyder ei haelodau hi. Fe ddylanwadodd ar y llywodraeth, wrth gwrs.

Gwynfor Evans

Fe syrthiais i mewn cariad â Chymru pan o'n i'n un ar bymtheg oed. Ro'n i'n byw yn y Barri – tref fawr o ryw ddeugain mil o bobl, ond dim ond rhyw bymtheg i ugain o'r plant a'r bobl yn eu harddegau oedd yn gallu siarad Cymraeg. Roedd yr iaith yn marw yno, a phan es i i Goleg Aberystwyth fe ddysgais i fod yr iaith yn edwino mewn rhannau mawr o'r wlad, a rhannau poblog o'r wlad hefyd. Cyn diwedd fy nghyfnod yn y coleg, fe ddes i i'r casgliad fod yn rhaid wrth reolaeth ar amodau byw Cymru, cyn y gallen ni sicrhau dyfodol cenedlaethol, a allech chi ddim cael hynny heb gael llywodraeth wrth gwrs. Yr unig gorff oedd yn ymladd dros lywodraeth, yr unig gorff oedd yn ymladd dros Gymru o gwbl o ran hynny, oedd y blaid genedlaethol fach newydd, ac felly fe ymunais â hi, ac fe fwriais i mewn i'w gwaith hi ar unwaith. Yn 1934 fe helpais i sefydlu cangen yn Rhydychen ac yn 1938, bedair blynedd yn ddiweddarach, roeddwn i yng Nghaeredin yn cynrychioli'r Blaid Genedlaethol Gymreig mewn cyfarfod gyda phwyllgor gwaith Plaid Genedlaethol yr Alban. Wrth weld yr hyn roedden ni'n gallu gyflawni fe gadarnhawyd fy nghred i mai hi ydy gobaith Cymru.

Yn 1970 gosododd y blaid seiliau cadarn ar gyfer cynnydd pellach mewn dwy etholaeth arall: ym Meirionnydd, cododd Dafydd Wigley ei gyfran o'r bleidlais i 24 y cant ac yng Nghaernarfon, etholaeth lle roedd y blaid wedi sefyll er 1929, enillodd Robyn Lewis 33 y cant o'r bleidlais, canran drawiadol iawn. Dyna'r etholaethau a roddodd i Blaid Cymru, yn Chwefror 1974, ei buddugoliaethau cyntaf mewn etholiad cyffredinol, er i Gwynfor Evans fethu ag adennill Caerfyrddin o dair pleidlais. Ym mis Hydref cafwyd ail etholiad cyffredinol 1974; cadwodd buddugwyr mis Chwefror, Dafydd Elis Thomas a Dafydd Wigley, eu seddau, gyda Gwynfor Evans yn ymuno â hwy yn Nhŷ'r Cyffredin wedi iddo ailgipio Caerfyrddin. Mwyafrif tenau a bregus oedd gan y llywodraeth Lafur yn y cyfnod 1974–9, ffaith a roddodd i Blaid Cymru a'r pleidiau lleiafrifol eraill ddylanwad gwleidyddol go iawn. Daeth Plaid Cymru yn rhan gydnabyddedig o batrwm gwleidyddol Cymru. Collwyd Caerfyrddin eto yn 1979, ond daliodd y blaid ei gafael ar Gaernarfon a Meirionnydd; cipiwyd Ynys Môn yn 1987 a Cheredigion a Gogledd Penfro yn 1992; llwyddwyd i gadw'r pedair sedd hyn yn 1997.

Rhesymau cymhleth sydd wrth wraidd llwyddiant cymharol Plaid Cymru. Hyd at 1999, derbyniai'r blaid tua 10 y cant o bleidlais Cymru gyfan, ond gan fod trwch y pleidleisiau'n cael eu bwrw mewn nifer fechan o etholaethau, roedd buddugoliaethau'n bosibl. Etholaethau yng ngorllewin y wlad oedd y rhain, yn etholaethau gwledig neu'n gymysgedd o'r gwledig a'r diwydiannol, ac roedd canran uchel o'u trigolion yn medru'r Gymraeg. Er gwaethaf mesur o lwyddiant ar lefel llywodraeth leol – ym Merthyr Tudful a Chwm Rhymni yn y saithdegau, er enghraifft, ac yn Nhaf Elai yn negawd ola'r ganrif – methodd y blaid â thorri trwodd yn y Gymru ddi-Gymraeg ddiwydiannol. Ond gwelwyd newid syfrdanol adeg yr etholiadau ar gyfer Cynulliad Cenedlaethol Cymru yn 1999; enillodd Plaid Cymru etholaethau allweddol y Rhondda, Llanelli ac Islwyn, a fu gynt yn rhai diogel i'r Blaid Lafur, yn ogystal â denu pleidlais uchel mewn llefydd eraill yn y cymoedd megis Pontypridd. A hithau'n meddu ar ddwy ar bymtheg o seddau, Plaid Cymru oedd yr ail blaid o ran maint yn y Cynulliad, llwyddiant a ategwyd gan fuddugoliaethau yn yr etholiadau lleol yng Nghaerffili a Rhondda-Cynon-Tâf. Rhyw fis wedyn cadarnhaodd canlyniadau'r etholiadau Ewropeaidd mai Plaid Cymru oedd yr ail blaid yng Nghymru; o'r pum aelod a ddewiswyd i gynrychioli Cymru yn Senedd Ewrop, roedd dau yn aelodau o Blaid Cymru, dau yn Llafur ac un yn Geidwadwr. Ffrwyth grym ac egni ymgyrch y blaid oedd y buddugoliaethau hyn, ymgyrch a lwyddodd i ail-leoli Plaid Cymru fel plaid a oedd yn cynrychioli'r Gymru ddi-Gymraeg yn ogystal â'r Gymru Gymraeg; adlewyrchwyd y newid hwn wrth iddi fabwysiadu'n ffurfiol fersiwn Saesneg o'i henw, gan ddyfod yn Blaid Cymru, the Party of Wales. Yn ôl y polau piniwn yn y cyfnod hwn, Dafydd Wigley, arweinydd y blaid ac aelod seneddol er 1974, oedd y gwleidydd mwyaf adnabyddus ac uchaf ei barch yng Nghymru.

Yn ystod ymgyrch 1999, parodd Dafydd Wigley syndod i nifer o sylwebyddion a hefyd, o bosibl, i rai o'i gefnogwyr ei hun wrth fynnu nad oedd Plaid Cymru erioed wedi chwennych annibyniaeth. Roedd y datganiad yn llythrennol gywir, er iddo efallai fod yn amheus o ran ysbryd – amwysedd a ddeilliodd o'r diffyg manylder ideolegol a oedd wedi nodweddu'r blaid erioed. Tarddiad y broblem oedd y rhan ganolog a chwaraewyd yn hanes cynnar y blaid gan ei sylfaenydd enigmataidd, Saunders Lewis.

Mae Saunders Lewis yn ffigwr dadleuol yn hanes Cymru'r ugeinfed ganrif; ac yntau'n ddeallusyn ac yn artist oedd yn ymwneud â gwleidyddiaeth, ni ellid gwadu ei ddylanwad arwyddocaol na'r cyfaredd a berthyn iddo. Nid Cymro brodorol mohono; ganwyd yn 1893 yn aelod o'r diaspora Cymreig cysurus ei fyd oedd wedi datblygu ar Lannau Mersi. Addysgwyd Lewis yno, mewn ysgol breifat ac wedyn ym Mhrifysgol Lerpwl, lle graddiodd yn y Saesneg. Ar ôl gwasanaethu yn Ffrainc yn ystod y rhyfel, aeth yn ôl i Lerpwl i ymgymryd ag ymchwil academaidd. Roedd yn agos at ddeg ar hugain oed pan ddaeth i fyw i Gymru – yn gyntaf fel llyfrgellydd ac yna fel darlithydd yn y Coleg Prifysgol newydd yn Abertawe. Fel y dywedodd un o'i gofianwyr mwyaf treiddgar, Bruce Griffiths, roedd Cymru fel petai'n wlad fabwysiedig iddo, a chan nad oedd pob agwedd ohoni'n dderbyniol yn ei olwg, fe aeth ati i geisio ei newid. Ni phallodd yn ei ymroddiad i ddelwedd arbennig o Gymru ac i'r Gymraeg, iaith a ailddysgodd, i bob pwrpas, fel oedolyn ac a ddaeth yn gyfrwng ei waith llenyddol.

Ef a greodd, ar ei ben ei hun bron, genedlaetholdeb newydd yng Nghymru; ceisiodd droi ei gefn ar genedlaetholdeb Rhyddfrydol y bedwaredd ganrif ar bymtheg, gan roi yn ei le fudiad oedd yn fwy annibynnol yn wleidyddol ac yn fwy digyfaddawd yn ddiwylliannol. Fel llywydd Plaid Genedlaethol Cymru o 1926 hyd 1939, ef oedd personoliaeth amlyca'r blaid hyd nes iddo ymgilio o'r maes gwleidyddol tua diwedd yr Ail Ryfel Byd. Ac yntau'n cydnabod mai llenor a deallusyn ydoedd, yn hytrach na gwleidydd, derbyniodd nad rhan o brif ffrwd y ddadl wleidyddol mo'i syniadau.

Agwedd astrus ar syniadaeth Saunders Lewis oedd ei amwysedd ar bwnc mor ganolog ag annibyniaeth wleidyddol. Ei nod oedd adfer rhyddid diwylliannol i Gymru y tu mewn i Ewrop a oedd wedi dychwelyd i'w undod a'i amrywiaeth canoloesol, cyn dyfodiad yr hyn a welai Lewis fel drwg dinistriol y genedl-wladwriaeth. Yn ôl Lewis, roedd darostyngiad diwylliant a phobl Cymru i'w briodoli i'r Tuduriaid a greodd genedl-wladwriaeth Seisnig wedi'i hysgaru oddi wrth undod yr Ewrop Babyddol. Deddf Uno 1536 oedd y digwyddiad tyngedfennol felly, a goresgyniad Edward I yn 1282 yn gymharol ddibwys. Ymddangosodd y dehongliad hwn a'r syniadaeth oedd yn sail iddo yn fympwyol iawn i lawer yn y dauddegau a'r tridegau, ac nid oedd ei ddadansoddiad yn egluro'n ddiamwys beth oedd nod y blaid – annibyniaeth, hunanlywodraeth neu greu Cymru Gymraeg.

Un o'r agweddau mwyaf trawiadol ar bolisïau Lewis oedd iddo gofleidio dulliau protest uniongyrchol. Trafodir y pwnc hwn yn fwy manwl ym Mhennod 4, ond dylid sylwi yma ar effaith ysgytwol a dylanwad parhaol yr ymosodiad ar yr Ysgol Fomio ym Mhenyberth yn 1936, ymosodiad a gafodd ei ysbrydoli, ei gyflawni a'i amddiffyn gan Lewis yn wyneb amheuon lawer, ac a barodd iddo gael ei ddedfrydu i'r carchar.

O safbwynt Plaid Cymru, roedd Penyberth yn gychwyn traddodiad o weithredu'n uniongyrchol; ond roedd yn ysbrydoliaeth a fedrai droi'n anfantais yn enwedig ar adeg etholiadau. Yn nhyb rhai, roedd y fath brotestiadau'n gwneud y blaid yn llai derbyniol i'r etholwyr. Unwaith eto, Saunders Lewis oedd wrth wraidd y protestio; yn 1962 ymddangosodd eto ar y llwyfan cyhoeddus gan draddodi ei ddarlith radio enwog, *Tynged yr Iaith*. Yn sgil y ddarlith sefydlwyd Cymdeithas yr Iaith Gymraeg ac, o 1963 ymlaen, cafwyd cyfres o wrthdystiadau dros yr iaith ac arestiwyd nifer o bobl. Yn ei ddarlith, mynegodd Lewis ei amheuon ynglŷn â'r hyn y byddai'r Cenedlaetholwyr yn ei gyflawni wrth arfer dulliau cyfreithlon yn unig, a galwodd am ymgyrch o anufudd-dod sifil. Gellir ystyried sefydlu Cymdeithas yr Iaith Gymraeg yn lled-feirniadaeth o arweinwyr pwyllog Plaid Cymru, ond rhoddodd bodolaeth y gymdeithas gyfle i'r blaid ymbellhau ar adeg etholiadau oddi wrth ei chefnogwyr ifancach a mwyaf milwriaethus. Enillodd Gwynfor Evans yn 1966, wedi'r cyfan, er gwaethaf nifer fawr o brotestiadau yn ystod y cyfnod.

Er cyn lleied apêl Plaid Cymru i'r etholwyr am gyfnod hir, enillodd o'r dechrau gefnogaeth sylweddol ymhlith y deallusion, yn arbennig y rhai Cymraeg eu hiaith. Daeth bron bob bardd a llenor i gefnogi'r blaid: llenorion oedd dau o weithredwyr Penyberth, sef Saunders Lewis a D. J. Williams, ac roedd Kate Roberts, R. Williams Parry, D. Gwenallt Jones, Waldo Williams ac Euros Bowen yn Genedlaetholwyr o argyhoeddiad. Yn wir, mae'n anodd dod o hyd i lenor Cymraeg o sylwedd nad oedd yn bleidiol i'r achos. Er cyn lleied ei haelodaeth, roedd Plaid Cymru ar flaen y gad wrth godi proffeil yr iaith Gymraeg ac wrth roi mynegiant i hunaniaeth Gymreig. Chwaraeodd ei brwydrau hirion – yn bennaf oll, yr un yn erbyn cronfa ddŵr Tryweryn yn y pumdegau a'r chwedegau – ran bwysig yn y broses o sefydlu agenda wleidyddol Gymreig. Yn y frwydr syniadol hon, roedd rôl y llenorion yn dra dylanwadol.

Ar ddiwedd y rhyfel daeth arweinyddiaeth Plaid Cymru i ddwylo dyn gwahanol iawn i Saunders Lewis. Yn frodor o'r Barri, hyfforddwyd Gwynfor Evans fel cyfreithiwr yn Aberystwyth a Rhydychen. Ac yntau wedi dysgu Cymraeg, roedd yn ymwybodol iawn o sefyllfa fregus yr iaith a'i diwylliant. Pan oedd yn aelod o Gyngor Sir Gaerfyrddin, teimlodd Evans ei fod yn cael ei gau allan gan gynghorwyr Llafur, ac roedd ei areithiau'n medru bod yn ddirmygus o'r Blaid Lafur yng Nghymru. Ar yr un pryd, sylweddolai fod yn y blaid honno elfen a ddisgrifiwyd ganddo fel grŵp 'neo-genedlaethol'. Dadleuodd fod y grŵp hwnnw yn aneffeithiol tra oedd yn deyrngar i'r Blaid Lafur: 'If the able neo-nationalists had thrown their weight behind Welsh nationalism the advance in Labour's Welsh policies [would] probably have been greater.' Yn eironig ddigon, gwrthwynebydd aflwyddiannus Evans yn isetholiad 1966 oedd Gwilym Prys Davies, y mwyaf cenedlaetholgar o Genedlaetholwyr y Blaid Lafur a chyn-aelod o Blaid Cymru ac o grŵp mwy eithafol, y Gweriniaethwyr Cymreig. Gwelwyd newid mawr ym mherthynas Plaid Cymru a'r Blaid Lafur, o ddirmyg difrïol y pedwardegau a'r pumdegau i gytgord cymharol o'r wythdegau ymlaen. Yn wir, yn ystod y degawd hwnnw symudodd Cenedlaetholdeb Cymreig i'r chwith o dan arweinyddiaeth Dafydd Elis Thomas, a datganodd y blaid ei bod yn blaid Sosialaidd. Cysylltwyd yr arweinydd newydd â nifer o achosion adain chwith, gan gynnwys cefnogaeth i streic y glowyr a gwrthwynebiad i Ryfel y Gwlff. Datganodd, ar sawl achlysur, mai syniad annigonol, neu hyd yn oed diangen, oedd 'Cenedlaetholdeb'. Dilynodd y blaid gwrs mwy pragmataidd o dan arweinyddiaeth Dafydd Wigley, ond daliodd i geisio cadw i'r chwith o'r Blaid Lafur – strategaeth a oedd yn syfrdanol o lwyddiannus yn 1999.

Comiwnyddiaeth

Nid gwrthwynebiad ystyfnig Rhyddfrydiaeth na her newydd Cenedl-
aetholdeb oedd yr unig rwystrau yn ffordd y Blaid Lafur yng Nghymru;
bu'n rhaid iddi hefyd wrthsefyll ymosodiad ffyrnig a hynod ddiddorol – er
byrhoedlog – o du'r chwith eithaf. Cymru, ac yn arbennig de Cymru, oedd
un o'r ychydig ardaloedd ym Mhrydain lle cafodd y Blaid Gomiwnyddol
unrhyw ddylanwad arwyddocaol. Er na lwyddodd y blaid honno i gipio
un o etholaethau seneddol Cymru, cyflwynodd syniadau Leninistiaeth a'r
mudiad Comiwnyddol rhyngwladol i wleidyddiaeth Cymru.

I ryw raddau, tarddiad y Blaid Gomiwnyddol yng Nghymru oedd y
traddodiad Marcsaidd hirwreiddiedig, a hwnnw'n drwm o dan ddylan-
wad syndicaliaeth chwyldroadol ac undebaeth ddiwydiannol. Uchafbwynt
y traddodiad hwn oedd cyhoeddi, yn 1912, *The Miners' Next Step*,
pamffledyn byr a gynhyrchwyd gan y Pwyllgor Diwygio Answyddogol,
grŵp o lowyr oedd yn dra beirniadol o bolisïau arweinwyr undeb y
glowyr. Roedd gan y grŵp hwn raglen chwyldroadol; ei nod oedd
trosglwyddo'r pyllau i'r glowyr, nid trwy eu gwladoli, ond trwy sefydlu
trefn ddemocrataidd a fyddai dan reolaeth uniongyrchol y gweithwyr.
Mae'r elfen adain chwith hon yn y maes glo, a'r Rhondda yn arbennig,
wedi ennyn diddordeb haneswyr, yn rhannol oherwydd ei bod yn
tystiolaethu i fodolaeth traddodiad Marcsaidd brodorol, a chanddo fwy
yn gyffredin â mudiadau chwyldroadol Ffrainc a gwledydd eraill cyfandir
Ewrop nag â gwleidyddiaeth bleidiol Prydain. Mabwysiadwyd y syniadau
hyn gan Gymdeithas Sosialaidd y Rhondda, Cynghrair y Plebs a
Chymdeithas Sosialaidd De Cymru, cyn dod yn rhan o'r brif ffrwd, sef
Plaid Gomiwnyddol Prydain Fawr (CPGB), a sefydlwyd yn 1921. Dadleuir
yn aml mai plaid pobl yr ymylon oedd y CPGB: dilechdidyddion
Albanaidd, deallusion Iddewig ac areithwyr Cymreig. Yn wir, erbyn 1927,
allan o'r 7,377 oedd yn aelodau o'r CPGB roedd 2,300 yn Gymry; gellid
dadlau mai yn ne Cymru yn unig yr oedd gan y blaid gefnogaeth gadarn a
phoblogaidd, cefnogaeth a barodd i Arthur Horner gael ei ethol yn 1936 yn
llywydd Comiwnyddol cyntaf Ffederasiwn Glowyr De Cymru (SWMF).
O'r adeg honno nes i'r undeb chwalu yn sgil streic 1984–5, bu gan y Blaid
Gomiwnyddol le blaenllaw ymhlith arweinwyr un o sefydliadau mwyaf
nerthol Cymru, yr SWMF, a'i olynydd wedi'r Ail Ryfel Byd, Rhanbarth De
Cymru o Undeb Cenedlaethol y Glowyr. Roedd gan y Comiwnyddion lais
cryf yn rhai o'r cymoedd yn ystod blynyddoedd enbyd y tridegau ac yna
yn y pedwardegau, a daeth rhywfaint o lwyddiant gwleidyddol i'w rhan.
Aeth yr ymrafael rhyngddynt a'r Blaid Lafur yn fwyfwy ffyrnig o ddiwedd
y dauddegau ymlaen, ac yn 1945 daeth y Comiwnyddion o fewn trwch
blewyn i gipio Dwyrain y Rhondda. O'r adeg hynny, a'r Rhyfel Oer yn

dwysáu, crebachodd y blaid, er iddi barhau i ddylanwadu ar yr agenda wleidyddol ar raddfa lawer ehangach nag y mae nifer ei haelodau neu'r pleidleisiau a fwriwyd drosti yn eu hawgrymu.

Y Blaid Geidwadol

Hyd yn hyn, mae'r bennod wedi trafod y pleidiau gwleidyddol hynny a ymdrechodd i fynegi ac i reoli'r hyn y gellid ei ddisgrifio'n fras fel y traddodiad radicalaidd Cymreig. Mae sylwedd i'r dehongliad hwn, er y byddai Sosialwyr a Chenedlaetholwyr o bosibl yn dadlau yn erbyn cael eu cynnwys yn yr un categori. Ond nid mudiadau'r chwith yw'r unig rai i gyfrannu at batrwm gwleidyddol Cymru'r ugeinfed ganrif; gwrthwyneb-ydd mwyaf gwyn a mwyaf llwyddiannus y Blaid Lafur a'r Blaid Ryddfrydol fel ei gilydd oedd y Blaid Geidwadol. Nid yw'r Blaid Geidwadol yng Nghymru wedi derbyn fawr o sylw gan haneswyr Cymru. Oherwydd mai gwasgaredig oedd y gefnogaeth i'r Ceidwadwyr ar y cyfan, ni fu ganddynt gadarnleoedd fel rhai'r Blaid Lafur yn y cymoedd a Phlaid Cymru yn y gogledd-orllewin. Prin oedd ceyrydd y Ceidwadwyr, ac ar ddechrau'r ganrif, yn 1906, ac eto ar ddiwedd y ganrif, yn 1997, methodd y blaid ag ennill yr un sedd yng Nghymru.

Ond ni ddylai nodweddion arbennig system etholiadol sy'n rhoi'r fuddugoliaeth i'r cyntaf yn y ras gelu'r ffaith i leiafrif sylweddol o bobl Cymru fod yn gefnogol i'r Ceidwadwyr ar hyd y ganrif. Er i'r blaid fethu ag ennill sedd yn 1906, cafodd 34 y cant o'r bleidlais (er bod rhaid cyfaddef iddi gael y ganran uchel hon yn yr hyn oedd, i bob pwrpas, yn ornest rhwng dwy blaid yn unig a hefyd ar sail etholfraint gyfyngedig) ac, yn 1997, a hithau eto heb ennill sedd, derbyniodd ddwywaith cymaint o bleidleisiau â Phlaid Cymru, er i'r blaid honno gael pedair sedd. Ers y dauddegau, mae pleidlais y Ceidwadwyr wedi bod yn gymharol gyson; yn y cyfnod rhwng 1922 ac 1979, mewn etholiad ar ôl etholiad cafodd y blaid, bron yn ddieithriad, rhwng 21 y cant a 29 y cant o bleidleisiau pobl Cymru, pleidlais a oedd, fel arfer, yn dychwelyd rhwng tri a chwe aelod i'r senedd. Er i ganran y Ceidwadwyr o'r bleidlais godi ond o ryw ychydig yn y blynyddoedd ar ôl 1979, gwelwyd yn ystod y cyfnod hynny adfywiad Ceidwadol trawiadol yng Nghymru. Yn 1979, enillodd y blaid un ar ddeg o seddau a wedyn, yn 1983, cafwyd buddugoliaeth fwy nodedig byth, wrth i'r Ceidwadwyr gipio pedair ar ddeg o seddau, gan gynnwys Ynys Môn, etholaeth nad oedd wedi ethol Ceidwadwr ers dechreuadau'r system ddemocrataidd yn 1832.

Yn ôl yr arbenigwr gwleidyddol Denis Balsom, roedd y llwyddiant hwn i'w briodoli i'r lledaeniad i lawer o ardaloedd yng Nghymru o'r hyn a

Margaret Thatcher yn annerch Cynhadledd y Ceidwadwyr yn Abertawe yn 1980.

alwodd yn wleidyddiaeth 'Brydeinig', peth gwahanol ei natur i wleidyddiaeth 'Gymreig' y cymoedd a gwleidyddiaeth 'Gymraeg' y gorllewin. Mae hwn yn ddehongliad dadlennol, gan nad buddugoliaeth Mrs Thatcher yn Lloegr oedd yr unig ffactor a arweiniodd at lwyddiannau'r Ceidwadwyr yng Nghymru. Rhaid nodi hefyd bod rhai ardaloedd o Gymru'n ffynnu a bod mewnlifiad Seisnig sylweddol i rannau eraill – Ynys Môn yn eu plith. O ystyried camp y Blaid Geidwadol yn y cyd-destun hwn, ymddengys iddi gadw ei delwedd fel plaid 'Seisnig' yng Nghymru – hen blaid y tirfeddianwyr a gefnodd ar Gymreictod.

Er bod y dadansoddiad hwn yn meddu ar beth gwirionedd, fe ellid dadlau – gyda llai o argyhoeddiad, efallai – bod y Blaid Geidwadol, o'r saithdegau ymlaen, wedi ei gwneud ei hun yn blaid fwy Cymreig ei naws, a'i bod wedi ymddihatru o dra-arglwyddiaeth y tirfeddianwyr ac wedi agor ei drysau i ystod ehangach o gefnogwyr. Aelod seneddol Hendon, un o faestrefi Llundain, oedd Peter Thomas, y Ceidwadwr cyntaf i'w apwyntio, yn 1970, yn ysgrifennydd gwladol Cymru, er ei fod hefyd yn Gymro ac yn gyn-aelod seneddol Conwy. Ond roedd yr ysgrifennydd gwladol cyntaf i gael ei benodi gan Mrs Thatcher, Nicholas Edwards, yn Gymro a oedd yn cynrychioli etholaeth Gymreig. Roedd ei weinidog gwladol, Wyn Roberts, hefyd yn aelod seneddol Cymreig ac yn Gymro Cymraeg oedd yn col-eddu ei famiaith. Er mai 'Prydeinig' oedd ei seiliau, roedd gan y Blaid Geidwadol yng Nghymru'r saithdegau wyneb Cymreig. Anodd dychmygu'n gynharach yn y ganrif asiant Ceidwadol a phropagandydd gwleidyddol o fath Elwyn Jones, ond peth cyfarwydd yn yr wythdegau a'r nawdegau oedd clywed mynegi dehongliad Cymraeg o'r ideoleg Thatcheraidd gan wleidyddion megis Rod Richards.

Ond, er peth ffyniant, ni lwyddodd y Blaid Geidwadol i ddatrys ei phroblemau yng Nghymru. Gadawodd Nicholas Edwards y Swyddfa Gymreig yn 1987, ac fe gafodd ei olynu gan bedwar ysgrifennydd gwladol Seisnig oedd yn cynrychioli etholaethau yn Lloegr. Gostyngodd nifer yr aelodau seneddol Ceidwadol yng Nghymru o bedwar ar ddeg yn 1983 i wyth yn 1987 ac i chwech yn 1992; ni chafodd yr un Ceidwadwr mo'i ethol yn 1997 ac, am yr ail dro yn yr ugeinfed ganrif, derbyniodd y blaid lai nag 20 y cant o'r bleidlais.

Ac eithrio'r cyfnod 1979–92, felly, ni fu gan Gymru lawer i'w gynnig i wleidydd Ceidwadol uchelgeisiol, a'r duedd oedd i Geidwadwyr Cymreig talentog droi at Loegr. Ers y saithdegau, un o'r pethau trawiadol ynglŷn â rhengoedd ucha'r Blaid Geidwadol yw amlygrwydd sawl un a chanddo wreiddiau Cymreig: Michael Heseltine o Abertawe a ddaeth yn ddirprwy brif weinidog i John Major; Geoffrey Howe o Aberafan, canghellor y Trysorlys ac ysgrifennydd tramor yn llywodraethau Mrs Thatcher; a Michael Howard o Lanelli, ysgrifennydd cartref John Major. Daeth Heseltine a Howe o deuluoedd ffyniannus dosbarth canol ac aethant ill dau i ysgolion preifat yn Lloegr, ond bwriasant eu prentis-iaeth wleidyddol yng Nghymru. Gadawodd Heseltine y Gwarchodwyr Cymreig i sefyll fel ymgeisydd Ceidwadol ym Mro Gŵyr yn 1959, a safodd Howe yn ei etholaeth frodorol, Aberafan, yn 1955 ac 1959. Yn aelod o deulu o fewnfudwyr Iddewig, cafodd Howard ei addysgu mewn ysgolion lleol, gan gynnwys Ysgol Ramadeg Llanelli. Yr amwysedd sy'n ymhlyg yn nelwedd y Blaid Geidwadol yng Nghymru a'r duedd barhaol i ddiffinio hunaniaeth Cymru mewn termau gwleidyddol gwrth-Geidwadol sydd wrth wraidd yr amheuon sy'n bodoli ynglŷn â Chymreictod y ffigyrau

---

Yr Arglwydd Roberts

Doeddwn i ddim yn llinach yr undebau. Roeddwn i'n adnabod y Blaid Geidwadol a'r bobl oedd yn perthyn iddi a doedd 'na ddim byd yn fy nychryn i ynglŷn â'r Blaid Geidwadol. Yn wir, roeddwn i eisoes wedi penderfynu mai dyma'r bobl yr oeddwn i'n dod ymlaen yn dda gyda nhw, a'u bod nhw'n cefnogi yr un egwyddorion sylfaenol a oeddwn i – yn arbennig mai'r person unigol sy'n cyfri yn y pen draw, a dwi'n dal i gredu hynny. Fe all y wladwriaeth ymyrryd, a dwi o blaid hynny hefyd, er lles pobl, ond ar ddiwedd y dydd, yr unigolyn sy'n cyfri. Mae'n rhaid i ni ddibynnu arno fo yn y pen draw . . . Falle bod y rhan fwyaf oedd yn perthyn i'r Blaid yn Gymry di-Gymraeg, ond roedd yna Gymry Cymraeg yno hefyd. Ac felly roeddwn i'n gweld bod 'na le i Gymreigeiddio'r blaid. Ond fedrech chi ond gwneud hynny dros amser, a thrwy gael pobl aeddfed a galluog i fewn i'r blaid i wneud hynny. Ond roedd rhywun yn ymwybodol bod hi'n dipyn o frwydr. Dwi'n meddwl bod yna gryn dipyn wedi digwydd achos, wedi'r cyfan, mae'r blaid, neu mi roedd y blaid yn ystod yr wythdegau, yn casglu tua 30 y cant o'r holl bleidleisiau oedd yn cael eu bwrw mewn etholiadau seneddol.

amlwg hyn. Yn eironig ddigon, sefydlu Cynulliad Cenedlaethol a etholwyd gan bleidlais gyfrannol oedd yr hyn a alluogodd y Ceidwadwyr i ailymddangos ar y llwyfan gwleidyddol. Etholwyd naw aelod Ceidwadol i'r Cynulliad yn 1999; dim ond un fyddai wedi cael lle o dan y system cyntaf i'r felin.

Diweddglo

Dadleuwyd ar ddechrau'r bennod fod patrwm gwleidyddiaeth Cymru'r ugeinfed ganrif yn wahanol i'r hyn a welwyd yn Lloegr a'r Alban. Er gwaethaf ymdrechion glew'r Ceidwadwyr, pleidiau radicalaidd, gwrth-Geidwadol sydd wedi bod ar flaen y gad, gan gynnig polisïau oedd yn herio'r syniadaeth geidwadol a nodweddai Loegr. Ar y cyfan, roedd gwleidyddiaeth yr ugeinfed ganrif yng Nghymru yn ymgais i ddiorseddu'r rhai a feddai ar rym economaidd a rhoi yn eu lle bobl a oedd yn bleidiol i fesurau radical.

Ategwyd y traddodiad gwrth-Geidwadol yn Refferendwm 1997; gwelwyd y Blaid Lafur, y Democratiaid Rhyddfrydol a Phlaid Cymru yn uno o blaid datganoli, tra dadleuodd y Ceidwadwyr yn erbyn unrhyw newid yn y *status quo* cyfansoddiadol. Wrth i ganlyniad y bleidlais gael ei ddatgan y bore ar ôl y Refferendwm, gwelwyd arweinwyr y tair plaid wrth-Geidwadol yn cyd-orfoleddu, ac er gwaetha'r ymryson sydd yn rhan anorfod o wleidyddiaeth, daeth yr agwedd gydsyniol hon yn rhan o strategaeth holl bleidiau'r Cynulliad Cenedlaethol. Gwnaethpwyd ymdrech ymwybodol i fabwysiadu dull gwleidyddol cynhwysol a fyddai'n hollol wahanol i arddull gyfwynebol San Steffan. Gwelwyd argoelion o'r ysbryd newydd hwn yn strwythur Cabinet a phwyllgorau'r Cynulliad, a luniwyd er mwyn hwyluso gwleidyddiaeth gydsyniol. Eto i gyd, a Phlaid Cymru yn sathru ar sodlau'r Blaid Lafur yn ei hawydd i fod y blaid fwyaf yng Nghymru, a'r Blaid Lafur yn awyddus i adennill ei safle, dichon mai breuddwyd yn unig fydd consensws parhaol.

11

Dau Dafod y Ddraig

IEITHOEDD CYMRU

Ar droad yr ugeinfed ganrif ac o drwch blewyn, nid oedd mwyafrif trigolion Cymru bellach yn medru'r Gymraeg. Yn ôl cyfrifiad 1891, y cyfrifiad cyntaf i gynnwys ystadegau ieithyddol, siaradai 54.4 y cant o'r boblogaeth yr iaith yr adeg hynny; ddegawd yn ddiweddarach, yn 1901, roedd y canran wedi gostwng i 49.9 y cant. Erbyn 1991, dim ond 18.7 y cant o bobl Cymru a fedrai'r Gymraeg. Wrth ystyried y ffigyrau hynny, gellid dod i'r casgliad fod yr iaith a phawb sy'n bleidiol iddi yn wynebu dyfodol di-obaith. Ar y llaw arall, gellid edrych ar yr ystadegau fel prawf fod gan y Gymraeg wytnwch neilltuol. Achos i ryfeddu ato yw'r ffaith bod bron i filiwn (977,366) o bobl yn medru'r Gymraeg ar ddiwedd degawd cyntaf yr ugeinfed ganrif; peth hollol syfrdanol yw'r ffaith bod mwy na hanner miliwn (508,098) o bobl yn ei siarad ar ddiwedd y ganrif. Mae'r Gymraeg ymhlith y mwyaf llwyddiannus o ieithoedd llai eu defnydd yn Ewrop.

Ym mlynyddoedd cynnar yr ugeinfed ganrif, roedd llawer yn proffwydo gwae a diwedd i'r Gymraeg. Nid oedd ganddi statws swyddogol; Saesneg oedd iaith llywodraethu. Saesneg oedd iaith addysg hefyd, gyda hyd yn oed y Gymraeg yn cael ei dysgu ym Mhrifysgol Cymru drwy gyfrwng y Saesneg. A Saesneg, wrth gwrs, oedd iaith diwylliant yr Ymerodraeth Brydeinig. Ond er gwaethaf hyn oll, goroesodd y Gymraeg, a mwy na hynny, fe flodeuodd. Cafwyd adfywiad llenyddol, sefydlwyd addysg trwy gyfrwng yr iaith, a daeth y Gymraeg i bob pwrpas yn iaith swyddogol, ochr yn ochr â'r Saesneg. Llwyddodd i gwmpasu ac i feistroli technoleg newydd yr ugeinfed ganrif, megis radio, teledu a'r we, a ffurfiau newydd ar gelfyddyd, fel cerddoriaeth roc. Erbyn diwedd y ganrif, roedd y diwylliant Cymraeg yn fywiog, yn ddyfeisgar ac yn llawn asbri.

Un o gryfderau'r iaith ar ddechrau'r ugeinfed ganrif oedd y seiliau cadarn a sefydlwyd yn y ganrif flaenorol. O ganlyniad, ni chafodd Cymru ei thraflyncu'n llwyr gan y byd Saesneg ei iaith, a daliodd y Gymraeg ei thir, i raddau, yn erbyn iaith fwyaf llwyddiannus y byd modern. Ac nid lle diarffordd, anwar oedd Cymru ar drothwy'r ganrif newydd. Roedd ganddi ardaloedd diwydiannol, trefol, a oedd wedi profi mewnlifiad Seisnig anferthol. Yn wahanol i'r Alban ac Iwerddon, nid oedd hi'n bell o'r Lloegr ddinesig. Rhedai'r heolydd a'r rheilffyrdd o'r gorllewin i'r dwyrain, nid o'r de i'r gogledd, ac o ganlyniad roedd trefi megis Caer neu Amwythig o fewn cyrraedd hwylus, tra bod teithio y tu mewn i ffiniau Cymru'n anodd. Eto i gyd, roedd y Gymraeg i'w chlywed ar draws Cymru ar ddechrau'r ganrif; y Gymraeg oedd iaith y mwyafrif mewn dros fwy nag 80 y cant o arwynebedd Cymru. Serch hynny, Saesneg fu iaith de sir Benfro ers y Canol Oesoedd ac ym Maesyfed ers y ddeunawfed ganrif, ac roedd yr iaith honno'n ennill tir yn gyflym mewn rhannau o sir Fynwy ac yng Nghaerdydd, Casnewydd a'r Barri, trefi oedd yn denu mewnfudwyr lawer. Ond y Gymraeg oedd prif iaith maes glo'r de, ac roedd hi'n gryf yn y gogledd-ddwyrain diwydiannol, megis mewn rhannau o sir y Fflint yn agos iawn at y ffin â Lloegr. Camarweiniol yw cysylltu'r Gymraeg â'r cefn gwlad cyntefig, a'r Saesneg â'r ardaloedd diwydiannol blaengar; roedd gan y ddwy iaith eu cadarnleodd yn y Gymru wledig a'r Gymru ddiwydiannol fel ei gilydd.

Er mor agos oedd Cymru, yn ddaearyddol, at ganolbwynt yr Ymerodraeth Brydeinig, ymerodraeth fwyaf pwerus y byd ar ddechrau'r ugeinfed ganrif, cafwyd ynddi niferoedd sylweddol o bobl na siaradent iaith yr ymerodraeth honno. Yn 1901, yn siroedd y gogledd-orllewin, Môn, Arfon a Meirionnydd, ni fedrai bron i hanner (48.5 y cant) y boblogaeth o 214,003 siarad Saesneg; o'r rhai a fedrai'r Gymraeg, siaradai 54.4 y cant yr iaith honno'n unig. Cafwyd cyfartaleddau hyd yn oed yn uwch mewn ambell fan; roedd Gwyrfai, a oedd yn cynnwys canol Eryri yn ogystal â Nantlle a Llanberis – canolfannau'r diwydiant llechi – yn gymuned uniaith i bob pwrpas, gyda 73.5 y cant o'r boblogaeth yn siarad y Gymraeg yn unig. Ar adeg streic y Penrhyn yn 1900, roedd angen cyfieithydd ar gyfer y trafodaethau rhwng y gweithwyr llechi a'u cyflogwr.

Ar ddechrau'r ugeinfed ganrif, felly, roedd y Gymraeg wedi goroesi'r newidiadau cymdeithasol ac economaidd a oedd wedi trawsffurfio'r Gymru wledig, draddodiadol. Er mai lleiafrif o'r boblogaeth oedd yn siarad yr iaith, roedd hi mewn safle cryf, ac wrth i'r ganrif fynd yn ei blaen gwelwyd cynnydd yn y niferoedd a fedrai'r Gymraeg, o 898,914 (dros ddwy oed) yn 1891 i bron i filiwn (929,824 dros dair oed) yn 1911. Dylid cofio, serch hynny, i ganran y siaradwyr Cymraeg ostwng er i'r niferoedd godi.

Gellid priodoli parhad y Gymraeg i'w hyblygrwydd wrth addasu i'r newidiadau anferthol a ddaeth yn sgil diwydiannu cynyddol y bedwaredd ganrif ar bymtheg, ac i'r ffaith ei bod wedi'i seilio'n gadarn y tu mewn i'r drefn gymdeithasol draddodiadol. Nodwedd fwyaf amlwg y drefn honno oedd Anghydffurfiaeth, a chreodd y cysylltiad rhwng crefydd, a'i apêl emosiynol gref, a'r iaith Gymraeg ymrwymiad dwfn i'r iaith honno. A'r Beibl wedi'i gyfieithu i'r Gymraeg cyn gynhared â 1588, roedd modd iddo, a'r grefydd a seiliwyd arno, ymdreiddio i bob cwr o'r diwylliant Cymraeg.

Ond, fel y dangosodd Sian Rhiannon Williams yn ei hastudiaeth o'r sir Fynwy ddiwydiannol yn ystod yr ugeinfed ganrif, daeth y nerth a gafodd y Gymraeg o'i chysylltu ag Anghydffurfiaeth yn wendid. Wrth i ddylanwad crefydd yn gyffredinol, a'r enwadau Anghydffurfiol yn arbennig, gilio, dechreuodd yr iaith gael ei hynysu. Mewn llawer o gymunedau, ystyriwyd y capel, yn ddiwylliannol ac yn gorfforol, yn fwyfwy yn noddfa cynulleidfaoedd hŷn a chanddynt feddyliau llai hyblyg a gorwelion mwy cyfyng. Gan mai nod yr enwadau oedd ennill eneidiau yn hytrach nag achub ieithoedd, roedd tuedd iddynt wneud ymdrech i ddenu cefnogaeth wrth sefydlu achosion Saesneg. Er i'r capeli barhau i gefnogi'r Gymraeg, felly, roedd y gefnogaeth honno'n gynyddol an-effeithiol.

Yn y pen draw, mae parhad iaith yn dibynnu, i raddau helaeth, ar ddewis. Dadleua'r hanesydd Tim Williams fod dirywiad yr iaith i'w briodoli nid i ormes na gelyniaeth o du'r llywodraeth, ond i'r ffaith bod y bobl wedi cefnu ar y Gymraeg, gan ystyried mai dyna'r peth rhesymol ei wneud. Mae yna wirionedd yn y ddadl hon. Eto i gyd, yn ystod y ganrif hon, dewisodd niferoedd sylweddol oedd yn medru'r Saesneg siarad Cymraeg, er gwaetha'r holl bwysau arnynt i gefnu arni. Parhaodd pobl i siarad ac i ddysgu'r iaith, a blodeuodd y diwylliant Cymraeg. Fel y dywed yr Athro Derec Llwyd Morgan: 'Yr hyn sydd yn rhyfeddol yng Nghymru'r ugeinfed ganrif yw bod cyn lleied o Gymry Cymraeg wedi gallu gwneud cymaint o bethau . . . yr ŷn ni'n ceisio cynnal diwylliant y bydde cenedl normal yn eithriadol falch ohono fe.'

Roedd safon llenyddiaeth Gymraeg yr ugeinfed ganrif, yn arbennig barddoniaeth, lawn cystal â'r hyn a gynhyrchwyd yn y cyfnodau cynt. Mae hyn i'w briodoli, i raddau helaeth, i ymdrechion John Morris-Jones, a ymlafniodd i gyfundrefnu, i symlhau ac i buro'r iaith Gymraeg. Cyhoedd-wyd ei gyfrol, *A Welsh Grammar, Historical and Comparative*, yn 1913, a chafodd ddylanwad aruthrol ar lên Cymru. Yn ôl Derec Llwyd Morgan: 'Fe alluogodd hynny feirdd Cymru i ysgrifennu'n lân mewn mesurau dealladwy gan ddefnyddio'r gynghanedd fel petai hi'n ffres eto, fel petai hi'n ganoloesol eto.'

Bu hanner cyntaf yr ugeinfed ganrif yn oes aur i farddoniaeth Gymraeg, gyda beirdd megis T. Gwynn Jones, T. H. Parry-Williams, R. Williams Parry, Caradog Prichard ac, yn ddiweddarach, Waldo Williams a Gwenallt, yn cynhyrchu gwaith o safon a allai gystadlu â'r farddoniaeth orau yn y Gymraeg neu mewn unrhyw iaith arall. Bu'r beirdd hyn yn trin nid yn unig themâu traddodiadol fel natur a serch ond hefyd y problemau a'r ansicrwydd a oedd yn rhan annatod o gyflwr Cymru, a'r effaith seicolegol a gafodd trasiedïau'r ugeinfed ganrif ar ei phobl.

Yn 1902, cipiodd T. Gwynn Jones gadair yr Eisteddfod Genedlaethol gyda'i awdl *Ymadawiad Arthur*, digwyddiad a nododd ddyfodiad cenhedlaeth ddisglair o lenorion creadigol. Yn 1910 enillodd R. Williams Parry y Gadair gyda'i awdl *Yr Haf*, ac yn 1912 llwyddodd T. H. Parry-Williams i ennill y Gadair a'r Goron – camp a gyflawnodd eto dair blynedd yn ddiweddarach. A'r tri yn feirdd o fri a chanddynt ddylanwad eang, roeddent yn ysbrydoliaeth i nifer o feirdd a llenorion o safon, gydag un ohonynt, Caradog Prichard, yn ennill y Goron dair blynedd o'r bron, o 1927 hyd 1929.

Ffôl fyddai cyffredinoli ynglŷn â gwaith y llenorion hyn, ond mae'n wir dweud eu bod nhw oll yn cyfuno meistrolaeth ar y mesurau caeth traddodiadol ag ymwybyddiaeth o gymhlethdod a phoen y byd modern. Fel y nododd Derec Llwyd Morgan: 'Roedd agwedd T. Gwynn Jones at fywyd fel petai e'n rhag-weld drwg diflastod yr ugeinfed ganrif, pesimist oedd e ond yn defnyddio iaith lân John Morris-Jones a chwedlau gwych y gwledydd Celtaidd i sôn am ei besimistiaeth.' Gwallgofrwydd ac anobaith oedd wrth galon cerddi buddugol Caradog Prichard yn y dauddegau, ac yn 1939 fe ystyriwyd ei gerdd ar hunanladdiad yn rhy dywyll i'w gwobrwyo. Nid peth cysurlon oedd ysgrifennu yn y Gymraeg yn ystod yr ugeinfed ganrif. I'r gwrthwyneb, nid oedd ganddo fawr o'r nodweddion ffug-werinol, sentimental sy'n cael eu priodoli iddo gan y sawl sydd heb ei ddarllen. T. Gwynn Jones oedd, o bosibl, y disgleiriaf o'r genhedlaeth honno, a bu farw yn 1949. Er y cafwyd yn ail hanner y ganrif feirdd o safon uchel, nid oeddent mor ddisglair â'u rhagflaenwyr. Eto i gyd, roedd barddoniaeth ddiwedd y ganrif yn nwyfus ac yn deimladwy, gyda tho o feirdd ifainc yn dangos eu gallu i ddefnyddio'r mesurau caeth yn ogystal â *vers libre* i drafod pynciau perthnasol a chyfoes.

Roedd campau Kate Roberts gystal ym maes rhyddiaith â rhai T. Gwynn Jones ac eraill ym maes barddoniaeth. Roedd hi'n awdur a oedd yn ymwybodol ei bod yn ysgrifennu fel menyw ac, yn aml, hynt menywod oedd testun ei gwaith. Daeth o hyd i'w llais unigryw ac anniddig yn ei nofelau ac, uwchlaw dim, yn ei straeon byrion. Sail llawer o'i gwaith oedd ei phrofiadau yn ystod ei magwraeth ar weundir garw ardal y llechi yn sir Gaernarfon, a cheir y gerwindeb hwnnw yn aml yn ei chymeriadau. Ystyrir yn gyffredinol mai Kate Roberts oedd prif awdur rhyddiaith y ganrif a chyfieithwyd llawer o'i gwaith i'r Saesneg, ond gwnaethpwyd cyfraniad pwysig yn y maes gan nifer o awduron eraill hefyd. Ceir yn nofel Caradog Prichard, *Un Nos Ola Leuad* (1961), ryddiaith Gymraeg ar ei mwyaf dyfeisgar ac arbrofol. Roedd y gyfrol, fel cerddi'r llenor, yn trafod gwallgofrwydd a marwolaeth, ac roedd y cynnwys yn ddigon dadleuol, ond hyd yn oed yn fwy trawiadol oedd y ffurf lenyddol bryfoclyd a fabwysiadwyd er mwyn caniatáu i haenau'r stori ddatblygu. Nodweddwyd gwaith awduron eraill gan arddulliau amrywiol: rhyddiaith realistig T. Glynne Davies, creadigaethau pwerus Wiliam Owen Roberts, megis *Y Pla* (1987), a chyfrolau ôl-fodern y chwedleuwr Robin Llywelyn. Cadwodd nifer o awduron pwysig a chynhyrchiol, fel Islwyn Ffowc Elis, T. Rowland Hughes, Marion Eames ac Angharad Tomos, at ffurfiau ar y nofel a oedd yn fwy confensiynol ond eto'n werthfawr a phoblogaidd.

Ni chyfyngwyd ysgrifennu creadigol Cymraeg i ryddiaith a barddoniaeth, a gwelwyd datblygu hefyd ar y theatr Gymraeg. Ysgrifennodd Saunders Lewis nifer helaeth o ddramâu yn y cyfnod rhwng 1922 ac 1980, gan greu, ar ei ben ei hun bron, draddodiad o ysgrifennu yn Gymraeg ar gyfer y llwyfan. Yn annisgwyl braidd, sefydlwyd theatr yng Ngarthewin, cartref y teulu Wynne, tirfeddianwyr cyfoethog, a pherfformiwyd dramâu Cymraeg yno. Y dramodydd arall a wnaeth gyfraniad enfawr oedd John Gwilym Jones a ysgrifennodd rai o'r dramâu mwyaf pwerus yn yr iaith. Yn y chwedegau diweddar sefydlodd Wilbert Lloyd Roberts Gwmni Theatr Cymru, a chafwyd dramâu pwerus ac arbrofol gan nifer o ddramodwyr cyffrous – Gwenlyn Parry, er enghraifft. Daeth i'r amlwg hefyd actorion, megis John Ogwen a Gaynor Morgan Rees, a oedd yn gweithio yn y theatr Gymraeg broffesiynol ac mewn ffilmiau a theledu. Chwalodd Cwmni Theatr Cymru yn 1978, ond wedi hynny datblygodd nifer o gwmnïau bychan mentrus a bywiog, megis Bara Caws, Arad Goch, a Theatr Gorllewin Morgannwg a deithiodd ledled Cymru'n perfformio mewn theatrâu ac ysgolion. Daeth cwmni arloesol Brith Gof yn adnabyddus am berfformiadau mentrus, corfforol, brawychus weithiau, oedd yn croesi ffiniau ieithyddol Cymru.

Bu Saunders Lewis, ynghyd â W. J. Gruffydd, hefyd wrth wraidd sefydlu traddodiad dylanwadol o feirniadaeth lenyddol a oedd yn cyfuno sylwadaeth dreiddgar ag ymchwil a dysg. Cyhoeddwyd y fath feirniadaeth mewn nifer o gylchgronau, ond efallai yr un mwyaf dylanwadol, a gyhoeddodd waith o safon gyson uchel, oedd *Y Llenor*, cylchgrawn a gyhoeddwyd o 1922 hyd 1955 gyda W. J. Gruffydd, yn bennaf, yn olygydd.

Ochr yn ochr â'r datblygiadau hyn yn niwylliant 'traddodiadol' Cymru, roedd yr iaith Gymraeg yn ymgyfarwyddo â chyfryngau newydd, sef radio a theledu. Clywyd Cymraeg ar y radio am y tro cyntaf ar Ddydd Gŵyl Dewi 1923 ac aeth yr iaith ymlaen i ennill ei phlwyf ar yr awyr, gyda Sam Jones oedd yn rheoli stiwdio Bangor o 1935 yn chwarae rhan allweddol o bwysig yn y broses. Yn 1937 ffurfiwyd Rhanbarth Cymreig y BBC, ac yn 1979, lawnsiodd y BBC Radio Cymru, gorsaf uniaith Gymraeg a oedd, erbyn y nawdegau, yn darlledu deunaw awr o raglenni bob dydd. Roedd gan yr iaith ei lle ar radio masnachol hefyd, gyda Swansea Sound yn darlledu ugain awr yr wythnos yn Gymraeg a'r radio cymunedol, Radio Ceredigion, yn darlledu mwy na deugain awr yr wythnos. Ar ôl yr Ail Ryfel Byd fe ddaeth yn amlwg mai'r teledu fyddai cyfrwng mwyaf poblogaidd a dylanwadol y ganrif. Darlledwyd yn y Gymraeg ar y teledu o'r dyddiau cynnar, er ar raddfa fechan. Yn dilyn camau arloesol gan nifer o gwmnïau masnachol – Granada, TWW a HTV – ac wrth gwrs gan y BBC, cafodd teledu Cymraeg hwb aruthrol adeg sefydlu Sianel Pedwar Cymru (S4C) yn 1982 ar ôl ymgyrch hir. Darparodd y sianel newydd raglenni Cymraeg ar oriau brig am y tro cyntaf. Cynyddodd cynyrchiadau HTV a'r BBC a sefydlwyd mwy na 50 o gwmnïau cynhyrchu annibynnol trwy Gymru. Yn 1998, roedd S4C gyda'r cyrff cyntaf i gofleidio teledu digidol ac erbyn 1999 darlledai'r sianel gant o oriau o raglenni Cymraeg bob wythnos.

Testun y ffilm Gymraeg gyntaf, a gynhyrchwyd gan Syr Ifan ab Owen Edwards yn 1935, oedd gwaith peryglus a chaled a gweithgareddau diwylliannol chwarelwyr Blaenau Ffestiniog. Yn 1947 cafwyd *Yr Etifeddiaeth*, gyda John Roberts Williams, golygydd *Y Cymro*, yn cyfarwyddo a'r ffotograffydd Geoff Charles yn ddyn camera. Ysbrydoliaeth y ffilm – arolwg sensitif o fywyd gwledig Eifionydd a Llŷn – oedd yr awydd i recordio ffordd o fyw a oedd, i bob golwg, ar fin diflannu am byth. Bu dyfodiad teledu'n sbardun i ffilmiau yng Nghymru, gyda nifer o gyfarwyddwyr, megis Karl Francis, yn ennill bri. Yn 1993 enwebwyd *Hedd Wyn* (cyfarwyddwr: Paul Turner), ffilm a seiliwyd ar fywyd y bardd a laddwyd ym Mrwydr Passchendaele yn 1917, ar gyfer y wobr Oscar ar gyfer y ffilm dramor orau. Yn y nawdegau cynhyrchwyd nifer o ffilmiau dylanwadol Cymraeg a Saesneg eu hiaith, megis *House of America*, *Cameleon*, *Twin Town*, *Y Mapiwr*, *Human Traffic* a *Solomon a Gaenor*.

Nid oedd sefyllfa'r wasg Gymraeg mor llewyrchus. Ni fu erioed bapur dyddiol Cymraeg, ac ar ddiwedd y ganrif ni fodolai ond dau brif wythnosolyn, *Golwg* ac *Y Cymro*, diffyg sydd i'w briodoli, i ryw raddau, i'r ffaith bod cryn nifer o siaradwyr Cymraeg rhugl yn cael anhawster wrth ddarllen neu ysgrifennu'r iaith. Symbol o ddirywiad y wasg Gymraeg oedd colli *Y Faner*, arweinydd enwog radicaliaeth y bedwaredd ganrif ar bymtheg, a gaeodd ei dudalennau yn 1992. Ar ddechrau'r ganrif roedd gwasg Gymraeg leol ffyniannus yn ardal Caernarfon, ac roedd papurau dwyieithog, megis *Llais Llafur* yng Nghwm Tawe, hefyd yn cynnwys cryn dipyn o ddeunydd Cymraeg. Ond, o dipyn i beth, diflannodd y papurau hynny, gan adael *Yr Herald* fel yr unig wythnosolyn lleol Gymraeg o sylwedd. Ar y llaw arall, gwelodd diwedd y saithdegau dwf ffrwydrol y papurau bro; papurau cymunedol Cymraeg sy'n gwasanaethu ardaloedd cymharol fach. Amcangyfrifwyd bod 75,000 o gopïau o'r rhain yn cael eu gwerthu bob mis ar hyd a lled Cymru. Gwelwyd newidiadau mawr ym maes cyhoeddi llyfrau Cymraeg yn sgil dyfodiad system grantiau. Sefydlwyd Cyngor Llyfrau Cymru yn 1961 i weinyddu'r nawdd ac i ddarparu nifer o wasanaethau i gyhoeddwyr ac awduron. Cyhoeddwyd 632 o deitlau Cymraeg yn 1996 (572 o'r newydd a 60 yn adargraffiadau), a 385 ohonynt yn llyfrau plant.

Bu newid syfrdanol yn statws yr iaith Gymraeg yn ystod yr ugeinfed ganrif. Nid oedd iddi fawr o le ym mywyd cyhoeddus Cymru ar ddechrau'r ganrif; iaith gwaith, y capel a'r aelwyd oedd hi, a thrafodwyd materion swyddogol yn Saesneg. Y Gymraeg oedd iaith gweithgareddau gwleidyddol ac undebol chwarelwyr y gogledd a glowyr y maes glo caled yn y gorllewin, a chyhoeddwyd cofnodion Ardal Rhif Un y Rhondda o Ffederasiwn y Glowyr yn ddwyieithog hyd at 1921. Ond, o'r dauddegau ymlaen defnyddiwyd y Saesneg fwyfwy yn y maes gwleidyddol pwysig hwn.

Er gwaetha'r duedd gynyddol i ddefnyddio'r Saesneg, neu efallai o'i herwydd, gwelwyd dechrau'r ymgyrch i roi statws swyddogol i'r Gymraeg. Bu ambell ddatblygiad yn hanner cynta'r ganrif; cyhoeddwyd adroddiad trylwyr a chydymdeimladol, *Y Gymraeg mewn Addysg a Bywyd*, yn 1927; yn 1942 pasiwyd Deddf Llysoedd Cymru, a roddodd rai hawliau i siaradwyr Cymraeg oedd yn ymddangos gerbron llys barn. Ond roedd rhaid aros tan y chwedegau i weld y newidiadau mawr. Roedd y rhain yn deillio fwy na heb o weithgareddau Cymdeithas yr Iaith Gymraeg, a sefydlwyd yn 1962, yn sgil darlith radio enwog Saunders Lewis, *Tynged yr Iaith*. Er i nifer o Gymry Cymraeg ymateb yn elyniaethus i'r protestiadau cynnar yn Aberystwyth a mannau eraill, llwyddodd ymgyrchu diflino'r Gymdeithas i argyhoeddi hyd yn oed y rhai mwyaf amheus mai annerbyniol oedd statws israddol yr iaith Gymraeg. Ymgyrchwyd yn erbyn ffurflenni ac arwyddion ffyrdd uniaith Saesneg ac, yn wyneb y ffaith bod llawer o bobl ifainc, myfyrwyr yn bennaf, yn fodlon mynd i'r carchar dros yr iaith, daeth statws y Gymraeg yn bwnc gwleidyddol. Daeth pobl a oedd wedi goddef arwyddion ffyrdd uniaith Saesneg heb feddwl amdanynt i sylweddoli eu bod yn cynrychioli annhegwch sylfaenol ac i

Gorymdeithio yn
erbyn codi argae
Clywedog 1965.

fynnu newidiadau. O ganlyniad i'r ymgyrchu, magwyd ymwybyddiaeth o'r sefyllfa ieithyddol ymhlith siaradwyr Cymraeg a siaradwyr Saesneg fel ei gilydd.

Sefydlodd y llywodraeth bwyllgor, a Syr David Hughes-Parry yn gadeirydd arno, i ystyried y sefyllfa, ac ym mis Gorffennaf 1965 datganodd y pwyllgor ei fod o blaid 'dilysrwydd cyfartal', sef bod unrhyw beth a wnaethpwyd yn Gymraeg yng Nghymru â'r un grym â phe bai yn Saesneg. Mabwysiadodd y llywodraeth Lafur yr egwyddor hon a'i hymgorffori yn Neddf yr Iaith Gymraeg 1967. Er i'r ddeddfwriaeth hon gael ei hystyried yn wan ac yn gymharol aneffeithiol, roedd yr hawliau cyfreithiol a sefydlwyd ganddi yn gynsail pwysig i'r iaith. Yn 1992, yn unol â darpariaeth y Ddeddf Iaith, a luniwyd, i raddau helaeth gan y gweinidog gwladol Ceidwadol, Syr Wyn Roberts, derbyniodd y Gymraeg yr hyn oedd, i bob pwrpas, yn statws swyddogol yng Nghymru. Daeth yn ofynnol i bob corff cyhoeddus ddatblygu polisi iaith a'i gyflwyno i ystyriaeth Bwrdd yr Iaith Gymraeg, a gadeiriwyd gan gyn-lywydd Plaid Cymru, yr Arglwydd Elis-Thomas, hyd nes iddo gael ei ethol i'r Cynulliad Cenedlaethol a'i benodi'n llywydd yno. Roedd y trawsnewidiad chwyldroadol hwn yn statws ac amlygrwydd yr iaith Gymraeg ymhlith newidiadau mwyaf syfrdanol Cymru'r ugeinfed ganrif.

Digwyddiad a roddodd hwb aruthrol i'r Gymraeg oedd dyfodiad ysgolion Cymraeg a dwyieithog. Yn 1927, roedd *Y Gymraeg mewn Addysg a Bywyd*, adroddiad ar gyfer llywydd y Bwrdd Addysg, wedi cwyno bod yr ysgolion yn gwneud defnydd pitw o'r iaith bryd hynny. Yn 1939, sefydlodd Syr Ifan ab Owen Edwards ysgol Gymraeg arbrofol yn Aberystwyth, ac yn 1947 Llanelli oedd yr awdurdod lleol cyntaf i sefydlu ysgol gynradd Gymraeg. Yn 1956, cymerodd Cyngor Sir y Fflint gam arwyddocaol iawn wrth sefydlu ysgol uwchradd, sef Ysgol Glan Clwyd, yn y Rhyl (wedyn Llanelwy). Er mai'r Saesneg oedd prif iaith yr ardal, y Gymraeg oedd cyfrwng dysgu'r ysgol newydd. Bu cyfarwyddwr addysg sir y Fflint, Haydn Williams, yn ddylanwadol iawn wrth ffurfio'r polisi hwn ac yn 1961 agorwyd ysgol Gymraeg arall yn yr Wyddgrug. Ni chafwyd fawr o wrthwynebiad gan gynghorwyr di-Gymraeg, ond roedd y sefyllfa'n wahanol ym Morgannwg, y sir nesaf i symud ar y mater. Bu ymgyrchu brwd cyn i'r pwyllgor addysg, o dan gadeiryddiaeth Llew Heycock, fynd â'r maen i'r wal; sefydlwyd Ysgol Rhydfelen, ger Pontypridd, yn 1962. Cafodd Glan Clwyd a Rhydfelen lwyddiant trawiadol, nid yn unig wrth ailgyflwyno'r iaith i ardaloedd oedd wedi'u Seisnigeiddio, ond hefyd o safbwynt academaidd. Sefydlwyd yr ysgolion yn bennaf i ddarparu addysg Gymraeg ar gyfer plant a chanddynt rieni oedd yn medru'r iaith, ond fe ddaethant i ddenu niferoedd

> ## Yr Arglwydd Elis-Thomas
>
> A'r lein oedd, wrth gwrs, does wnelo'r iaith ddim byd â gwleidyddiaeth plaid. Roedd rhaid i mi ddeud hynny, oherwydd ro'n i'n dod allan o wleidyddiaeth plaid, yn reit ymosodol. Ar ben hynny, ro'n i'n gwbl argyhoeddedig bod rhaid i ni gael y project dwyieithog yma ar wahân i'r project cenedlaethol a bod hwnnw yn beth llesol i Blaid Cymru hefyd. Felly, roedd torri'r cysylltiad yna yn hanfodol bwysig a dyna oedd lein y Bwrdd. Ac mi ges i gefnogaeth ysgrifenyddion gwladol o bob plaid a gwleidyddion o bob plaid a llywodraeth leol a chyrff cyhoeddus ac o'r sector breifat, ces i gefnogaeth fawr iawn gan bob math o gwmnïau, banciau ac yn y blaen, er mwyn dangos bod y datblygiad yn fenter a'r slogan wnes i ddefnyddio oedd 'O frwydr i fenter', hynny yw ein bod ni'n newid y ffordd o feddwl, newid delwedd yr hyn roedden ni'n wneud a mae hwnna bellach wedi cael ei dderbyn. Mae'r metaffor 'brwydr' yna yn ddefnyddiol, dyna o'n i'n ddeud. 'Mae'r frwydr drosodd' *equals* 'peidiwch â disgrifio y peth yma yn nhermau brwydr' yn enwedig yn y Gymru newydd oherwydd os 'dan ni'n ei ddisgrifio fo fel brwydr, yna 'dan ni'n ymladd yn erbyn ein gilydd a 'dan ni wedi colli.

cynyddol o blant o gartrefi di-Gymraeg. Yn sgil llwyddiant ysgolion Cymraeg yr ardaloedd Seisnigedig, cafwyd defnydd helaethach o'r iaith yn ardaloedd Cymraeg y gorllewin, a oedd wedi bod ar ei hôl hi wrth ddarparu addysg drwy gyfrwng yr iaith. Daeth siroedd Dyfed a Gwynedd i arddel polisïau cadarn, a rhoddwyd hwb sylweddol i ddefnydd yr iaith ym meysydd addysg a chyflogaeth.

Enillodd y Gymraeg le sicrach yn yr ysgolion cynradd Saesneg o ganlyniad i adroddiad Gittins (*Addysg Gynradd Cymru*, 1967), a argymhellodd y dylid dysgu'r iaith i ddisgyblion cynradd drwy Gymru gyfan. Wedi mabwysiadu'r Cwricwlwm Cenedlaethol ar gyfer Cymru yn 1990, mynnwyd bod pob ysgol yn dysgu Cymraeg – fel rhan o'r cwricwlwm craidd yn yr ysgolion Cymraeg ac fel pwnc sail yn yr ysgolion Saesneg. Yn sgil y cynnydd yn y sector addysg Cymraeg, cynyddodd y galw am athrawon wedi'u hyfforddi i ddysgu drwy gyfrwng y Gymraeg ac am ddeunydd addysgiadol yn yr iaith, galwad a olygai ymdrech enfawr gan genhedlaeth gyfan o addysgwyr. Yn 1956, lawnsiodd Coleg y Normal, Bangor, a Choleg y Drindod, Caerfyrddin, gyrsiau i hyfforddi athrawon i ddysgu trwy gyfrwng y Gymraeg.

Darparodd Prifysgol Cymru gyrsiau gradd trwy gyfrwng y Gymraeg yn Aberystwyth a Bangor, er bod hyn yn wir am nifer gymharol fach o bynciau. Profodd Mudiad Ysgolion Meithrin, a sefydlwyd yn 1971 i hybu addysg feithrin a grwpiau chwarae, yn effeithiol dros ben wrth sicrhau cyllid oddi wrth yr awdurdodau lleol a chymorth ymarferol oddi wrth rieni. Roedd addysg feithrin yn elfen bwysig iawn yn y broses o atgyfnerthu'r iaith Gymraeg. Erbyn yr wythdegau roedd hi'n bosibl cael addysg, o'r ysgol feithrin hyd at radd ymchwil, yn gyfan gwbl drwy gyfrwng y Gymraeg. Ond cododd y newid hwn ddisgwyliadau, sef bod darparu addysg Gymraeg, ar y cyd â newidiadau yn statws cyfreithiol yr iaith, yn ddigon i wrthdroi dirywiad y Gymraeg, dirywiad a achoswyd hefyd gan ffactorau cymdeithasegol ac economaidd. Rhoddodd y dis-gwyliadau hynny faich drom ar yr ysgolion Cymraeg, a chawsant eu hunain o dan yr un pwysau afrealistig ag y profodd y capeli gynt.

Wrth i genedlaethau o Gymry Cymraeg roi eu hynni a'u hamser i hybu'r datblygiadau positif hyn, roedd y niferoedd yr oedd y Gymraeg yn famiaith iddynt yn dal i ostwng. Yn ystod degawdau cynta'r ganrif, er i'r ganran oedd yn siarad Cymraeg leihau, cododd y nifer a oedd yn medru'r iaith. Ond yn 1921 cafwyd gostyngiad yn y nifer a'r ganran fel ei gilydd, gyda 37 y cant o'r boblogaeth yn medru'r Gymraeg. Dim ond 6 y cant oedd yn uniaith Gymraeg, o'i gymharu â 30 y cant ddeng mlynedd ar hugain ynghynt. Erbyn 1951 roedd canran y rhai a fedrai'r Gymraeg i lawr i 29 y cant, a chafwyd dirywiad pellach yn y tri chyfrifiad dilynol: 26 y cant yn 1961, 21 y cant yn 1971 a 19 y cant yn 1981. Yn 1991 rhoddwyd y gorau i ofyn cwestiwn ynglŷn ag unieithedd Cymraeg.

Ond yn y flwyddyn honno, gwelwyd tro ar fyd. Dim ond gostyngiad bach iawn – 0.4 y cant – oedd yn y ganran a fedrai'r Gymraeg, ond bu cynnydd ymhlith yr ifainc, yn y grwpiau 5–9 oed a 10–14 oed. Yn 1971, roedd 14.5 y cant o blant yn y grŵp cyntaf yn medru'r Gymraeg; yn 1991 24.7 y cant oedd y ganran, a 27 y cant yn yr ail grŵp. Mae'r cynnydd hwn i'w briodoli, i raddau helaeth iawn, i lwyddiant yr ysgolion Cymraeg a dwyieithog. Erbyn diwedd y ganrif, roedd 525 o ysgolion Cymraeg (cynradd ac uwchradd) yn dysgu 82,000 o blant.

Dadleuodd nifer o sylwebyddion fod yr ystadegau cadarnhaol hyn yn enghraifft arall o allu'r iaith Gymraeg i addasu i amgylchiadau newydd wrth iddi ailymsefydlu mewn ardaloedd trefol. Erbyn 1991, roedd cynifer o bobl yn eu harddegau a fedrai'r Gymraeg yng Nghaerdydd ag yr oedd ym Meirionnydd. Ond gellir cynnig dehongliad arall, llai gobeithiol, ar yr ystadegau. Dangosodd cyfrifiad 1991 fod enciliad y Fro Gymraeg yn awgrymu ei bod ar fin cael ei chwalu'n llwyr. Yn ôl nifer o arbenigwyr ar barhad iaith, rhaid i iaith sydd yn mynd i weithredu fel iaith gymuned naturiol feddu ar ardaloedd lle y caiff ei siarad gan o leiaf 80 y cant o'r trigolion. Mor ddiweddar ag 1961, siaredid Cymraeg gan fwy na 80 y cant o'r trigolion dros ardal eang yng ngorllewin Cymru: hon oedd y Fro Gymraeg. Er mai canran gymharol fechan o boblogaeth Cymru a drigai yno, golygai bodolaeth y Fro fod y Gymraeg yn cael ei defnyddio mewn rhan helaeth o'r

Gwynfor Evans cyn-lywydd Plaid Cymru, ac un a chwaraeodd ran hollbwysig yn yr ymgyrch i sefydlu sianel deledu Gymraeg.

wlad fel iaith bob dydd y gymuned a chyfrwng cyfathrebu'r gymdeithas a'r teulu. Wrth i'r degawdau fynd heibio, fodd bynnag, gwelwyd cilio'r Fro Gymraeg ac erbyn hyn prin y mae'n bodoli fel uned ddaearyddol gydlynol. Erbyn y nawdegau, siaradwyd y Gymraeg fel iaith naturiol y gymuned (hynny yw, gan dros 80 y cant o'r boblogaeth) ym mhedwar ar hugain o bocedi gwasgaredig yn unig, a'r rhan fwyaf o'r rheiny yn y gogledd-orllewin. Cymunedau dirwasgedig, a chanddynt broblemau economaidd a chymdeithasol dwys, oedd nifer o'r llefydd hyn. Cymraeg oedd iaith y tlodion yn yr ardaloedd hyn, ffaith sydd yn aml yn cael ei hanwybyddu.

Ym marn nifer o sylwebyddion, gan gynnwys awdur y gyfrol hon, roedd chwalu'r Fro Gymraeg yn fater difrifol iawn. Trychineb oedd colli'r iaith yn yr ardaloedd hynny; yn wir, gellid ei ystyried yn drosedd ddiwylliannol. Nid newid tebyg am debyg yw cyfnewid trigolion y Fro, a'r Gymraeg yn famiaith iddynt, am ddysgwyr sy'n dod o ardaloedd Saesneg eu hiaith. Ffaith ystadegol sy'n dychryn yw'r un sy'n datgan mai dim ond 3 y cant o deuluoedd Cymru sydd â phlant sy'n gyfan gwbl Cymraeg eu

Meredydd Evans

Yr hen syniad o'r Fro Gymraeg, roedd hwn yn syniad bywiog iawn yn y chwedegau ac roedd yna rywfaint o gyfiawnhad drosto fo oherwydd yr oedd yna rannau helaeth o'r gorllewin, gogledd, canol ac i lawr i'r de hefyd yn y gorllewin lle roedd yna gymunedau lle roedd dros 80 y cant yn siarad Cymraeg. Roedd yr iaith yn cael ei defnyddio yn iaith fusnes, yn y garej, yn y dafarn ac ym mhob man yn ogystal ag yn y capel ac yn y cartre. Rwan, mae hwnna wedi newid. Mae'r datgymalu wedi digwydd, does yna ddim Bro Gymraeg yn yr ystyr yna yn bod yng Nghymru bellach. Dydi hi ddim yna. Ond, mae'n dal i fod yn wir yn fy marn i bod yn rhaid cael rhannau o Gymru lle mae'r iaith yn cael ei defnyddio ym mhob gwedd ar fywyd, a'r lle mwya gobeithiol o hyd ydi'r gorllewin. Dyna'r lle mwya posibl i adeiladu arno fo, a dwi'n meddwl bod yn rhaid i ni ymladd ar hwnna, yn bendant mae'n rhaid i ni gael hynna. Ar yr un pryd, dwi'n dal i gredu y dylan ni fod yn amcanu at Gymru lle bydd y Gymraeg yn ffactor ym mywyd cyffredinol y genedl, ym mhob rhan ohoni hi. Mae'n rhaid i ni gael Cymru lle mae'r Gymraeg a'r Saesneg, gyda'i gilydd, yn ddewis gwirioneddol gan bobol, ac nid jest yn ddewis, ond yn ieithoedd y mae pobol yn medru byw trwyddyn nhw yn llawn. Fedra i ddim derbyn y syniad o wlad, neu o gymdeithas unedig, lle mae gynnoch chi ddwy iaith hefo un yn gweithio jest mewn rhai peuoedd bach yma ac acw a wedyn ddim i fod yn y lleoedd eraill. Mae yna wledydd yn y byd 'ma lle mae 'na amlieithrwydd naturiol. Mae'n rhaid i ni osod hwnna yn nod i ni.

hiaith. O'r teuluoedd Cymraeg yng Nghymru, dim ond 20 y cant sy'n cynnwys plant.

Eto i gyd, ni ddylem fod yn orbesimistaidd ynglŷn â'r sefyllfa. A ninnau'n byw mewn byd ôl-fodern sy'n cynnwys cyfryngau electronig a'r we, byd sy'n gweld y gymuned yn cael ei chwalu a rhwydweithiau yn cael eu hadeiladu, mae'n bosibl bod hen sail yr iaith yn gynyddol amherthnasol. Gellid dadlau bod y Gymraeg wedi ail-greu ei hun unwaith eto, y tro hwn fel iaith y pentref electronig, tra bod y pentref go iawn yn llawn tai haf lle siaredir Saesneg yn achlysurol. Ac mae'r Gymraeg, ar ddiwedd yr ugeinfed ganrif, nid yn unig yn ased diwylliannol gwerthfawr ond hefyd yn fantais yn y farchnad waith. Mae'n cael ei hystyried yn gymhwyster pwysig ar gyfer swyddi dylanwadol, arwydd pendant bod statws yr iaith wedi newid er gwell.

Mae'n hawdd deall bod proffeil uwch y Gymraeg wedi peri peth chwerwder ymhlith y Cymry di-Gymraeg. Hyd yn hyn, trafodwyd y Gymraeg yn unig, ond mae gan Gymru, wrth gwrs, ddwy iaith gynhenid. Er i'r llinell sy'n rhannu'r Gymru Gymraeg a'r Gymru ddi-Gymraeg oddi wrth ei gilydd ymddangos yn denau yn aml, fe fu ar adegau yn fwlch dwfn. Erbyn y nawdegau, er bod drwgdeimlad y chwedegau wedi cilio i raddau helaeth, parhau mae'r amhwyster ynglŷn â phwnc yr iaith.

Fel y gwelwyd, yn 1901 roedd mwyafrif (er mai bychan ydoedd) pobl Cymru yn ddi-Gymraeg, ffaith a oedd yn ganolog i hanes y wlad yn yr ugeinfed ganrif. O'r adeg hynny ymlaen, daeth Saesneg yn brif neu'n unig iaith nifer cynyddol o bobl, gyda'r ganran uniaith Gymraeg yn gostwng yn gyflym ac yn cyrraedd cyn lleied ag 1 y cant yn unig yn 1961. Felly, a mwyafrif y boblogaeth yn ddi-Gymraeg, roedd gan bron pawb afael ar y Saesneg; ar ddiwedd y ganrif, o'r rhai a oedd yn medru'r Gymraeg, teimlai llawer yn fwy cartrefol wrth ddefnyddio'r

Saesneg. Yn wyneb hyn oll, mae'n fater o syndod bod y ddraig wedi llwyddo i gynnal dwy iaith, a hynny mewn gwladwriaeth Saesneg ei hiaith ac yn ystod canrif yr oedd yr iaith fain yn tra-arglwyddiaethu ynddi. Achosai gwytnwch y Gymraeg anesmwythyd i rai.

Ers y dauddegau, defnyddiwyd y term 'Eingl-Gymreig' i ddisgrifio gwaith awduron Cymreig sy'n ysgrifennu yn Saesneg. Gall y term awgrymu nad yw llenor sy'n ysgrifennu yn Saesneg yn Gymro go iawn. Ymhlyg yn yr awgrym hwn mae'r ensyniad bod y Cymry di-Gymraeg i gyd yn bodoli mewn cyflwr o gymysgedd diwylliannol ac ieithyddol anghyflawn. Dyna farn R. S. Thomas, a ystyriodd fod ei waith ef, a gwaith yr awduron Cymreig eraill sy'n ysgrifennu yn Saesneg, yn gyfraniad, nid i ddiwylliant Cymru, ond i lenyddiaeth Saesneg. Ef a fathodd y term 'Sais-Gymro' i ddisgrifio nid yn unig y llenorion ond hefyd y mwyafrif di-Gymraeg: 'Dwi'n amhoblogaidd iawn yn ne Cymru oherwydd fy mod i'n dal yr argyhoeddiad yma, dwi ddim yn derbyn y Sais-Gymry fel Cymry. Os nad ydyn nhw'n medru'r iaith, wel Saeson ydyn nhw, ac mae eu cyfraniad nhw yr un fath â'm cyfraniad i ym marddoniaeth yn Saesneg, i lenyddiaeth Saesneg ac i'r diwylliant Saesneg.' Yn ôl Thomas, yr iaith Gymraeg yw'r unig gyfrwng, i unigolion ac i awduron fel ei gilydd, fod yn Gymry go iawn.

Cymhlethwyd y sefyllfa anodd a pheryglus hon ymhellach gan y nifer cynyddol o fewnfudwyr o Loegr a mannau eraill sydd wedi dysgu Cymraeg. Beth yw eu lle nhw yn y patrwm hwn? A ydynt yn fwy, neu'n llai, Cymreig na'r Cymry nad ydynt yn medru'r iaith? Ar ddiwedd yr ugeinfed ganrif, osgoi'r ddadl a gwrthod y casgliadau posibl oedd ymateb y mwyafrif. Ond mae'n anodd anwybyddu'r pwnc yn llwyr, oherwydd yn aml y mae wrth wraidd yr ofnau a'r ansicrwydd sy'n bodoli yng Nghymru. Y gwir amdani yw mai Cymry yw pobl Cymru – y rhai Cymraeg a'r rhai di-Gymraeg eu hiaith.

Ar lawer cyfrif, mae pwnc yr iaith yn amherthnasol; o ystyried hanes glowyr Cymru, er enghraifft, er bod y ffaith fod nifer ohonynt yn medru'r Gymraeg yn bwysig, byddai'n anodd i hanesydd lunio astudiaeth o'r glowyr a fyddai'n hepgor eu cydweithwyr di-Gymraeg. I raddau, felly, rhaid i hanes y ganrif anwybyddu gwahaniaethau ieithyddol. Eto i gyd, rhaid cydnabod mai hanes pobl Saesneg eu hiaith, a lleiafrif ohonynt yn medru iaith arall yn ogystal, yw hanes Cymru'r ugeinfed ganrif.

Fel y cafwyd beirdd a llenorion Cymraeg disglair yn ystod yr ugeinfed ganrif, cafwyd hefyd waith Saesneg o safon uchel iawn, gyda'r beirdd eto ar flaen y gad. Gellid dadlau dros hawlio Wilfred Owen ac Edward Thomas yn feirdd Cymreig, ond ym mlynyddoedd cynnar y ganrif

Gweithredu'n uniongyrchol.

ganwyd cenhedlaeth drawiadol o feirdd nad oes unrhyw amheuaeth eu bod yn Gymry: Idris Davies (1905), Glyn Jones (1905), Vernon Watkins (1906), R. S. Thomas (1913), Dylan Thomas (1914), Alun Lewis (1915). Cafwyd ganddynt fynegiant huawdl o emosiynau cythryblus y ganrif ac mae dau ohonynt, R. S. Thomas a Dylan Thomas, wedi'u cydnabod fel dau o'r beirdd gorau i ysgrifennu yn Saesneg yn ystod yr ugeinfed ganrif. Er bod arddull y ddau mor wahanol: y naill yn gynnil, yn gyhyrog ac weithiau yn arw, a'r llall yn huawdl, yn astrus ac yn hudol, maent yn debyg yn eu meistrolaeth ar eu crefft ac yn yr ymroddiad a'r nerth emosiynol sy'n nodweddu eu gwaith.

Mae gan ryddiaith Saesneg o Gymru lawer i'w gynnig hefyd. Darganfu awduron megis Jack Jones, Lewis Jones, Gwyn Thomas ac Alun Richards eu hysbrydoliaeth yn y Gymru ddiwydiannol, ac mae ethos cymunedau maes glo'r de yn amlwg yn eu gwaith. Dyna hefyd lle y gosodwyd y nofel enwocaf i drafod Cymru, sef *How Green Was My Valley*, Richard Llewellyn (1939), llyfr a 'anfarwolwyd' gan Hollywood, a thrwy hynny cyflwyno delweddau lled-ystrydebol parhaol o'r Cymry i'r byd. Yn y cyfnod wedi'r Ail Ryfel Byd, cafwyd dadansoddiad clir a chywrain o gymhlethdodau Cymreictod gan Emyr Humphreys.

Er i Alexander Cordell, awdur poblogaidd *Rape of the Fair Country* (1959) a nifer o nofelau eraill, ysgrifennu'n helaeth am Gymru, ni hawliodd erioed ei fod yn Gymro er iddo ymaelodi â Phlaid Cymru yn ei flynyddoedd olaf. Cafwyd llyfrau heb unrhyw gysylltiad â'r wlad gan nofelwyr eraill megis Ken Follett a Dick Francis, y ddau wedi'u geni a'u magu yng Nghymru. Ffigwr mwy diddorol o lawer oedd Raymond Williams, dyn oedd yn byw, yn ddiwylliannol ac yn ddaearyddol, yn y wlad ar y ffin a ddisgrifiodd yn ei lyfr *Border Country*. Yn ei lyfr olaf, *People of the Black Mountains* (1989, 1990) trodd y llenor deallusol hwn yn ôl at hanes Cymru i ddod o hyd i'w ysbrydoliaeth.

Cafodd amwysedd a hunanymwybyddiaeth y term 'Eingl-Gymreig' effaith niweidiol ar ddatblygiad y mudiad Eingl-Gymreig yng Nghymru. Gallai llenor Cymraeg drafod unrhyw destun a chan ei fod yn ysgrifennu yn Gymraeg, ni fyddai neb yn amau mai llenor Cymreig oedd e neu hi. Ond roedd rheidrwydd ar lenorion Saesneg eu cyfrwng i ddewis pynciau Cymreig os oeddent am gael eu hystyried yn llenorion o Gymry. Erbyn diwedd y ganrif, daeth y term 'ysgrifennu Cymreig yn Saesneg' yn fwy derbyniol gan y beirniaid, ond am y rhan fwyaf o'r ganrif 'Eingl-Gymreig' oedd y term a ddefnyddiwyd i ddisgrifio mudiad a roes fod i nifer o gyhoeddiadau swmpus, yn eu plith blodeugerddi a beirniadaeth lenyddol dreiddgar.

Tua diwedd y tridegau sefydlwyd dau gylchgrawn a gafodd ddylanwad pellgyrhaeddol ar lên Saesneg Cymru, sef *Wales*, dan olygyddiaeth Keidrych Rhys – a olygodd hefyd y detholiad cyntaf o farddoniaeth Eingl-Gymreig, *Modern Welsh Poetry* (1944) – a *The Welsh Review*, a olygwyd gan Gwyn Jones. Yn ogystal â rhoi cyfle i awduron gyhoeddi eu gwaith, roedd y ddau gylchgrawn yn enghreifftiau o ysgrifennu Cymreig nad oedd yn Gymraeg ei gyfrwng. Fel y dywed Keidrych Rhys: 'Though we write in English we are rooted in Wales.' Roedd gan *Dock Leaves*, a sefydlwyd yn 1949, ysbrydoliaeth debyg; newidiwyd yr enw i *The Anglo-Welsh Review* yn 1959, a chafwyd ganddo record drawiadol o gyhoeddi cyson. Daeth y cylchgrawn i ben yn 1998, ond parhaodd peth o'r traddodiad yn y *New Welsh Review* a *Planet*.

Gwelodd llenyddiaeth Saesneg Cymru adfywiad yn y chwedegau. Yn 1963 cyhoeddodd Harri Webb, Meic Stephens a Peter Griffith gasgliad o gerddi yn dwyn y teitl *Triad*. Golygwyd y cylchgrawn *Poetry Wales*, a sefydlwyd yn 1965, gan y di-flino Meic Stephens, a gyhoeddodd hefyd ddwy flodeugerdd ddylanwadol, *Welsh Voices* (1967) a *The Lilting House* (1969). Ar yr un adeg, daeth cenhedlaeth newydd o feirdd a llenorion i'r amlwg, megis Harri Webb, Gillian Clarke a John Tripp. Rhoddodd Webb, yn arbennig, lais i'r cyffro gwleidyddol a nodweddai rannau o'r Gymru ddiwydiannol, cyffro a ddeilliodd o atgyfodiad cenedlaetholdeb Cymreig. Cafwyd yr un ynni, a'r un apêl i deimladau gwladgarol Cymry di-Gymraeg, yn y cylchgrawn *Planet: the Welsh Internationalist*, a sefydlwyd yn 1970.

Ochr yn ochr â'r gweithgaredd creadigol hwn, cododd to o feirniaid llenyddol a bwysleisiodd arwyddocâd y datblygiadau hyn. Roedd Ned Thomas, golygydd *Planet* a beirniad llenyddol academaidd, ymhlith y rhai cyntaf yn y maes. Yn 1971 cyhoeddwyd ei lyfr *The Welsh Extremist*, astudiaeth o ysgrifennu cyfoes yng Nghymru a gyfrannodd yn helaeth at werthfawrogiad ehangach o safon a chymeriad unigryw y llenyddiaeth honno. Y gwerthfawrogiad hwnnw a arweiniodd at sefydlu cylchgrawn arbenigol, sef *Welsh Writing in English: A Yearbook of Critical Essays*, yn 1995. Cafwyd cyfraniadau pellach i'r ddadl gan y beirniad Americanaidd, David T. Lloyd, yn ei lyfr *The Urgency of Identity*, a chan M. Wynn Thomas, beirniad sydd wedi osgoi rhannu'r awduron ar sail iaith yn unig, gan ddadlau yn hytrach eu bod yn ysgrifenwyr sy'n cyfranogi o'r un drefn ddiwylliannol. Yn ei lyfr pwysig, *Internal Difference: Literature in Twentieth-Century Wales* (1992) a'r astudiaeth gyfrwys ei theitl, *DiFfinio Dwy Lenyddiaeth Cymru* a olygodd yn 1995, trafodir gwaith llenorion Saesneg eu hiaith ochr yn ochr â'r rhai Cymraeg eu hiaith, a gwelir bod ganddynt fwy yn gyffredin nag a dybiwyd ynghynt. Er iddo gydnabod bod gan y ddwy iaith feysydd creadigol gwahanol a'u bod, i ryw raddau, yn cystadlu â'i gilydd, fe fynnodd: 'These two cultures in tandem share certain unnoticed common features that show them to have been the products (and producers) of the same history.' Wrth drafod cymunedau ieithyddol Cymru, fe ddywedodd:

> Rydym ni'r Cymry Cymraeg yn gallu rhannu iaith, sef yr iaith Saesneg, gyda nhw. Dydyn nhw ddim yn rhannu iaith gyda ni ond maen nhw yn rhannu profiad gyda ni, maen nhw yn rhannu cymdeithas gyda ni, maen nhw yn rhannu hanes gyda ni a fan'na mae angen di-ffinio – ar un ystyr chwalu ffiniau ond hefyd rhaid parchu ffiniau, hynny yw sylweddoli ein bod ni i gyd yn byw ar y ffin megis, ein bod ni i gyd yn perthyn i fwy nag un gymdeithas, mwy nag un grŵp oddi mewn i Gymru a deall Cymru yn nhermau y gorgyffwrdd yma sydd yn croesi ffiniau.

Wrth i'r ganrif ddirwyn i ben, ac i ddwyieithrwydd ddod fwyfwy yn rhan o brofiad y Cymry Cymraeg, iaith gyntaf ac ail iaith fel ei gilydd, daeth yr elfen drawsddiwylliannol rhwng y ddwy iaith yn fwy arwyddocaol. Ysgrifenna'r dramodydd arloesol Ed Thomas yn Saesneg, er mai Cymro Cymraeg ydyw; cyfieithodd y nofelydd Robin Llywelyn ei waith i'r Saesneg, a gwnaeth nifer o feirdd, megis Gwyneth Lewis, ymgymryd yn llwyddiannus â'r her o ysgrifennu yn y ddwy iaith. Mwy syfrdanol yw campau'r bandiau roc Cymreig, megis y Super Furry Animals a Catatonia, wrth iddynt dorri'r gwahanfur ieithyddol a pherfformio'n fuddugoliaethus yn Gymraeg ac yn Saesneg. Daw tensiynau a phosibiliadau o ddwyieithrwydd Cymru, ond fe all y tensiynau fod yn greadigol. Mae parhad y Gymraeg i'r filflwyddiant newydd yn brawf o ddyfalbarhad yr iaith ac yn dystiolaeth o gariad dwfn tuag ati, cariad a gafodd ei fynegi wrth i niferoedd lawer ymrwymo i'w hamddiffyn ac i'w hybu, ac i gynnal y chwyldro sydd wedi trawsnewid ei statws. Ond mae'r

Saesneg hefyd yn iaith Gymreig, ac mae'r Cymry, fel llawer o drigolion Ewrop, yn elwa o'r cyffro o fyw mewn gwlad ddwyieithog. Ac, wrth gwrs, fel y gwelwyd yn y bennod ar y Gymru amlddiwylliannol, nid y Gymraeg a'r Saesneg yw'r unig ieithoedd a siaredir yng Nghymru.

12

Tu Hwnt i Glawdd Offa

CYMRU A'R BYD

Bu'r uwchgynhadledd Ewropeaidd a gynhaliwyd yng Nghaerdydd ym Mehefin 1998, ac yna agoriad swyddogol Cynulliad Cenedlaethol Cymru gan y Frenhines Elizabeth flwyddyn yn ddiweddarach, yn ddigwyddiadau lliwgar a chyffrous a ddaeth â Chymru i sylw'r byd. Rhain o bosibl oedd yr enghreifftiau mwyaf dramatig a hyderus o'r ymgais i arddangos Cymru i weddill y byd, a'i darlunio'n genedl lawn asbri ac iddi hunaniaeth bendant. Roedd i'r digwyddiadau hyn linach hir, megis pasiant rhwysgfawr Caerdydd 1909 a ddarluniodd Gymru sentimental ac ystrydebol. Yr un modd, roedd arwisgiadau 1911 ac 1969 yn ymgais fwriadol i gyflwyno darlun o Gymru frenhinol ddefodol. Er yn ddefod ac iddi amcanion gwahanol iawn i'r arwisgiadau mae seremoni Croesawu Cymru a'r Byd yr Eisteddfod Genedlaethol hefyd yn nodweddiadol. Yma daw rhai o dras Gymreig o bob lliw, llun ac iaith yn ôl i'r henwlad i ymfalchïo yn eu Cymreictod. Eto i gyd, rhannol lwyddiannus oedd dylanwad y seremonïau hyn a hynny oherwydd breuder y syniad o hunaniaeth Gymreig, ac yn wyneb yr ansicrwydd hwn dyrchafwyd apêl rhamant a myth fel yng Nghaerdydd yn 1909. Serch hynny, roedd Cymru diwedd yr ugeinfed ganrif yn llai dibynnol ar ystrydebau ddoe ac yn ymsythu'n fwy hyderus gerbron grymoedd newydd y Cynulliad Cenedlaethol. Roedd dyfodiad sêr y byd rygbi i Gymru ar gyfer Cwpan Rygbi'r Byd yn Hydref 1999 yn gyfle gwych i'r genedl, unwaith eto, i ennyn sylw'r byd. Felly erbyn diwedd yr ail filflwyddiant roedd arwyddion pendant bod Cymru yn dechrau cael ei chydnabod ar y llwyfan rhyngwladol, er na ddylid gorbwysleisio hyn gan fod dylanwad Cymru y tu hwnt i glawdd Offa yn denau, a phrin o hyd yw'r adnabyddiaeth o Gymru a Chymreictod tros y dŵr.

Soniodd y nofelydd Gwyn Thomas yn frathog am y gwahaniaeth rhwng y Cymry a heriodd y byd ac a adawodd Gymru a'r sawl a arhosodd yng nghylch cyfyng y bywyd Cymreig; y rhai, yn ei eiriau ef, a aeth ar y môr mawr a'r rhai a arhosodd yn y pwll bach. Yn ffodus ni fu Cymru'n brin o'r naill na'r llall. Ernest Jones o Dre-gŵyr oedd un o'r rhai a fanteisiodd ar y byd ehangach. Cafodd ysgol yn Llanymddyfri a graddio yng Ngholeg y Brifysgol, Caerdydd, ac yna yn 1900 enillodd gymhwyster fel meddyg ym Mhrifysgol Llundain. Yn 1908 cyfarfu â Sigmund Freud, sylfaenydd seicdreiddiad, ac yn 1919 sefydlodd y Cymro y Gymdeithas Seicdreiddiol Ryngwladol cyn dod yn llywydd arni am ddeng mlynedd ar hugain. Roedd Ernest Jones yn rhan o'r ymdrech lwyddiannus i achub Freud rhag erledigaeth y Natsïaid yn 1938, ac yn y pumdegau cyhoeddodd dair cyfrol bwysig a dylanwadol ar fywyd Freud. Er gwaethaf ei amlygrwydd yng nghalon un o symudiadau deallusol mwya'r ugeinfed ganrif, roedd ei ymwybyddiaeth ef ei hun o'i Gymreictod yn ddigon sicr iddo ddod yn aelod o Blaid Cymru.

Wrth gwrs nid yw amlygrwydd gŵr o'r fath yn cadarnhau unrhyw gyffredinebau ehangach ond mae Cymru a'r Cymry, er gwaetha'r amgylchiadau a nodir uchod, wedi llwyddo i sefydlu presenoldeb rhyngwladol. Fel y gwelwyd yn y bennod ar chwaraeon, magodd Cymru statws rhyngwladol ar y maes chwarae ar hyd y ganrif. Mae'n ddiddorol ystyried y cysylltiad rhwng y byd chwaraeon Cymreig a gwledydd y Gymanwlad gan ei fod yn tanlinellu un o'r prif wahaniaethau rhwng perthynas Cymru a'r byd yn ystod rhan gyntaf yr ugeinfed ganrif, o'i gymharu â'r safle yr oedd yn ceisio ymgyrraedd tuag ato erbyn degawd olaf y ganrif. Mae'r allwedd i'r newid hwn i'w chanfod yn y cyd-destun geoboliticaidd: am ran helaeth o'r ganrif gorweddai hunaniaeth Cymru o fewn cylch ehangach yr Ymerodraeth Brydeinig a'r Gymanwlad, ond yn ystod chwarter olaf y ganrif, ac fel y gwelwyd yng Nghaerdydd ym mis Mehefin 1998, ail-luniodd Cymru ei hunaniaeth fel rhanbarth cenedlaethol Ewropeaidd oedd hefyd yn meddu ar bresenoldeb byd-eang.

Eto, fel y gwelwyd ym Mhennod 1, roedd yr economi Cymreig ynghlwm wrth y farchnad fyd-eang o droad y ganrif ymlaen. Gan fod diwydiant glo de Cymru a llawer o ddiwydiant llechi'r gogledd yn bwydo marchnad allforio ryngwladol, roedd yn anorfod y byddai Cymru'n agored i'r byd mawr a'i ddylanwadau. Y porthladdoedd oedd meysydd awyr dechrau'r ugeinfed ganrif, a thrwyddynt allforiwyd nid yn unig nwyddau ond hefyd bobl, profiadau a dylanwadau. Nid oedd prinder porthladdoedd yng Nghymru; ar droad y ganrif Caerdydd yn y de oedd prif borthladd allforio'r wlad, ond hefyd ychydig filltiroedd tros y ffin yn y gogledd roedd porthladd byd-eang Lerpwl, a recriwtiodd nifer o'i morwyr o ardaloedd arfordirol gogledd Cymru. Yn wir, cymaint oedd awdurdod porthladd Lerpwl nes yr ymestynnai hyd Amlwch ym Môn, lle ymunai peilotiaid Mersi â'u llongau. Roedd gan Gymru felly ddwy o ddinasoedd porthladdol mwyaf dylanwadol y byd ar bob pen iddi, a llifai gwybodaeth

Neil Kinnock

You get graphic demonstrations like the fact that the summit of June 1998 was in the capital of Wales in Cardiff, and they came in their thousands. And I think what summed it all up for me was a prime minister of one of the European Union countries who has been a friend of mine for a very long time, who had to spend some of his time, as they all did, in the National Museum of Wales and who said to me, 'Neil, when I saw that we were going to a museum, I thought we would be in a dark and dismal place, I thought it would be all dark brown wood and small windows. When I got here it was a miracle. When did you build this?' I said, 'Oh, a long time ago, 1920 or something – it's been here a long time.' And he said, 'It's quite remarkable, quite remarkable. You have lots of Monets.' And I said, 'We've got the second biggest collection in the whole damn world!' And he said, 'But, why doesn't anybody know about this?' And I said, 'Now you do know, just spread the word.' I've always said that all people need to do was to come and see and I'm not being romantic or pretending that there's a magnetism about Wales that doesn't apply to other beautiful places throughout the European Union, but when the veil has been lifted, people find it unforgettable and we have been engaged for some years, a lot of other people before me, in lifting the veil. It has a real presence, it's got a real identity, it is a place that people know about, it has attributes that are admired and that means that there's a very strong basis for further development, and we will see it take place.

a dylanwadau o bedwar ban byd i mewn iddynt ac allan ohonynt. Ond yn ogystal â Chaerdydd a Lerpwl roedd nifer o borthladdoedd eraill, rhai mawr fel Casnewydd, y Barri ac Abertawe, a rhai llai megis Abergwaun a Chaergybi. Yn wir roedd arfordir Cymru'n frith o borthladdoedd bychain megis Aberaeron a Phorthmadog, a chanddynt draddodiad hir o hwylio'r cefnforoedd ac a oedd yn gyfarwydd iawn â mannau pellennig.

Yn ystod yr ugeinfed ganrif, fel yn y ganrif gynt, ymfudodd llawer o Gymry i wledydd eraill. Wrth iddynt ymsefydlu yn eu gwledydd newydd, adnewyddwyd cymunedau Cymreig a sefydlwyd yno eisoes, a chwistrellwyd dylanwadau Cymreig newydd i'r cymunedau hynny. Yn 1901 roedd tua 94,000 o bobl a anwyd yng Nghymru yn byw yn yr Unol Daleithiau, ac roedd rhai o gymunedau mwya'r Cymry, megis y rhai yn Pennsylvania neu'r cymunedau mwy diarffordd fel Granville, Efrog Newydd neu Cambria, Minnesota, yn arddel diwylliant Cymraeg bywiog. Codwyd capeli Anghydffurfiol llewyrchus a chyhoeddwyd llyfrau Cymraeg. Yn 1851 yr ymddangosodd papur newydd y Cymry yn America, *Y Drych*, yn gyntaf oll ac fe'i cyhoeddwyd yn Gymraeg tan y tridegau cynnar. Sefydlwyd papur newydd arall, *Ninnau*, yn 1975. Erbyn y nawdegau roedd y ddau bapur yn dal i ffynnu gan ddal i gyhoeddi rhai erthyglau yn Gymraeg. Mae hyn yn dangos yr adnewyddiad a fu yn y bywyd Cymreig yn yr Unol Daleithiau a'r diddordeb a ddangosir gan y ddwy i dair miliwn o Americaniaid sy'n honni tras Gymreig a chysylltiadau diwylliannol â Chymru. Meddai Arturo Roberts, a ymfudodd i'r Unol Daleithiau o Batagonia yn y pumdegau:

Yn yr ugain mlynedd diwethaf mae bywyd Cymreig yr Unol Daleithiau a Chanada wedi dŵad yn llawer mwy bywiog. Mae yna lawer mwy o gymdeithasau lleol wedi eu creu, mae yna gant a hanner yng ngogledd America erbyn hyn. Hefyd mae yna gymdeithasau cenedlaethol heblaw y Gymanfa Ganu. Mae yna Gymdeithas Cymry America a rydan ni wedi creu Cymdeithas Achau Cymreig.

Yn 1994 sefydlwyd Cymdeithas Gogledd America er Astudio Hanes a Diwylliant Cymreig a mynychodd llawer y cynadleddau a drefnwyd yn Ohio a mannau eraill. Roedd rhwydwaith eang o ddigwyddiadau ar gyfer dysgwyr y Gymraeg yn bodoli ar draws America erbyn y pumdegau.

Arbrawf rhyfeddaf yr ymfudo Cymreig oedd sefydlu'r drefedigaeth ym Mhatagonia yn Ariannin. Dechreuodd yr ymfudo yn 1865, a gwelodd blynyddoedd cynnar yr ugeinfed ganrif beth ymdrech i ailgysylltu o du'r famwlad, ond buan y pylodd y cysylltiadau rhwng Cymru a'r criw bychan o bobl yn Ariannin a phrin iawn fu'r cyfathrebu tan y chwedegau, pan ddaeth teithio mewn awyren yn hwylusach a rhwyddach. Magwyd Arturo Roberts yng nghymuned Gymreig y Gaiman yn y tridegau:

Teulu o Langollen a gladdwyd yn y Gaiman, Patagonia.

> Dwi'n teimlo fod Cymru wedi anghofio'r Wladfa i raddau . . . achos yr ymfudo diwethaf un oedd yn 1911. Ar ôl hynny doedd yna ddim cymaint o gysylltiad, hyd yr amser ddaru'r Wladfa ddathlu can mlwyddiant yn 1965. Yr adeg honno ddaru'r BBC anfon pobol a dwi'n credu bod hwnna wedi creu mwy o ddiddordeb a hefyd roedd hi'n hawsach teithio a roedd llawer mwy o gysylltiad rhwng y Wladfa a Chymru ers hynny. Felly ar un adeg roedd y traddodiadau Cymreig yn y Wladfa'n annibynnol mewn ffordd o'r cysylltiad â Chymru.

Ar ddiwedd yr ugeinfed ganrif roedd disgynyddion arloeswyr Cymreig 1865 yn dal mewn cysylltiad â Chymru ac aeth côr o'r Gaiman ar daith o gwmpas Cymru yn 1997 gan ganu yn Gymraeg a Sbaeneg. Tua'r un pryd galluogodd cynllun pwysig gan y Cyngor Prydeinig a'r Swyddfa Gymreig i grŵp o athrawon Cymraeg sefydlu rhwydwaith o ddosbarthiadau Cymraeg ym Mhatagonia. Ar ddiwedd y ganrif roedd hyd yn oed ychydig o ddarlledu teledu a radio ym Mhatagonia trwy gyfrwng y Gymraeg. Eto, ni ddylid gorbwysleisio pwysigrwydd Patagonia, gan mai bychan iawn oedd y niferoedd dan sylw ac ansicr yw parhad yr iaith Gymraeg yno, ond, fel y'n hatgoffir gan Arturo Roberts: 'Dwi'n meddwl ei fod o'n bwysig iawn achos mae o'n dangos beth mae'r Cymry yn gallu ei wneud pan maen nhw ar eu pennau eu hunain.'

Nid oedd y Cymry a ymfudodd tros y dŵr mor niferus o bell ffordd â'r rhai a adawodd Iwerddon a'r Alban, ac i Loegr yr ymfudodd y mwyafrif. Yn negawdau cynta'r ugeinfed ganrif blodeuodd y cymunedau Cymreig a oedd wedi ymsefydlu yn ninasoedd mawrion Lloegr. Parhaodd dylanwad Cymry Lerpwl ar ddechrau'r ugeinfed ganrif, ac mae'n arwyddocaol mai yno y cynhaliwyd Eisteddfod Genedlaethol 1900, eisteddfod gyntaf y ganrif newydd. Dychwelodd i Lannau Mersi yn 1917 ac 1929, ac roedd eisteddfod ddylanwadol Lewis's – a gynhaliwyd mewn siop enfawr – o dan arweiniad Cynan yn dal i fynd wedi'r Ail Ryfel Byd. Roedd llifeiriant y llyfrau Cymraeg a gyhoeddwyd gan Wasg y Brython, Evans a'i Fab, yn dal yn gryf am lawer o'r ganrif. Ond dirywiodd oes aur Cymry Lerpwl gyda'r ddinas ei hun, a chollwyd llawer o'r hunanhyder a'r dylanwad ar ôl yr Ail Ryfel Byd.

Roedd degawdau cynta'r ganrif yn rhyw fath o oes aur i Gymry Llundain hefyd wrth i ffrwd o Gymry talentog ymgasglu o gwmpas gwleidyddion amlwg fel David Lloyd George. Aeth yr Eisteddfod Genedlaethol i Lundain yn 1909. Agorwyd adeilad crand Cymdeithas Cymry Llundain yn Gray's Inn Road yn 1935 a sefydlwyd ysgol Gymraeg yn Willesden Green yn 1958, a ddathlodd ddeugain mlynedd o weithgarwch yn 1998. Parhaodd Llundain felly i fod yn gartref i nifer fawr o Gymry drwy gydol y ganrif, ond dirywio a wnaeth ei harwyddocâd wrth i ddatblygiadau cynhenid ffynnu yng Nghymru ei hun. Bu sefydlu'r gymdeithas SWS (Social, Welsh and Sexy) yn 1996 yn awgrym o ryw ddadeni, ond er bod SWS yn ail-greu cyfaredd y cyfnod cynt prin ei bod yn meddu ar y dylanwad gwleidyddol a fu gan y genhedlaeth gynharach.

Roedd presenoldeb rhyngwladol y Cymry ar ddechrau'r ganrif yn eang ond yn fregus. Nid oedd yn hawdd iddynt wrthsefyll y pwysau i wasgaru a chael eu cymathu, ac ni fu Cymru'n amlwg ar y llwyfan rhyngwladol. Yn wir, wrth i Gymru ddechrau ar gyfnod hir o ddirwasgiad ac ailstrwythuro yn y dauddegau, aeth yr economi'n llai rhyngwladol a lleihawyd y pwyslais ar allforio. Serch y pwysau hyn, daliodd trigolion Cymru i fod yn ymwybodol o ddigwyddiadau a datblygiadau rhyngwladol.

Mae rhai haneswyr megis Hywel Francis wedi awgrymu fod dimensiwn rhyngwladol i'r diwylliant Cymreig a grëwyd gan grefydd a gwleidydd-iaeth ac a gafodd fynegiant ynddynt. Roedd gan Anghydffurfiaeth Gymreig bersbectif rhyngwladol, yn enwedig yn ei thraddodiadau heddychlon. Lawnsiwyd ymdrechion cenhadol Eglwys Bresbyteraidd Cymru, y Methodistiaid Calfinaidd, ym mryniau Khasia yn Assam, gogledd-ddwyrain India yn 1847. Cyflawnwyd llawer gan y genhadaeth yn ystod y bedwaredd ganrif ar bymtheg megis cyfieithu'r Beibl i'r iaith frodorol yn 1891, ond difrodwyd y genhadaeth gan ddaeargryn trychinebus yn 1897. Gwelodd yr ugeinfed ganrif hithau lefel o weithgarwch anhygoel gan genhadon Cymreig: cafodd diwygiad crefyddol 1904–5 effaith ddofn ar y rhan hon o India, a bu chwaer y diwygiwr Evan Roberts, Mary, yn genhadwraig yno o 1920 hyd 1945. Trodd cenhadaeth feddygol wreiddiol Shillong yn ysbyty yn 1922 o dan arweiniad Dr John Roberts a gyrhaeddodd yno yn 1913 a Dr Arthur Hughes a arhosodd yno tan 1969. Agorwyd ysbyty arall ym mryniau Jaintia yn 1953 a sefydlwyd coleg diwinyddol pwysig ac ysgolion yn ogystal gan y cenhadon, megis yr Ysgol Uwchradd Genhadol Gymraeg i Ferched a fu, rhwng 1926 ac 1944, dan brifathrawiaeth Miss Matilda Jones. Un o'r cenhadon mwyaf hynod oedd Dr Helen Rowlands. Fe'i ganwyd ym Môn yn 1891, ac yn 1916 gadawodd am yr India lle bu farw yn 1955. Roedd yn ysgolhaig ac ieithydd nodedig ac enillodd ddoethuriaeth yn 1931 am draethawd ar fenywod Bengali a ysgrifennwyd yn Ffrangeg a'i gyflwyno ym Mhrifysgol y Sorbonne ym Mharis. Oherwydd nifer o ffactorau – yn cynnwys rhai gwleidyddol megis tensiynau ethnig a chrefyddol yr ardal – gadawodd y cenhadon yr India am y tro olaf yn 1969. Pur amhoblogaidd fu cenhadon a chenhadaeth yn ddiweddar oherwydd y cysylltiad rhyngddynt ac imperialaeth, ond mae hanes y Cymry yn Khasia wedi ei ailgloriannu a saif fel un o'r penodau hynotaf ym mherthynas Cymru a'r byd. Yng ngeiriau Nigel Jenkins, un o haneswyr y fenter, dyma oedd 'the biggest overseas venture ever sustained by the Welsh people'.

Y mae dylanwad Anghydffurfiaeth i'w weld hefyd yng nghylchoedd ehangach rhyng-genedlaetholdeb gwleidyddol yng Nghymru. Roedd David Davies, Llandinam, yn un o bleidwyr huotlaf y galw am gorff rhyngwladol mwy effeithiol na Chynghrair y Cenhedloedd yn y cyfnod rhwng y rhyfeloedd, a chafodd beth dylanwad ar sefydlu'r Cenhedloedd Unedig. Roedd yr addysgwr Syr Ben Bowen Thomas ymhlith y sawl fu'n annog twf UNESCO, adran addysgiadol a diwylliannol y Cenhedloedd Unedig a sefydlwyd yn 1946, a chwaraeodd Syr G. Myrddin-Evans ran arwyddocaol yn sefydlu'r Gyfundrefn Lafur Ryngwladol (ILO) yn 1919. Bu sefydlu'r Deml Heddwch yn un o adeiladau canolog y ganolfan ddinesig yng Nghaerdydd yn gam i atgyfnerthu'r argraff fod Cymru'n arddel ewyllys da tuag at gyfundrefnau a mentrau rhyngwladol nad yw mor amlwg bob amser yn Lloegr; daeth yr adeilad hwnnw yn gartref i'r Ganolfan Materion Rhyngwladol Cymreig yn 1973.

Roedd gwreiddiau rhyng-genedlaetholdeb yn ddwfn hefyd yn y mudiad llafur Cymreig, ac roedd y Comiwnyddion, yn arbennig, yn rhyng-genedlaetholwyr yn rhinwedd eu syniadaeth, eu strategaeth a'u strwythur reoli. Wedi'r cwbl, dilynodd y Comiwnyddion strategaeth a luniwyd gan y Gymdeithas Gydwladol Gomiwnyddol (Communist International) a reolwyd i bob pwrpas gan bolisi tramor Sofietaidd. Treuliodd y Comiwnydd Cymreig mwyaf blaenllaw, Arthur Horner, llywydd y glowyr o 1936 ymlaen, sawl blwyddyn yn hyfforddi a thrafod ym Moscow, ac yn ddiweddarach daeth Comiwnyddion Cymreig amlwg eraill, megis Idris Cox o Faesteg, yn gyfarwydd â choridorau grym y bloc Comiwnyddol yn Nwyrain Ewrop. Credoau Comiwnyddol oedd y tu ôl i benderfyniad cryn nifer o'r Cymry a aeth i ymladd yn Rhyfel Cartref Sbaen, ac yn yr ymlyniad cyffredinol yng Nghymru tuag at ymgyrchu'n rhyngwladol, yn enwedig gan Ffederasiwn Glowyr De Cymru, ac yna gan Undeb Cenedlaethol y Glowyr. Ond roedd cyd-destun ehangach i hyn oll, gan fod diddordeb ac ymlyniad gwirioneddol at bynciau rhyngwladol hefyd yn amlwg yn y Blaid Lafur a'r Blaid Ryddfrydol, ac ym Mhlaid Cymru fel y gwelwyd gydag ymweliad dewr a dadleuol Gwynfor Evans i Gambodia yn 1967 yn ystod rhyfel Fiet-nam. Dadleuol hefyd oedd cysylltiad rygbi Cymru â rygbi De Affrica yn ystod cyfnod apartheid o'r chwedegau ymlaen, ac roedd y protestiadau a gynhaliwyd yn Abertawe ar ymweliad y Springboks yn 1969 ymhlith y rhai mwyaf treisgar yn eu herbyn ar y daith honno.

Roedd dylanwadau pan-Geltaidd hefyd yn amlwg, yn enwedig mewn cysylltiadau ag Iwerddon neu Lydaw. Un o'r gwŷr ar flaen y mudiad cenedlaethol oedd yr hanesydd Ambrose Bebb, a fu'n byw ac yn gweithio yn Ffrainc a Llydaw yn ystod y dauddegau. Wedi'r Ail Ryfel Byd, bu rhai Cenedlaetholwyr Cymreig yn rhoi cymorth agored a dirgel i Genedlaetholwyr Llydewig a oedd wedi'u cyhuddo o gydweithio â'r Natsïaid. Ond nid oedd yr elfen ban-Geltaidd, fel y'i mynegwyd gan y Gynghrair Geltaidd a chyrff eraill, mor gryf â hynny yng nghenedl-aetholdeb Cymreig, ac fe'i gwanhawyd ymhellach gan weithgarwch yr IRA wedi 1970.

Roedd Cymru, am y rhan fwyaf o'r ugeinfed ganrif, yn rhannu ei lle gyda gwledydd eraill y Deyrnas Unedig o dan gysgod baner yr Ymerodraeth Brydeinig. Erbyn y chwedegau, er hynny, aeth yn fwyfwy amlwg i fusnesau ac i rai gwleidyddion ym Mhrydain mai gyda'r Farchnad Gyffredin Ewropeaidd, a sefydlwyd gan Gytundeb Rhufain 1957, y gorweddai cyd-destun datblygiadau'r dyfodol. Aeth pymtheng mlynedd heibio cyn i Brydain ymuno yn 1973. Nid pawb a groesawodd y penderfyniad, a llugoer iawn fu'r croeso yng Nghymru. Cynhaliwyd referendwm ar y mater gan lywodraeth Harold Wilson yn 1975, a gwrthwynebodd nifer o wleidyddion Cymreig amlwg barhau ag aelodaeth Ewropeaidd, gan gynnwys Neil Kinnock (a ddaeth yn is-lywydd y Comisiwn Ewropeaidd yn 1999). Yn ymgyrch y referendwm roedd pob plaid wleidyddol o blaid cadw aelodaeth ac eithrio Plaid Cymru a ymgyrchodd o dan y slogan 'No say – Say No'. Roedd hyn er gwaethaf ymdrechion Dafydd Wigley i hybu elfen pro-Ewropeaidd o fewn y blaid. Pleidleisiodd bron i 65 y cant o'r pleidleiswyr yng Nghymru i aros yn Ewrop, dim ond ychydig yn llai na'r cyfartaledd Prydeinig o 67 y cant. Roedd y Farchnad Gyffredin ar ei mwyaf poblogaidd ymysg pleidleiswyr gwledig yng Ngwynedd lle roedd 71 y cant o blaid, a Phowys lle roedd 74 y cant o blaid. Llai brwd oedd pleidleiswyr sir Forgannwg, gyda 57 y cant o blaid, yn ogystal â gweddill y cymoedd glofaol.

Roedd y bleidlais yng Nghymru, fel yng ngweddill Prydain, yn ddiymwad ac roedd yn amlwg bellach mai yn Ewrop y byddai dyfodol Prydain. Fel y daeth y prosiect Ewropeaidd yn fwy sefydlog ac uchelgeisiol, dechreuodd Cymru ymateb i'r her a gynigiodd. Roedd gan Gymru aelodau seneddol Ewropeaidd ers yr etholiad cyntaf yn 1979 (a chyn hynny cynrychiolwyd Cymru gan aelodau enwebedig). Yn dilyn uwchgynhadledd Caeredin yn 1992, cynyddwyd cynrychiolaeth Cymru i bum aelod. Gwelodd etholiadau Ewropeaidd 1994 y Blaid Lafur yn ennill y pum sedd, ac Eluned Morgan, a anwyd yn 1967 – yr aelod seneddol Ewropeaidd ieuengaf ar y pryd – yn ennill sedd Canolbarth a Gorllewin Cymru. Cafwyd system newydd o gynrychiolaeth gyfrannol yn etholiad 1999 ac mewn pleidlais dros Gymru gyfan etholwyd dau aelod Llafur, dau o Blaid Cymru ac un aelod o blith y Ceidwadwyr.

Roedd brwdfrydedd ynglŷn â'r etholiadau Ewropeaidd yn llai o lawer yng Nghymru nag ymhlith aelodau rhai cenhedloedd eraill o fewn Ewrop, ond roedd canran y nifer a bleidleisiodd yn uwch yng Nghymru yn 1994, 43 y cant, nag yng ngweddill Prydain, 36 y cant. Gwelwyd yr un duedd, er nad i'r un graddau, yn 1999, arwydd efallai fod Cymru yn teimlo rhywfaint yn fwy cartrefol gyda undod Ewropeaidd nag yr oedd Lloegr, lle daeth amheuon y Blaid Geidwadol yn gynyddol amlwg yn eu polisïau Ewrosgeptig.

Ar economi Cymru y gwelwyd prif effaith yr Undeb Ewropeaidd. Ystyriwyd Cymru'n ardal a chanddi broblemau economaidd dirfawr, ac yn sgil ei safle fel ardal ymylol, dlodaidd, derbyniodd grantiau sylweddol gan y Gronfa Ddatblygu Rhanbarthol a sefydlwyd yn 1976 ac yn ddiweddarach gan y cronfeydd strwythurol, gan gynnwys Cronfa Ddatblygu Rhanbarthol Ewropeaidd, y Gronfa Gymdeithasol Ewropeaidd a Chronfa

Gynhorthwy a Gwarant Amaethyddol Ewropeaidd. Cydnabuwyd bod rhannau o Gymru yn cael eu hailstrwythuro ar raddfa fawr, a daeth y gogledd-ddwyrain a'r de diwydiannol yn gymwys i dderbyn cymorth o dan amodau Amcan 2 a sefydlwyd yn 1988 i roi cymorth i'r fath ardaloedd. Rhoddwyd cymorth i rai ardaloedd gwledig hefyd, a derbyniodd sawl prosiect grantiau sylweddol o Ewrop, yn amrywio o bafiliwn newydd Eisteddfod Ryngwladol Llangollen i ffordd osgoi Pont-y-pŵl. Mwy arwyddocaol byth i ddyfodol Cymru oedd rhoi hawl statws Amcan 1 i orllewin Cymru a'r Cymoedd yn 1999, penderfyniad a ddylai olygu buddsoddi enfawr yn yr ardaloedd hynny.

Roedd y Polisi Amaethyddol Cyffredin yn golygu bod cymorth sylweddol i ffermwyr. Er gwaethaf argyfwng gorgynhyrchu a ddatblygodd yn sgandal yn yr wythdegau ac a olygodd gyflwyno'r cwota llaeth yn 1984, ac argyfwng cig eidion a chlefyd y gwartheg gwallgof (BSE), parhaodd Ewrop i gefnogi amaethyddiaeth Cymru yn uniongyrchol. Yn 1994, amcangyfrifwyd bod ffermwyr Cymru'n derbyn 50 y cant o'u hincwm o gymorthdaliadau ac iawndaliadau. Yn yr un flwyddyn nododd yr Undeb Ewropeaidd ei hun fod gan Gymru 11,000,000 o ddefaid, chwarter diadell y Deyrnas Unedig, a bod 'pob dafad fridio'n werth £30 y pen o Frwsel'. Ond erbyn 1999 roedd newidiadau yn y farchnad ac yn y Polisi Amaethyddol Cyffredin wedi cael effaith andwyol ar amaethyddiaeth yng Nghymru.

Roedd y prosiect Ewropeaidd yn cynnwys dimensiwn sefydliadol ehangach na pheirianwaith y cronfeydd amrywiol. Yn 1998 nododd Rachel Lomax, ysgrifennydd parhaol yn y Swyddfa Gymreig ar y pryd:

> There's a very important cultural dimension and what being part of Europe has done is widen people's horizons and help to break down this Welsh lack of self-confidence . . . [There are] an awful lot of other small places in Europe with whom we have a fair amount in common and, almost more important than anything else, is that sense of being part of a wider community and not just in the shadow of a big brother, it helps to give people the confidence that it's OK to be small!

O'r herwydd daeth Cymru yn fwyfwy brwdfrydig ynglŷn â chynnal sianelau cyfathrebu â gweddill Ewrop. Yn 1994 sefydlwyd Canolfan Ewropeaidd Gorllewin Cymru yng Nghaerfyrddin, yn rhan o'r Rhwyd-waith Gwledig Ewropeaidd, *Carrefours*. Cydbnabuwyd yr Hysbysfa Ewro-Cymru, oedd â chanolfannau yn yr Wyddgrug a Chaerdydd, gan Frwsel yn 1989. Yn 1992 agorwyd Canolfan Ewropeaidd Cymru ym Mrwsel er mwyn cynrychioli consortiwm o gyrff Cymreig, gan gynnwys Cymdeithas

Llywodraeth Leol Cymru, Awdurdod Dat-
blygu Cymru a nifer o gyrff cyhoeddus eraill.
Erbyn 1997 cyflogwyd wyth aelod o staff gan y
ganolfan, a gweithredai fel rhyw fath o
lysgenhadaeth ym Mrwsel i gyrff cyhoeddus,
er bod ei dylanwad wedi'i gyfyngu'n arw ac
fe'i hataliwyd rhag lobïo'n uniongyrchol. Ers
sefydlu'r Cynulliad Cenedlaethol mae cynllun-
iau i ehangu swyddogaeth a phwysigrwydd y
Ganolfan ar droed.

Canfu Cymru fod ei phresenoldeb yn Ewrop ei
hun i raddau helaeth yn gydnaws â rhethreg yr
Ewrop newydd. Yn ystod yr wythdegau hwyr
a'r nawdegau daeth gweledigaeth bwerus
newydd 'Ewrop y rhanbarthau' yn rhan o
ieithwedd gyffredin y syniad o Ewrop integr-
eiddiedig. Roedd rhesymeg bwerus i'r ddadl:
fel y collai'r cenedl-wladwriaethau beth o'u
sofraniaeth i'r dimensiwn Ewropeaidd, felly y
dylai rhai penderfyniadau gael eu trosglwyddo
i'r rhanbarthau. Dyma oedd craidd athrawiaeth
sybsidariaeth: y penderfyniadau i'w gwneud
mor agos i'r bobl â phosibl yn unol â threfn
hierarchaidd o wneud penderfyniadau. Roedd
yn athrawiaeth ddeniadol a gadwodd ei hapêl
ar drothwy'r filflwyddiant newydd. Cafodd ei
bwydo gan y gred mai un o'r prif rwystrau i
undeb Ewropeaidd oedd y cenedl-wladwr-
iaethau a welwyd yn aml yn elfennau hen-
ffasiwn a pheryglus. Nhw, wedi'r cyfan, a
ddifeithiodd Ewrop mewn dau ryfel byd. Yn
unol â'r gred hon felly cafodd Cymru, ac

> ### Dafydd Wigley
>
> Dwi'n credu bod y cyd-destun Ewropeaidd yn hollbwysig, yn hanfodol i Gymru yn y cyfnod yma, edrych ymlaen i'r ganrif nesaf, y mileniwm nesaf. Yng nghyd-destun Ewrop y mae Cymru wedi tyfu fel cenedl: mae'r dylanwadau sydd wedi dod o Ewrop ar ein hiaith a'n traddodiadau ni, ar ein crefydd ni, ar ein hanes ni i gyd . . . Rydan ni'n genedl Ewropeaidd. A fedrwn ni ddim osgoi hynny a fuaswn i ddim yn dymuno osgoi hynny. O ganlyniad i hynny, mae'r cyd-destun newydd sydd wedi datblygu hefo strwythur eang ble mae gwledydd bach a mawr yn gallu bod yn rhan o unoliaeth newydd. Mae hi mor bwysig i Gymru fod yna, a be mae Ewrop yn ei wneud ydy chwalu'r hen syniadau fod yn rhaid i hunanlywodraeth – neu annibyniaeth fuasech chi wedi dweud yn yr oes o'r blaen – olygu eich bod chi'n torri i ffwrdd, bod chi'n codi muriau rhwng gwlad a gwlad. Beth mae Ewrop yn ei wneud ydy chwalu'r muriau hynny a 'dan ni wedi dysgu yn ystod y ganrif yma dwywaith mewn rhyfeloedd gwaedlyd dros ben, beth sy'n digwydd os oes gynnoch chi ddim cydweithred-iad ar lefel Ewropeaidd. A dyma'r cyfle i adeiladu'r Ewrop newydd a chael lle i genhedl-oedd bychain fel Cymru i allu llywodraethu ein hunain gymaint ag y gallwn ni o fewn yr Ewrop newydd.

ardaloedd tebyg iddi, ei hailddiffinio fel rhanbarth Ewropeaidd, a derbyn-
iodd ei datblygiad sylw ac anogaeth gan Frwsel. Yn dilyn arwyddo cytundeb
Maastricht yn Rhagfyr 1991, rhoddwyd mynegiant sefydliadol i'r gred hon
wrth sefydlu Pwyllgor y Rhanbarthau, a oedd yn cynrychioli rhanbarthau ar
draws Ewrop. Cynghorai'r pwyllgor y Comisiwn Ewropeaidd ar unrhyw
faterion a oedd yn berthnasol i'r rhanbarthau Ewropeaidd. Ar y cychwyn
roedd gan y pwyllgor 189 o aelodau, gan gynnwys tri o Gymru.

Daeth 'rhanbarthu' Ewrop â newid sylweddol i nifer o wledydd
Ewropeaidd. Yn dilyn ei democrateiddio yn 1975, mabwysiadodd Sbaen

bolisi rhanbarthol gweithredol, a welodd drosglwyddo grymoedd helaeth o Madrid i Gatalonia, Gwlad y Basg a mannau eraill. Er gwaethaf ei hymlyniad at ganoli, mabwysiadodd Ffrainc batrwm newydd o gynghorau rhanbarthol etholedig yn 1986. Mewn rhai gwledydd bygythiodd pwysau rhanbarthol fodolaeth y genedl-wladwriaeth ei hun: daeth Gwlad Belg i bob pwrpas yn ffederasiwn o ranbarthau pur annibynnol, ac roedd grymoedd rhanbarthol pwerus yng ngogledd yr Eidal yn bygwth rhwygo'r wladwriaeth Eidalaidd. Rhaid gweld sefydlu Cynulliad Cenedlaethol Cymru felly, nid yn unig yn fynegiant o ddyheadau Cymreig o fewn fframwaith diwygiadol sefydliadol yn y Deyrnas Unedig, ond yn ogystal fel rhan o newid a diwygio Ewropeaidd ehangach.

Nid yw'r Undeb Ewropeaidd wedi gwahaniaethu rhwng cenhedloedd hanesyddol a rhanbarthau newydd yn y broses hon, fel y dengys safle Cymru o fewn y cydweithio sydd wedi bod rhwng pedwar rhanbarth penodol yn Ewrop, sef Cymru, Catalonia, Baden-Würtemburg a Rhône-Alpes. Dau yn unig o'r rhain a all honni bod yn genhedloedd hanesyddol o fewn Ewrop. Nid bwrw amheuaeth ar fodolaeth y cenedl-wladwriaethau oedd yr unig ganlyniad, ond creu patrwm newydd o ranbarthau amrywiol. Gallai Cymru, o fewn y Deyrnas Unedig, fod wedi ei chydnabod yn genedl, ond, o fewn Ewrop ac yn gynnil, fe'i hailddiffiniwyd yn rhanbarth.

Nid oedd prosesau'r Undeb Ewropeaidd, er hynny, mor atebol i bwysau rhanbarthol ag yr awgrymid bob amser gan y rhethreg. Corff ymgynghorol yn unig oedd Pwyllgor y Rhanbarthau, ac ar y cychwyn eisteddai'r tri chynrychiolydd Cymreig gydag un ar hugain aelod arall a gynrychiolai ranbarthau'r Deyrnas Unedig. Ychydig o rym gwirioneddol oedd gan y Senedd Ewropeaidd er gwaetha'r diwygiadau yn 1999. Arhosodd y grym i wneud penderfyniadau yn nwylo Cyngor y Gweinidogion, lle roedd cynrychiolwyr y cenedl-wladwriaethau'n cwrdd i drafod yn uniongyrchol gyda'i gilydd a'r Comisiwn Ewropeaidd. Llywodraeth y Deyrnas Unedig, nid Cynulliad Cenedlaethol Cymru, a gynrychiolir yn uniongyrchol ar y lefel hon, ac felly bydd dylanwad Cymru yn Llundain yn para'n hollbwysig. Fel yr eglurodd Rachel Lomax yn 1998: 'We go through the UK machinery, it is the UK that is the member state. Our punch in Brussels depends on our punch in London.'

Cymuned amlieithog yw Ewrop wrth gwrs, gyda nifer o ieithoedd cenedlaethol, ond mae hefyd wedi cydnabod pwysigrwydd ieithoedd lleiafrifol o fewn yr undeb, ac mae cydnabyddiaeth eang i'r Gymraeg fel un o'r ieithoedd lleiafrifol cryfaf. Sefydlwyd Canolfan Ieithoedd Llai eu

Defnydd annibynnol, gyda swyddfeydd yn Nulyn, yn 1982, a weithiodd yn agos gyda'r Comisiwn Ewropeaidd a'r Senedd Ewropeaidd ar bynciau yn ymwneud ag ieithoedd. Yr Undeb Ewropeaidd hefyd a ariannodd raglen Ieithoedd a Diwylliannau Lleiafrifol, a roddai arian i nifer o fentrau yng Nghymru, yn cynnwys Prosiect Mercator a'r Ganolfan Ewropeaidd ar gyfer Diwylliannau Traddodiadol a Rhanbarthol yn Llangollen. Rhoddwyd nifer o grantiau eraill i hybu mentrau Cymraeg megis y grant blynyddol i'r Eisteddfod Genedlaethol.

Presenoldeb Cymru yn Ewrop oedd un o'r ffactorau a anogodd fuddsoddwyr o dramor i fuddsoddi mor helaeth yng Nghymru ac i gyfrannu at y trawsnewid economaidd a drafodwyd ym Mhennod 1, a daeth y buddsoddiadau hyn o'r Unol Daleithiau a'r Dwyrain Pell yn ogystal ag o Ewrop ei hun. Ar ddiwedd y ganrif fel ar ei dechrau, gellid gweld yr economi yn rhan o farchnad fyd-eang, gydag ystyriaethau rhyngwladol o'r pwys mwyaf i gynllunwyr economaidd y Cynulliad Cenedlaethol ac Awdurdod Datblygu Cymru. Roedd Cymru, wrth i'r ugeinfed ganrif ddirwyn i ben, yn ymwybodol fod yn rhaid iddi fyw a goroesi mewn amgylchedd cystadleuol Ewropeaidd a byd-eang, a sicrhau bod ganddi'r rhwydwaith rhyngwladol angenrheidiol i wneud hynny.

Mewn byd o'r fath, mae delwedd Cymru'n hanfodol bwysig. Yn 1989 clywodd y Pwyllgor Materion Cymreig gan gadeirydd Sony fod Cymru'n creu argraff ddryslyd ac ansicr ym meddwl y Siapaneaid, er bod ganddynt ddarlun clir o'r Alban. Daeth y pwyllgor i'r casgliad fod i Gymru ddelwedd gymysglyd: ar y naill law, 'short, dark men singing hymns in the shadow of slag heaps' ac ar y llaw arall gwlad sy'n 'dripping with microchips'. Nid oedd cymhlethdod y ddelwedd yn syndod o ystyried yr holl newidiadau sydyn a ddigwyddodd yn ystod ugain mlynedd ola'r ganrif. Parhâi llawer o bobl, hyd yn oed y Cymry eu hunain, i gysylltu glo a glowyr â Chymru er mai amgueddfeydd bron yn unig bellach a weithredai'r peiriannau, megis Big Pit, Blaenafon, neu Barc Treftadaeth y Rhondda. I raddau, ffynnai'r ddelwedd hon oherwydd y darluniau o Gymru a roddwyd i'r byd mewn ffilmiau megis cynhyrchiad Hollywood John Ford o nofel lwyddiannus Richard Llewellyn, *How Green Was My Valley*, yn 1939.

Parhaodd twristiaeth i fod yn ddiwydiant arwyddocaol, ac yn weithgar yn ei hymdrechion i greu delweddau priodol o Gymru. Sefydlwyd Bwrdd Croeso Cymru yn 1969 ac yn 1992 cafodd yr hawl i farchnata Cymru'n annibynnol ar weddill Prydain. Symudodd tuag at fabwysiadu strategaeth a ddangosai wir amrywiaeth Cymru. Yn gynyddol, anelwyd y strategaeth honno at greu delwedd oedd yn cyd-fynd â datblygu statws rhanbarthol Ewropeaidd yn ogystal â hynodrwydd diwylliannol.

Croesawu'r byd i uwchgynhadledd yr Undeb Ewropeaidd, Caerdydd, 1999.

Bu marchnata Caerdydd fel prifddinas yn elfen hanfodol yn y strategaeth hon, ac roedd pwyslais ar hynodrwydd diwylliannol yn elfen arall, hyd yn oed os, i ymwelwyr o leiaf, nad oedd ond yn weladwy ar arwyddion ffyrdd ac mewn *souvenirs*. Yn ogystal ag adlewyrchu strategaeth farchnata'r diwydiant twristiaeth, roedd y ddelwedd hon o Gymru fel gwlad soffistigedig, wahanol, brydferth ac Ewro-frwdfrydig yn adlewyrchu rywfaint ar wir ddyheadau Cymru ar ddiwedd yr ugeinfed ganrif.

Roedd uwchgynhadledd Caerdydd ym Mehefin 1998 yn fwy nag esgus i arddangos delwedd wneud o'r genedl i'r byd, er bod hynny'n wir hefyd. Arwydd gwirioneddol ydoedd fod Cymru wedi llwyddo i gael rhywfaint o gydnabyddiaeth ryngwladol fel lle arbennig yn ei hawl ei hun.

LLYFRYDDIAETH

Cyffredinol

Bywgraffiadur Cymreig hyd 1940, Y (Llundain, 1970)

Davies, John, *Hanes Cymru* (Llundain, 1990)

Herbert, Trevor a Gareth Elwyn Jones (goln), *Wales 1880–1914*, yn y gyfres Welsh History and its Sources (Caerdydd, 1988)

—, *Wales Between the Wars*, yn y gyfres Welsh History and its Sources (Caerdydd, 1988)

—, *Post-War Wales*, yn y gyfres Welsh History and its Sources (Caerdydd, 1995)

Jones, R. Merfyn, 'Beyond identity? The restructuring of the Welsh' yn *Journal of British Studies*, 31/4 (1992)

Morgan, K. O., *Rebirth of a Nation: Wales 1880–1980* (Rhydychen, 1981)

Stephens, Meic, *Cydymaith i Lenyddiaeth Cymru* (Caerdydd, 1997)

Williams, Gwyn A., 'When was Wales?' yn *The Welsh in their History* (Llundain, 1982)

Williams, John, *Digest of Welsh Historical Statistics* (Caerdydd, 1985)

Pennod 1: Grym y Geiniog – Yr Economi

George, K. D. a Lynn Mainwaring, *The Welsh Economy* (Caerdydd, 1988)

Jones, Philip N., 'Population migration into Glamorgan, 1861–1911: a reassessment' yn Prys Morgan (gol.), *Glamorgan Society, 1780–1980*, Glamorgan County History, Cyfrol VI (Caerdydd, 1988)

Macdonald, Roderick a Huw Thomas, *Nationality and Planning in Scotland and Wales* (Caerdydd, 1997)

National Industrial Development Council of Wales, *The Second Industrial Survey of South Wales* (Caerdydd, 1937)

Thomas, Dennis, 'Economi Cymru, 1945–1995' yn Geraint H. Jenkins (gol.), *Cof Cenedl*, X (Llandysul, 1996)

Thomas, Brinley, *The Welsh Economy; Studies in Expansion* (Caerdydd, 1962)

—, 'Migration into the Glamorganshire coalfield' yn Walter E. Minchinton, *Industrial South Wales: Essays in Economic History 1750–1914* (Llundain, 1969)

University College of South Wales and Monmouthshire, *An Industrial Survey of South Wales* (Llundain, 1932)

Williams, John L., 'The rise and decline of the Welsh economy' yn *Was Wales Industrialised? Essays in Modern Welsh History* (Llandysul, 1995)

Pennod 2: Mae'n Wlad i mi ac mae'n Wlad i chithau – Cymru Amlddiwylliannol

Evans, Neil, 'The south Wales race riots of 1919' yn *Llafur*, 3/1 (1980)

—, 'Immigrants and minorities in Wales, 1840–1990: a comparative perspective', *Llafur*, 5/4 (1991)

Henriques, Ursula R. Q. (gol.), *The Jews of South Wales: Historical Studies* (Caerdydd, 1993)

Hughes, Colin, *Lime, Lemon and Sarsaparilla: The Italian Community in South Wales, 1881–1945* (Pen-y-bont ar Ogwr, 1991)

Little, Kenneth, *Negroes in Britain* (Llundain, 1948)

Rubenstein, W. D., 'The anti-Jewish riots in south Wales: a re-examination', *Cylchgrawn Hanes Cymru*, 18/4 (1997)

Sherwood, Marika, 'Racism and resistance: Cardiff in the 1930s and 1940s', *Llafur*, 5/4 (1991)

Pennod 3: Campau'r Cymry – Chwaraeon

Croft, Robert, *Dyddiadur Troellwr* (Talybont, 1995)

Davies, Dai, *Hanner Cystal â'n Nhad: Hunangofiant Gôl-geidwad Rhyngwladol* (Yr Wyddgrug, 1985)

Davies, Gareth M., *A Coast of Soccer Memories, 1894–1994* (Caergybi, 1994)

Edwards, Gareth, *Gareth* (Llundain, 1978)

Garland, Ian, *The History of the Welsh Cup, 1877–1993* (Wrecsam, 1993)

Hignell, Andrew, *The History of Glamorgan Cricket Club* (Llundain, 1988)

Jenkins, Geraint H., *Cewri'r Bêl-droed yng Nghymru* (Llandysul, 1977)

Jones, R. Merfyn, 'The mountaineering of Wales, 1880–1925' yn *Cylchgrawn Hanes Cymru*, 19/1 (1998)

Lloyd, Howard (gol.), *Crysau Cochion* (Llandybïe, 1958)

Rees, Ioan Bowen, *Mynyddoedd* (Llandysul, 1975)

Richards, Huw, Peter Stead a Gareth Williams (goln), *Heart and Soul: The Character of Welsh Rugby* (Caerdydd, 1998)

Rush, Ian, *Ian Rush: An Autobiography* (Ebury, 1996)

Smith, David a Gareth Williams, *Fields of Praise: The Official History of the Welsh Rugby Union* (Caerdydd, 1981)

Williams, Gareth, 'Y maes chwarae a chenedligrwydd yng Nghymru 1880–1914' yn Geraint H. Jenkins (gol.), *Cof Cenedl*, V (Llandysul, 1990)

Williams, Gareth, *1905 and All That: Essays on Rugby Football, Sport and Welsh Society* (Llandysul, 1991)

Pennod 4: Brwydrau'r Bobl – Canrif o Brotest

Clews, Roy, *To Dream of Freedom* (Talybont, 1980)

Egan, David, 'The Unofficial Reform Committee and the Miners' Next Step' yn *Llafur* 2/3 (1978)

Francis, Hywel a Gareth Rees, 'No surrender in the valleys: the 1984–85 miners' strike in south Wales', *Llafur*, 5/1 (1989)

Hopkin, Deian, 'The Llanelli riots, 1911' yn *Cylchgrawn Hanes Cymru*, 11/4 (1983)

Horner, Arthur, *Incorrigible Rebel* (Llundain, 1960)

Howell, David, 'The 1984–85 miners' strike in north Wales', *Contemporary Wales*, 4 (1991)

Paynter, Will, *My Generation* (Llundain, 1972)

Phillips, Dylan, *Trwy Ddulliau Chwyldro? Hanes Cymdeithas yr Iaith Gymraeg 1962–92* (Llandysul, 1998)

Roberts, O. M., *Oddeutu'r Tân* (Caernarfon, 1994)

Smith, David, 'Tonypandy, 1910: definitions of community' yn *Past and Present*, 87 (Mai, 1980)

Tudur, Gwilym, *Wyt ti'n Cofio? Chwarter Canrif o Frwydr yr Iaith* (Talybont, 1989)

Williams, Owain, *Cysgod Tryweryn* (Capel Garmon, 1995)

Pennod 5: O'r Ymerodraeth Brydeinig i'r Cynulliad Cenedlaethol – Cenedl Ddi-wladwriaeth

Andrews, Leighton, *Wales Says Yes: The Inside Story of the Yes for Wales Referendum Campaign* (Pen-y-bont ar Ogwr, 1999)

Davies, Ron, *Datganoli: Proses nid Achlysur* (Caerdydd, 1999)

Jenkins, Gwyn, 'Gwladgarwch Huw T. Edwards' yn Geraint H. Jenkins (gol.), *Cof Cenedl*, XII (Llandysul, 1997)

Jones, J. Barry, 'The Welsh Office: a political expedient or an administrative innovation?' yn *Trafodion Anrhydeddus Gymdeithas y Cymmrodorion* (1990)

Jones, J. Graham, 'E. T. John and Welsh Home Rule, 1910–1914' yn *Cylchgrawn Hanes Cymru*, 13/4 (Rhagfyr 1987)

—, 'Socialism, devolution and a secretary of state for Wales' yn *Trafodion Anrhydeddus Gymdeithas y Cymmrodorion* (1989)

—, 'Y Blaid Lafur, datganoli a Chymru, 1900–1979' yn Geraint H. Jenkins (gol.), *Cof Cenedl*, VII (Llandysul, 1992)

—, 'The Parliament for Wales Campaign, 1950–56' yn *Cylchgrawn Hanes Cymru*, 16/1 (1992)

Morgan, Kevin, 'Towards democratic devolution: the challenge of the Welsh Assembly' yn *Trafodion Anrhydeddus Gymdeithas y Cymmrodorion* (1999)

Osmond, John, *Creative Conflict: The Politics of Welsh Devolution* (Llandysul, Llundain, 1978)

— (gol.), *The National Question Again: Welsh Political Identity in the 1980s* (Llandysul, 1985)

Taylor, Bridget a Katarina Thomson (goln), *Scotland and Wales: Nations Again?* (Caerdydd, 1999)

Pennod 6: O'r Côr i Catatonia – Diwylliant Poblogaidd

Berry, David, *Wales and the Cinema: the First Hundred Years* (Caerdydd, 1994)

Davies, Aled Lloyd, *Hud a Hanes Cerdd Dannau* (Cymdeithas Cerdd Dant Cymru, 1984)

Davies, Hazel Walford, *Saunders Lewis a Theatr Garthewin* (Llandysul, 1995)

Hanes Cerddoriaeth Cymru / Welsh Music History: 1 (1996), 2 (1997), 3 (1999)

Jones, R. Tudur, *Ffydd ac Argyfwng Cenedl: Cristionogaeth a Diwylliant yng Nghymru 1890–1914* (Abertawe, 1981)

Pope, Robert, *Building Jerusalem: Nonconformity, Labour and the Social Question in Wales 1906–1939* (Caerdydd, 1998)

Rees, Simon, *Welsh National Opera: A Celebration, 1946–1996* (Caerdydd, 1996)

Taylor, Anna-Marie, *Staging Wales: Welsh Theatre 1979–1997* (Caerdydd, 1997)

Williams, Gareth, *Valleys of Song: Music and Society in Wales, 1840–1914* (Caerdydd, 1998)

Williams, Kyffin, *Across the Straits: An Autobiography* (Llandysul, 1993)

Pennod 7: A oes Heddwch? – Rhyfel

Alban, J. R., *The Three Nights' Blitz* (Abertawe, 1994)

Brereton, J. M., *A History of the Royal Regiment of Wales 1689–1989* (Caerdydd, 1989)

Eirug, Aled, 'Agweddau ar y gwrthwynebiad i'r Rhyfel Byd Cyntaf yng Nghymru', *Llafur*, 4/4 (1987)

Evans, Frank, *Yn Nwylo'r Nippon, Atgofion Carcharor Rhyfel* (Llandysul, 1980)

Gaffney, Angela, *Aftermath: Remembering the Great War in Wales* (Caerdydd, 1998)

Graves, Robert, *Goodbye to All That* (Llundain, 1957)

Llwyd, Alan ac Elwyn Edwards, *Gwaedd y Bechgyn: Blodeugerdd Barddas o Gerddi'r Rhyfel Mawr* (Cyhoeddiadau Barddas, 1989)

Pretty, David, *Rhyfelwr Môn: Y Brigadydd-Cadfridog Syr Owen Thomas A.S., 1858–1923* (Dinbych, 1992)

Retallack, John, *The Welsh Guards* (Llundain, 1981)

Weston, Simon, *Walking Tall* (Llundain, 1989)

Pennod 8: Gwead ein Gwlad – Newidiadau Cymdeithasol

Adamson, D. L., *Living on the Edge: Poverty and Deprivation in Wales* (Llandysul, 1996)

Brennan, T., E. W. Cooney a H. Pollins, *Social Change in South-West Wales* (Llundain, 1954)

Cloke, Paul, Mark Goodwin a Paul Milbourne, *Rural Wales: Community and Marginalization* (Caerdydd, 1997)

Davies, John, 'Y gydwybod gymdeithasol yng Nghymru rhwng y ddau ryfel byd', yn Geraint H. Jenkins (gol.), *Cof Cenedl*, III (Llandysul, 1989)

Day, Graham, 'A million on the move? Population change in rural Wales' yn *Contemporary Wales*, 3 (1989)

Evans, Hugh, *Cwm Eithin* (Lerpwl, 1931)

Francis, Hywel a Dai Smith, *The Fed: A History of the South Wales Miners in the Twentieth Century* (1980; arg. newydd Caerdydd, 1998)

Jenkins, David, *The Agricultural Community in South-west Wales at the turn of the Twentieth Century* (Caerdydd, 1971)

Jennings, Hilda, *Brynmawr: A Study of a Distressed Area* (Llundain, 1934)

Jones, David J. V., *Crime and Policing in the Twentieth Century: The South Wales Experience* (Caerdydd, 1996)

Jones, Gareth Elwyn, *The Education of a Nation* (Caerdydd, 1997)

Jones, R. Merfyn, *The North Wales Quarrymen, 1874–1922* (Caerdydd, 1981; arg. newydd 1999)

Lewis, Richard, *Leaders and Teachers: Adult Education and the Challenge of Labour in South Wales, 1906–1940* (Caerdydd, 1993)

Lieven, Michael, *Senghennydd: The Universal Pit Village, 1890–1930* (Caerdydd, 1994)

Owen, Trefor, 'Community studies: an overview' yn I. Hume a W. T. R. Pryce (goln), *The Welsh and their Country* (Llandysul, 1986)

Rees, Gareth a Teresa Rees, *Poverty and Social Inequality in Wales* (Llundain, 1980)

Smith, Dai, *Aneurin Bevan and the World of South Wales* (Caerdydd, 1993)

Pennod 9: O'r Gegin i'r Gweithle – Menywod

Aaron, Jane *et al.* (goln), *Our Sisters' Land: The Changing Identities of Women in Wales* (Caerdydd, 1994)

Evans, W. Gareth, *Rôl a Statws Merched yn yr Ugeinfed Ganrif* (Aberystwyth, 1998)

Fisher, Kate, '"Clearing up misconceptions": the campaign to set up birth-control clinics in south Wales between the wars', *Cylchgrawn Hanes Cymru*, 19/1 (1998)

John, Angela V. (gol.), *Our Mothers' Land: Chapters in Welsh Women's History, 1830–1939* (Caerdydd, 1991)

Rees Teresa L., 'Changing patterns of women's work in Wales: some myths explored', *Contemporary Wales*, 2 (1988)

Verril-Rhys, Leigh a Deirdre Beddoe (goln), *Parachutes and Petticoats: Welsh Women Writing on the Second World War* (Dinas Powys, 1992)

White, Carol a Sian Rhiannon Williams (goln), *Struggle or Starve* (Dinas Powys, 1998)

Williams, Mari A., 'Yr ymgyrch i "Achub y Mamau" yng nghymoedd diwydiannol de Cymru, 1918–1939', yn Geraint H. Jenkins (gol.), *Cof Cenedl*, XI (Llandysul, 1996)

Winckler, Victoria, 'Women and work in contemporary Wales', *Contemporary Wales*, 1 (1987)

Pennod 10: Coch a Melyn a Gwyrdd a Glas – Gwleidyddiaeth

Davies, Gwilym Prys, *Llafur y Blynyddoedd* (Dinbych, 1991)

Davies, Hywel, *A Call to Nationhood: The Welsh Nationalist Party 1925–45* (Caerdydd, 1983)

Davies, John (gol.), *Cymru'n Deffro: Hanes y Blaid Genedlaethol 1925–75* (Talybont, 1981)

Ellis, E. L., *T.J. – A Life of Dr. Thomas Jones* (Caerdydd, 1992)

Foot, Michael, *Aneurin Bevan: A Biography* (Llundain, 1973)

Griffiths, James, *Pages from Memory* (Llundain, 1969)

Hooson, Lord [Emlyn], 'Clement Davies: an underestimated Welshman and politician' yn *Trafodion Anrhydeddus Gymdeithas y Cymmrodorion* (1998)

Jones, Beti, *Etholiadau'r Ganrif / Welsh Elections* (Talybont, 1999)

Jones, D. Elwyn, *Y Rebel Mwyaf* (Caernarfon, 1991)

Jones, Eileen, *Neil Kinnock* (Llundain, 1994)

Jones, J. E., *Tros Gymru: J. E. a'r Blaid* (Abertawe, 1970)

Lloyd, D. Tecwyn, *John Saunders Lewis: Y Gyfrol Gyntaf* (Dinbych, 1988)

Morgan, K. O., *Wales in British Politics 1868–1922* (Caerdydd, 1980)

—, *Modern Wales: Politics, Places and People* (Caerdydd, 1995)

Parry, Cyril, *The Radical Tradition in Welsh Politics: A Study of Liberal and Labour Politics in Gwynedd, 1900–1920* (Hull, 1970)

—, *David Lloyd George* (Dinbych, 1984)

Prothero, Cliff, *Recount* (Ormskirk, 1981)

Wigley, Dafydd, *O Ddifri* (Caernarfon, 1992)

—, *Dal Ati* (Caernarfon, 1993)

Williams, Chris, *Democratic Rhondda: Politics and Society, 1885–1951* (Caerdydd, 1996)

Pennod 11: Dau Dafod y Ddraig – Ieithoedd Cymru

Aitchison, John W. a Harold Carter, *A Geography of the Welsh Language, 1961–91* (Caerdydd, 1994)

Bwrdd yr Iaith Gymraeg, *Amlinelliad o Strategaeth ar gyfer yr Iaith Gymraeg: Dogfen Ymgynghorol* (Caerdydd, 1995)

Carter, Harold, *Diwylliant, Iaith a Thiriogaeth* (Llundain, 1988)

Davies, John, *Broadcasting and the BBC in Wales* (Caerdydd, 1994)

Jones, Aled, *Press, Politics and Society: A History of Journalism in Wales* (Caerdydd, 1993)

Jones, Glyn, *The Dragon Has Two Tongues* (Llundain, 1968)

Löffler, Marian, *'Iaith nas Arferir, Iaith i Farw yw': Ymgyrch dros yr Iaith Gymraeg rhwng y Ddau Ryfel Byd* (Aberystwyth, 1995)

Southall, John E., *The Welsh Language Census of 1901* (Casnewydd, 1904)

Stevens, Catrin, *Meithrin: Hanes Mudiad Ysgolion Meithrin, 1971–96* (Llandysul, 1996)

Thomas, M. Wynn, *Internal Difference: Literature in Twentieth-century Wales* (Caerdydd, 1992)

—, *DiFfinio Dwy Lenyddiaeth Cymru* (Caerdydd, 1995)

Thomas, Ned, *The Welsh Extremist: Modern Welsh Politics, Literature and Society* (1971; arg. newydd, Talybont 1991)

Williams, Cen, 'Addysg uwchradd a'r Gymraeg yn yr ugeinfed ganrif', yn Geraint H. Jenkins (gol.), *Cof Cenedl*, XII (Llandysul, 1997)

Williams, Colin H., *Y Cynllun Ymchwil Cymunedol: Crynodeb o Ymchwil*

Gymunedol yn Yr Wyddgrug, Dyffryn Teifi a Chymoedd Gwendraeth ac Aman (Caerdydd, 1997)

Pennod 12: Tu Hwnt i Glawdd Offa – Cymru a'r Byd

Day, Graham a Gareth Rees (goln.)., *Regions, Nations and European Integration: Remaking the Celtic Periphery* (Caerdydd, 1991)

Gray, Syr John a John Osmond, *Cymru yn Ewrop: Y Cyfle a Gynigir gan y Cynulliad Cymreig* (Caerdydd, 1997)

Harvie, Christopher, *Europe and the Welsh Nation* (Aberystwyth, 1995)

Jones, Aled G., '"Meddylier am India": tair taith y genhadaeth Gymreig yn Sylhet, 1890–1947', *Trafodion Anrhydeddus Gymdeithas y Cymmrodorion* (1998)

Jones, R. Merfyn a D. Ben Rees, *Cymry Lerpwl a'u Crefydd* (Lerpwl, 1984)

Williams, Glyn, *The Desert and the Dream: A Study of Welsh Colonization in Chubut, 1865–1915* (Caerdydd, 1975)

Williams, Colin H., *Cymru Ddwyieithog mewn Ewrop Amlieithog* (Llanbedr Pont Steffan, 1995)

Williams, R. Bryn, *Y Wladfa* (Caerdydd, 1962)

CYDNABYDDIAETH

Cynhaliwyd cyfweliadau gyda'r unigolion canlynol. Diolch iddynt i gyd.

Leo Abse, Thelma Adams, Mark Aizlewood, Mohammed Akteruzzaman, Ardalydd Môn, Iwan Bala, Mair Barnes, Eileen Beasley, Rhiannon Bevan, Teleri Bevan, Ann Beynon, Malcolm Black, Geraint Bowen, Harold Bowen, Zonia Bowen, Beata Brookes, Yr Arglwydd Brooks o Dremorfa, Yr Arglwydd Callaghan o Gaerdydd, Eleri Carrog, Ming Chan, Geoff Charles, John Charles, Simon Chesters, Bill Clement, Ann Clwyd, Harry Coombes, Alexander Cordell, Arglwydd Crickhowell o Bontesgob, Richard Crowe, Cynog Dafis, Joe Dallavalle, Aled Lloyd Davies, Syr Alun Talfan Davies, Bet Davies, Dai Davies, Denzil Davies, Y Parch. Dewi Eirug Davies, Syr Goronwy Daniel, Hazel Walford Davies, Hywel Davies, Jim Davies, Jonathan Davies, Lyn Davies, Menai Davies, Myriel Davies, Ron Davies, Sylvia Davies, Terry Davies, Valerie Davies, Y Tad Deiniol, Jeff Diamond, Gareth Edwards, Hywel Teifi Edwards, John Edwards, Prys Edwards, Richard Edwards, Tracy Edwards, Yr Arglwydd Elis-Thomas o Nant Conwy, Nia Elis-Williams, Geraint Ellis, Osian Ellis, Tom Ellis, Alun Wyn Evans, Gwynfor Evans, Mary Evans, Meredydd Evans, Non Evans, W. Gareth Evans, Wallis Evans, Margaret Ewing, Stei Farrar, Thomas Firbank, Paul Flynn, Michael Foot, Karl Francis, Ffred Ffransis, Iestyn George, W. R. P. George, Eluned Giles, Teleri Gray, Tanni Grey, Ffion Griffith, Kenneth Griffith, Terry Griffiths, Vernon Griffiths, Peter Gruffydd, Eirwen Gwynn, Christopher Harvie, John Hooper, Yr Arglwydd Hooson o Drefaldwyn, Deian Hopkin, Michael Howard, Wayne Howard, Syr Eric Howells, Yr Arglwydd Geraint o Bonterwyd, Yr Arglwydd Cledwyn o Benrhos, Hywel Hughes, John Hughes, William Hughes, Christine Humphreys, Emyr Humphreys, Gwilym Humphreys, Meri Huws, Dafydd Iwan, Glyn James, Siân James, Terry James, Eldra Jarman, Rhiannon Jedwell, Morfudd Jeffreys-Jones, David Jenkins, Emyr Jenkins, J. Geraint Jenkins, John Jenkins, Peter John, Alan Jones, Alf Jones, Yr Esgob Alwyn Rice Jones – Archesgob Cymru, Annwen Jones, D. Elwyn Jones, D. Gwyn Jones, Dafydd Wyn Jones, David John Jones, Y Parch. Derwyn Morris Jones, Dilys Jones, Emyr Wyn Jones, Y Parch. Erastus Jones, Gareth Wyn Jones, Gwyn Jones, Huw Jones, Eleri Wyn Jones, Elin Jones, Emyr Currie Jones, Eric Jones, Geraint Stanley Jones, Graham Jones, Gwladwen Jones, Gwynoro Jones, Helen Mary Jones, Howard Jones, John Jones, John Jones, John Elfed Jones, Y

CYDNABYDDIAETH

Parch. R. Tudur Jones, Roger Jones, T. G. Jones, Tom Jones, Myer Joseph, Glenys Kinnock, Neil Kinnock, Eddie Ladd, Beverley Lennon, Ceri W. Lewis, Gwyneth Lewis, Marian Löffler, Rachel Lomax, Peter Lord, Syr Harry Llewellyn, Siân Lloyd, Alun Llwyd, Emyr Llywelyn, Robin Llywelyn, Howard Marks, Syr Anthony Meyer, Alun Michael, Dillwyn Miles, Cliff Morgan, Derec Llwyd Morgan, Elaine Morgan, Eluned Morgan, Y Parch. Enid Morgan, Esther Morgan, Gwyneth Morgan, Hubert Morgan, K. O. Morgan, Kelly Morgan, Rhodri Morgan, Dafydd Morris, John Morris, Twm Morys, Yr Esgob Mullins, Rhys Mwyn, Lembit Opik, Jim O'Rourke, Tyrone O'Sullivan, Buddug Owen, Y Parch. Dafydd Owen, Ifor Owen, Trefor M. Owen, Lisa Palfrey, Meurig Parri, Meirion Parry, Sioned Penllyn, Delwyn Phillips, Eluned Phillips, Gwyn Phillips, Mervyn Phillips, Gwerfyl Pierce-Jones, Dewi Watkin Powell, Adam Price, Katie Olwen Pritchard, Yr Arglwydd Prys-Davies o Lanegryn, Syr Idwal Pugh, Catryn Ramasut, John Redwood, Y Parch. D. Ben Rees, Ioan Bowen Rees, John Roderick Rees, Leighton Rees, Meuric Rees, Beti Rhys, Manon Rhys, Yr Arglwydd Richard o Rydaman, Alun Richards, Lily Richards, Menna Richards, Rod Richards, Adrian Roberts, Arturo Roberts, Elfed Roberts, Emrys Roberts, Gareth Roberts, John Roberts, O. M. Roberts, Rhian Anwen Roberts, Yr Arglwydd Roberts o Gonwy, Eirian Rogers, Syr Melvyn Rosser, Clive Rowlands, Ted Rowlands, Bernice Rubens, Ian Rush, Emlyn Schiavone, Cherry Short, Neil Sinclair, Is-Iarll Tŷ Ddewi, Eunice Stallard, Elan Closs Stephens, Haf Stephens, Meic Stephens, Meic Stevens, Bryn Terfel, Delme Thomas, Dewi Thomas, Ed Thomas, Eddie Thomas, Eirlys Thomas, Elinor Glyn Thomas, Syr John Meurig Thomas, M. Wynn Thomas, Syr Maldwyn Thomas, Melfyn Thomas, Ned Thomas, Y Parch. R. S. Thomas, Yr Arglwydd Thomas o Wydir, Angharad Tomos, Arglwydd Tonypandy, Nigel Walker, Yr Arglwydd Walker o Gaerwrangon, Liz Walters, Philip Weekes, Simon Weston, Y Farwnes Eirene White, Dafydd Wigley, Aled Rhys Wiliam, Sioned Wiliam, Alun Menai Williams, Beti Williams, Colin Williams, Gareth Williams, Mari Williams, Sian Rhiannon Williams, Eirwen Williams, Emlyn Williams, Jenny Williams, John Roberts Williams, Kirsty Williams, Kyffin Williams, Menai Williams, Merfyn Williams, O. J. Williams, Orig Williams, Owain Williams, Ray Williams, Richard Williams, Rhydwen Williams, William Williams, Howard Winstone, Wilfred Wooler, Ian Woosnam, Eurig Wyn, Ali Yassine.

MYNEGAI